2025 CS Leaders
관리사 한권으로 끝내기

**학점은행
학점인정 자격증**

- 합격에 필요한 핵심이론 완벽정리
- 출제 예상문제 + 모의고사 수록

- 3단계(핵심이론 + 예상문제 + 모의고사)
  학습으로 시험 완벽대비
- 독학으로 합격이 가능한 필수교재

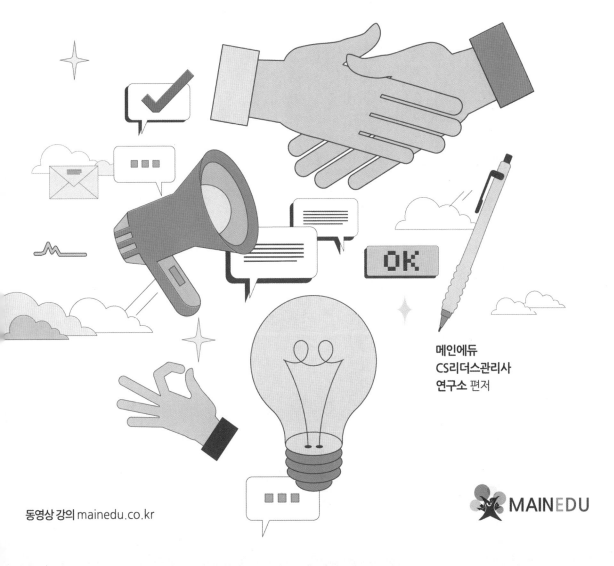

메인에듀
CS리더스관리사
연구소 편저

MAINEDU

코로나19로 인한 온텍트시대와 빅데이터, AI 등장 등 제 4차 산업혁명으로 인해 새로운 미래가 도래할 예정입니다. 그 중에서도 많은 전문가들이 직업 쇼크의 시대가 올 것이라고 말하고 있습니다. 즉 기술이 발전함에 따라 우리가 알고 있는 직업들이 사라지고 사람이 할 수 있는 일을 로봇이 대신하게 된다는 의미입니다.

하지만 이런 첨단 기술 시대에 사람만이 할 수 있는 고유한 영역인 "인적 서비스"의 중요성은 갈수록 중요해질 것입니다. 유통 채널이 다변화 되고, 채널 간 경쟁이 심화될수록 "어떻게 소비자와 접촉할 것인가"는 기업의 최우선 과제가 되었습니다. 공급과잉의 시대에서 결국 기업의 부가가치를 높이는 것은 "인적 서비스"입니다.

이런 시대의 변화 흐름에 따라 사람만이 할 수 있는 고유한 영역, 고객을 이해하고 고객의 눈높이에서 소통하는 서비스 인력이 가장 중요해지는 시점이 오고 있습니다. 기술이 발전할수록 사람이 제공하는 서비스를 통해 고객을 확보하고, 구전과 정보 공유를 통해 고객을 확장하는 것이 필요합니다. 기업을 존속시켜 주는 성과를 바로 서비스 전문가가 만들어낼 수 있기 때문입니다.

현대는 "고객만족시대"입니다. 고객을 만족시키지 못하고서는 기업이 존속할 수 없는 시대가 도래했습니다. 그만큼 사람만이 할 수 있는 고유한 영역을 발휘하는 서비스 전문가는 변화하는 시대에서 부상하는 직업으로 정말 중요하다고 할 수 있습니다. 서비스 산업이 점차 발전됨에 따라 실무 중심의 서비스 인력에 대한 수요가 점차적으로 높아지고 있는 이유도 그 때문입니다.

최근 국내 굴지의 기업과 대학들에서도 CS Leaders 자격에 대해 높은 평가를 하고 있습니다. 또한 취업과 승진 시 CS Leaders 자격 취득자에게 가산점 혜택도 이어지고 있습니다. 고객 만족도를 높이고 기업 이미지를 향상시키기 위해 CS Leaders 자격은 반드시 필요한 자격입니다.

CS Leaders 자격은 (사)한국정보평가협회가 주관하고 산업통상자원부로부터 인증받은 국가 공인 민간자격증입니다. CS Leaders 자격 취득은 여러분들이 서비스 전문가로 거듭나는 데 큰 도움을 줄 것입니다. 이 교재를 통해 여러분들에게 자격 취득의 좋은 결과를 가져다 줄 뿐 아니라 새로운 미래의 서비스 전문가로 성장할 수 있는 발판을 마련할 수 있도록 최선의 노력을 다할 것을 약속드립니다.

저자 씀

1. CS Leaders(관리사)의 필요성과 역할

오늘날 국제화시대와 정보산업의 발달은 기업 경영환경의 급변과 더불어 경제수요의 중심인 고객의 요구와 니즈가 다양해지는 가운데, 고객의 요구를 만족시키기 위해 고객만족 교육과 운영의 중요성을 더욱더 증가시키고 있다.

이러한 고객만족을 위한 기업경영은 해외 직접투자의 성장과 더불어 국내 경쟁에서부터 국경을 초월한 글로벌 경쟁의 상황에 직면하게 되었으며 결국 세계 초일류 기업만이 심화되는 글로벌 경쟁에서 살아남을 수 있게 된 것이다.

따라서 고객만족이라는 부문이 점차 기업 경영에 있어 재무, 마케팅, 인사 등과 같이 하나의 기능(Function)으로 자리잡아 가고 있는 현 추세에 비추어 볼 때 고객만족에 대한 전문성을 가지고 있는 체계적인 교육과 경영인이 절대적으로 필요하게 되었다.

CS Leaders(관리사)는 다양한 고객의 입장에서 고품질 서비스의 필요성과 역할에 부합되도록 직무를 정의하고, 비즈니스 경쟁력 향상을 위한 서비스체계 구축 기반 마련에 기여함으로써 고객 중심의 산업화시대에 부응하는 고객만족 서비스의 기반이 될 것이다.

2. 기본 정보

· 시행기관: (사)한국정보평가협회
· 홈페이지: http://www.kie.or.kr
· 응시자격: 제한없음

3. 검정기준(목표) 및 검정방법, 합격기준

고객만족 서비스의 전문지식을 바탕으로 실제 생활과 Business에 효율성과 실용성을 달성하기 위해 CS 기획, 고객응대, 고객감동을 극대화시킬 수 있는 실무적 지식능력을 평가하며, 고객 컴플레인 발생 시 상황 분석능력 및 해결책 제시능력에 관한 업무를 얼마나 신속하고 정확하게 수행할 수 있는가에 대한 능력을 평가한다.

자격종목명	국가공인 CS Leaders(관리사)	
검정기준	고객만족과 서비스 관련 종목에 관한 실무 이론 지식을 통해 교육학, 인사관리학, 마케팅학 등 관련 지식을 이용하여 고객만족을 관리, 교육할 수 있는 능력의 유, 무	
검정방법	필기시험(객관식 75문항 / 75분 / 5지선다형)	
합격결정기준	합격	전 과목 평균 100점 만점에 60점 이상
	불합격	전 과목 평균 100점 만점에 60점 미만
	과락으로 인한 불합격	3과목 중 단일 과목 획득 점수 40점 미만

4. 검정내용

시험 종목	주요 과목(배점비율)	세부 항목
CS 개론(25문항)	고객만족(60%)	CS 관리 개론
		CS 경영
		CS 의식
		고객 관계 관리
	서비스 이론(40%)	서비스 정의
		서비스 리더십
CS 전략론(25문항)	서비스 분야(50%)	서비스 기법
		서비스 차별화
		서비스 차별화 사례연구
		서비스 품질
	CS 활용(50%)	CS 평가 조사
		CS 컨설팅
		CS 혁신 전략
고객관리 실무론(25문항)	CS 실무(50%)	전화서비스
		고객상담
		예절과 에티켓
		비즈니스 응대
	고객관리(30%)	고객 감동
		고객 만족
		고품위 서비스
	컴퓨터 활용(20%)	프리젠테이션
		인터넷 활용
문제유형		5지선다형

5.온라인 원서접수

· (사)한국정보평가협회 홈페이지(www.kie.or.kr)에서 온라인 원서접수

· 접수마감일 17:59:59까지 응시료를 결제해야 하며, 그 이후에는 응시접수 자동 취소

· 접수기간 중 가상계좌의 경우 입금 기한까지 입금하지 않을 시 응시 접수가
미접수로 변경되며, 시험응시를 원하실 경우 온라인 원서접수기간 내에 재접수 해야 함

· 응시지역 : 서울, 인천, 대전, 대구, 부산, 광주 (6개 지역 중 선택 가능)

· 응시자는 시험 시작 30분전(AM 10:30)까지 신분 확인 및 응시자 교육을 위하여 고사실
에 입실완료 해야 함(미준수 시 입실/응시 불가)

· 원서접수와 관련하여 자세한 것은 (사)한국정보평가협회 홈페이지(www.kie.or.kr) 참조
또는, 고객센터 서울(02-3676-0600), 대전(042-525-2920)으로 문의

CS 리더스 관리사 자격 시험은 크게 CS개론과 CS전략론, 고객관리 실무론의 3개 분야로 구성된다. 최근에는 새로운 경향의 문제들도 다수 출제되고 있으며 CS 관련하여 다양한 내용을 담고 있기 때문에 완벽한 이해 없이 단순 암기만으로는 합격하기가 결코 쉽지 않다. 따라서 과목 별 이론을 상세히 학습하여 기초를 다진 후 최근에 출제된 기출문제 위주로 실전에 대비한다면 CS Leaders 자격증 합격에 보다 쉽게 다가갈 수 있을 것이다. 시험 합격을 위해 전달하고 싶은 내용을 요약하면 다음과 같다.

1. 시간 관리는 정말 중요하다.

CS Leaders 자격 시험 합격을 위해서는 시간 관리가 매우 중요하다. CS Leaders 자격 시험은 제한 시간 75분 안에 75문항을 풀어야 한다. 1분 당 1문항을 풀어야 하는 것이기 때문에 생각보다 쉽지 않은 일이다. 자신이 생각했을 때 쉬운 과목부터 풀 수 있도록 하고, 순서대로 풀다가 잘 모르는 문제는 일단 넘어가서 쉬운 문제부터 풀 수 있도록 한다.

2. 단순한 문제는 쉽게 생각해야 한다.

CS Leaders 문제를 풀다 보면 단순하고 상식적인 문제가 간혹 출제된다. 단순한 문제가 나왔을 때 우리는 오히려 복잡하게 생각하기 쉽다. 하지만 이러한 문제들은 점수를 쉽게 얻을 수 있는 문제이므로 긴장하지 말고 최대한 단순하게 풀면 된다. 상식적인 문제는 최대한 상식적으로 풀 수 있는 것도 하나의 기술이다.

3. 극단적인 표현이 있는 지문은 오답일 확률이 높다.

CS Leaders 문제를 풀다 보면 보기의 내용이 너무 길어 이해하기가 어려운 경우가 간혹 있다. 이럴 때 지문 속에 함정이 있는 경우가 있는데 '절대' '결코' '반드시' '모두' 등의 극단적인 표현이 있는 보기는 거의 대부분 오답일 경우가 많다.

4. Trend에 관심을 가져야 한다.

최근 출제 경향을 살펴보면, 시험의 난이도는 점차적으로 높아지고 있고 최신 트렌드와 상식, 시사 이슈 등이 시험에 반영되어 출제되는 경향이 있다. 따라서 꾸준히 최신 트렌드와 상식, 시사 이슈에 대한 관심을 가지고 CS에 접목해서 생각해 보는 것이 필요하다고 볼 수 있다.

여러분들의 성공과 합격을 기원하며!!

목차

Chapter 01
CS 개론

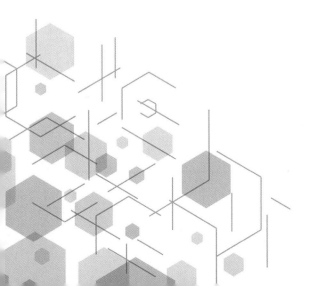

CS 개론은 총 25문항으로 고객만족(60%)과 서비스 이론(40%)의 비율로 출제된다.

고객만족(60%)	CS 관리 개론, CS 경영, CS 의식, 고객관계관리
서비스 이론(40%)	서비스 정의, 서비스 리더십

CS 개론은 다른 과목들에 비해 난이도가 높은 편으로 다른 개념들과 혼동되기 쉽다. 따라서 기본적 개념, 정의 및 세부 내용 등은 주요 키워드 위주로 정리하여 이해와 동시에 암기를 할 수 있도록 해야 한다.

핵심 출제 포인트

· CS 관리의 연도 별 역사와 서비스 구매과정(전 - 중 - 후) 및 프로세스에 대해 명확히 이해합니다.
· 서비스 프로세스, 매트릭스 분류, 개선 기법과 관련된 내용은 많이 혼동될 수 있으므로 전문 용어 및 개념 등을 반드시 암기합니다.
· 대기관리 및 대기행렬 모형에 대해 숙지합니다. 피시본 다이어그램, QFD, 품질의 집

1. CS 관리의 개념

(1) 중요성

과거에는 공급이 적고 수요자가 많아 고객 만족이 없어도 제품이 잘 판매되었지만 공급이 과잉되는 시점에서 고객 만족의 중요성이 부각되었다. 실제로 신규 고객 창출 비용은 기존 고객 유지 비용보다 4~5배가 높으므로 고객 만족 관리는 기업 생존을 위해 상당히 중요하다고 볼 수 있다.

(2) 정의

CS는 Customer Satisfaction의 약자로 기업에서는 반드시 CS 관리가 필요하다고 볼 수 있다. CS 관리는 공급자가 고객에게 제품, 서비스를 제공하고 고객의 기대를 충족시킴으로써 해당 제품, 서비스에 대한 선호도가 지속될 수 있도록 하는 관리이다.

2. CS 관리의 역사 ★★★

(1) 1990년대 이전 (무관심단계)

① 고객 만족 개념이 도입되기 전으로 기업 중심의 경영 단계라고 할 수 있다.
② 70년대 : 70년대 미국의 소비자주의가 성숙기에 접어들면서 CS 경영이 대두되었으며, 77년 미국 리서치 회사인 J. D. POWER가 자동차 부분 기업 순위를 발표하였는데 고객 만족을 평가기준으로 한 것이 시작이 되었다.

③ 80년대 : 81년 스칸디나비아 항공(SAS)의 CEO 얀 칼슨이 진실의 순간(MOT) 개
　념 도입 후 전 세계로 확산되었고, 80년대 후반 엔고 가치의 급등으로 경제위기
　에 있는 도요타가 이에 대한 해결책으로 'CS 경영'을 도입하였다.

(2) 1990~2000년대 이전 (CS 도입기 및 침체기)

① 고객 중심 경영 단계로 CS 경영 도입 후 성공과 실패를 겪는 시기라 할 수 있다.
② 우리나라 : 92년 LG에서 처음 고객만족 도입 후 93년 삼성의 신경영, 90년대
　중반 KT, 철도청 등에서 도입하였으나 97년 후반 IMF로 인해 CS 경영은 침체
　되었다.

(3) 2000년 이후 (CS 시대)

① 고객 감동 경영의 단계로 업종 불문하고 대부분 기업에 CS 경영이 도입되었다.
② 고객생애가치 창출을 통해 고객 기여도를 극대화하였다.

3. CS 관리의 프로세스 구조

(1) 의의 ★

1) 기업 측면

원재료, 사람 등을 투입하여 기업활동과 서비스 등 산출물로 변환 과정을 표시한
것이다.

In – Put 설비, 재료, 정보, 환경, 사람 등	Process → 부가가치가 있는 행동	Out – Put 제품, 서비스

2) 고객 측면

고객을 위한 결과물 또는 가치 창출과 관련한 모든 활동의 집합이다.

3) 프로세스의 궁극적 목표

과업 성과를 제고할 수 있어야 하며, 프로세스 규율은 통제가 아닌 창의성과 효율
성 제고를 위한 규율이 되어야 한다.

(2) 비즈니스 프로세스

1) 정의 ★★

마이클 해머 교수는 "고객을 위한 결과물 또는 고객을 위해 가치를 창출하는 모든 관련 활동들의 집합"이라고 정의하였다.

2) 유형 ★★

핵심 프로세스	· 기업에 수익을 창출하게 하고, 고객에게 가치를 제공하는 작업을 수행하기 때문에 가장 중요한 프로세스 · 외부 고객에게 전달되는 최종 제품, 서비스를 창출하는 프로세스
지원 프로세스	· 조직 내부에서 이루어지지만 핵심 프로세스의 성과에 영향을 주는 프로세스 · 지원 프로세스가 핵심 프로세스를 뒷받침해주지 못할 경우, 핵심 프로세스가 지향하는 기대 효과를 달성하기는 어려움

3) 분류 ★★★

① 영국의 Edwards & Peppard 교수는 다음과 같이 비즈니스 프로세스를 구분하였다.

경쟁 프로세스	· 경쟁자보다 우수한 고객 가치를 제공하는 프로세스 · 고객 니즈 만족에 초점을 맞추기 때문에 고객 기대 수준과 대비하여 판단 가능 · 예시) 고객의 요구 가치가 제품의 다양화일 경우, 기업 경쟁 프로세스는 개별화 프로세스가 될 수 있음
변혁 프로세스	· 급속히 변화하는 환경 속에서 조직의 지속적인 경쟁우위 확보를 위한 프로세스 · 미래 산업전략이 성공할 수 있도록 사람, 기술, 프로세스 결합을 통한 조직 경쟁력을 구축해 나가는 과정 · 예시) 신제품 개발, 학습조직 구축 프로세스 등
기반 프로세스	· 핵심 프로세스는 아니지만 프로세스 결과물이 고객 가치가 있다고 판단되는 프로세스 · 경쟁자보다 뛰어나지 않더라도 고객에게 필요한 최소한 가치만 제공하면 되는 프로세스 · 예시) 제품의 품질 평준화가 되면서 품질은 기본적 요소가 되고, 디자인과 가격 등이 주요 경쟁 요소가 되면 품질은 기반 프로세스가 됨
지원 프로세스	· 경쟁, 변혁, 기반 프로세스가 제대로 진행되도록 지원하는 프로세스 · 직접적으로 고객에게 가치를 전달하는 프로세스가 아닌 과거의 기능적 활동으로 파악되는 경우가 많음 · 예시) 인적자원 관리, 재무회계, 교육훈련 등

② 조직 내 모든 프로세스가 사업 전략 수행에 동일한 공헌도를 보이는 것은 아니므로 조직은 성과 창출에 효과적인 프로세스를 선택, 집중, 재구축해야 한다.

③ 프로세스 분류를 통해 비즈니스 프로세스 중요도에 따른 자원 배분을 함으로써 운영 효율성을 높일 수 있다.

④ 프로세스 분류는 지속적인 프로세스 혁신의 출발점이 되므로 경쟁, 변혁 프로세스를 제외한 기반, 지원 프로세스의 아웃소싱 등을 통한 성과 개선이 가능하다.

(3) 서비스 프로세스 ★★★

1) 서비스 프로세스란?

서비스가 전달되는 절차 또는 활동의 흐름을 말한다(이유재, 1999)

2) 서비스 프로세스의 중요성

① 서비스 프로세스는 서비스 상품 자체임과 동시에 서비스 전달 시스템 유통의 성격을 갖는다.

② 직원과의 상호작용 과정에서 발생되는 적절한 전달 프로세스가 고객 태도에 영향을 준다. 이는 향후 거래 여부를 결정하는 중요 변수로 작용한다.

③ 서비스 프로세스 단계와 서비스 제공자의 처리 능력은 고객에게 가시적으로 보인다.

④ 서비스 전달 시스템은 고객이 서비스를 판단하는 중요 근거가 된다.

⑤ 서비스 프로세스에 따라서 서비스 제공 절차가 복잡하기 때문에 고객에게 복잡하고 포괄적 행동이 요구된다.

⑥ 고객은 서비스 프로세스 안에서 역할을 수행한다.

3) 서비스 프로세스 설계의 기본 원칙

① 고객이 평가해야 한다.

② 상대적인 평가가 이루어진다.

③ 고객의 기대를 관리해야 한다.

④ 고객의 개별 니즈에 적용할 수 있어야 한다.

⑤ 고객의 기대 대비 성과 수치로 측정된다.

⑥ 모든 의사 결정은 고객을 고려해야 한다.

⑦ 고객의 개별 니즈의 효율적인 대응방법은 직원 및 지원시스템이다.

4) 서비스 프로세스에서 고객의 역할

① 고객이 서비스의 생산, 전달과정에 참여할 경우 임시직원과 같은 역할을 한다.

② 서비스 프로세스 과정에서 고객 역할 부여를 통해 고객은 적극적인 생산자 역할을 하게 되고 생산성 원천, 품질, 가치, 만족에 대한 공헌자로 부상한다.

③ 정보 기술이 발전함에 따라 고객이 얻는 정보는 기업과 차이가 없으므로 기업은 이에 맞추어 서비스 프로세스를 재구성해야 한다.

④ 고객이 신상품과 서비스 개발 역할도 수행함으로써 혁신자의 역할도 한다.

5) 서비스 프로세스의 표준화 및 개별화 사례 ★

표준화	・모든 고객에게 동일한 프로세스의 서비스를 제공하는 것으로 주로 제품의 생산 과정에서 많이 활용되고 있다. 대량 생산에 유용한 방식이다. ・예시) 미국 사우스 웨스트 항공 - 타 항공사와의 연계 운영, 공항 기점 간 시스템, 저렴한 요금의 단거리 운행, 음료 및 식사 제공 프로세스 생략 등
개별화	・고객이 가지고 있는 니즈와 기대의 다양성에 맞추어 서비스를 제공하는 것으로 소비자 개개인의 취향에 맞추어 소비자가 선택할 자유를 최대화하는 전략을 말한다. 맞춤 서비스에 적합한 서비스 프로세스이다. ・직원에게 많은 권한 위임이 이루어져야 가능하다. ・예시) 싱가포르 항공 - 고객 취향 서비스, 직원의 권한 부여, 고품위 서비스 제공 등

6) 슈매너(Schmenner)의 서비스 프로세스 매트릭스 분류 ★★★

구분		고객과의 상호작용/개별화	
		높음	낮음
노동 집약도	높음	전문 서비스 (변호사, 의사, 컨설턴트, 건축가 등)	대중 서비스 (소매금융업, 학교, 도매업 등)
	낮음	서비스 샵 (병원, 수리센터, 정비회사 등)	서비스 팩토리 (항공사, 운송업, 호텔, 리조트 등)

○ **서비스 전달 시스템** ★★★

• 기능 위주의 서비스 전달 시스템

표준화된 서비스를 생산하는데 적합하고 서비스기업에서는 서비스 담당자의 업무를 전문화하여 고객이 직접 서비스담당자를 찾아가는 형태로 서비스과정을 고려하여 전달 시스템이 설계되어야 한다. 장점은 서비스를 신속하게 제공할 수 있으나 단점으로는 서비스 프로세스의 특정부분에 의해 쉽게 제약 받을 수 있다. 대표적인 예로는 병원, 영화관, 건강검진 등을 들 수 있다.

• 고객화 위주의 서비스전달 시스템

고객의 욕구가 서로 다양하게 다르다는 점에 착안하여 서비스 전달 시스템을 설계한다. 기능위주 서비스 전달 시스템보다 폭넓은 업무를 수행하고 다양한 고객의 욕구를 충족시키는 반면 일관되고 표준화된 서비스를 제공하기 어렵다는 단점도 있다. 그리고 서비스 제공자의 성격, 기분, 교육수준에 따라 서비스 품질이 달라질 수 있다. 대표적인 예로 미용실, 세탁업, 숙박시설 등이 있다.

• 프로젝트 위주의 서비스 전달 시스템

보편적으로 그 규모가 크며 사업내용이 복잡하고 1회성의 비반복적인 사업에 많이 쓰이는 서비스전달 시스템이다. 기간이 길고 사업규모가 크기 때문에 계획과 관리가 중요하며 pert/CPM, 간트챠트 등과 같은 프로젝트 관리기법등을 이용한다. 대표적인 예로는 월드컵, 신공항건설, 경영 컨설팅 등이 있다.

(4) 서비스 구매과정에 따른 관리

1) 개념

서비스 구매 과정은 구매 전(대기 관리) - 구매(MOT) - 구매 후(피시본 다이어그램) 과정으로 이루어진다.

2) 구매 전 과정 ★★

① 의의

고객의 대기시간이 길면 기업에 대해 부정적인 경험을 갖게 되므로 효과적인 대기시간 관리는 고객 만족뿐만 아니라 재구매로 이어진다.

② 데이비드 마이스터의 대기시간에 영향을 주는 통제 요인 ★★★

　㉠ 기업의 완전 통제 요인 : 공정한 대기시간, 편안한 대기시간, 확실하게 인지된 대기시간, 서비스의 자연스러운 발생 순서와 단계에 따른 대기시간

　㉡ 기업의 부분 통제 요인 : 점유 또는 무점유 대기시간, 불만 대기시간

　㉢ 고객의 통제 요인 : 개인 또는 단체 유무에 따른 대기시간, 기다리는 시간의 가치 유무에 따른 대기시간, 현재 고객 태도에 따른 대기시간

③ 대기 관리 방법

　㉠ 생산 관리 방법 : 기업 서비스 방법 변화를 통해 고객 대기시간을 감소시키는 방법

방법	예시
예약 활용	항공사, 병원, 레스토랑 등
커뮤니케이션 활용	바쁘거나 한가한 시간 안내, 업무 프로세스 사전 안내 등
공정한 대기 시스템 구축	번호표, 대기선 등
대안 제시	ARS, ATM, 자동이체, 인터넷 활용 등

　㉡ 고객 인식 관리 방법 : 고객이 느끼는 체감 시간을 줄여주는 방법

방법	예시
서비스 시작 느낌 제시	도우미 안내, 접수 대행 등
예상 대기시간 안내	예상 대기시간 안내를 통해 체감 대기시간 단축
고객 유형에 따른 대응	VIP 전용 상담 창구 등
이용되지 않는 자원 숨김	일하지 않는 직원, 사용되지 않는 시설은 눈에 보이지 않게 함

○ 영국의 경영학자, 데이비드 마이스터(David Maister)의 대기 관리 8원칙 ★

· 아무 일도 안 할 때 대기가 더 길게 느껴진다.

· 구매 전 대기가 더 길게 느껴진다.

· 근심은 대기를 더 길게 느껴지게 한다.

· 언제 서비스를 받을지 모른 채 무턱대고 기다리면 대기는 더 길게 느껴진다.

· 원인을 모르는 대기는 더 길게 느껴진다.

· 불공정한 대기는 더 길게 느껴진다.

· 대기는 가치가 적을수록 더 길게 느껴진다.

· 대기는 혼자 기다리면 더 길게 느껴진다.

○ 휘(Hui)와 채(Tes)의 대기에 대한 수용가능성 ★★

· 대기에 대한 수용 가능성이란 서비스를 위해 기다려야 하는 시간이 고객의 기준에 합당한지의 여부를 말한다.

· 고객의 대기에 대한 기대와 실제 지각된 대기시간의 차이 즉 기대 불일치는 수용 가능성에 조절 역할을 하게 된다.

· 지각된 대기시간은 고객의 수용 가능성에 직접적인 영향을 미친다.

· 고객이 서비스를 통해 얻고자 하는 혜택이 클수록 대기를 수용하고자 하는 경향이 크게 나타나는 반면 대기로 인해 발생되는 물리적 심리적 비용이 클수록 대기에 대한 수용을 회피하고자 한다.

· 대기를 하는데 있어 통제력이 자신에게 있을 경우 대기에 대한 수용 확률이 높아 지는 반면 통제력이 외부에 존재할 경우 대기를 수용할 확률이 낮아진다

○ 대기로 인한 수용가능성에 영향을 미치는 요인 ★★★

 기회비용, 대기환경, 지각된 대기시간, 기대불일치안정성, 통제가능성, 거래중요도

④ 대기열 유형의 특징

  ㉠ 다중 대기열:서비스 현장에 도착 후 어느 대기열에서 대기해야 하는지, 다른 대기열이 짧아졌을 경우 이동해야 하는지를 결정해야 한다.

  ㉡ 단일 대기열: 대기 시간의 공정성이 보장되며 어느 대기열에서 대기해야 하는지 고민하지 않아도 된다. 끼어들기 문제가 없으며 전체적 대기 시간을 줄일 수 있다. 줄이 길어질 경우 고객이탈 문제가 발생할 수 있다.

  ㉢ 번호표: 자신의 호명 순서에 주의를 기울여야 한다.

⑤ 대기행렬모형
  ㉠ 고객의 모집단, 창구 또는 도착이나 서비스 시간 등의 확률법칙과 행렬의 규율을 규정하며, 대기 행렬의 양상을 기술하는 수학적 모델을 말한다.
  ㉡ 대기행렬의 기본구조는 모집단으로부터 고객이 도착하여 형성되는 대기행렬과 서비스 주체인 서비스 설비 및 서비스를 받고 시스템을 빠져나가는 출구 등으로 구성된다.
  ㉢ 대기행렬모형의 유형 ★★★

(a) 단일채널-단일단계 대기시스템

(b) 단일채널-다중단계 대기시스템

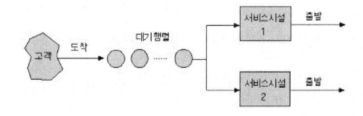

(c) 다중채널-단일단계 대기시스템

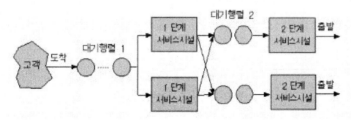

(d) 다중채널-다중단계 대기시스템

3) 구매 과정 ★★

① 의의

MOT 관리를 통해 전체 서비스 품질에 대한 인식을 좋게 만들 수 있다.

② 방법

㉠ MOT(Moment of Truth), 즉 진실의 순간은 고객이 기업 직원 또는 특정 자원과 만나는 순간으로 이런 직, 간접적 순간들이 합쳐져 서비스 전체에 대한 평가가 내려질 수 있다.

㉡ MOT 사이클 중 한 순간만을 관리하는 것이 아니라 MOT 사이클 전체를 관리해야 한다.

㉢ 서비스 제공자와 고객의 요구가 다른 경우가 많기 때문에 서비스 제공자는 항상 고객의 입장에서 경청하는 자세가 필요하다.

③ 서비스 접점

㉠ 정의

서비스 접점은 서비스 환경에 있어 사람 간에 직접적으로 대면하는 상호 작용을 말한다. 이후 인적 요소 간 상호 작용 뿐 아니라 유형 요소, 편의성 등의 무형 요소 등이 추가 되면서 직원, 물리적 시설 등을 포함하여 고객이 직접 서비스와 대면하는 동안의 시간으로 개념이 확대되었다.

㉡ 솔로몬, 구트만(Solomon, Gutman)의 서비스 접점의 특성 ★★★

양자관계	고객과 서비스 제공자 모두가 참여할 때 성립된다.
상호작용	인적 상호 작용으로 상호 커뮤니케이션은 서로에게 밀접한 영향을 준다.
제한성	제공되는 서비스에 따라 제한을 받는다.
목표지향성	목표 지향적인 역할 수행이 되어야 한다.
정보 교환	고객과 제공자 간 정보 교환 과정이다.

㉢ 쇼스탁, 솔로몬의 서비스 접점의 유형

원격 접점	인적접촉 없이 서비스기업과 접촉하는 접점으로 기술적 프로세스, 서비스 물리적 증거, 시스템 등이 품질 판단의 기본이 된다. (예) ATM기 이용, 키오스크, 자동 판매기, 우편물 등
전화 접점	콜센터, 공공 서비스, 보험사에서 가장 많이 접하는 접점을 말하며 상호작용 가변성이 있다. 음성, 소비자 문제 처리 능력, 직원 지식 등이 품질 기준이 된다. (예) 홈쇼핑 전화 주문 등
대면 접점	서비스 제공자와 고객이 직접 만나 이루어지는 접점으로 서비스 품질 파악 및 판단하기 가장 복잡한 접점을 말한다. 서비스 유형적 단서, 고객의 행동은 서비스 품질에 영향을 미친다. (예) 레스토랑, 호텔, 항공사 등

4) 구매 후 과정

① 의의

피시본 다이어그램(특성요인분석기법)을 활용해 원인이 어떻게 작용하고 결과에 어떤 영향을 미치는지를 체계적으로 종합하여 분석할 수 있다.

② 피시본 다이어그램의 특성

ㄱ) 일본의 카오루 이시가와에 의해 개발된 도구이다.

ㄴ) '인과관계도표(cause-and effect diagram)'라고 하는데 주요 원인과 하위 원인들이 하나의 결과를 나타냄을 보여준다.

ㄷ) 물고기의 뼈 모양을 닮아서 물고기뼈 도표라고도 한다.

ㄹ) 브레인 스토밍 툴로 활용되기도 하며, 방사형으로 생각을 정리하는 '마인드 매핑'과 핵심 아이디어만 기록하는 '브레인라이팅'의 장점을 혼합한 것이다.

ㅁ) 해결할 문제를 물고기 머리에 두고, 원인과 결과는 물고기 뼈를 따라 다른 종류의 가지에 분류하며, 원인은 그 가지 옆에 둔다.

○ 피시본 다이어그램(Fishbone diagram) 단계별 흐름 ★★★

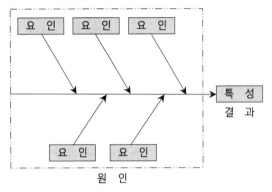

- 명확한 문제 정의 : 해결하고자 하는 문제나 주제 정의
- 요인 도출 : 원인들에 대한 브레인스토밍 실시
- 세부 요인 범주화: 관련있는 아이디어를 분류하여 요인으로 정리
- 요인 분석: 주요 원인 범주의 세부 사항 검토
- 근본 원인 확인 : 요인을 제거하거나 개선하여 해결 방안 도출

○ 항공기출발 지연 분석을 위한 피시본 다이어그램 작성 사례 ★★★

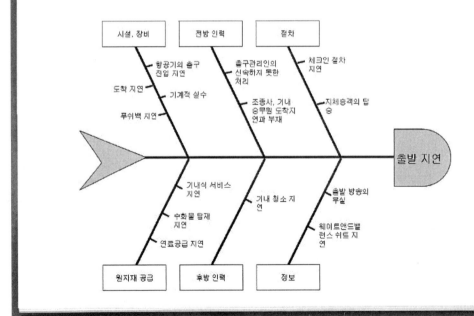

(6) 서비스 프로세스 개선 기법 - 품질기능전개(QFD : Quality Function Deployment)

1) 발전 과정 ★★★

① 1960년대 일본의 아카오 요지에 의해 연구되었고 1972년 미쓰비스 중공업의 고배 조선소에서 원양어선 제작에 처음으로 사용되었다. 1980년 초반 GM, Ford 사와 3M, HP 에 의해 개발되었다.

② 1983년 미국품질학회지에 소개된 후 시카고 세미나를 통해 미국 내 널리 보급되었다.

③ 1995년 삼성전자, 삼성 SDI 현대엘리베이터, 현대자동차, 쌍방울 등에 보급 확산되었다.

2) 개요

① '고객의 소리'를 제품개발과정으로 통합시키기 위한 구조적 접근 방법으로 고객 만족과 가치를 보장하는 제품 디자인을 추구한다.

② 고객의 요구를 품질 특성으로 변환하여 제품 설계 품질을 정하고 이를 각종 기능 품질, 각 부품의 품질과 공정 요소의 관계를 전개해나가는 것이다.

③ 품질기능 전개가 가능하기 위해서는 정확한 시장조사 결과와 구체적이고 실행 가능한 고객 니즈가 문서화 되어야 한다.

④ 고객의 모호한 생각을 구체적이며 실행 가능한 디자인으로 해석하여 제품 개발 및 생산 각 단계에서 고객 요구 사항을 파악, 전달하는 것이다.

⑤ 고객이 원하는 품질, 서비스 기능, 한정된 자원을 활용하여 원하는 것을 제공하며 서비스 제공 방법 등을 규명하는 것이 해결 과제이다.

3) 목적 ★★★

① 고객 니즈에 맞는 설계로 고객의 요구사항에 대한 파악이 가능하다.

② 신상품 개념 단계부터 생산 단계까지 제품 개발기간을 단축시킨다.

③ 제품, 서비스에 대한 품질 목표와 사업 목표 결정에 도움을 준다.

④ 신제품 및 서비스 우선순위를 결정할 수 있다.

⑤ 개발 중간 단계에 신제품이 도출되면 품질의 집에 적용시킴으로서 수정, 반복 적용할 수 있다.

⑥ 제품, 서비스팀의 공통 의견을 도출할 수 있는 체계적 시스템을 제공한다.

⑦ 설계 변경 감소, 개발 기간 단축, 판매 후 문제 발생 감소 등을 가져온다.

⑧ 부서 간 협력을 통해 팀워크를 향상시킨다.

⑨ 품질의 집(HOQ)를 이용하여 모든 과정을 문서화시킬 수 있다.

⑩ 설계품질 설정, 기획품질 설정, 시장품질 정보 축적, 마켓 쉐어 확대의 적용 목적이 있다.

○ QFD의 목적 ★★★

　개발 기간 단축, 설계변경 감소, 초기 품질 트러블 감소, 시운전 시의 문제점 감소, 설정과정의 문서화, 설계의도를 제조에 전달, 기능부서간 팀웍 향상, 판매 후 하자 감소, 품질보증 비용 감소, 설계 품질 및 기획 품질 설정

4) 단점

① 품질기능설계가 단순히 현재 상황을 정리하는 것에 지나지 않을 것이라고 우려하는 상황이 발생할 수 있다.

② 기술특성 선택에 따라 고객요구 중요도가 왜곡될 수 있다.

③ 현재 시점에서 정의되고 있는 고객이 영속적으로 정확하다고 보기에 한계가 존재하기 때문에 새로운 제품에 반영하는데 어려움이 있을 수 있다.

④ 고객 요구 사항과 기술 특성의 연관관계를 제대로 파악하는데 어려움이 따를 수 있다.

5) 단계

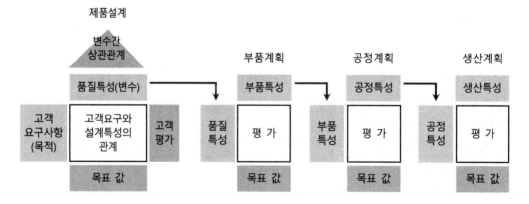

[설계 품질 매트릭스]

① 기획설계

　　㉠ 고객의 요구사항을 바탕으로 설계 품질 특성의 연관 관계를 검토 후 제품 설계 특성으로 변화하는 단계를 말한다.

　　㉡ 설문조사 등의 방법을 통해 고객 요구 항목과 중요도를 산출 후 전개표 기입, 기획품질과 요구품질의 중요도를 산출한다.

② 부품전개

　　㉠ 제품의 설계 특성을 제품의 실현을 위한 부품 상세 특성으로 연결하여 가장 적합한 부품을 결정하는 단계를 말한다.

　　㉡ 중요 품질 특성의 목표 달성을 위해 각 부품이 해당 시스템에 미치는 영향 평가를 하고 중점적으로 어떤 부품을 관리할 것인지 명확히 하는 단계이다.

③ 공정전개

　　㉠ 결정된 부품 특성을 고객 요구사항으로 하여 부품의 생산에 필요한 최적의 프로세스를 조사하는 단계이다.

　　㉡ 품질 특성과 관련된 공정 도출이 목적이며, 전 단계에서 얻는 주요 부품 상세 특성을 중점적으로 관리해야 할 공정을 도출하는 데 사용하는 단계이다.

6) 품질의 집(House of Quality) ★★

① 의의

　　㉠ QFD를 분석할 때의 핵심 도구로 활용되며, 품질의 집으로 불리는 이유는 그 모양이 집처럼 생겼기 때문이다.

　　㉡ 생산 기술자들에게 효율적으로 고객 니즈를 전달하기 위해 매트릭스 형태로 나타낸 것이다.

　　㉢ 관련 부서간 커뮤니케이션을 촉진시키고, 제품 설계 시 효과적, 체계적인 논의가 가능하다.

② 구성요소

　　고객의 요구 사항, 고객 요구의 중요도, 설계 품질 특성, 설계 특성간의 상관관계, 고객 요구 사항과 설계 품질 특성간의 관계 평가, 타사와의 경쟁 수준, 조직의 목표, 조직의 객관적 수준

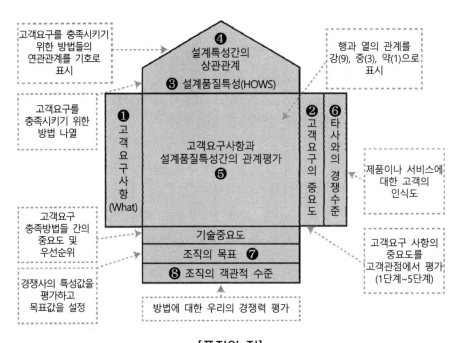

[품질의 집]

[이미지 출처: 박해근(2016), NCS 품질 경영론, 형설출판사]

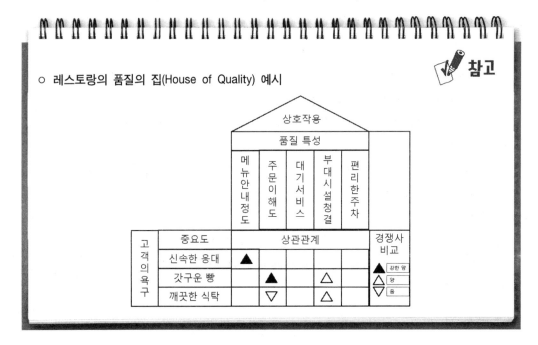

(7) 프로세스 개선 기법의 종류 ★

피시본 다이어그램, 서비스 청사진, 품질기능설계(QFD), 6시그마, 파레토 차트기법, 흐름도 기법, 의사결정 매트릭스 기법 등이 있다.

고객 만족 경영

 핵심 출제 포인트

· 고객 만족과 고객 만족 경영의 개념 및 학자별 고객 만족 정의를 파악하는 것이 필요합니다.
· 미국 노드스트롬 백화점 사례와 관련된 내용 및 SWOT 분석은 반드시 이해합니다.
· 고객 만족 이론(기대 불일치 이론, 공정성 이론, 귀인 이론, 교환 이론)에 대해 이해합니다.
· 21C의 3C, 3S 운동, TCS에 대해 숙지합니다.

1. 고객 만족의 개념과 정의

(1) 개요

1) 의의 ★★

① 고객의 기대 대비 실제 서비스가 만족 수준에 이르렀을 때의 고객의 감정상태이다.

② 고객이 제품, 서비스에 대해 원하는 것의 기대 이상으로 충족시켜 재구매율을 높이도록 하는 것이다.

 참고

○ **고객 불만 vs 고객 만족 vs 고객 감동**
· 고객 불만 : 고객의 기대 > 제품 또는 서비스
· 고객 만족 : 고객의 기대 = 제품 또는 서비스
· 고객 감동 : 고객의 기대 < 제품 또는 서비스

2) 고객 만족의 결정 요소 ★

① 태도로서의 만족
고객 만족을 태도라고 간주하는 관점에서는 고객이 가지는 제품에 대한 전체적인 태도로 보는데 태도란 구매 후 태도뿐만 아니라 구매 이전의 태도도 포함한다.

ⓐ 올슨과 도버(1976)

　　　기대를 속성 발생에 대한 확률이라고 가정할 때 신념은 태도를 형성하는 기초를 만드는 것뿐만 아니라 만족 결정에 대한 적용 수준의 역할도 있다고 정의하였다.

　　　ⓑ 올리버(1981)

　　　만족은 구매 후 태도에 선행하고 영향을 주며, 불확인을 중심으로 하는 뜻밖의 일과 생각하지 못한 변수를 포함하지만, 태도는 불확인의 개념은 포함하지 않는다고 정의하였다.

　② 품질 평가로서의 만족

　　품질 평가로서의 만족은 만족을 지각한 품질에 대한 판단이라고 할 수 있는데 이는 지각 판단으로 '지각 판단'은 고객의 사전 기대와 소비 경험 후를 비교해 판단되는 품질 등에 대한 긍정 및 부정의 평가를 말한다.

　　　ⓐ 파라수라만, 자이다믈과 베리(1988)

　　　서비스의 지각 품질은 기업의 전체적인 우수함 혹은 탁월함에 대한 소비자 판단으로 만족은 구매 또는 소비 후 지각 품질에 선행하고 이에 영향을 준다.

　　　ⓑ 올스하브스키(1985)

　　　지각 품질은 몇 가지 점에 대한 제품의 전체적 태도와 유사 개념으로 일시적이 아니라 종합적, 영속적 의미를 가진다.

　③ 감정적 반응으로서의 만족

　　감정적 반응 관점은 만족의 특징이 고객이 소비 이전의 기대와 일치하는지에 대한 인지적 사고 과정의 결과로 생기는 감정적 반응을 말한다.

　　　ⓐ 웨스트브룩(1987)

　　　감정처리 과정은 인간 행동에 동기를 주는 원천일 뿐만 아니라 정보 처리와 선택에 영향을 주는 주된 요인이라고 정의하였다.

　　　ⓑ 웨스트브룩과 라일리(1983)

　　　구매한 제품이나 서비스, 소매점, 쇼핑, 구매 행동 및 시장에서 발생하는 전반적 행동과 관련된 경험에 관한 정서적 반응이라고 정의하였다.

　　　ⓒ 테스트와 윌턴(1988)

　　　소비자의 기대와 지각된 제품과의 실제 성과간의 차이에서 생기는 반응이라고 정의하였다.

○ 그 외 학자별 '고객 만족'의 정의 ★★★

· 웨스트브룩과 노이만(Westbrook & Newman)

결과 지향적 접근으로 고객 만족은 고객이 상품 및 서비스를 구매·비교·평가·선택하는 과정에서 고객이 경험하는 호의적인 감정이고, 고객 불만은 비호의적인 '감정적 반응'이라고 정의하였다.

· 앤더슨(Anderson)

과정 지향적 접근으로 고객 만족은 하나의 과정으로 고객의 사용 전 기대와 사용 후 성과를 평가한 결과라고 정의하였다.

· 햄펠(Hempel)

만족은 기대했던 제품의 효익이 실현되는 정도로 실제 성과와 기대했던 결과 사이의 일치의 정도를 나타낸다고 정의하였다.

· 밀러(Miller)

제품에 대한 기대수준과 지각된 성과수준과의 상호 작용으로 소비자의 만족과 불만족이 생긴다고 하였다.

· 굿맨(Goodman)

고객 요구와 기대에 대응하는 기업활동의 결과로 상품과 서비스의 재구매가 이루어지고 고객의 신뢰가 계속되는 상태라고 정의하였다.

(2) 고객 만족의 3대 핵심요소 ★★

제품 (직접요소)	· 고객 만족 요소 중 과거에는 하드적 가치(상품의 품질, 기능, 가격 등)의 비중이 컸지만, 현재는 상품의 소프트적 가치(디자인, 사용용도, 사용의 용이성, 배려 등)을 중시하게 되었다.
서비스 (직접요소)	· 감성의 시대가 됨에 따라 상품뿐만 아니라 서비스(구매시점에 점포의 분위기, 판매원의 태도 등)가 차지하는 비중이 높아지면서 기업에서 판매 방법에 주의를 기울이지 않으면 고객이 만족하지 않게 되었다. · 상품 측면에서는 그다지 차이가 없게 되었기 때문에 서비스의 차이가 기업의 우위를 결정하게 되었다.
기업 이미지 (간접요소)	· 고객 만족의 구성요소 중 앞으로 중요시되는 것은 기업 이미지이다. · 상품 및 서비스가 우수하다 하더라도 사회 및 환경문제에 진심으로 관계하지 않는 기업은 평가가 하락하고, 고객의 만족도는 낮아진다.

(3) 고객 만족을 결정짓는 요소 ★

1) 개인적 요인과 상황적 요인

개인적 요인	제품이나 서비스의 품질, 특징이나 가격, 고객 감정 등
상황적 요인	가족구성원이나 지인의 의견 등

2) 직접적 요소와 간접적 요소

직접적 요소	제품의 기능·성능·가격 등
간접적 요소	기업의 사회 공헌도나 환경보호, 지역 주민들을 위한 복지시설, 소비자 권익보호 등

3) 질적인 만족과 심적인 만족

질적인 만족	제품의 특질에 관한 만족
심적인 만족	부가적으로 제공되는 서비스에 대한 만족 정보화사회로 진입하면서 기업이 서비스에 대한 고객의 기대를 어떻게 파악하여 경영에 반영하는지가 중요해졌음

[고객 만족을 결정 짓는 요소]

제품/서비스의 특징	·제품, 서비스의 특징에 대한 고객의 평가 ·가격수준, 품질, 개인적 친분, 고객화 수준간의 상관관계
고객 감정	·서비스 이전의 감정과 서비스 이후 체험을 통한 긍정적·부정적 감정은 서비스의 지각에 영향을 미침
서비스 성공과 실패원인 분석	·서비스에 대한 만족이나 불만족이 발생하였을 때 고객은 그 원인에 대해 분석, 평가함
공평성의 지각	·다른 고객과 비교하여 공평하게 서비스를 받았는가는 고객 만족에 영향을 미침
가족, 동료, 친구 등	·고객 만족은 구전에 의해 영향을 받음

(4) 고객 만족의 효과 ★★

1) 재구매 고객 창출 효과

① 만족한 고객은 해당 상표를 지속적으로 구입하는 브랜드 애호도가 강화되어 재구매 고객을 창출한다.

② 만족한 고객은 기업 및 제품에 대해 좋은 이미지를 갖게 되어 전에 만족했던 제품을 재구매할 가능성이 높다.

2) 비용 절감 효과

① 신규 고객보다 기존 고객의 재구매가 매출에 큰 영향을 미친다.
② 신규 고객 관리 비용보다 기존 고객 관리 비용이 비용이 적게 든다.

3) 구전 효과

① 주변 사람들에게 제품 구입을 권유함으로써 구전을 통한 광고 효과가 나타난다.
② 만족한 고객은 구전을 통해 다양한 신규 고객을 창출하여 기업은 광고비를 들이지 않고, 신규 고객 비용과 비용 절감을 가져다 준다.

4) 타 기업 진입 방어 효과

① 고객 만족을 통해 브랜드 충성도는 증가하고, 가격에 대한 민감도는 약화된다.
② 기업은 가격 우위 효과를 지니고, 타 경쟁사 진입을 어렵게 한다.

5) 불만족한 고객을 통한 기업의 성장

① 고객의 불만 내용을 선별하여 기업경영에 반영하면 기업의 성장에 큰 도움이 된다.
② 불만 고객 대처를 잘하게 되면 기업의 충성고객이 될 가능성이 있다.

(5) 불만 고객의 발생 원인과 대처

1) 의의

모든 고객이 100% 만족하는 서비스는 없으므로 서비스 제공 과정에서 불만 고객을 충성 고객으로 만드는 것이 중요하다.

2) 불만 고객의 발생 원인 ★★★

① 고객측 원인 : 브랜드, 상품, 기업에 대한 고객의 잘못된 인식이나 고객의 취향에 맞지 않는 경우 불만이 생긴다.
② 기업측 원인 : 잘못된 투입, 진행, 명령, 시행 그리고 직원의 실수 등이 주요 원인이 될 수 있다. (무성의한 접객 행위, 잘못된 A/S, 고객에 대한 직원의 인식 부족, 상품에 대한 정보 제공 미흡 등)

3) 불만 고객의 대처 방법

① 모니터링 시행 및 매뉴얼 제작 : 고객 모니터링을 통해 불만 발생 원인, 해소

방법에 대한 매뉴얼 제작이 필요하다.

② 최적 프로세스 설계 및 실천 : 고객 니즈를 사전에 파악하여 니즈와 서비스 제공자 사이의 갭을 줄일 수 있는 프로세스를 설계, 실천해야 한다.

2. 차별화된 서비스의 필요성

(1) 개념

1) 정의

자사의 상품, 서비스가 경쟁사에 비해서 독특하다고 인식되며 더 잘 기억될 수 있도록 구매자에게 확실하게 구별시키기 위한 전술이다.

2) USP

① 미국 광고계의 대가로 활동하던 로저 리브스(Roser Reeves)는 1960년대 USP(Unique Selling Proposition) 전략을 발표했는데 이는 차별화 전략의 개념을 모두 포함하는 것이다.

② USP는 자사 제품만이 갖고 있는 독창적 장점을 전달해야 하고, 그것은 다른 경쟁사에서는 찾아볼 수 없다는 것을 소비자에게 알려야 하는데 수백만 소비자의 마음이 움직일 만큼 대규모로 강력하게 알려야 한다는 것이다.

(2) 필요성 ★

1) 고객의 다양화와 이질성

① 고객 기호가 다양해지고 고객간 이질성이 커지면서 각 고객에게 맞는 서비스 제공이 필요하게 되었다.

② 과거에는 냉장고만 있었다면 지금은 김치 냉장고, 화장품 냉장고, 와인 냉장고 등이 등장하였다.

2) 기업 제품간 유사성 증가

① 기업간 기술 수준이 평준화되면서 제품의 차별성은 감소하고 제품의 유사성은 증가하게 되었다.

② 제품이 아닌 디자인 또는 서비스 등의 차별화로 기업 경쟁력을 강화할 수 있다.

3) 다양한 고객의 니즈 만족

① 고객의 니즈는 매우 다양하므로 고객 특성에 맞는 서비스의 제공이 필요하다.

② 휴대폰 매장을 찾는 고객들의 목적은 단순한 휴대폰 구입뿐만 아니라 A/S, 요금 납부, 멤버십 서비스 가입 등 고객 니즈는 매우 다양하다.

③ 또한 상권 위치 별(대학가, 오피스, 주거 상권 등)로 고객 특성 및 니즈가 다양하므로 차별화된 맞춤 서비스가 필요하다.

3. CS 경영 기본 개념

(1) 개념

1) 의의 ★★

① 고객 만족 경영(CSM : Customer Satisfaction Management)은 고객의 기대 대비 만족 수준을 높이기 위해 지속적인 고객 기대와 만족 수준을 조사하고, 불만족 요인을 개선하여 고객 만족을 높이는 활동이다.

② 기업 경영의 중요한 요소는 새롭고 가치 있는 상품, 서비스를 제공함으로써 고객 만족을 극대화시키는 것이다.

③ CS 경영의 목표는 CS 경영을 통해 신규 고객 및 충성 고객 증가를 통해 기업 경쟁력을 강화하고, 이익 창출을 극대화하는 것이다.

④ CS 경영은 고객이 제품 가치에 대해 만족할 수 있도록 하여 충성 고객을 확보하고 이를 반복적, 지속적으로 창출해 나가는 경영 방식 및 전략이다.

⑤ CS의 역사는 1972년 미국 농산부에서 농산품에 대한 소비자만족지수(Index of Consumer Satisfaction)를 측정 발표한 데로 거슬러 올라간다. 1975년부터 5년간에 걸쳐 미국소비자문제국이 실시한 '소비자 불만처리' 조사 결과를 기초로 만들어진 '굿맨(Goodman) 이론'에서 고객들의 정서적인 불만요소를 정량적으로 지수화해 발표하면서 미국과 유럽, 일본을 중심으로 CS 경영이 발전하게 되었다.

2) 중요성 ★★

① 기업의 상품, 서비스에 만족하면 고객은 기업의 충성 고객이 될 수 있다.

② 고객 만족은 가격 우위 효과를 가지기 때문에 장기적으로 높은 이윤을 창출할 수 있다.

③ 기업의 불필요한 투자를 사전 방지할 수 있고, 마케팅 효율성을 높여준다.
④ 고객의 입소문을 통한 광고 효과를 높일 수 있다.

3) CS 경영의 성공 요인 ★

① 최고 경영자의 리더십
② 고객 중심의 조직 문화
③ 충분한 보상과 지원
④ 혁신적 프로세스 기법

4) CS 경영시대의 도래 ★

① 공급자 우위 시장 → 소비자 우위 시장
　산업혁명 이전에는 공급자 우위 시장이었으나 산업혁명 이후 공급이 수요를 초
　과하면서 고객 만족이 경영의 중요한 화두가 되었다.
② 마케팅 믹스의 4P와 4C 동시 고려
　생산자 혹은 기업 입장의 근시적 4P에서 벗어나 소비자 중심의 4C를 동시에 고
　려하여 활용하기 시작하였다.

4P 관점	Product (제품) Price (가격) Place (유통) Promotion (판매촉진)	4C 관점	Customer Needs (소비자 욕구 충족) Cost (비용, 가치) Convenience (편리성) Communication (쌍방향 커뮤니케이션)

○ **전통적 마케팅 믹스 4P** ★

· Product(제품) : 물리적 특성, 브랜드, 서비스, 품질 등
· Price(가격) : 표준 가격, 가격 수준, 할인, 차별화 등
· Place(유통) : 경로, 배송, 재고, 채널 관리, 매장 위치 등
· Promotion(판매촉진) : 광고, 판촉, 홍보, 마케팅, DM 등

○ **최근의 마케팅 믹스 4C** ★

· 소비자 욕구를 충족(Customer Needs)시키기 위해 소비자 비용(Cost)를 줄이고, 소비자가 원하는 편리한 곳(Convenience)에서 구매할 수 있도록 하며, 지속적인 관계 유지를 위해 소통(Communication)하는 것이다.

③ 전통적 마케팅 믹스 4P와 확장된 마케팅 믹스 3P

전통적 마케팅 믹스 4P에 확장된 마케팅 믹스 3P를 합한 것으로 서비스 마케팅 믹스 7P라고 한다.

○ **확장된 마케팅 믹스 3P**

· People(사람) : 고객 관계 관리, 고객 행동, 직원의 선발/교육/훈련/동기 부여 등
· Physical Evidence(물리적 증거) : 건물, 시설, 직원 복장, 계산서, 명함 등
· Process(생산과정) : 서비스 제공 단계, 정책, 제도, 고객 참여 수준 등

④ 총체적, 전사적 품질 관리(TQM)기법으로의 변환

TQM(Total Quality Management)은 '종합적 품질 경영', '전사적 품질 경영'의 의미로 모든 계층에서 조직의 작업 과정을 개선시키는 데 관여하는 방법으로 고객 만족을 위한 전략적, 통합적 관리체제이다.

⑤ 고객 범위 확대

외부 고객(소비자)뿐만 아니라 내부 고객(직원)을 동시에 만족시킬 때 기업의 성장이 가능하다.

⑥ 고객 만족 경영(CSM)의 유의점

㉠ 고객은 예전 경험을 기준으로 서비스를 판단하고, 높아진 고객 기준은 낮아지기 어렵다.

ⓛ 고객의 기준에 미치지 못하면 불만이 발생하고, 불만 고객은 다시 기업의 고객이 되기 어렵다.

⑦ 고객 만족 경영(CSM)의 필요성

ⓐ 기존 고객을 잃지 않는 것이 가장 중요하다.

ⓑ 신규 고객을 창출하는 비용은 기존 고객을 유지하는 비용의 4배가 든다.

ⓒ 만족한 고객들은 구매를 반복적으로 하고, 긍정적인 구전을 통해 신규 고객을 창출할 수 있도록 하며, 이윤을 창출함으로써 기업 경쟁력을 강화한다.

(2) 구전 ★★★

1) 의의

① 고객의 수요가 다양화됨에 따라 주변에 있는 가족, 친구 등의 의견을 신뢰하고 TV, 광고 등 대중 매체의 영향력은 감소하는 추세이다.

② 구전 효과는 입소문 마케팅, 바이럴 마케팅이라고도 하는데 한 사람이 다른 사람과의 의사 소통을 통해 다른 사람에게 영향을 미치는 것을 말한다.

③ 구전은 소비자의 의사 결정에 결정적인 영향을 미치며 실제로 모든 소비자 제품 결정의 약 2/3는 이 구전의 영향을 받는 것으로 추정된다.

2) 구전 효과

① 기업에 의해 정보가 형성되지 않고, 개인 경험에 의해 형성된 정보이기 때문에 고객들이 신뢰할 수 있다.

② 상품에 대한 불만이 많은 사람들에게 빠르게 확산되어 기업 이미지와 매출에 부정적 영향을 줄 수 있다.

③ 문서나 다른 기타 매체보다 개인 간 상호 작용이 더 파급 효과가 크다.

④ 개인의 실제 사용 경험에 기인하기 때문에 보다 정확한 정보를 제공한다.

⑤ 고객간 제품, 서비스 추천을 통해 재방문, 재구매 등이 이루어지기 때문에 기업 인지도 및 브랜드 선호도가 높아진다.

⑥ 일방적이 아니라 쌍방적 의사소통이 이루어지는 특징이 있다.

⑦ 소비자 간의 구전은 일반적으로 매우 신뢰성이 높은 정보의 원천이다.

⑧ 소비자는 기업이 자사 제품에 대해 제공하는 긍정적 정보를 제품 판매를 위한 것으로 간주하고 신뢰하지 않는 경향도 있다.

⑨ 소비자는 실제 제품 구매를 결정할 경우 상업적 정보보다 자신의 주변 사람들로부터 듣는 비상업적정보를 신뢰하는 경향이 있다.

⑩ 소비자는 구매와 관련된 위험을 줄이기 위해 제품 구매, 가격 등에 대한 정보를 얻기 위해 구전을 활용하는 경향을 보인다.

(3) 고객 만족 경영의 변천 ★

도입기(1980년대)	성장기(1990년대)	완성기(2000년대)
대기업 도입	공공기관, 대부분 기업	TQ, 고객관리 시스템
초보적 친절 서비스	전사적 고객 만족 프로그램 개발 및 적극 활용 고객 만족 경영팀 신설 DB 구축 사이버 고객 관심 전사적 고객 만족 경영체제 A/S 제도	내부, 외부 고객 외 글로벌 고객까지 고객만족 경영 확대 LTV를 고려하여 고객 만족 경영
소극적, 타율적, 보조적	자율적, 적극적	생활화, 선도 역할
기업 중심 경영	고객 중심 경영	고객 감동 경영

 참고

○ **고객 만족 경영의 변천** ★

도입기 (1980년대)	· 몇몇 기업에서만 고객 만족 경영 개념을 보조적으로 사용
성장기 (1990년대)	· 공공기관 및 대부분 기업에서 고객 만족 개념을 도입 · 전사적 고객 만족 달성을 위한 경영 방식이 도입
완성기 (2000년대)	· CRM 경영기법이 보편화되고 LTV 중심의 고객 만족 경영이 발전 · TSC(총체적 고객 만족 경영) 혁신 강조

○ **고객 만족 경영의 3대 원칙**
· 고객 접점에서 MOT를 최우선으로 하는 경영 실천이 필요하다.
· 고객만족도를 측정 후 경영의 지표로 삼는 시스템을 구현한다.
· 경영자와 관리자가 주도하여 CS 경영을 조직적, 지속적으로 추진한다.

(4) 고객 만족 경영 패러다임의 변화

1) Push 마케팅 → Pull 마케팅

① Push 마케팅
    ㉠ 기업의 내부에서 외부로 향하는 전략이다.
    ㉡ 고압적인 마케팅으로 소비자의 욕구는 무시하고 기업 내부적 관점에서 제품
      을 생산하여 마케팅하는 전략이다.

② Pull 마케팅
    ㉠ 기업의 외부에서 내부로 향하는 전략이다.
    ㉡ 과학기술의 발달로 고객들 스스로 정보 공유를 할 수 있는 힘이 생기면서
      고객이 기업의 마케팅에 참여하는 전략이다.

2) 생산자 위주 → 소비자 위주 변화 ★

과거(기업 중심)	패러다임	현재(고객 중심)
기업 우위	힘	고객 우위
일방적	커뮤니케이션	쌍방향적
시장 점유율	마케팅 목표	고객 점유율
제품	관리 기반	고객
기업의 현재 가치	중시 가치	고객의 평생 가치
표준화, 비차별적, 매스 마케팅	마케팅 방법	개별화, 데이터 베이스, 일대일 마케팅
제품	판매 대상	서비스
100% 마켓, 10% 고객	BSC(균형성과표)	100% 고객, 10% 마켓
획득(Acquistion) 전략	고객 경영의 목표	개발(Development), 유지(Retention), 공유(Sharing) 전략

(5) 고객만족 이론

1) 기대-불일치 이론 ★★★

① 올리버(1981)가 제시한 이론으로 소비자의 만족과 불만족을 이해하는 데 대표적
   인 방법이다.
② 고객 기대보다 성과가 높으면 만족하는데 이를 긍정적인 불일치(positive
   disconfirmation)라고 하고, 성과가 기대보다 낮을 경우 불만족하는데 이를 부정
   적 불일치(negative disconfirmation)라고 한다.
③ 이 이론에 근거한 연구로는 인지적 불협화 이론, 대조 이론, 동화-대조 이론, 비
   교수준 이론, 일반화된 부정성 이론 등이 있다.

2) 공정성 이론(Equity Theory) ★★★

① 1960년대 초 애덤스(1965)에 의해 공정성 이론이 처음 개발되었다.
② 개인은 자신이 투입한 만큼 공정한 결과를 받기를 기대하고, 자신들의 성과를 최대로 할 수 있다고 지각하고 있다는 것이다.
③ 고객 만족의 성과는 물질적인 제품 성과뿐만 아니라 심리적 요인도 있기 때문에 공정성은 성과 판단의 중요한 기준이 된다.
④ 이 이론은 사회적 비교 이론, 분배 공정성, 균형 이론, 교환 이론이라고도 한다.

[공정성 분류] ★★★

도출 결과의 공정성	· 결과에 대해 지각하는 공정성 · 예시) 임금, 승진, 조직 내 인정 등
절차상의 공정성	· 사용하는 절차나 규칙에 관한 공정성 · 예시) 기준, 정책, 방침, 정확성, 윤리성, 일관성 등
상호작용의 공정성	· 고객 응대 태도에 대해 지각하는 공정성 · 예시) 예의, 정직, 의사소통 방법 등

3) 귀인 이론(Attribution Theory) ★

① 귀인 이론은 프리츠 하이더(1958)가 처음 제기하였으며, 해럴드 켈리(1967)가 분석 후 실질적으로 시작되었다.
② 자신이나 다른 사람들의 행동 원인을 찾기 위해 추론하고 이해하는 이론이다. 사람들은 행동을 행위자의 기질, 능력, 의도, 태도, 성격 특성과 같은 내부 요소로 귀인할 수 있고, 기분, 선호도, 운수, 역할, 일의 성격 등의 상황적인 외부 요소로 귀인할 수 있다.
③ 이 이론은 제품 또는 서비스의 성공과 실패에 대한 원인과 불평행동을 설명하는 데 이용하였다.
④ 결정 요인 ★★★

차별성	· 개인 행동이 다양한 상황에서 나타나는지 특정 상황에서 나타나는 것
협의성	· 유사한 상황에 직면한 모든 사람이 같은 방식으로 반응하는 행동
지속성(일관성)	· 개인이 장기적으로 지속적인 특정 행동을 하는 것

⑤ 위너(1980)의 3가지 귀인이론

인과성의 위치	서비스 실패 원인이 자신 또는 상대방에게 있는지 추론하는 것 고객이 외부적 요인으로 판단할 경우 사과, 보상 요구
안정성	실수가 일시적 또는 영구적 또는 반복적인지에 따라 원인을 추론하는 것
통제성	원인이 의도적 또는 비의도적인지 추론하는 것

4) 교환 이론 ★

① 호만스(G. Homans)가 사람의 사회 행동을 주고 받는 교환 행동으로 보고 정립한 이론이다.

② 사람은 이윤을 얻기를 바라고, 자신이 지불한 투자액에 비해 반드시 이윤이 있어야 행동을 취하며, 최대한의 이익을 기대하고 행동한다는 이론이다.

③ 개인간 관계는 물론이고, 개인과 집단, 집단과 집단의 관계에서도 물질적, 정신적 보상(권력, 명예, 지위 등)을 얻으려는 기대 때문에 교환관계가 성립된다.

5) Richins의 소비자 불평행동 모델★★★

① 소비자 불평행동을 세 가지 인지적 과정으로 설정하고 그것을 하나의 과정으로 보는 이론이다.

② 세 가지 과정은 만족, 불만족 평가, 귀인 평가, 대체안 평가로 이루어진다.

4. CS 경영 사례 연구

(1) 고객 만족 경영 실천 10단계

1단계	고객 만족의 이념 확립
2단계	고객 만족 책임자 선정
3단계	고객 만족도 조사 및 분석
4단계	목표설정 및 중점사항 검토, 실천 방안 모색
5단계	고객 만족 이념 교육 및 홍보 활동 전개
6단계	실천 프로그램 구성
7단계	상품 및 서비스 개선
8단계	결과에 대한 점검, 개선활동 평가
9단계	성과에 대한 인식과 보상, 우수 개선 사례 발굴, 홍보
10단계	고객 지향적 문화 형성 및 대외적 이미지 창출

(2) 미국 노드스트롬 백화점 사례 ★★★

1) 경영철학

노드스트롬 백화점의 경영철학은 최고의 서비스(Exceptional Service), 구색(Selection), 품질(Quality), 가치 (Value)로 고객 봉사주의를 기초로 한 것이다.

2) 가족경영 기업문화

노드스트롬 백화점은 4대에 걸쳐 가족 경영을 하고 있는데 이는 회사에 대한 깊은 이해, 일관된 메시지, 장기 계획의 안정성 등의 장점을 가진다.

3) 역피라미드 조직

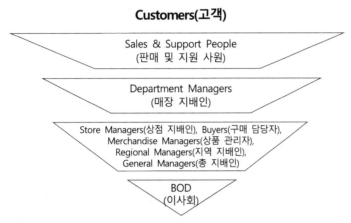

① 1997년 포춘 지의 고객만족도 조사 결과 노드스트롬(백화점, 대형 할인점 부분)이 최고 점수를 얻었는데 이는 서비스에 대한 리더들의 생각과 직원들의 능력에 대한 신뢰였다.

② 노드스트롬은 무조건적인 반품을 꺼리지 않고, 매장 홍보로 생각한다.

③ 현장 직원이 경영 정책을 인지하고, 실천하고 있는 것은 매우 특별한 점이다.

4) 현장배회경영

노드스트롬은 직원에게 적극적으로 권한을 위임하지만, 권한에 따른 역할 수행을 잘하고 있는지 확인을 위해 비공식적 현장배회경영을 실시하고 있다.

○ **현장배회경영(MBWA : Management By Wandering Around)**

· 1980년대 미국 경영이론가 '톰 피터슨'이 주장한 것으로 의사결정을 하는 경영자가 직접 현장을 방문하여 이야기를 나눔으로써 정보나 의사를 주고 받는 것을 말한다.

· 3현주의(현장, 현물, 현실)에 의해 업무 수행을 빠르게 처리하는 방법이다.

· 효과 : 필요한 정보를 얻고 경영에 반영 가능, 직원들의 현장감 있고 솔직한 의견 수렴 가능, 정보의 왜곡이 없으며, 현장에서 직접 문제 해결 지원 가능 등

5) 내부고객만족정책 ★★★

① 종업원 채용 및 인사 관리

　　㉠ 종업원을 고객과의 거래 성공에 중요한 인적자원으로 생각하기 때문에 선발 방식이 매우 까다롭다.

　　㉡ 학력 또는 경력 대신 자신의 일에 자부심을 가지고 있고 다른 사람에게 진심으로 즐거움을 줄 수 있는 사람을 선발한다.

　　㉢ 선발된 종업원은 철저한 고객 서비스 의식 교육을 받으며 사기 향상을 위해 내부 승진을 원칙으로 한다.

　　㉣ 판매 사원, 매니저, 상품 구매자 모두 커미션을 지급하기 때문에 관련 종업원들은 고객에게 더 좋은 서비스를 제공하고 매출을 증가시킬 수 있는 방법을 연구한다.

② 권한위임

　　㉠ 외부 고객보다 내부 고객을 먼저 섬긴다.

　　　노드스트롬은 직원들이나 판매사원들의 업무적, 일상적 대화에 주의를 기울여 고객에게 만족스러운 서비스를 제공할 수 있는 마음 상태를 유지할 수 있도록 특별한 대우를 하고 관리한다. 또한 직원들은 고객 서비스에 관해 스스로 결정할 수 있는 권한이 있기 때문에 상사에게 물어보겠다는 말을 듣기 어렵다.

　　㉡ 모든 규칙과 규정을 없앤다.

　　　노드스트롬의 사규는 "모든 상황에서 결정은 오직 스스로의 판단에 따라 내리며, 그 외에 다른 규칙은 없다."는 단 하나이다. 이는 노드스트롬의 기업 문화 핵심으로 고객 서비스를 접점 직원에게 일임하고 업무에 필요한 것들을 제공하라는 의미로 리더의 고객 서비스에 대한 식견과 종업원들에 대한 신뢰가 포함되어 있다.

　　㉢ 직원들은 개인 사업가 같은 기업 문화가 형성되어 있다.

　　　현장 직원의 주도권 인정, 아이디어를 기대하는 등 노드스트롬은 모든 결정 권한을 현장에 위임하고 판매 커미션을 제공함으로써 직원 모두가 사장처럼 일하는 기업문화가 형성되었다. 직원들의 자율성으로 직원 만족도가 높아지고 이는 고객 만족으로 이어진다.

　　㉣ 보상 및 인센티브 제공을 통해 동기부여 한다.

　　　노드스트롬은 소매업계 최초로 판매수수료 제도 도입, 각종 포상 제도 신설을 통해 직원 능력에 따른 수익을 올릴 수 있게 하여 자발적인 업무 참여를 가능하게 한다.

ⓜ 팀워크를 장려한다.

성과가 뛰어난 직원에게 개인 포상뿐만 아니라 매장 포상도 실시하여 스타 직원이 될 수 있도록 직원들을 격려하고, 팀워크의 중요성을 인식시킨다.

ⓗ 종업원 지주제도를 시행한다.

종업원 지주제도를 통해 장기근속자 및 퇴직자는 큰 금액의 연금을 받을 수 있다.

6) 외부 고객 감동 정책

① 고객에게 No라고 하지 않는 기업

노드스트롬의 판매사원은 "고객은 항상 옳다"는 명제 아래 어떤 경우에도 고객에게 NO라고 하지 않고, 최선의 서비스를 제공한다. 고객이 찾는 물품이 없을 경우, 경쟁사에 가서 물건을 구입해 오고, 판매하지 않는 상품의 반품 요구에 반품을 해준 사례도 유명하다.

② 100% 반품, 100% 고객 만족

2%의 비양심적 고객으로 인해 98%의 선한 고객을 희생시키지 않는다는 방침의 100% 반품정책으로 고객에게 신뢰를 준다. 이러한 반품정책은 최고의 서비스 정책으로 이를 경험한 고객들이 주변 고객들에게 알릴 수 있기 때문에 최고의 광고 효과를 가져다 준다.

③ 개인별 고객수첩

노드스트롬의 직원들은 일별, 주별, 월별 행사표와 일일계획표, 전국 매장의 전화번호 등이 수록되어 있는 회사에서 제공한 고객수첩을 잘 활용하고 있다. 이는 오늘날 관계 마케팅(CRM)의 일환으로 볼 수 있다. 종업원들은 이 수첩을 잘 활용하여 고객 이름, 주소 및 전화번호, 사이즈와 체형, 브랜드 선호도, 좋아하는 색상과 스타일 등을 적어 고객 관리에 활용하기도 한다. 또한 이 정보를 이용해 고객 선호 상품을 미리 알려주거나 감사편지를 발송해 고객과의 관계를 강화하고 있다.

④ 다양한 제품 구색

타 백화점들에 비해 다양한 제품 구색을 갖추고 있고 다양한 가격대의 제품을 진열하여 원하는 제품을 구입할 수 있게 하여 다른 백화점에 비해 단위 면적당 매출액이 높다.

7) 특별한 가격 정책

① 신뢰할 수 있는 가격 책정
사전에 바이어가 시장 조사를 실시하여 적정 가격으로 책정하기 때문에 가격이 비싸지 않다. 그렇기 때문에 할인도 전혀 하지 않는다. 고객들은 신뢰할 수 있는 가격 정책 때문에 노드스트롬을 이용한다.

② 가격보다 서비스 경쟁
노드스트롬은 정상 이윤 또는 약간 낮은 이윤을 추구한다. 하지만 가격 경쟁 대신 차별화할 수 있는 서비스 강화에 주력하고, 브랜드 개발 후 최적 가격으로 판매한다.

③ 독특한 할인 매장
할인 매장 형태의 노드스트롬 랙을 운영하여 재고 상품뿐만 아니라 알려지지 않은 양질의 브랜드를 발굴하여 판매한다. 그리고 셀프 서비스 판매, 하이테크 점포 운영, 저비용 점포 등으로 효율적인 운영을 하고 있다. 할인 매장이지만 질 낮은 상품을 취급하지 않고 합리적 가격, 좋은 서비스와 매장 분위기 등은 백화점과 비교해도 손색이 없다.

④ 고객을 위한 휴식 공간
고객이 물건을 사지 않더라도 어떤 매장이든 거리낌 없이 구경할 수 있고, 상품을 충분히 살펴볼 수 있다. 노드스트롬은 고객이 매장에서 휴식하는 것도 고객 서비스로 생각하기 때문에 어느 지점을 방문하더라도 가든 입구에 커피 전문점이 있고, 쾌적한 안락 의자에서 피아노 연주 감상 등을 할 수 있으며, 다양한 이벤트를 제공하고 있다. 또한 고급스러운 내부 장식과 고풍스러운 유럽과 현대 양식의 조화, 지역 입지에 맞는 점포 설계, 지역 미술가 작품의 실내 설치를 통해 고객에게 친근감을 제공한다.

8) 미래 경쟁력인 고객 서비스

① 실패한 서비스의 회복
서비스도 실패할 경우가 있기 때문에 이런 실패가 기회가 된다는 것을 알아야 한다. 문제를 해결한 고객은 만족도가 상승하고, 매출과 이익에도 영향을 미친다는 연구 결과가 있기 때문에 실패한 서비스에 대해 회복시키고자 노력한다면 기업 성과를 높일 수 있다.

② 고객 평가
노드스트롬은 경영 핵심 목표를 '고객제일주의', 핵심 과제를 '고객 서비스'로 삼고, 모든 직원들이 현장에서 실행할 수 있는 기업 문화로 만들었다. 고객들은 이러 서비스 전략을 긍정적으로 평가하여 기업 성장의 기반이 되고 있다.

③ 미래 지향 고객 서비스

노드스트롬은 100% 반품, 합리적 가격 제공, 고객에게 No라고 하지 않는 업무 처리 방침 등 현장 직원들이 진심으로 고객 서비스를 실천한다. 당장은 이익이 되지 않지만 결국은 고객들이 다시 노드스트롬을 방문하게 만들어 성장을 지속하는 원천이 된다.

④ 불만 고객 관리

연구 결과 불만 고객 1명은 평균 9~10명에게 그 불만을 전파하는 반면, 즉시 불만 해결을 한 고객의 90% 이상이 고정 고객이 되는 것으로 나타났다. 따라서 신속하게 불만을 처리하고 불만이 확대되지 않도록 해야 한다.

⑤ 고객 서비스 우선 주의

빠른 속도로 변화하는 시점에서 모든 기업들은 미래를 위한 효과적인 경영정책을 수립해야 한다. 노드스트롬은 미래를 위해 고객 서비스를 제일 우선으로 한다. 일선 판매 직원에게 권한을 위임하고 자발적으로 의사 결정을 할 수 있게 하여 민첩하고 신속하게 고객 응대가 가능하게 하고 있다.

참고

○ SWOT 분석 ★★★

· 외부요인(기회, 위협), 내부요인(강점, 약점) 분석을 통해 강점을 활용 또는 약점을 보완하여 기회요인을 극대화하거나 위협요인을 극소화하는 등의 미래 전략을 개발하기 위한 도구이다.

SO전략 (강점-기회전략/ 확대전략)	· 시장의 기회를 활용하기 위해 강점을 사용하는 전략 · 시장/제품 다각화전략, 기회이익전략, 추가투자 전략
ST전략 (강점-위협전략/ 안정성장전략)	· 시장의 위협을 회피하기 위해 강점을 사용하는 전략 · 제품 확충 전략, 시장 침투 전략
WO전략 (약점-기회전략/ 우회, 개발 전략)	· 시장의 약점을 극복함으로써 시장의 기회를 활용하는 전략 · 전략적 제휴, 약점 보강 전략, 핵심역량강화전략
WT전략 (약점-위협전략/ 축소, 철수전략)	· 시장의 위협을 회피하고 약점을 최소화하는 전략 · 제품/시장 집중화 전략, 철수 전략

○ 노드스트롬의 SWOT 분석 ★

S(강점)	100% 반품 정책, 다양한 제품 구색, 고객을 위한 휴식 공간, 합리적인 가격, 권한 위임, 판매 인센티브 등
W(약점)	내부 승진에 따른 스트레스, 고비용 등
O(기회)	노드스트롬 랙, 고급 브랜드 선호 현상
T(위협)	가격 경쟁 등

5. CS 경영 발전 가능성

(1) 경영혁명과 3C시대의 등장

1) 경영혁명

피터 드러커는 인류의 역사에는 세 가지 혁명이 있는데 1단계는 산업혁명, 2단계는 생산성 혁명, 3단계는 경영혁명이라고 하였다, 특히 21세기는 고객 중심의 경영 혁명이 요구된다고 하였다.

1단계	2단계	3단계
19세기 산업혁명	20세기 생산성 혁명	현재 경영혁명 (품질, 지식경영, 창조경영)

2) 21세기의 3C ★★★

① 미래학자 마이클 해머는 1990년 '리엔지니어링과 기업혁명'에서 앞으로의 시대는 3S에서 3C시대로 이행된다고 주장하였다.

② 과거의 3S는 Standardization(표준화), Specialization(전문화), Simplification(단순화)이고, 3C는 Customer(고객), Change(변화), Competition(경쟁)을 의미한다.

③ 즉 21세기는 고객 중심의 사고로 급변하는 변화에 대처해야 하고, 경쟁력을 갖춰야 개인과 조직이 성공할 수 있다.

Customer (고객)	21세기는 고객 중심 시대로 고객 만족과 고객 감동 없이는 기업이 생존할 수 없다.
Change (변화)	오늘날 기업은 신속하게 변화에 적응해야 하며 유연하게 모든 방향성을 가지고 움직여야 한다
Competition (경쟁)	21세기는 무한경쟁시대로 기존의 기업 중심 경영에서 고객 중심 경영을 해야 한다.

3) 마이클 포터의 5 force model ★★★

마이클 포터 교수는 산업 경쟁 촉진의 5대 경쟁세력(Five Force) 중 한 개 이상에서 우위를 차지해야 생존할 수 있다고 하였다.

경쟁자	동일한 산업 내 기존 기업들과의 경쟁이 얼마나 치열한지를 의미함
잠재적 진출자 (신규 진입자)	잠재적 진출자가 없을수록 매력적인 시장임
대체재	대체품의 가격 및 효능, 교체 비용 등을 의미함
구매자의 교섭력	소비자에게 강력한 교섭력을 가질수록 매력적인 시장임 구매자의 정보력, 구매비중, 구매량, 제품 차별화 정도 등
공급자의 교섭력	공급 비중의 양, 부품차별화 정도, 교체 비용 등

○ **마켓 센싱(Market Sensing)**
· 다른 경쟁자보다 시장 변화를 빨리 인지하고 이를 자사 마케팅 전략 전술에 반영하는 능력을 말한다.
· 기술 흐름, 시장 흐름, 경기 변화를 실시간으로 파악하는 것을 말한다.
· 예시) 시장 조사, 고객 설문 조사 등

(2) 시어도어베일의 3S 운동

1) 정의

생산성을 향상하기 위한 운동으로, 표준화(standardization), 단순화(simplification), 전문화(specialization)의 3개의 영문 머리글자를 따 '3S'라고 한다.

2) '포드주의'가 도입한 3S 운동 ★★★

① 표준화(standardization): 이후에 실행해야 할 행위, 구성요소의 규격 등 복잡함을 일으키는 요소들에 대한 기준을 잡는다.
② 전문화(specialization): 문제 또는 목표에 대해 다양한 지식, 기술 등을 적용한다.
③ 단순화(simplification): 현재 제품 계열 중 수익이 낮거나 적자를 내고 있는 제품을 축소해 나간다.

(3) 총체적 고객 만족 경영(TCS ; Total Customer Satisfaction) ★★★

1) 정의

① 고객 만족 경영이 일반화되었기 때문에 한 차원 높은 고객 만족 경영 추진을 통한 총체적 혁신방법이 제시되었는데 이는 '총체적 고객 만족 경영(TCS ; Total Customer Satisfaction) 혁신'으로 KMAC(한국능률협회)에서 제안하였다.
② 총체적 고객 만족 경영 혁신의 요소 ★★★
서비스 기업의 경쟁력의 요소는 내부 핵심 역량(인사 조직, 정보, 기술, 지식, 프로세스 등)과 시장 경쟁력(요소 상품력, 이미지, 가격, 브랜드, 고객관리) 강화 요소로 크게 나눌 수 있는데 이를 전사 차원에서 고객 지향적으로 혁신해야 한다는 것이다.
③ 총체적 고객 만족 경영 혁신 추진단계

1단계	내부 핵심 역량과 시장 경쟁요인의 객관적 전달
2단계	내부 역량 강화 방안, 시장 경쟁력 강화 방안 마련(혁신전략 방향 설계)
3단계	전사 공유 혁신교육 실시

④ 컨버전스 이노베이션

총체적 고객 만족 경영 혁신의 방법은 각 경쟁력 요소에 맞게 6시그마, 변화관리기법, 도요타생산방식(TPS) 등을 다양하게 통합, 활용해야 한다.

목적	방법
업무 프로세스 중심의 전사 고객 만족 경영 혁신 활동	6시그마 경영혁신과 CS활동의 통합
현장 중심의 고객 만족 경영 혁신 활동	서비스 개선, 워크아웃(Work Out), 퀵윈(Quick Win)
고객 만족도에 영향을 주는 요소를 고객 지향적으로 개선하는 활동	CS활동과 CRM(Customer Relation Management)의 통합
현장영업점의 판매역량 향상 활동	서비스 개선과 영업경쟁력 강화 프로그램 활용
기업 브랜드 전략수립	BI(Brand Identity)전략, 서비스 개선, 마케팅 통합

참고

o 6시그마

· 정의 : 품질이 기업에서 필수적인 요소가 되면서 품질을 측정, 분석, 향상시키도록 하여 모든 불량을 제거하는 품질 향상 운동이다.

· 등장 배경 : 1980년대 초 모토롤라가 품질 불량으로 위기에 빠지자 이를 해결하기 위한 시도에서 6시그마 운동이 시작되었는데 품질 개선이 비용을 절감할 수 있다는 사실을 알게 된다. 이후 GE(General Electric) · TI(Texas Instruments) · 소니(Sony) 등 세계적인 초우량 기업들이 채택함으로써 널리 알려지게 되었다.

6. 고객 감동단계

(1) 개념

고객 감동은 고객 CS의 마지막 단계라고 할 수 있다.

① 1단계

고객 서비스(Customer Service) : 고객에게 다양한 서비스를 제공하는 단계이다.

② 2단계

고객 만족(Customer Satisfaction) : 고객에게 기본 서비스 외에 추가적인 서비스를 제공함으로써 고객을 만족시키고 감동하게 만드는 단계이다.

③ 3단계

고객 감동(Customer Surprise) : 고객 만족에서 멈추지 않고 감동적인 서비스를 제공하여 고객이 깜짝 놀라게 만드는 단계이다.

1) 의의

21C는 기업간 무한경쟁시대로 고객지상주의가 인식되는 시기이다. 따라서 고객이 OK할 때까지 고객에게 감동을 주는 기업만이 생존하고 그렇지 않은 기업은 도태된다.

(2) 고객 만족과 고객 감동

1) 고객 만족

① 고객 만족은 정적이고 일시적인 개념이다.
② 제품의 가격이나 품질 등의 이성적 측면에 대한 고객 불만을 해소시킴으로써 고객 만족을 제공한다.

2) 고객 감동

① 고객 만족의 개념보다 더 강도 높은 개념이다.
② 감성적으로 고객의 충성도를 강화하여 고객이 제품, 서비스의 후원자가 되도록 하는 과정을 말한다.
③ 제품의 이성적 측면뿐 아니라 서비스, 고객관계, 제품 이미지 등의 감성적 측면에서 고객을 열광시킴으로써 장기적이고 지속적인 감동을 제공하는 것이다.

(3) 고객 감동과 고객 테러

1) 고객 테러

기업이 불량 제품, 서비스를 제공하여 고객에게 피해를 주는 것이다.

2) 테러 고객

① 고객 테러를 받은 고객이 해당 기업에 대한 부정적인 이야기를 퍼뜨리거나 유형적, 무형적인 공격을 가하는 것이다.

② 만족한 고객은 충성도가 높아 해당 기업의 동반 고객으로 발전하지만, 불만족한 고객은 해당 기업에 충성도가 낮아 '테러 고객'이 되어 주변에 불만족 경험을 전파한다.

핵심 출제 포인트

· 다양한 관점에 따른 고객 분류 개념 및 고객 특성, 고객(소비자) 행동을 반드시 숙지합니다.
· MBTI의 4가지 선호 경향과 관련된 특징에 따른 이해가 필요합니다.

1. 고객의 정의

(1) 이해

1) 개념 ★

① 좁은 의미의 고객 : 단순히 상품, 서비스를 이용하는 손님을 말한다.
② 넓은 의미의 고객 : 상품을 생산하고, 이용하며, 서비스를 제공하는 과정과 관계된 나 이외의 모든 사람을 말한다.

2) 다양한 정의

① 우리에게 급여를 주는 사람이다.
② 우리가 고객에게 의존하는 것이다.
③ 우리에게 기회를 주는 사람으로 고객은 항상 옳다.
④ 고객을 위해 우리는 존재하는 것이다.
⑤ 우리에게 서비스할 기회를 제공해준다.
⑥ 우리가 자신이 원하는 것을 해주기를 바라는 사람이다.
⑦ 고객과 우리 모두에게 이익이 되기 위해 우리의 할 일은 고객이 원하는 것을 해주는 것이다.

3) 특징 ★

① 고객은 집단이 아닌 개인이다.
② 고객은 언제든지 구입처를 변경할 수 있다.
③ 고객은 다양하고, 요구사항이 많다.

④ 관리된 고객만 구매를 하고, 불평을 들어주면 단골고객이 된다.

⑤ 만족한 고객은 가장 좋은 광고이다.

⑥ 직원 1명의 실수가 고객에게는 100%의 실수로 여겨진다.

(2) 고객의 역할

1) 생산자원

① 고객을 부분 직원으로 부르며 조직의 생산역량을 키워주는 인적 자원의 한 부분으로 본다.

② 서비스 생성 프로세스의 한 부분으로 고객 노력, 시간, 기타 자원으로 공헌한다.

2) 품질에 기여하는 공헌자

① 고객은 서비스 품질, 만족, 가치에 대해 공헌하는 역할을 한다.

② 고객 참여에 의해 서비스 성과가 좋게 나타나며, 고객이 역할을 제대로 하지 않으면 서비스 성과는 좋지 않은 결과로 나타난다.

3) 잠재적 경쟁자

① 서비스 제공 과정의 일부분을 수행하거나 전체적으로 수행한다.

② 고객이 서비스를 직접 생산할 것인지 외부에서 조달할 것인지 수행한다. 만약 내부에서 직접 생산한다면 고객은 서비스 기업의 경쟁자가 된다.

2. 고객의 범주

(1) 개요

기업의 이익 창출은 고객으로부터 나오기 때문에 각 고객의 범주를 명확히 하여 고객별 특성에 맞는 고객 관리와 서비스를 제공하는 것이 기업 경영에서 매우 중요하다.

(2) 분류

1) 기업의 이익, 관계 진화적 과정에 의한 분류 ★★

의심 고객	· 상품, 서비스에 대한 신뢰를 갖지 못하고 의심의 마음으로 바라보는 사람
잠재 고객	· 기업에 대해 인지하고 있지 않거나 인지하더라도 관심이 없는 고객 · 구매 경험은 없지만 향후 고객이 될 잠재력이 있는 고객
가망 고객	· 기업에 대해 인지하고 있고, 관심을 보이며, 신규 고객이 될 가능성이 있는 고객
신규 고객 (일반 고객)	· 처음 기업과 거래를 시작한 고객 · 상품, 서비스를 적어도 한 번 이상 구매해 본 사람
기존 고객	· 기업과 지속적 거래를 하여 고객 데이터가 쌓여 효율적 마케팅과 반복 구매가 가능해진 고객
충성 고객	· 기업 충성도가 높아 별도의 커뮤니케이션이 없이 뭔가를 구매하려고 마음 먹었을 때 해당 기업을 먼저 떠올리는 고객 · 입소문을 내주는 고객

2) 구매 행동 결과에 따른 분류 ★★

구매 용의자	· 자사의 상품을 구매할 능력이 있는 모든 사람
구매 가능자	· 자사의 상품을 필요로 할 수 있으며 구매능력이 있는 사람 · 자사의 제품에 대한 정보를 이미 인식하고 있음
비자격 잠재자	· 구매 가능자 중 자사 상품에 대한 필요성을 느끼지 않거나, 구매능력이 없다고 확실하게 판단되는 소비자 · 예시) 경쟁회사의 임직원
최초 구매자	· 자사의 상품을 1번 구매한 소비자 · 자사 또는 경쟁사의 고객이 될 수도 있음
반복 구매자	· 자사의 상품, 서비스를 적어도 2번 이상 구매한 소비자
단골 고객	· 자사와 지속적인 유대관계를 지니고 있는 소비자 · 경쟁사 전략에 쉽게 동요되지 않음
옹호 고객	· 단골 고객 중 다른 사람에게 자사 상품을 적극적으로 구전활동 하는 소비자
비활동 고객	· 자사의 고객이었던 사람 중 정기적 구매를 할 시기가 지났음에도 더 이상 구매하지 않는 사람

3) 참여적 관점에서의 분류 ★★

직접 고객 (1차 고객)	· 제품, 서비스를 직접 구입하는 고객
간접 고객	· 최종 소비자 또는 2차 소비자
내부 고객	· 기업 내부의 직원, 주주, 가족
의사 결정 고객	· 직접 고객의 선택에 큰 영향을 미치는 개인 또는 집단 · 직접적으로 구입하거나 돈을 지불하지 않는 고객
의견 선도 고객	· 제품, 서비스의 구매보다 제품의 평판, 심사, 모니터링 등에 영향을 미치는 고객 · 예시) 소비자보호단체, 기자, 평론가, 전문가 등
법률 규제자	· 소비자 보호나 관련 조직 운영에 적용되는 법률을 만드는 의회나 정부
경쟁자	· 전략이나 고객 관리 등에 중요한 인식을 심어주는 고객
단골 고객	· 기업의 제품이나 서비스를 반복적/지속적으로 애용하지만, 타인에게 추천할 정도의 충성도는 없는 고객
옹호 고객	· 단골 고객이며 고객을 추천할 정도의 충성도가 있는 고객
한계 고객	· 기업의 이익실현에 해가 되므로 디마케팅의 대상이 되는 고객 · 예시) 고객명단에서 제외, 해약 유도 등을 통한 활동 중지
체리 피커	· 특별 이벤트 기간에 가입해 혜택과 실속은 다 챙기지만, 그 이후부터 찾지 않는 고객

4) 프로세스적 관점에 따른 분류 ★★

내부 고객	· 가치 생산에 직접 참여하는 고객 · 예시) 직원
중간 고객	· 기업과 소비자 사이에서 가치를 전달하는 고객 · 예시) 도매상, 중간상, 대리점
외부 고객	· 기업이 생산한 가치를 소비하는 고객 · 예시) 소비자

5) 현대 마케팅 관점에 따른 분류

소비자	· 상품, 서비스를 최종적으로 사용하는 사람
구매자	· 상품, 서비스를 사는 사람
구매 승인자	· 상품, 서비스의 구매를 허락하고 승인하는 사람
구매 영향자	· 상품 서비스의 구매 의사 결정에 직접·간접적으로 영향을 미치는 사람

6) 그레고리스톤의 고객 분류 ★★★

경제적 고객 (절약형고객)	·고객 가치를 극대화하려는 고객
	·투자한 시간, 돈, 노력에 대해 최대한의 효용을 얻으려는 고객
	·여러 기업의 경제적 강점 검증 및 가치를 면밀히 조사하며 변덕스러운 고객
	·이 고객의 상실은 잠재적 경쟁 위험에 대한 초기 경보신호라고 할 수 있음
윤리적 고객 (도덕적 고객)	·책무는 윤리적 기업의 고객이 되는 것이라고 생각하는 고객
	·기업의 사회적 이미지가 깨끗하고 윤리적이어야 고객 유지 가능
개인적 고객 (개별화 추구 고객)	·개인 간의 교류를 선호하는 고객
	·형식적인 서비스보다 자신을 인정하는 서비스를 원하는 고객
	·최근 개인화 경향으로 인해 고객 정보를 잘 활용할 경우 가능한 마케팅
편의적 고객	·서비스를 받는 데 편의성을 중요시하는 고객
	·편의를 위해서 추가 비용을 지불할 수 있는 고객

3. 고객의 특성

(1) 고객 욕구의 이해

1) 매슬로우의 욕구 5단계 이론 ★★★

① 정의 : 매슬로우(Maslow)는 인간은 5가지 욕구 단계를 가지며, 각 단계별 욕구
가 만족될 때 그 다음 단계 욕구가 커진다고 가정하였다.

자아실현의 욕구
존경의 욕구
애정과 공감의 욕구
안전의 욕구
생리적 욕구

② 단계별 욕구

1단계 생리적 욕구	· 신체적 욕구와 관련된 인간의 가장 기본적 욕구 · 예시) 적절한 양을 적정 가격에 제공하는가
2단계 안전의 욕구	· 물리적, 감정적인 위협으로부터 신체적, 심리적 안전을 바라는 욕구 · 예시) 유기농 야채인가
3단계 애정과 공감의 욕구	· 다른 사람들과의 관계에 의한 애정, 소속감, 우정 등의 욕구 · 예시) 직원이 친절한가
4단계 존경의 욕구	· 자존심, 자율 등의 내적인 요소에 대한 욕구 및 타인으로부터 인정, 주목, 위상 등의 외재적 욕구 · 예시) 직원이 관심을 가져 주는가
5단계 자아실현의 욕구	· 자신의 가능성, 잠재력을 극대화하여 자아를 완성시키려는 욕구 · 예시) 나를 알아주고 남보다 좋은 서비스를 제공하는가

2) 알더퍼의 ERG 이론 ★★

① 정의: 알더퍼(Alderfer)는 매슬로우의 욕구 5단계 이론과 많은 공통점이 있지만, 개인이 3가지 욕구를 동시에 경험할 수 있다는 차이점이 존재한다.

② 개인의 3가지 욕구

존재 욕구 (Existence)	· 인간의 생명과 존재를 보장하는 데 필요한 기본적 욕구 · 예시) 생리적 욕구, 물리적 욕구, 굶주림, 갈증 등
관계 욕구 (Relatedness)	· 주변 사람들과 인간관계를 형성하고 감정 공유를 하려는 욕구 · 예시) 가족, 친구, 동료
성장 욕구 (Growth)	· 자신의 능력을 개발하여 자율과 성공을 이루려고 하는 욕구 · 예시) 자아실현, 잠재 능력

③ 욕구 5단계 이론과 ERG 이론과의 차이점

욕구 단계 이론	ERG 이론
· 특정 시점에 한 가지 욕구 경험 · 욕구 충족이 되면 한 단계씩 상향 이동	· 특정 시점에 다양한 욕구 동시에 경험 · 상하 쌍방식 이행

3) 고객의 기본 욕구

① 고객은 기억되길 바란다.

② 환영받고 싶어 하며 관심을 바란다.

③ 중요한 사람으로 인식되길 바란다.

④ 편안해지고 싶어 한다.

⑤ 칭찬받고 싶어 한다.

⑥ 기대와 요구를 수용해 주기를 바란다.

(2) 고객 DNA

1) 의의

① 넓은 범위의 고객 정보를 말한다.

② "Do Not Annoy"의 약자라고도 할 수 있다.

③ 단순한 고객 프로필에 그치는 것이 아니고 살아 숨쉬는 역동적인 상태와 조건을 말한다.

2) 분류 ★★★

① 인구통계적 DNA

고객 프로필 DNA	이름, 주소, 전화번호, 직장명, 부서명, 직위, 출신학교, 기념일 등
관계 DNA	가족관계(배우자/자녀), 친한 친구, 가입 커뮤니티 등

② 고객 가치 DNA

고객 분류 등급	자신의 고객 분류 기준(예시 : A, B, C급)
계약 정보 DNA	고객 지갑 점유율, 구입 상품명/시기, 구입 빈도 및 횟수, 금액, 고객평생가치 등
구매력 DNA	소득 수준과 소득의 원천, 소득 변화 추이, 재산 상태 등

③ 고객 니즈, 성향 DNA(가장 중요한 DNA)

고객 니즈 DNA	상품에 대한 니즈(선호 브랜드, 상품, 디자인, 색상 등)
고객 선호, 성향 DNA	취미, 특기, 기호, 성격, 의사결정 스타일, 커뮤니케이션 스타일, 문화/예술적 소양 등

4. 고객(소비자) 행동

(1) 고객 행동의 의사 결정 과정

1) 개념

의사결정과정은 욕구 인식-정보 탐색- 대안 평가- 구매- 구매 후 행동으로 이루어진다.

2) 욕구 인식

① 개념

㉠ 서비스 구매과정은 고객 욕구와 구체적 요구에 대한 인식부터 시작한다.

ⓛ 매슬로우의 욕구이론을 가장 많이 사용한다.

② 고객 욕구 분류

실용적 기능적 욕구	삶이 편해지기를 기대하며 제품 구입
경험적 욕구	즐거움, 쾌락을 추구하는 욕구
사회적 상징적 욕구	인정, 존경받고 싶은 욕구

3) 정보 탐색

① 개념

　　　㉠ 욕구 인식 후 욕구를 충족 시킬 제품, 서비스에 대한 정보를 탐색한다.

　　　ⓛ 정보의 원천은 인적 정보(가족, 친구, 전문가 등)와 비인적 정보(대중매체, 인터넷, 광고 등)가 있으며 서비스 구입 시에 인적 정보에 더 의존한다.

　　　ⓒ 위험을 줄이는 단계로 구매 의사결정에 영향을 준다.

② 분류 ★★★

개인적 원천	가족, 친구, 이웃
상업적 원천	광고, 판매직원, 웹사이트, 포장
공공적 원천	대중매체, 소비자 단체
경험적 원천	제품 사용, 시험 조작, 제품 검사

4) 대안 평가

① 개념

　　　㉠ 서비스는 제품에 비해 구매 전 충분한 정보수집이 어려우므로 처음 대안을 선택하는 경향이 크다.

　　　ⓛ 구매 시 고객이 중요하게 생각하는 신념, 태도에 따라 서비스를 긍정적, 부정적으로 평가하는 경향이 크다. 신념, 태도는 학습, 경험에 의해 형성된다.

5) 구매

① 개념

　　　㉠ 기업 매출과 직접적 연관이 있는 단계이다.

　　　ⓛ 서비스는 구입과 동시에 생산되므로 여러 위험 부담을 가지게 된다.

② 구매 의사 결정 시 방해 요인

　　다른 구매자의 후기, 서비스 제공자의 불친절, 고객 자신의 문제, 친밀한 사람들의 부정적 태도 등이 있다.

③ 의사 결정 시 위험 감소 방안

무료 쿠폰, 포인트, 가격 할인, 시설 개방 등이 있다.

④ 위험을 감소시키기 위한 소비자 행동

소량 구매 후 대량 구매, 상품 보증이 강한 제품 구매, 유명하거나 과거에 만족했거나 긴 보증기간의 브랜드 구매, 신뢰할 수 있는 사람에게 정보 획득 등이 있다.

5) 구매 후 행동

① 개념

㉠ 소비자가 선택한 대안이 욕구와 기대에 부합하는지 평가하는 단계이다.

㉡ 재구매 의도 및 재거래 여부에 큰 영향을 미친다.

㉢ 구전, 긍정적 또는 부정적 편견, 불만족 귀인, 브랜드 애호도 등으로 나타나게 된다.

(2) 고객행동의 영향 요인

1) 문화적 요인 ★★

① 특정 사회가 지니고 있는 가치관, 태도, 살아가는 방식을 말한다.

② 문화는 점진적으로 변화하는 동태성을 갖는다.

③ 신념이나 가치 또는 관습이 문화적 특성으로 인정받기 위해서는 대다수 구성원에 의하여 공유되어야 한다.

④ 사회구성원들에 의하여 공유된 관습은 유지되기를 바라고 다음 세대로 계승되기를 바란다.

⑤ 사람의 일상적인 생활은 규범에 의해 생리적, 사회적, 개인적 욕구 해결의 방향 및 지침이 되고 아울러 외부 사회집단의 압력에 의한 연대성을 갖는다.

⑥ 태어나서 성장하면서 가족 및 다른 사회계층 집단에 의해 가치관, 선호성, 지각, 행동을 습득, 학습 한다.

⑦ 연대성, 공유성, 규범성, 학습성, 총체성, 변동성, 축척성의 특성을 가진다.

2) 개인적 요인

① 생애주기단계: 고객 생애가치를 높이기 위한 생애주기 분석 중요

② 라이프스타일: AIO(Activities, Interest, Opinion) 분석 중요

③ 성격과 자아개념: 주위환경에 대하여 일관성있고 지속적인 반응과 자신 또는 타인이 보는 자신의 이미지

3) 심리적 요인

① 동기: 해소되지 않는 욕구는 긴장을 유발하고 욕구를 줄임으로서 긴장을 해소하려는 충돌이 생김
② 지각: 개인 행동은 개인이 처한 상황에 대한 지각으로부터 영향을 받음
③ 학습: 인지 과정이나 경험을 통해 어떤 대상에 대한 신념, 태도, 행동의 변화가 일어나는 과정
④ 신념과 태도: 신념은 소비자가 속성에 따라 특정 제품이 가지고 있다고 생각하는 성능의 정도이고 태도는 대상에 대한 호의적, 비호의적인 감정을 말함

4) 상황적 요인

① 구매 상황: 구매 과업에 따라 소비자 행동이 달라짐
② 사회 상황: 타인의 영향에 따라 소비자 행동이 달라짐
③ 물리적 환경: 매장 분위기, 매장 음악, 배달 여부, 붐비는 정도에 따라 소비자 행동이 달라짐
④ 시간 상황: 쇼핑 시간, 시간적 여유에 따라 소비자 행동이 달라짐
⑤ 선행 상태: 기분, 자금 여유 등 정신적, 신체적 상태에 따라 소비자 행동이 달라짐

5) 사회적 요인 ★★★

① 준거집단은 개인의 행동에 직접적, 간접적 영향을 미치는 집단으로 개인의 사고와 행동방식에 결정적인 역할을 함
② 준거집단의 유형으로는 1차 집단과 2차 집단이 있음
　　㉠ 1차 집단
　　　- 자신의 의지와 무관하게 자동적으로 소속된 집단을 말함
　　　- 구성원 간 접촉 빈도 높고 친밀감이 높아 개인의 행동에 큰 영향을 줌
　　　　(예) 가족, 친구, 동료, 이웃 등
　　㉡ 2차 집단
　　　- 본인 의지에 따라 소속된 집단으로 부분적인 인간관계를 말함
　　　- 특정 목적 달성을 위해 의도적으로 형성 됨
　　　- 이해관계를 바탕으로 공식적, 합리적인 인간관계의 특성을 가짐
　　　- 사회적 복잡성에 따라 필요성이 커짐
　　　- 접촉 빈도와 친밀감이 상대적으로 낮아 1차 집단 보다 영향력 약함
　　　　(예) 직장, 지역 단체, 교회 등

○ **준거집단 영향의 유형** ★★★
· 정보적 영향: 준거집단의 의견을 신뢰성있는 정보로 받아들이는 것으로 전문가, 사회적 비교 이론 등이 있다.
· 규범적/실용적 영향: 소비자가 보상을 기대하거나 차별을 피하기 위해 다른 사람들의 기대에 순응하고자 하는 것을 말한다.
· 가치 표현적 영향: 사람들이 특정 집단에 소속되거나 자신의 이미지를 강화할 목적으로 집단의 행동이나 규범을 따르는 준거집단 영향의 유형을 말한다.

5. 고객의 성격 유형(MBTI)

(1) MBTI의 이해

1) 개념 ★

① MBTI(Myers-Briggs Type Indicator)는 칼 융(C.G. Jung)의 심리유형론을 근거로 캐서린 부룩스(Katharine Cook Briggs)와 이사벨 마이어스(Isabel Briggs Myers)가 일상 생활에 유용하게 활용할 수 있도록 고안한 자기 보고식 성격유형지표이다.

② 융은 인간 행동이 다양성으로 인해 종잡을 수 없는 것 같이 보이지만 아주 질서정연하고 일관된 경향이 있다는 데서 출발하였다. 그리고 인간 행동의 다양성은 개인이 인식(Perception)하고 판단(Judgement)하는 특징이 다르기 때문이라고 보았다.

③ MBTI는 인식과 판단에 대한 융의 심리적 기능 이론, 인식과 판단의 방향을 결정짓는 융의 태도 이론을 바탕으로 제작되었다. 또한 개인이 쉽게 응답할 수 있는 자기 보고 문항을 통해 인식하고 판단할 때 각자 선호하는 경향을 찾고, 이러한 선호 경향들이 하나 또는 여러 개가 합쳐져 인간 행동에 어떤 영향을 미치는가를 파악하여 실생활에 응용할 수 있도록 제작된 심리 검사이다.

[출처 : 한국 MBTI 연구소]

2) 목적 ★

① 성격이 좋고 나쁜 것이 아니라 서로 다른 것이다.
② 변명, 합리화를 위한 것이 아니라 스스로 성장하기 위해서이다.
③ 누구나 장점이나 단점이 있다.
④ 비판하는 것이 아니라 서로 이해하고 받아들이기 위해서이다.
⑤ 자신의 성격 특성을 이해하고 인간관계 및 일 처리 방식에 대해 이해를 하는 것이다.

3) MBTI의 4가지 선호 경향 ★★★

MBTI는 4가지 선호 경향으로 구성되어 있는데 이는 교육이나 환경의 영향을 받기 이전 잠재되어 있는 인간의 선천적 심리 경향을 말한다. 개인은 자신의 기질과 성향에 따라 4가지 지표에 따라 둘 중 하나의 범주에 속하게 된다.

외향형 (Extraversion)	에너지방향 (주의초점)	내향형 (Intraversion)
감각형 (Sensing)	인식기능 (정보수집)	직관형 (iNtuition)
사고형 (Thinking)	판단기능 (판단, 결정)	감정형 (Feeling)
판단형 (Judging)	생활양식 (이행양식)	인식형 (Perceiving)

4) MBTI의 4가지 선호 지표의 특징 ★★★

① 외향형과 내향형

선호지표	E 외향형(Extraversion)	I 내향형(Introversion)
설명	폭 넓은 대인 관계 유지, 사교적, 정열적, 활동적임	깊이 있는 대인관계 유지, 조용하고 신중, 이해한 다음 경험
대표적 표현	·자기 외부에 주의 집중 ·외부활동과 적극성 ·정열적, 활동적 ·말로 표현 ·경험한 다음에 이해 ·쉽게 알려짐	·자기 내부에 주의 집중 ·내부활동과 집중력 ·조용한, 신중한 ·글로 표현 ·이해한 다음에 경험 ·서서히 알려짐

	·폭넓은 대인관계(다수)	·깊이 있는 대화(소수)
	·여러 사람과 동시 대화	·1:1의 대화
	·소모에 의한 에너지 충전	·비축에 의한 에너지 충전

② 감각형과 직관형

선호지표	S 감각형(Sensing)	N 직관형(iNtuition)
설명	오감에 의존, 실제 경험 중시, 현재 초점, 정확하고 철저한 일 처리	육감, 영감에 의존, 미래 지향적, 가능성과 의미 추구, 신속하고 비약적인 일 처리
대표적 표현	·지금, 현실에 초점 ·사실적 사건 묘사 ·실제의 경험 ·나무를 보려는 경향 ·가꾸고 추수함 ·사실적이고 구체적 ·관례를 따르는 경향	·미래, 가능성에 초점 ·비유적, 암시적 묘사 ·숲을 보려는 경향 ·씨 뿌림 ·상상적이고 영감적 ·새로운 시도를 하려는 경향

③ 사고형과 감정형

선호지표	T 사고형(Thinking)	F 감정형(Feeling)
설명	진실과 사실에 큰 관심, 논리적, 분석적, 객관적 판단	사람과 관계에 큰 관심, 상황적, 정상을 참작한 설명
대표적 표현	·진실, 사실에 주된 관심 ·'맞다, 틀리다'의 판단 ·원리와 원칙 ·규범, 기준 중시 ·논리적, 분석적 ·지적 논평 ·객관적 진실 ·간단명료한 설명 ·머리로 결정	·사람, 관계에 주된 관심 ·'좋다, 나쁘다'의 판단 ·의미와 영향 ·나에게 주는 의미를 중시 ·상황적, 포괄적 ·우호적 ·보편적인 선 ·정상을 참작한 설명 ·마음으로 결정

④ 판단형과 인식형

선호지표	J 판단형(Judging)	P 인식형(Perceiving)
설명	분명한 목적과 방향, 기한 엄수, 철저히 사전 계획, 체계적	목적과 방향은 변화 가능, 상황에 따라 일정 달라짐, 자율적, 융통성
대표적 표현	·정리정돈과 계획 ·의지적 추진 ·분명한 목적의식과 방향 감각 ·통제와 조정 ·뚜렷한 기준과 자기의사 ·신속한 결론 ·적절한 폐쇄공간에서의 일	·상황에 맞추는 개방성 ·이해로 수용 ·목적과 방향은 변경 가능하다는 개방성 ·융통과 적응 ·재량에 따라 처리될 수 있는 포용성 ·유유자적한 과정 ·개방적 공간에서의 일

(2) MBTI의 16가지 유형

1) 외향형과 내향형

내향과 외향은 유형도표의 가로축으로 나눌 수 있다. 위에서부터 첫째 줄과 둘째 줄 가로에 내향, 셋째 줄과 넷째 줄에 외향이 위치하고 있다.

2) 감각형과 직관형

감각과 직관은 왼쪽과 오른쪽에 위치해 있다. 왼쪽부터 첫 번째와 두 번째 열에 감각, 세 번째와 네 번째 열에 직관이 위치하고 있다.

3) 사고형과 감정형

사고와 감정은 세로축으로 구분되어 있다. 사고형은 첫 번째와 네 번째 열에 사고, 두 번째와 세 번째 열에 감정이 위치하고 있다.

4) 판단형과 인식형

판단과 인식은 가로행을 기준으로 배치되어 있다. 계획적이고 체계적이며 결론지향적인 판단형은 첫째줄과 마지막 줄에 배치되어 있고, 비교적 유연하고 자유로운 인식형은 가운데에 위치하고 있다.

ISTJ **세상의 소금형** 한번 시작한 일은 끝까지 해내는 사람들	ISFJ **임금 뒷편의 권력형** 성실하고 온화하며 협조를 잘 하는 사람들	INFJ **예언자형** 사람과 관련된 뛰어난 통찰력을 가지고 있는 사람들	INTJ **과학자형** 전체적인 부분을 조합하여 비전을 제시하는 사람들
ISTP **백과사전형** 논리적이고 뛰어난 상황 적응력을 가지고 있는 사람들	ISFP **성인군자형** 따뜻한 감정을 가지고 있는 겸손한 사람들	INFP **잔다르크형** 이상적인 세상을 만들어가는 사람들	INTP **아이디어 뱅크형** 비전적인 관점을 가지고 있는 뛰어난 전략가들
ESTP **수완 좋은 활동가형** 친구, 운동, 음식 등 다양한 활동을 선호하는 사람들	ESFP **사교적인 유형** 분위기를 고조시키는 우호적인 사람들	ENFP **스파크형** 열정적으로 새로운 관계를 만드는 사람들	ENTP **발명가형** 풍부한 상상력을 가지고 새로운 것에 도전하는 사람들
ESTJ **사업가형** 사무적, 실용적, 현실적으로 일을 많이 하는 사람들	ESFJ **친선도모형** 친절과 현실감을 바탕으로 타인에게 봉사하는 사람들	ENFJ **언변능숙형** 타인의 성장을 도모하고 협동하는 사람들	ENTJ **지도자형** 비전을 가지고 사람들을 활력적으로 이끌어 가는 사람들

(3) 유형별 특징 ★

1) 전통주의자 SJ - 감각적으로 판단하는 사람

① 보호자

② 소속과 봉사, 책임감, 의무를 존중하고 위계질서를 존중한다.

③ 보수적 가치관을 가지고 있으며 근면하고 경험을 통해 체득한다.

④ 소속의 욕구, 의무 수행의 욕구, 책임 완수의 욕구를 가지고 있다.

2) 활동주의자 SP - 감각적으로 지각하는 사람

① 장인

② 자발적, 흥취와 자극을 추구한다.

③ 현재에 몰입하고, 절충적이며, 적응적이다.

④ 충동적, 숙달된 기능 실현, 인상(Impression)을 주고자 하는 욕구를 가지고 있다.

3) 지식추구자 NT - 지식적으로 사고하는 사람

① 합리적
② 원리를 파악하고, 사고의 정확성을 추구한다.
③ 이론적, 논리적, 독립적 사고를 한다.
④ 성취, 능력 발휘, 자신감 실현의 욕구를 가지고 있다.

4) 정체감추구자 NF - 직관적으로 느끼는 사람

① 이상가
② 진실, 공감, 공유관계를 원하고 의미와 정체감을 추구한다.
③ 성장 지향적이고, 미래에 대해 관심을 갖는다.
④ 자아실현의 욕구, 잠재력 개발의 욕구를 가지고 있다.

(4) MBTI 유의 사항과 해석 윤리 ★

1) 유의 사항

① MBTI는 성격에 대한 결론을 내리는 기준이 아니라 자기탐색을 돕는 도구이다.
② 선호점수 자체가 능력 유무의 많고 적음을 나타내는 것이 아니다.
③ 환산 전 양극의 선호점수가 같은 것은 양쪽 기능이 모두 잘 발달했다는 의미는 아니다.
④ MBTI 해석에 있어서 자신의 편견이 무엇인지 자각하고 결과를 과신해서는 안된다.
⑤ MBTI 검사 시 윤리성을 지켜야 한다.

2) 해석 윤리

① MBTI의 실시와 해석에 있어서 분명한 목적을 가지고 임해야 한다.
② MBTI의 실시 방법과 절차에 유의해야 한다.
③ MBTI 실시 후 전문적인 해석이 이루어져야 한다.
④ MBTI 해석 시 편견과 오해를 유발해서는 안 된다.
⑤ 유형에 대한 잘못된 이해와 인식을 방지해 주어야 한다.

핵심 출제 포인트

· 고객 관계 관리의 개요 및 성공 전략을 이해하는 것이 필요합니다.
· e-CRM과 관련된 특징을 파악해야 합니다.
· 인간관계의 단계 갈등, 조하리의 마음의 창, 대인지각 개념, 의사소통, 교류 분석(TA)과 관련된 특징은 이해와 동시에 암기가 꼭 필요한 부분입니다.

1. 고객 관계 관리 개요

(1) 개념

1) 정의 ★

① 마케팅 관점:신규 고객 획득 및 기존 고객 유지하여 고객 수익성을 증대시키기 위한 활동
② 정보기술 관점:기업이 보유하고 있는 고객 데이터를 수집, 분석, 가공, 통합하여 개인 특성에 맞는 마케팅 활동 진행
③ 전략적 관점: 판매자와 서비스 제공자가 장기적 고객 관계를 위해 고객 기대를 관리하는 프로세스
④ 메타그룹: 고객에 관한 지식을 지속적으로 듣고, 추출하고, 대응하는 일련의 프로세스. CRM은 기업이나 고객 니즈, 기대치 및 행동을 더 잘 이해하게 하고 이를 통해 사업 기회나 변화에 민첩하게 대처할 수 있도록 도와주는 경영 활동

○ **CRM의 학자별 정의**
· Berry:소비자와의 관계를 창출,유지, 강화하는 마케팅 활동
· Rapp & Collians : 기업과 고객 쌍방 간 호혜적으로 지속적인 관계를 창출하고 유지하려는 마케팅
· Christopher : 고객 외 공급업자, 종업원, 소개자, 영향자 및 내부시장과의 관계를 창출하고 강화하는 활동

2) 등장 배경 ★

① 고객 변화
1990년대 후반 시장 경쟁 및 인터넷 기술의 등장을 통해 다양하고 개성있는 고객의 기대와 요구가 생겨나게 되었다.

② 시장 변화
1990년대 후반 시장 규제 완화 및 시장 성숙, 경기 침체 등으로 시장 수요보다 시장 공급이 증가하게 되었다. 시장은 생산자 중심에서 구매자 중심으로 변화하게 되었고, 기업은 고객 데이터베이스의 분석을 바탕으로 고객 세분화를 통한 고객 마케팅 접근 전략을 도입하게 되었다.

③ IT 기술 변화
컴퓨터 하드웨어의 저장 용량 및 데이터 처리 속도가 발전하면서 방대한 양의 고객 데이터베이스 저장과 마케팅 정보 분석을 가능하게 하였고, 새로운 고객 관리가 가능한 기술이 등장하여 본격적인 CRM 도입이 가능하게 되었다.

④ 기업 패러다임 변화
매출 중심에서 수익 중심으로 기업 경영 방식이 변화함으로써 평생 고객 확보를 위한 고객 관계 경영 방식으로 변화하게 되었다.

⑤ 마케팅 커뮤니케이션 변화
고객이 다양화됨에 따라 단순 상품 및 서비스를 고객에게 알리는 획일적인 매스 마케팅은 더 이상 효과적이지 않다. 따라서 구체적 광고의 목표 수립과 목표 달성을 위한 목표 고객의 니즈와 욕구를 충족시킬 수 있는 차별화된 타깃 마케팅과 장기적 관계 유지를 위한 고객 전략 수립이 필요하게 되었다.

3) CRM의 기대 효과 ★★

1) 마케팅 측면

① 신규 고객 유치 및 기존 고객 활성화를 통해 고객 가치를 창출하고, 고객생애가치(LTV)를 증대시킬 수 있다.
② 고객 라이프사이클 상의 결정적 시점에 효과적 마케팅 활동을 할 수 있다.
③ 고객과 신뢰관계를 통한 정보 교류를 통해 새로운 시장 기회를 포착하는 데 유용하다.

2) 영업적 측면

① 시장 및 고객 니즈의 변화에 신속히 대응하고, 이에 맞는 상품 개발이 가능하다.
② 수익성 높은 고객을 분류하여 목표를 수립하고 이에 따른 표적 마케팅이 가능하다.
③ 틈새시장의 기회를 포착하여 신속히 대응할 수 있다.

3) 고객 서비스 측면

① 고객 이해를 바탕으로 고객 만족을 증대시켜 고객 충성도 및 고객 유지율이 향상된다.
② 반복구매, 교차판매, 추가판매 등의 기회를 제공한다.

4) 채널관리 측면

① 고객 니즈에 맞는 다양하고 효과적인 최적의 채널을 제공한다.
② 비용 절감을 할 수 있는 채널로 고객을 유도할 수 있다.

5) 특징

① 최정환, 이유재의 CRM 특징
  ㉠ 기업에 초점을 맞추는 고객 중심 경영 방식으로 고객이 필요한 상품 서비스, 차별화된 보상 등의 혜택을 제공한다.
  ㉡ 고객 생애에 걸쳐 관계를 구축, 강화 시켜 장기적 이윤을 추구한다.
  ㉢ 마케팅 뿐만 아니라 기업의 모든 내부 프로세스 통합을 요구한다.
  ㉣ 고객과의 직접적 접촉을 통한 쌍방향 커뮤니케이션은 고객 니즈 파악 및 능동적 대응이 가능하다.
  ㉤ 정보기술에 기초를 둔 과학적 제반 환경의 효율적 활용이 요구된다.

ⓗ 고객 생애에 걸쳐 거래를 유지하는 것으로 신뢰를 바탕으로 하는 쌍방향 관계 형성 및 지속적 발전을 시킨다.

② CIO 매거진의 CRM 특징

    ㉠ 기업 업무 프로세스의 통합과 혁신을 추구한다.

    ㉡ 고객과 접하는 프로세스 전체의 효과, 효율성을 추구한다.

    ㉣ 마케팅, 세일즈, 서비스, 고객 접점 등 통합을 통해 고객 정보를 다양하고 적극적으로 활용하고자 한다.

    ㉤ 기존 고객 유지 및 새로운 수요 창출을 통해 수익을 증대 시키는 것이 목표이다.

    ⓗ 고객 세분화를 통해 신규 고객 창출, 기존 고객 유지, 평생 고객화 등의 지속적 사이클을 통해 고객 평생가치를 극대화시킨다.

6) 원리

① 기본 원리: 수집된 고객 정보를 활용하여 [신규 고객 획득- 우수고객 유지-고객 가치 증진- 잠재 고객 활성화-평생고객화]의 사이클을 통해 고객을 적극적으로 관리, 유지하고 고객 가치를 극대화하기 위한 전략

② 돈페페와 마르타로저의 CRM 원리

    ㉠ 자사의 예상 잠재고객을 확인, 규명해야 한다.

    ㉡ 고객 욕구 및 자사의 고객 가치 조건에서 고객을 차별화해야 한다.

    ㉢ 고객의 개별 욕구에 대해 자사 지식을 향상시키기 위해 고객과 상호작용해야 한다.

    ㉣ 고객에 대해 제품, 서비스, 메시지를 고객화해야 한다.

7) 목적

① 고객 점유율 확대: 기존 고객에 대한 능동적인 관계 유지를 통해 고객 데이터 베이스를 활용하여 잠재적으로 고객 가능성이 있는 신규 고객 확보 및 유치를 하여 시장 점유율보다 고객 점유율을 우선 목적으로 한다.

② 매출 및 고객 충성도 향상: 고객 가치 사슬(value chain)을 통해 고객 가치를 향상하여 고객 충성도 향상 및 수익성 극대화를 목적으로 한다.

③ 비용 절감: 고객 운영 및 유지 비용, 마케팅 비용 등의 효율성을 높임으로써 비용 절감 및 수익 증대를 목적으로 한다.

8) CRM 영역

고객 유지	· 초기 관계 마케팅의 주된 관심 영역 · 고객 불만 예방 및 대처 등의 수동적 노력과 고객 요구 전에 부가적 혜택을 제공해야 한다는 능동적 노력이 요구됨
고객 확보	· 외부 DB를 활용하여 신규 고객을 확보하려는 영역 · 우량고객 특성 파악 및 잠재력 있는 고객을 확보하려는 노력이 요구됨 · 예시) MGM(Memebers Get Memebers), 제휴 마케팅 등
고객 개발	· 확보한 고객 가치를 지속적으로 높이는 영역 · 예시) 크로스 셀링 / 업 셀링

(2) CRM 분류 ★★★

CRM에 대한 기본적 분류는 주로 메타그룹의 CRM산업 보고서에 대한 분류기준을 따른다. 메타그룹의 분류에 따르면 CRM은 프로세스 관점에 따라 분석, 운영, 협업 CRM으로 구분된다.

분석(Analytical) CRM	· 영업/마케팅/서비스 측면에서 고객정보를 활용하기 위해 고객 데이터를 추출, 분석하는 시스템 · 고객 캠페인을 통한 타깃 마케팅 수행 · 고객/시장 세분화, 고객 프로파일링, 제품 컨셉 발견, 캠페인 관리, 이벤트 및 프로모션 계획 등의 방법에 대한 아이디어 도출 가능 · 분석도구 : ODS(Operation data store), OLAP(On-Line Analytical Processing), Data mining, Data warehouse
운영(Operational) CRM	· 고객 정보 획득, 활용을 목적으로 고객 접점인 영업과 마케팅, 고객 서비스 등을 연계하는 거래 업무를 지원하는 통합 프로세스 · 영업활동 자동화 시스템(SFA), CTI(Computer Telephone Integration), 고객지원 시스템 등
협업(Collaborative) CRM	· 인터넷 기반의 비즈니스 성장 및 오프라인 기업이 온라인화가 가속화로 인해 인터넷에 대응하는 신 개념의 CRM · 분석과 운영시스템의 통합 및 원활한 CRM 활동을 위해 채널 기술 제공하는 시스템 · 고객 친밀도 증대, 고객 유지율 증대, 신규 고객 창출이 목적 · 솔루션: 콜센터 전화, 이메일, 비디오, 팩스, FOD, 우편 등

(3) CRM 구축 및 실행

1) CRM 구축 과정 ★★

데이터 수집	·기업 내부와 외부 자료 수집 과정을 말한다. ·예시) 고객 정보, 거래 자료, 라이프 스타일 관련 자료, 회계 자료 등
데이터 정제	·데이터에 존재하는 이상치나 중복성을 제거한다.
데이터 웨어하우스	·지속적 고객 관리를 위해 필요하다. ·자주 분석될 데이터에 대해서는 데이터 마트로 관리하고, 데이터 웨어하우스에 대한 비용 지출이 어려울 때는 데이터 마트만 운영한다.
고객 분석 및 데이터 마이닝	·고객 선호도나 요구에 따른 분석을 바탕으로 고객 행동을 예측한다. ·예시) 고객별 수익성, 가치성 측정
마케팅 채널 연계	·분석 결과를 통해 영업부서, 고객 서비스 부서 등에서 마케팅 활동의 자료로 활용된다.
피드백 정보 활용	·마케팅 활동의 결과를 판단하여 의미있는 정보를 마케팅 자료로 활용하기 위해 피드백된다.

2) CRM 시스템 구축 5단계

1단계 기업 특성에 맞는 고객전략 수립	고객 개개인이 어떤 채널을 통해 제품, 서비스를 구매하는지 파악 후 전략 수립
2단계 인프라 구축	데이터 웨어하우스, 백오피스, 프론트 오피스, 전자상거래 등 새로운 커뮤니케이션 채널 확립 정보 지원 분석 및 개별 고객 분석 활동 수행
3단계 데이터 마이닝을 통한 고객 분석과 마케팅	고객 성향 분석 후 구매 창출 잠재 고객과 충성 고객 등 다양한 고객층의 차별화 마케팅 전략 시도
4단계 고객 분석 결과를 실질적 판매 과정에 활용	교차판매, 추가판매, 재구매 등을 통해 평생 고객 가치 극대화
5단계 고객 유지를 위한 서비스, 피드백 관리	고객과 유대 강화, 일탈 고객 감소, 기존 고객을 우수 고객으로 전환

3) CRM 전략 수립 6단계 ★★★

1단계 환경분석	· 내부/외부 시장 환경, 자사/경쟁사 고객 전략 등 다각적 분석
2단계 고객분석	· 현재 자사의 목표 고객을 다각적으로 심층적 분석
3단계 CRM 전략 방향설정	· 기업의 목적, 기대효과, 필요 활동, 주체 등 설정
4단계 고객에 대한 오퍼결정	· 고객 특성의 변수에 따른 마케팅 오퍼 결정
5단계 개인화 설계	· 개인정보와 콘텐츠 관심 정보를 총체적으로 분석하여 서비스 상품 설계
6단계 커뮤니케이션 설계	· 어떻게 고객에게 제공할 것인지에 대한 전달방법을 결정

① 1단계: 환경 분석

　㉠ 고객과 시장 환경을 바탕으로 외부, 내부 환경 및 시장 매력도를 분석한다.

　㉡ 시장 매력도에 영향을 미치는 요인 ★★★

산업요인	공급업자의 협상력, 신규 진입자의 위험, 경쟁자 수준
시장요인	시장의 규모, 매출의 순환성, 매출의 계절성, 시장의 성장성
환경요인	경제적 환경, 정치적 환경, 사회적 환경, 법률적, 기술적, 인구 통계적 환경

② 2단계: 고객 분석

　㉠ 자사고객 대상으로 고객 평가 및 고객 세분화를 심층적으로 분석한다.

　㉡ 수익성 전환을 위한 차별화 고객 서비스를 제공하기 위해 고객을 평가한다.

　㉢ 구매행동변수, 심리적 변수, 마케팅접근방법, 인적특성에 따라 고객을 세분화한다.

　㉣ 고객 평가 방법 ★★★

위험성 점수 (risk score)	기업에 대한 부정적 영향력 점수
수익성 점수 (profitability score)	매출액, 거래기간, 순이익 등 기업 수익에 기여하는 점수
커버리지 점수 (coverage score)	충성도 지표, 교차판매 가능성 등 얼마나 많은 상품을 구매하는지 점수
RFM 점수	최근성, 거래빈도, 구매금액 측정 점수

③ 3단계: CRM 전략 방향 설정

  ㉠ 목적 및 기대효과를 규명하고 목표 달성을 위해 어떠한 활동이 필요한지 찾는 단계이다.

  ㉡ 수익성 전환을 위한 차별화 고객 서비스를 제공하기 위해 고객을 평가한다.

  ㉢ 목적 달성을 위한 활동

고객단가 증대	교차, 추가, 재판매
고객 수 증대	이벤트, 외부업체와 제휴, 기존고객 유지 활동, 기존 고객 추천, MGM 마케팅
구매 빈도 증대	다양한 사용방법 개발

④ 4단계: 고객에 대한 오퍼(Offer) 결정

  ㉠ 고객에게 무엇을 제공할 것인지를 결정하는 단계이다.

  ㉡ 오퍼(Offer) 제공시기: 상품 구매 시점

  ㉢ 오퍼(Offer) 결정기준

거래실적	구매실적, 구매시점, 접촉이력, 포인트, 우량성 점수
고객속성	기념일, 고객 기초 속성

  ㉣ 마케팅 오퍼(Offer)시 제공되는 부가적 혜택

금전적 혜택	직접혜택: 캐시백, 사은품, 사이버 머니 등 간접혜택: 제휴업체 할인, 상품 점검, 상품 수리, 신상품 출시 시 평가 고객 활용
비금전적 혜택	자기존중 및 정보충족 욕구

  ㉤ 거래를 위한 부가적 혜택

사전유인 방법	할인쿠폰 지급, 저가상품 무료제공
사후적 보상	매출액에 따른 마일리지, 항공사 마일리지, 무료 항공권

⑤ 5단계: 개인화 설계

  ㉠ 고객의 인적 특징과 적합한 심리적 특성이 반영되도록 전달하는 단계이다.

  ㉡ 고객과의 관계는 쌍방향 커뮤니케이션을 유지한다.

인적 특성	성별, 직업, 연령, 거주지, 취미 등
심리적 특성	구매 제품 유형, 구매 주기, 웹 페이지 관심도 등

⑥ 6단계: 대화 설계

  고객과 관계 유지, 강화를 위해 고객이 필요한 것을 어떻게 제공할 것인가에 대해 고민하는 단계이다.

2. CRM 성공 분석

(1) CRM 성공 전략 ★★★

1) 신규 고객 확보 전략

① 자사의 상품을 구매해 본 경험이 없는 잠재 고객을 자사 상품의 구매자로 유도하는 전략

② 잠재 고객 발굴 전략 : 고객 데이터를 활용한 고객 접촉 시도, 현재 고객과 유사한 특성을 가진 대상을 찾는 하우스 홀딩 분석 등

③ 신규 고객화 전략 : 제품의 샘플, 광고, 할인쿠폰 제공 등

2) 고객 유지 전략

① 고객의 지각된 위험과 구매 후 부조화를 최소화시키는 전략

② 정보 제공 : A/S, 상품 사용방법, 주변 기기 긍정적인 상품평 제공

③ 이탈 가능 고객 예측 : 인구통계학적 데이터, 거래형태 데이터를 데이터 마이닝 기법을 통해 분석

④ 불평 관리 : 고객에 대한 불평 관리 및 보상 체계 구축

⑤ 수익성 향상 : 고객에 대한 수익성 향상 전략 필요

3) 고객 활성화 전략

① 자사 상품의 구매 빈도를 높이는 전략

② 판매 촉진 전략 : 인센티브, 샘플링, 쿠폰, 경품, 이벤트 등

4) 고객 충성도 제고 전략

① 고정 고객에 대한 차별적 서비스를 통한 고객 관계 강화 전략

② 예시 : VIP 서비스, 고객 등급별 멤버십 서비스 등

5) 교차판매(Cross-selling) 전략

① 특정 상품의 고객에게 자사의 다른 상품 구매를 유도하는 전략

② 예시 : 은행 서비스 이용 시 보험 상품, 카드 상품 판매 등

6) 추가판매(Up-selling) 전략

① 특정 카테고리 내에서 상품, 서비스의 구매 금액을 늘리도록 유도하는 전략

② 예시 : 패스트푸드 서비스 이용 시 단품보다 세트 상품 판매 유도 등

3. CRM 실패

(1) CRM 실패 원인 ★★★

1) CRM에 대한 기업의 지나친 기대

CRM은 기업에 필요한 활동이지만, 성과가 드러나는 데 오래 걸릴 수 있으므로 효과에 대한 환상은 금물이다.

2) 자사의 상황에 부적합한 실행 및 전략 부재, 무계획

CRM은 모든 산업과 기업에 필요한 것은 아니므로 기업 특성에 맞게 실행되지 않거나, 기업이 얻을 수 있는 목표를 명확히 하지 않으면 실패할 수 있다.

3) CRM의 특성과 기능에 대한 불명확한 이해

고객생애가치 등의 고객 이해와 CRM의 특성과 기능에 대해 명확하게 사전 이해하는 것이 전제되어야 한다.

4) 고객 정보 데이터의 빈약성과 무시

필요한 데이터가 없거나 잘못된 데이터를 사용하거나 데이터를 무시한다면 CRM은 실패할 수 있다.

5) 시스템 상의 문제

IT 기술 및 시스템이 제대로 구축되어 있지 않으면 CRM은 실패로 이어질 수 있다.

6) 업무팀간의 협업 부족

최고 경영층의 적절하지 못한 지원이 이루어지거나 고객 중심 사고가 부족하여 팀 간 협조가 잘 이루어지지 않으면 CRM은 실패할 수 있다.

7) 기업 중심의 CRM

CRM 성공의 핵심은 고객 중심이기 때문에 기업 중심의 CRM은 실패할 수 있다.

(2) Gartner Group의 CRM 실패 원인

1) 일부 부서에만 적용 됨
2) 고객, 상품, 제품, 거래내역 등 방대한 양의 고객데이터 무시

3) 정보 시스템 조직과 업무팀 간의 협업 부족

4) 문제 있는 업무프로세스 자동화

5) 기술 숙련도에 대한 미흡

6) 복잡하고 고비용의 프로세스 구현

7) 전략의 부재 및 무 계획

8) 사용자 입장을 고려하지 않은 다양한 기능과 많은 정보 시스템 반영

9) 장기적 IT 전략 미고려하고 기능만을 고려한 포인트 솔루션에 의존

10) 하나의 채널에 집중해 다양한 채널에 대한 미 대응

11) 기업중심 CRM

(3) CRM 발전 방향 ★★★

1) 고객과의 대화를 통해 고객의 변화를 예측할 수 있는 기업으로 변해야 한다.

2) 자사의 발전에 영향을 미칠 수 있는 상품, 기술, 고객관계와 관련된 지식을 획득, 활용할 수 있도록 지식중심의 CRM을 지향해야 한다.

3) 기업은 고객의 지식에 초점을 맞추고 고객의 가치 상승에 따라 기업이 획득하고 활용할 지식의 원천으로서 고객의 의미를 새롭게 인식해야 한다.

4) 단순하게 불평, 불만을 해결하는 고객지원센터가 아니라 고객의 지식을 획득하고 이를 활용할 수 있는 고객주도형 창구로 업무를 개편해야 한다.

4. e-CRM

(1) 개념

1) 정의

① 온라인 상에서 수집한 고객 데이터를 저장하고 고객 행동과 성향을 분석하여 고객을 선별, 획득, 유지하는 일에 우선적으로 투자하는 프로세스이다.

② 1990년대 후반에서 2000년대 초반 도입되었다.

③ 고객 정보 수집과 활용 측면에서 인터넷 기반의 e-Business의 한 형태이다.

④ 고객 관계 관리에 인터넷을 이용하면서 기존 고객 관리 시스템을 재구성하는 것으로 고객 요구 처리 과정의 업무 프로세스를 단순화 했다.

⑤ 고객 접촉에 있어 복수로 분산 관리되던 채널을 통합하면서 인터넷이라는 원 채널로 단일화 하였다.

⑥ 고객 만족을 극대화 하면서 비용 수준을 혁신적으로 감소 시켰다.

2) 구성 요인 ★

① e-Marketing : 인터넷을 활용한 광고, 판촉, PR 마케팅 등
② e-Sales : 과거 구매 이력과 관심 목록, 가격 비교 등 파악, 주문 서비스 생성, 할인 정보, 포인트 등 정보 제공 등
③ e-Service : 서비스 주문, 불편 사항 처리, A/S, 배송, 환불 절차 등
④ e-Community : 쇼핑몰, 인터넷 카페 등 다양한 정보 지원 등
⑤ e-Security : 전자보안서비스, 거래인증장치 등

e-Security 항목	주민등록번호 이용 고객의 동의 없는 개인정보 수집 기술적 관리적 미조치로 인한 개인정보 유출 ID 도용 등 정보 침해 개인정보 수집 시 고지 또는 명시 의무 불이해 물품, 서비스 구입 시점에 거래 인증에 필요한 장치

3) 특징

① 초기 대규모 투자가 필요하다.
② 투자에 비해 신규 고객 진입과 관리에 소요되는 비용은 거의 없다.
③ 이메일, 음성 서비스, 동영상 등의 멀티미디어 수단 통합이 가능하다.
④ 복수 채널 운영으로 인한 불필요한 관리 비용이 절감된다.
⑤ 구매 이력 이외 방문, 광고관심, 게시판의 사용 횟수 등 고객 행동을 표현하는 다양한 정보 사용이 가능하다.
⑥ 커뮤니케이션, 마케팅의 다양성을 중시하여 적극적 고객화를 통한 장기적 수익 실현을 목적으로 한다.
⑦ 채널 간 잡음으로 인한 고객 정보 관계의 오류 발생 가능성이 감소된다.

(2) 구성 ★★

1) 운영적 CRM

① 조직과 고객 간의 관계 향상을 위해 전방위 업무를 지원하는 시스템이다.
② 예시) 콘택트 매니지먼트 시스템, 세일즈포스오토메이션(SFA) 기능 등

2) 분석적 CRM

① 데이터 웨어하우스를 기반으로 고객 정보 분석 및 마케팅 활동을 지원하는 시스템이다.
② 예시) 고객 및 시장 세분화, 제품 컨셉, 이벤트 계획 등

3) 협업적 CRM

① 분석과 운영시스템을 통합한 시스템이다.
② 기업과 고객 간 상호작용을 촉진시키기 위한 고객 접점 도구를 포함하는 서비스 어플리케이션을 말한다.

(3) 효과

1) 공급 업체 간 경쟁의 심화로 구매자의 비용이 절감 된다.
2) 잠재 고객에 대해 저렴한 마케팅이 가능하며, 신규 시장 개척 시에 용이하다.
3) 비즈니스 과정들이 상호 연결되어 세부 과정 간 시간 지연이 제거된다.
4) 시간, 공간 제약 없이 이용 가능하다.
5) 즉각적 재고 관리 및 통합적 제조 기술을 통해 제품, 서비스에 대한 요구를 연결시킬 수 있으며 재고 관리 비용과 불량 재고에 대한 리스크 경감이 가능하다.
6) 빠른 주문 처리 속도 및 단순한 주문 절차로 인해 편리성이 증대된다.
7) 불만이나 추가적 서비스 요구가 즉각적으로 접수되고 처리 과정이 통합되고 신속하게 처리된다.
8) 추가적 고지 사항이나 요구 사항 전달 시 적시에 보완되어 전달된다.
9) 고객 입장에서 거래 비용이 감소된다.
10) 거래당 판매 비용이 감소되고 거래 가능 시간이 늘어나 운영 비용이 감소된다.
11) 효과적 의사소통이 가능하다.
12) 처리 과정의 단순화로 오류가 감소된다.
13) 정확한 업무 처리와 정보에 대한 접근이 용이하다.

5. 인간관계 개선 기술

(1) 인간관계

1) 정의

① 조직 내 사람과 사람 사이의 관계를 말한다.

② 조직의 목적을 달성하기 위해 사람과 사람간에 상호 협력하는 관계를 말한다.

③ 좋은 인간관계는 조직 효율성을 통한 조직의 생산성을 향상시키고 구성원들이 조직에서 성공할 수 있게 하는 원동력이 될 수 있다.

2) 이점 및 문제점

① 인간관계가 좋으면 정서적 지지와 다양한 정보를 얻을 수 있다.

② 인간관계가 나쁘면 정신적 질병(우울증, 자폐증 등)과 신체적 질병(심장 질환, 위장 질환 등)을 얻을 수 있다.

(2) 인간관계의 단계

1) 성립 단계 ★★★

① 휴스턴(Huston)과 레빙거(Levinger) : 두 사람 사이의 상호의존성 정도에 따라 인간관계의 친밀성이 결정된다고 주장했다.

첫인상 형성 단계 (면식 단계)	·직접적 교류가 일어나기 전 단계 ·타인의 표정, 복장, 언어, 동작 등으로부터 인상이 형성되고 상대방에 대한 관심과 호기심을 지니고 있는 상태이다.
피상적 역할 단계 (접촉 단계)	·직접적 교류가 일어나는 단계 ·상황, 제도가 부여한 역할 수행자로서 상호작용을 하며, 역할 자체가 중요시되기 때문에 상호 의존성이나 친밀감이 증진되기 어렵다 ·관계 유지를 위해 교류의 공정성, 호혜성이 주요한 요인으로 작용한다.
친밀한 사적 단계 (상호 의존 단계)	·상호 의존이 일어나는 단계 ·상호 교류가 증진되고 심화되어 공유된 경험의 영역이 넓어지고, 깊은 내면의 세계를 공유함으로써 사적인 관계로 진전된다. ·개인적 수준까지 상호 교류가 발전하며 호혜성 원칙이 초월된다.

② 알트만(Altman)과 테일러(Talyor) : 사회적 침투과정을 단계별로 나누고 이성관계의 발전과정을 정밀히 분석하였다.

1단계 첫인상의 단계	처음으로 상대방에 대해 어떤 인상을 받는 단계이다.
2단계 지향단계	피상적인 정보를 교환하고 상대방을 탐색하는 단계이다.
3단계 탐색적 애정교환	가장 예민하고 불안정한 단계이다.
4단계 애정 교환단계	마음 놓고 상대방을 칭찬하고 비판하는 단계이다.
5단계 안정적 교환단계	속마음을 터놓고 이야기하고 서로의 소유물에도 마음 놓고 접근하는 단계이다.

2) 발전 단계

① 촉진 요인

 ㉠ 지지와 공감: 자신의 고민, 갈등 등을 타인이 이해해주고 지지해줄 때
 ㉡ 체험 공유: 취미, 관심사 등 즐거운 체험을 공유할 때
 ㉢ 도움 교환: 서로 주고 받는 현실적 도움을 교환할 때
 ㉣ 자기 공개: 상대방에게 자신에 대해 털어 놓을 때

② 넬슨 존슨(R.Nelson Jones)의 인간관계심화 필수 요소(3R) ★★★

보상성 (Rewardingness)	·만족감과 행복감을 제공하는 보상성에 의해서 인간관계가 심화된다. ·예시) 지지와 공감, 즐거운 체험, 보살핌, 친밀감, 신체적 접촉 등
상호성 (Reciprocity)	·보상성 효과가 서로 균형 있게 교류되는 것을 의미한다. ·예시) 기브 앤 테이크
규칙 (Rules)	·서로의 역할, 행동 등이 명료하게 설정된 기대나 지침을 말한다. ·사람마다 표현 방식이 다르므로 분명한 교류 규칙 설정에 의해서 인간관계는 심화된다.

3) 해체 및 붕괴 단계

① 거리적, 시간적인 여유가 없어 관심과 만남의 횟수가 줄어들 때
② 갈등을 효율적으로 해결하지 못할 때
③ 기대한 만큼 성과나 만족을 얻지 못할 때
④ 자신이 투자한 만큼 보상이 이루어지지 않을 때(사회보상이론)

(3) 인간 관계의 유형 ★

1) 일차적 / 이차적

① 일차적 : 부모, 형제자매, 동문, 지연, 학연 등에 의해 형성된다.
② 이차적 : 직업적 이해관계, 개인적 매력 등에 의해 형성된다.

2) 수직적 / 수평적

① 수직적 : 상향적, 하향적 의사소통이 있다.
   ㉠ 상향적 의사소통 : 계층 하부에서 상부로 전달되는 것으로 제안제도, 면접 등
   ㉡ 하향적 의사소통 : 상급자가 하급자에게 전달하는 것으로 게시, 구내방송, 강연, 편람 등
② 수평적 : 동일 계층간의 의사 소통으로 회의, 위원회, 회람, 통보 등이 있다.

3) 애정 중심 / 업무 중심

① 애정 중심 : 상대방에 대한 매력, 인격 때문에 관계를 형성하고 긍정적 감정(우정, 사랑 등)을 주고 받는다.
② 업무 중심 : 일 중심적 관계로 상대방과 함께하는 업무 내용과 속성 때문에 관계가 형성된다.

4) 공유적 / 교환적

① 공유적 : 호혜성이 무시되는 관계로 가족, 연인, 친구 사이에서 나타난다.
② 교환적 : 호혜성이 유지되는 관계로 이득과 손실의 균형이 무엇보다 중요하다.

5) 조하리의 마음의 창 ★★★

① 조하리란 고안자인 루프트(Luft, J.)와 잉햄(Ingham, H.)의 이름을 결합한 것으로 일명 '마음의 창', '마음의 4가지 창'이라고도 한다.
② 자기 공개와 피드백 측면에서 인간관계를 진단해 볼 수 있는 방법이 조하리의 창이다.
③ 대인관계의 마음의 상태에는 자신도 알고 상대에게도 인지되는 영역인 '열린 창'(public : 공공영역), 자신은 알고 상대에게는 숨기고 있는 영역인 '숨겨진 창'(private : 사적영역), 자신은 모르고 상대로부터는 잘 관찰되는 영역인 '보이지 않는 창'(blind : 맹목영역), 자신에게도 상대에게도 인지되어 있지 않은 영역인 '암흑의 창'(unknown : 미지영역) 등 4개의 창이 있다.

구분		피드백을 얻는 정도	
		내가 알고 있는 정보	내가 모르고 있는 정보
자기 공개 정도	타인이 알고 있는 정보	공개된영역(개방형)	맹목의 영역(자기주장형)
	타인이 모르고 있는 정보	숨겨진 영역(신중형)	미지의 영역(고립형)

ⓐ 개방형 : 공개적 영역이 가장 넓으며 대체로 인간관계가 원만하다. 적절히 자기표현도 잘 하고 다른 사람들 말도 잘 경청하는 사람으로 다른 사람에게 호감과 친밀감을 주기 때문에 인기가 있다. 단, 공개적 영역이 너무 넓은 사람은 말이 많고 주책스러운 사람으로 보이기 쉽다.

ⓑ 자기주장형 : 맹목의 영역이 가장 넓은 사람으로 자신의 기분, 의견을 잘 표현하고 자신감을 지닌 사람일 수 있다. 단, 다른 사람들 반응에 무관심하여 독단적, 독선적 사람으로 보이기 쉽다.

ⓒ 신중형 : 숨겨진 영역이 가장 넓은 사람으로 다른 사람들 이야기는 잘 경청하지만, 자신의 이야기는 잘 하지 않는 사람이다. 이들 중에는 클렘린형(자신의 속마음을 드러내지 않는 사람)이 많으며 계산적이고 실리적인 경향이 있고, 내면적으로 고독감이 많으며, 현대인에게 가장 많은 유형이다.

ⓓ 고립형 : 미지의 영역이 가장 넓은 사람으로 인간관계에 소극적이며 혼자있는 것을 좋아하고, 다른 사람과의 접촉을 불편해 하거나 무관심한 사람이 많다. 이들 중에는 고집이 세고 주관이 지나치게 강한 사람도 있으나 심리적인 고민이 많고 부적응하는 사람들이 많다.

(4) 인간관계 문제

1) 부정응적 인간관계

① 인간관계의 부적응을 판단하는 기준은 인간관계에서 주관적 불편함을 과도하게 느끼는지의 여부, 사회 문화적 규범의 일탈 여부, 사회 적응에 역기능적 결과를 낳게 되는 관계의 여부, 사회에서 인정하는 문화적 목표와 제도적 수단에 따르지 않는 행동방식 여부 등이 있다.

○ **머튼(R.K.Merton), 아노미 이론(Anomie Theory)의 정의**
· 사회에서 인정하는 문화적 목표와 제도적 수단에 따르지 않는 행동 방식인지의 여부

○ **머튼(R.K.Merton), 아노미 이론(Anomie Theory), 인간관계 부적응 유형** ★★★
· 동조형 – 문화적 목표와 제도적 수단을 모두 수용(부적응자에서 제외)
· 혁신형 – 문화적 목표는 수용, 제도적 수단은 거부(횡령, 탈세, 사기범)
· 의례주의형 – 문화적 목표는 거부, 제도적 수단은 수용(공무원의 복지부동)
· 패배주의형 – 문화적 목표와 제도적 수단을 모두 거부(약물중독, 은둔자, 부랑자)
· 반역형 – 문화적 목표와 제도적 수단 모두 거부, 변혁(혁명가, 히피, 해방운동가)

② 부적응적 인간관계 유형

인간관계 회피형 (인간관계 폭이 제한적인 유형)	경시형	인간관계를 무시하고 고독을 즐긴다.
	불안형	인간관계는 무시하지 않지만, 낮은 자존감 때문에 관계 맺기를 두려워 한다.
인간관계 피상형 (인간관계 폭은 넓으나 깊이는 낮은 유형)	실리형	현실적 이득이 있을 때만 관계를 맺는다.
	유희형	재밌게 즐기기만 하고, 진지한 주제는 꺼린다.

③ 인간관계 미숙형 : 대인관계에 관심은 많지만 기술이 부족하다.

소외형	대인관계에 능동적이지만 부적절한 행동, 외모로 인해 다른 사람들로부터 따돌림을 받는다.
반목형	대인관계에서 사람들과 자주 다투고 갈등이 있다.

④ 인간관계 탐닉형 : 다른 사람과의 관계를 강박적으로 추구한다.

의존형	대인관계에서 다른 사람에게 전폭적으로 의지한다.
지배형	대인관계에서 주도적인 역할을 하지 않으면 만족하지 않는다.

2) 인간관계 갈등 ★

① 갈등의 본질적 요소

상호 의존성	상호 의존관계에 있을 때 발생
상반되는 목표	서로 일하는 방법의 선택 또는 추구하는 방향에 대한 이견을 가지고 있을 때 발생
한정된 자원	자원이 한정된 경우 발생
개입에 의한 좌절	상대가 개입, 방해, 자신의 이익만을 고집할 때 발생
표출된 대립 관계	서로에 대한 반감이 행동으로 표출될 경우 발생

② 갈등의 순기능

　㉠ 변화 초래 : 조직, 개인의 문제점에 대해 관계자들이 관심을 갖는 계기가 된다.

　㉡ 발전과 재통합의 계기 : 갈등이 잘 해결되면 쇄신하거나 발전할 수 있는 계기가 된다.

　㉢ 개인, 조직 향상 : 조직, 개인의 창의성, 진취성, 적응성, 융통성을 향상시킬 수 있다.

　㉣ 구성원의 요구 충족 : 구성원들의 다양한 심리적 요구를 충족시킬 수 있다.

　㉤ 학습 기회 제공 : 갈등 관리 및 방지 방법을 학습할 수 있다.

③ 갈등의 역기능

　㉠ 목표달성의 부정적 결과 : 갈등 해결을 위해 노력하는 기간에는 성과나 목표 달성에 몰입할 수 없다.

ⓒ 조직의 부정적 결과 : 조직 안정성, 조화성, 위계질서 등을 깨뜨릴 수 있다.

ⓒ 개인의 부정적 결과 : 개인의 사기 저하는 물론 편협성을 조장하고 창의성, 진취성을 깨뜨릴 수 있다.

ⓒ 환경 무시 : 조직 내 작은 문제에만 집착할 수 있다.

④ 갈등 진행 싸이클

잠정적 갈등 → 행동적 갈등 → 소강 상태 → 새로운 갈등 발생

⑤ 마치(March)와 사이몬(Simon)의 집단 갈등 관리 방법 ★★

ⓐ 문제 해결 : 당사자간 직접 접촉하여 정보를 수집함으로써 새로운 대안을 제시하고, 평가를 통해 당사자 모두를 만족시킬 수 있는 문제 해결안을 찾는다.

ⓑ 설득 : 개인 목표의 차이는 있지만 어느 수준(상위 수준)에서 공동목표에 대한 합의가 이루어져 있는 경우 사용된다.

ⓒ 협상 : 갈등의 원인을 제거하지 못하고 갈등을 일시적으로 모면하는 것으로 잠정적 갈등 해소법이다.

ⓓ 정치적 타결 : 당사자가 정부, 이론, 대중 등과 같은 제3자의 지지를 얻어 협상하려는 것으로 갈등 원인을 제거하지 못하고, 표출된 갈등만을 해소시키는 방법이다.

3) 스토너(Stoner)의 갈등 유형★★★

개인적 갈등, 개인 간 갈등, 개인과 집단 간 갈등, 집단 간 갈등

4) 토마스, 칼만의 갈등 대처 유형 ★★★

경쟁(competition)	상대방을 희생시킴으로서 갈등을 해결하는 방법 한쪽은 이익, 다른쪽은 손해를 보게 됨
회피(avoiding)	자신과 상대방 모두를 무시하면서 갈등을 해결하는 방법 갈등이 없었던 것처럼 행동하여 의도적으로 피함
수용(accommodating)	자신이 원하는 것을 포기하면서 상대방의 갈등이 해결되도록 하는 방법
타협(Compromising)	자신과 상대방 모두 양보하는 방식 조직 욕구와 개인 욕구간의 균형을 추구
제휴(Collaborating)	갈등 해결을 통해 쌍방 모두 이익이 되는 해결책을 찾는 방법 윈윈(Win-Win) 전략

5) 갈등 해결을 위한 협상 기법 ★★

살라미 기법	협상 당사자 사이에 요구수준의 차이가 심하고 협상인이 단기간에 타결되기 어려운 경우 사용하는 것으로 협상 목표를 단번에 관철시키고자 하는 것이 아니라 순차적으로 목표를 달성해 나가는 협상 기법
관심 끌기 기법	상대방의 거부감을 해소하고 그의 주의를 사로잡는 독특한 요청을 하는 기법을 말한다.
낮은 공 기법	타자의 부근에 와서 뚝 떨어지는 낮은 공은 스트라이크처럼 보이기 때문에 많은 타자들이 현혹되어 헛스윙을 하는 것처럼 매력적이지만 불완전한 정보를 제시하여 동의를 얻은 다음 완전한 정보를 알려주는 기법으로서 순종을 유도하는 데 효과적이다.
얼굴 부딪히기 기법	자신이 원하는 것보다 큰 것을 요청하고 거절하면 요구의 규모를 줄여 원하는 것을 얻어내는 방법이다.
한발 들여놓기 기법	세일즈맨들이 흔히 사용하는 방법으로 상대방이 쉽게 들어줄 수 있는 작은 요청을 한 뒤 수용이 되면 요청을 조금씩 증가시켜나가 원하는 도움을 받는 방법

(5) 인간관계 개선 방법

1) 인지적 재구성법(ABC 모델)

어떠한 선행 사건(Activating)이 일어나면 개인은 사건을 자신의 신념(Belief System)를 매개로 지각하며 자신의 가치관과 태도에 따라 평가하고 그 결과 정서적, 행동적 결과(Consequence)로 나타나는 것을 말한다.

2) 수직 화살표 기법

부정적 사고가 자신에게 의미하는 바를 자문함으로써 역기능적 신념을 찾아내는 방법을 말한다. 대인 신념이 확인되면 신념의 타당성에 대해 생각해 보게 되는데 효율적 대인관계를 원한다면 자신의 사고방식과 신념을 변화시키는 것이 가장 효과적인 방법이 된다.

참고

○ **접촉경계 혼란의 원인** ★★★

· 내사 : 타인의 신념과 기준을 자신이 가지고 있는 것과 융화 없이 무비판적으로 수용하는 것을 의미한다. 신념이 없기 때문에 타인의 행동양식, 신념, 감정, 평가를 무비판적으로 수용하게 된다.
  (예시) 부모의 가치관을 지나치게 내사한 자녀는 자신에 대한 가치관을 형성하지 못하고, 내사된 것에 따라 자신의 삶을 살아간다.
· 투사 : 자신의 욕구, 감정을 타인의 것으로 지각하는 현상을 말한다.
  (예시) 책임 소재를 자신이 아닌 타인에게 돌리게 된다.
· 반전 : 타인이나 환경과 상호작용하는 대신 자기 자신을 대상으로 삼아 외부에 하고 싶은 행동을 자신에게 하거나 외부에서 나에게 해주길 바라는 행동을 스스로에게 하는 상태를 의미한다.
  (예시) 다른 사람에게 화가 나면 타인이 아닌 자신을 공격한다.
· 융합 : 가까운 관계에 있는 두 사람이 서로의 독자성을 무시하고 동일한 가치와 태도를 지니는 것처럼 생각하는 상태를 의미한다.
· 편향 : 내적 갈등이나 외부 환경적 자극에 노출될 때 자신의 감각을 둔화시키면서 자신 및 환경과의 접촉을 약화시키는 상태를 의미한다.
· 자의식 : 타인의 반응을 지나치게 의식하고 관찰하는 현상을 의미한다. 관찰자의 위치에서 자신의 행동을 감시, 통제한다.

(5) 대인 지각

1) 개념 ★

① 주관적 판단에 의해 타인에 대한 인상을 형성하는 것을 말하며 사회적 행동을 이해하기 위한 기초가 될 수 있다.
② 다른 사람에 관한 정보로부터 그 사람의 성격, 감정, 의도, 욕구 등 내면에 있는 심리과정을 추론하는 것이다.
③ 간접적, 단편적 정보에 의존하는 경우가 많기 때문에 고유의 특성을 가진다.
④ 대인 지각에 영향을 주는 것은 외모, 복장, 연령, 직업, 취미 등 다양한 정보들이 있다.

2) 형성 단계

1단계 자극의 선택	관심이나 욕구에 맞게 자극을 선택한다.
2단계 자극의 단순화	선택된 자극을 단순화시킨다.
3단계 자극의 조직화	단순화한 자극을 알아가는 과정으로 정보를 분류한다.
4단계 의미 해석	정보가 패턴으로 조직화되고 자신의 경험,지식에 따라 특정한 의미를 부여한다.

참고

○ **지각적 조직화(Gestalt 심리학)의 주요 원칙**
· 유사성 : 비슷한 개개의 부분이 연결되어 한 형태나 한 색깔의 성질로 지각되는 경향
· 폐쇄성 : 불완전한 부분을 완전한 전체로 지각하려는 경향
· 집단화 : 근접한 것끼리, 유사한 것 끼리, 연속적인 것 끼리 묶어서 지각하려는 경향
· 형상과 배경 : 한 대상을 볼 때, 주요 요소와 부수적(배경적) 요소로 조직화하는 경향

○ **돈 바이른(Donn Byrne)의 대인매력의 '유사성' 요인**
· 문화, 배경, 태도, 사고, 경제적 기반, 능력, 신체적 특징 등

3) 기본 경향

단순화	단순한 카테고리로 분류하여 자신의 관심 부분만을 지각하려는 경향
일관화	여러 판단 또는 개념을 서로 모순 없는 형태로 유지하려는 경향
자기 중심화	자신을 기준으로 삼는 경향

4) 주요 형태 ★★★

최근 효과	· 초두 효과의 반대 개념으로 가장 나중에 들어온 정보가 인상 형성에 더 큰 영향을 주는 현상이다. · 사람의 기억력은 한계가 있기 때문에 과거 정보보다 최근 정보에 더 많은 영향을 받게 된다.
초두 효과	· 처음 제시된 정보가 나중에 제시된 정보보다 그 사람에 대한 인상 형성에 더 큰 영향을 주는 현상이다. · 첫인상이 나쁘면 나중에 아무리 잘해도 좋은 인상으로 바꾸기 어렵다.
대조 효과	· 최근에 주어진 정보와 비교하여 판단하는 효과이다. · 두 사물이 차례로 제시되었을 때 처음 제시된 사물을 기준으로 나중에 제시된 사물과의 차이를 실제 차이보다 크게 인식하는 경향을 말한다.

빈발 효과	・첫인상이 좋지 않더라도 반복해서 제시되는 행동이나 태도가 첫인상과 다르다면 점차 좋은 현상으로 바뀌는 현상이다. ・첫인상이 나쁘더라도 지속적으로 긍정적인 모습을 보인다면 자신의 이미지를 변화시킬 수 있다.
후광 효과 (광배 효과)	・어떤 대상, 사람에 대한 일반적 견해가 그 대상이나 사람의 구체적 특성을 평가하는 데 영향을 미치는 현상이다. ・외모, 지명도, 학력 등 어떤 사람이 가지고 있는 한 가지 장점 때문에 다른 특성들도 좋게 평가되는 효과이다.
악마 효과	・후광 효과의 반대 개념으로 외모로 모든 것을 평가하여 상대를 알기 전 미리 부정적으로 판단하는 것을 말한다. ・편견이 이미지 형성에 영향을 미치는 효과이다.
방사 효과	・매력있는 사람과 함께 있는 사람의 사회적 지위나 가치를 높게 평가하는 경향이다.
대비 효과	・매력적인 상대와 함께 있으면 비교되어 평가절하되는 효과이다.
관대화 경향	・실제 업적이나 능력보다 타인을 다소 긍정적으로 평가하는 경향이다.
중심화 경향	・타인을 평가할 때 지나치게 긍정적, 부정적으로 판단하지 않고 적당히 평가하여 오류를 줄이려는 경향이다.
투영 효과	・자신과 비교하여 남을 평가하는 효과이다.
범주화	・사람의 어투, 생김새, 종교, 국적 등에 의해 사람을 분류하여 같은 범주에 있는 사람은 비슷한 특성을 가지고 있다고 판단하는 경향이다.
고정관념	・범주의 특성을 전체의 특성으로 일반화시키는 경향이다.
스테레오 타입	・한 두 가지 사례를 보고 대상 집단 전체를 평가해버리는 경향이다.
최소량의 법칙	・사람에 대한 평가는 그 사람이 가진 장점보다는 그 사람이 가진 단점에 의해 제어된다는 법칙이다.
전경-배경의 원리	・시각 자극을 인식할 때 중요하고 의미를 가지는 부분과 보다 덜 중요한 부분으로 분리하여 인식하는 현상으로 전자를 전경으로 하고, 후자를 배경으로 구분하는 경향이다.
부정성 효과	・부정적인 특성이 긍정적 특징보다 인상 형성에 강력하게 작용하는 현상이다. ・10번 좋은 일을 하고 1번 나쁜 행동을 했을 때 그 사람을 나쁘게 보는 것이 사람의 심리이다.
맥락 효과	・처음에 인지된 이미지가 이후 형성되는 이미지의 판단 기준이 되고, 전반적 맥락을 제공하여 인상 형성에 영향을 주게 되는 현상이다. ・온화한 사람이 머리가 좋으면 지혜로운 사람으로 해석되고, 이기적인 사람이 머리가 좋으면 교활한 사람으로 해석된다.

호감 득실 효과	· 자신을 처음부터 계속 좋아해 주던 사람보다 자신을 싫어하다가 좋아하는 사람을 더 좋아하게 되는 현상이다. · 상대방이 자신을 싫어하다가 좋아하게 되면 자신이 이득을 얻은 것 같아 더 좋아진다.
현저성 효과 (독특성 효과)	· 한 가지 두드러진 특징을 가진 정보가 인상 형성에 영향을 미치는 현상이다. · 사물 또는 사람을 볼 때 전체 모습을 보지 않고 눈길을 끄는 것을 먼저 본 다음 그 때 인상만으로 전체 사물 또는 사람의 속내를 판단하게 되는 것이다.

6. 의사소통

(1) 의사소통의 이해

1) 과정★★

의사소통은 발신자-부호화-전달 매체(채널)-해독-수신자의 과정이다.

2) 하버마스(Habermas)의 의사소통 상태를 특정 짓는 준거기준 ★

하버마스는 이상적인 의사소통 상태의 기준으로 의사소통에 왜곡이 없으려면 다음의 4가지 조건이 필요하다고 주장했다.

진리성(Truth)	사실, 진상, 객관적 사실인가? 교환되는 메시지가 진실되어야 함
타당성(Rightness)	적절한가? 발언이 맥락에 맞아야 함
진지성(Sincerity)	정직한가? 속임수가 있으면 안됨
이해 가능성(Comprehensibility)	상대방이 알아 들을 수 있는가? 발언이 모호하지 않고 의도가 분명해야 함

(2) 의사소통의 유형 ★★★

1) 상향적 의사소통

① 계층 하부에서 상부로 의사가 전달되는 것을 뜻한다.
② 보고, 내부 결재, 개별 면접, 인사 상담, 제안 제도, 여론 조사 등의 전달 방식이 있다.
③ 쌍방적 의사소통이 가능하며 하향적 의사소통 문제점을 시정할 수 있지만 상사의 반대 의견을 걸러 내지 못하는 선택적 여과 현상이 나타난다.

2) 하향적 의사소통

① 계층 상부에서 하부로 정보를 전달하며 문서 또는 구두에 의한 명령이나 일반적 정보가 해당된다.

② 뉴스레터, 구내 방송, 강연, 게시 등이 해당된다.

③ 특정 업무 지시 및 절차,실행에 대한 정보를 제공하며 주로 조직 목표를 주입시키는 것에 목적이 있다.

④ 구성원의 사기를 진작시키고 조직 내 정보를 제공하지만 일방적 의사소통으로 피명령자의 의견을 참작하기 힘들다. 또한 상사에 대한 거부감이 있을 경우 의사소통에 대한 오해가 발생한다.

3) 수평적 의사소통

① 동일 계층 또는 상하관계에 있지 않은 사람들 간의 의사소통을 말한다.

② 사전 심사 제도, 위원회, 회람, 통보, 회의 등이 해당된다.

3) 포도넝쿨 의사소통

① 비공식적 의사소통으로 학연, 지연 등 조직 내부에서 인간적 접촉에 의해 자생적으로 형성된 소통을 말한다.

② 전달 속도가 빠르며 하급자의 가치 있는 정보(아이디어, 성과 등)을 제공하며 하급자의 스트레스를 해소해주나. 정보 전달 과정에서 왜곡될 가능성이 있으며 정보에 대한 관리자의 통제가 어렵다.

(3) 의사소통의 장애요인 ★★★

준거의 틀	전달자와 수신자는 다른 입장이므로 각기 다른 기준을 적용
정보원의 신뢰도	전달자의 말과 행동에 수신자가 가지는 신뢰, 확신
개인 특성	개인의 경험, 성격, 태도, 기대 등으로 각자 고유한 방식으로 메시지를 받아 들임
선택적 청취 / 지각상의 장애	제공되는 여러 가지 자료, 정보 가운데 자기 신념, 이해 체계에 맞는 것만을 더 크게 지각
가치 판단	수신자들은 전체 메시지를 수신하기 전에 미리 형성하고 있는 고정관념을 근거로 판단
감정 상태	지나치게 흥분하거나 화나 있을 경우, 말하고 듣기에 실패할 확률이 커짐

가치관	마음 속 가치관으로 정보를 수용할 경우 정확한 의미보다 그 생각으로 정보를 파악하고 왜곡하여 수용
위신관계	조직 내 권력, 계급, 직급 등은 자유로운 의사소통을 방해
공간적 거리	전달자와 수신자가 멀리 떨어져 있을 때 성공적 커뮤니케이션이 어려워짐
여과	하급자가 불리한 정보를 은폐하고 상급자인 수신자에게 긍정적 정보를 전달하여 성과에 대해 유리한 평가를 끌어내고자 함
집단 응집력	응집력이 강할수록 집단 내 통용되는 독특한 언어는 집단 밖 사람들과 대화 시 장애가 됨
많은 정보	지나치게 많은 정보를 가지고 있으면 의미가 제대로 해석되지 않음
투사	개인이 용납할 수 없는 사고, 감정, 행동 등을 다른 사람이나 환경에 귀인시키는 과정

7. 교류분석

(1) 교류분석(TA: Transactional Analysis)의 이해 ★

1) 배경

① 인간관계 교류를 분석하는 것으로 인간관계가 존재하는 모든 장면에 적용할 수 있는 이론이다.

② 인간 자신 또는 타인 그리고 관계의 교류를 분석하는 심리학으로 개인의 성장과 변화를 위한 체계적인 심리치료법이다.

③ 미국 정신의학자 에릭 번(Eric Berne) 박사에 의해 개발된 임상심리학에 기초를 둔 인간 행동에 관한 분석 및 이론 체계이다.

④ 프로이드(S. Freud) 정신분석학의 사고방식이나 인간의 내적인 경험이나 의식을 연구대상에서 제외하고 외부로부터 관찰 가능한 행동을 연구의 출발점으로 하고 있는 왓슨(G.B.Watson) 등의 행동주의를 기초로 한다.

2) 목적

① 자신에 대한 지각을 깊게 함으로써 자신을 바꾸는 것을 배우는 학문이다.

② 자율성을 높임으로써 자신의 사고 방식, 느낌 방식, 행동에 대한 책임을 가지고 성장하는 것이다.

③ 왜곡된 인간관계에 빠지지 않고 서로 친밀한 마음의 접촉을 경험할 수 있다.

④ 인간이 상대에게 요구하는 것이 많을수록 미숙하다.

⑤ '지금' '여기'의 인간관계를 바꾸는 것을 생각하는 것이다.

⑥ 커뮤니케이션 능력을 향상시키는 도구로 활용되기 때문에 원활한 인간관계를 형성할 수 있는 커뮤니케이션 기법이다.

⑦ 다른 사람과의 대응 관계를 알면 자신과 상대방에 대해 이해할 수 있다.

3) 철학

① 사람은 누구나 OK이다 : 사람은 누구나 인간으로서 동등하기 때문에 태어나면서부터 가치 있고 존엄한 존재라고 본다.

② 사람은 합리성을 지닌 존재이다 : 사람은 누구나 사고할 능력을 가지고 있기 때문에 각자 자신이 원하는 것을 결정할 능력을 가지고 있고 그 결과에 대한 책임을 져야 한다.

③ 사람은 변화 가능성을 가지고 있다 : 사람은 자기 운명을 자기 스스로 결정하며, 이러한 결정을 얼마든지 변화시킬 수 있다.

4) 3대 개념

① 사람은 누구나 3개의 '나'를 가지고 있다.

② 남과 과거는 변하지 않으며 자신을 우선 변화시키는 것이 생산적이다.

③ 나는 자신의 감정, 생각, 행동의 책임자이다.

5) 3대 목적

① 자기 이해: 자신을 자각함으로 심신 통제가 가능해진다.

② 타인 이해: 자율성을 높여 주어 생각, 느낌, 행동에 대한 책임을 질 수 있도록 성장한다.

③ 관계 이해: 상호 간 친밀한 마음의 스트로크를 경험하여 자신의 정신 건강을 잘 확립해 나갈 수 있다.

6) 인간 관계(인간관) ★★★

① 자율성: 인간은 자율적 존재이다.

② 긍정성: 인간은 긍정성을 갖고 있다.

③ 변화 가능성: 인간은 변화 가능하다.

(2) 교류 분석의 분석 이론 ★★★

1) 교류 분석의 순서

① 구조 분석   ② 교류 패턴 분석(대화 분석)

③ 게임 분석   ④ 각본 분석

2) 구조 분석

① 자아상태와 세 개의 나

인간의 마음은 서로 다른 세 개의 자신을 갖고 있는데 이를 자아상태라고 한다. 자아상태는 감정, 사고, 행동양식을 종합한 하나의 시스템이라고 정의한다.

P(Parent)	부모 자아상태	"이상을 추구하는 나" 타인에 대해 비판적, 보호적 행동으로 표현한다.
A(Adult)	어른 자아상태	"생각하는 나" 객관적인 정보 수집으로 현실을 분석하고, 가능성을 측정하며, 감정에 좌우되지 않는다.
C(Child)	어린이 자아상태	"느끼는 나" 자연적으로 발생하는 모든 충동에 유아기의 변형된 모습으로 구성된다.

② 자아상태와 자아특성

P(Parent)	CP	비판적 부모 자아 (Critical Parent)	·자신의 가치관, 사고 방식을 옳은 것으로 여기고 양보하지 않는다. ·P가 지나치게 강하면 지배적 태도, 명령적 어투, 상대를 나무라는 경향의 특징을 보인다.
	NP	양육적 부모 자아 (Nurturing Parent)	·친절, 동정, 관용적 태도를 나타낸다. ·P가 지나치게 강하면 과보호적인 태도가 된다.
A(Adult)	A	이성적 자아, 현실 자아	·사실에 기초해서 사물을 판단한다. ·지성, 이성과 관련되어 있고, 합리성, 생산성, 적응성을 가진다. ·A가 지나치게 강하면 말만 많고 실행을 하지 않거나 열정이 부족한 기계적인 사람이 된다.
C(Child)	FC	자유로운 아동 자아 (Free Child Ego)	·인격 중에서 가장 선천적인 부분이다. ·자유롭기 때문에 어떤 것에도 구속되지 않고 창조성의 원천이 된다. ·C는 일반적으로 밝고, 유머가 풍부하며, 예술적 소질이나 직관성을 가진다.

구분		정의	예시
AC	순응하는 아동 자아 (Adapted Child Ego)	· 자신의 본래 기분을 죽이고 부모나 선생님의 기대에 따르려 노력한다. · 구체적으로 싫은 것을 싫다고 말 못하고 간단하게 타협하고, 타인에게 의존하기 쉬운 모습을 보인다. · C가 강하면 자유스러운 나를 극도로 억압해 마치 어른인 것처럼 행동한다.	

3) 교류 패턴 분석(대화 분석) ★

구분	정의	예시
상보교류 (의사소통의 제1패턴)	· 자극이 지향하는 자아 상태로부터 반응이 나오며, 반응이 자극을 보냈던 그 자아상태로 반응이 다시 보내지는 교류 · 평행적 교류, 무갈등 교류	A : 오늘 날씨 참 좋다. 쇼핑이나 할까? B : 와, 진짜 쇼핑하기 좋은 날씨인 것 같아.
교차교류 (의사소통의 제2패턴)	· 의사소통의 방향이 서로 어긋날 때 이루어지는 교류 · 갈등교류, 의사소통 중단	A : 이번에 전학 온 친구 별로지 않아? B : 그 사람에 대해서 잘 모르는데 그런 말 하면 안 돼.
이면교류 (의사소통의 제3패턴)	· 의사소통에 관계된 자아 중 겉으로 직접 나타나는 사회적 자아와 실제 · 기능하는 심리적 자아가 서로 다른 교류 · 두 가지 수준의 교류 동시 발생	A: 지금 시간이 몇시야? (계속 집에 늦게 들어오네) B: 10시. (미안)

4) 게임 분석 ★

① 게임은 심리적 게임으로 적어도 한 사람 이상에게 불쾌한 감정을 안겨주며 때로는 그 종말이 죽음으로 끝나는 경우도 존재한다.

② 번(Berne)은 게임을 명료하고 예측 가능한 결과를 향해 진행하는 일련의 상보적, 이면적 교류라고 정의한다.

③ 게임은 상보성, 이면성, 클라이막스, 불쾌감의 특성을 가진다.

④ 번(Berne)은 이와 같은 게임을 약 30가지로 분류하며 이 분석은 개인을 게임에서 벗어나게 하는 데 목적이 있다.

⑤ 카프만의 드라마 삼각형은 게임을 이해하는 데 중요한 단서를 제공하는데 게임

연기자는 상황에 따라 박해자, 희생자, 구원자 중 한 역할을 담당하며 이는 게임 진행 중 자주 바뀐다.

5) 각본 분석

① 어려서 배운 부모의 가르침과 아동이었을 때 만든 초기 결정들로 성인이 될 때까지 계속해서 남아 있는 것을 가리킨다.

② 번(Berne)은 각본을 '무의식의 인생계획'이라고 정의했는데 이런 각본 형성에 근간이 되는 것은 부모의 금지령이다.

③ 각본의 구분

파괴적 각본 (패자 각본)	·목표달성을 할 수 없으며 그 책임을 타인에게 전가 또는 과거의 실패에 연연하는 자세
평범한 각본	·특별히 눈에 띌만한 일이 없이 삶을 영위하는 각본 ·근면, 성실한 태도로 살아가기는 하나 자신의 잠재력을 충분히 발휘하지 못하는 경우가 많음
성공자 각본 (승자 각본)	·스스로 인생의 목표를 결정하고 목표달성을 위해 전력을 다하는 자기실현 각본

(3) 3대 욕구 이론

1) 스트로크 ★★

① 타인의 존재를 인정하기 위한 작용이나 행위를 가리킨다. 친밀한 신체 접촉에 대한 용어로 언어, 신체접촉, 표정, 감정 등이 있다.

② 사람에게 기쁨, 희망을 주는 '긍정적 스트로크'와 상처, 좌절감을 주는 '부정적 스트로크'로 구분한다. 긍정적 스트로크가 없으면 부정적 스트로크라도 받는 게 낫다고 본다.

③ 타인이 내게 준 만큼 돌려주는 것을 '조건적 스트로크'라 하고, 이와 상관없이 타인에게 넉넉하고 풍요롭게 돌려주는 것을 '무조건적 스트로크'라 한다.

④ 스트로크 방식은 개인, 가족에 따라 학습되어 개인의 방식은 성격 형성과 관련이 있다.

2) 시간의 구조화

① 누구에게나 주어진 시간은 동일하다고 볼 때, 시간을 어떻게 구조화시키느냐에 따라 삶의 질이 결정될 수 있다.

② 사회적 시간의 구조화를 통해 건강한 삶을 살 수 있는 방향을 제시해 준다.

폐쇄	· 자기를 타인으로부터 멀리하고 대부분의 시간을 공상이나 상상으로 보내며 자기에게 스트로크를 주려고 하는 자기애적인 것 · 스트로크가 가장 작은 방식 · 적당한 시간의 구조화가 될 수 있음. 예) 백일몽, 공상
의례 (의식)	· 일상적인 인사에서부터 복잡한 결혼식이나 종교적 의식에 이르기까지 전통이나 습관에 따름으로써 간신히 스트로크를 유지하는 것 · 결과예측이 가능하며 안전한 시간 구조화 운영 · 패쇄에 이어 안전한 시간의 구조화 방법으로 스트로크의 현상 유지가 가능한 최소한의 대인교류의 장임
잡담 또는 소일	· 직업, 취미, 스포츠, 육아 등의 무난한 화제를 대상으로 특별히 깊이 들어가지 않고 즐거운 스트로크의 교환을 하는 것 · 사교라고도 할 수 있음
활동	· 어떤 목적을 달성하기 위해 스트로크를 주고받는 것 · 어떤 결과를 얻기 위해 에너지를 투자하는 것이기 때문에 소일이나 잡담과는 차이가 있음
게임	· 저의가 깔린 이면적 교류 · 신뢰에 기반한 진실된 교류가 되지 않기 때문에 부정적 스트로크를 교류함 · 겉으로 보기에는 정보의 교환을 하는 것 같지만 심리적으로는 다른 의도가 있는 교류
친밀	· 두 사람이 서로 신뢰하여 상대방에 대하여 순수한 배려를 하는 진실한 교류. 사회적 수준과 심리적 수순이 일치를 이루는 것 · 일상생활에서 말하는 '친밀'과는 다른 전문적 용어로 게임이나 상호 이용하려는 의도가 없는 솔직한 관계를 말함 · 스트로크가 가장 큰 방식

3) 기본적인 4가지 인생 태도 ★★

자기부정-타인부정 (I'm not ok-You're not ok)	성장하면서 스트로크가 심각하게 결핍되거나 부정적일 때 나타나기 때문에 자살, 타살 충동 등 심각한 정신적 문제가 발생한다. (염세주의)
자기부정-타인긍정 (I'm not ok-You're ok)	자신은 무능하여 타인의 도움 없이는 살아갈 수 없다는 좌절감을 경험한다. 우울증적 자세, 죄의식, 부절적감, 공포를 경험한다. (의기소침, 자살충동)
자기긍정-타인부정 (I'm ok-You're not ok)	다른 사람을 부족하고 가치 없다고 생각한다. 자신은 항상 옳다고 생각하며 자신의 실수와 잘못을 타인에게 돌린다. (독재, 독선)
자기긍정-타인긍정 (I'm ok-You're ok)	대체로 자신이나 타인에게 만족하며 모든 느낌을 인식하고 표현하는 데 문제가 없다. (지나친 낙관주의 경계)

제5절   서비스 정의

 핵심 출제 포인트

· 서비스의 다양한 정의를 이해해야 합니다.
· 서비스의 특징은 다양한 학자에 따른 개념이 어려울 수 있으므로 학자별 개념을 정확히 파악하고 넘어가야
  합니다.
· 원스톱 서비스와 관광 서비스의 개념, 장단점, 특징을 명확히 이해해야 합니다.

1. 서비스의 어원과 정의 ★

(1) 어원

서비스(Service)는 라틴어 '세브르스(servus)'에서 유래한 것으로 이는 '노예의 상태'
라는 뜻이다. 즉, '노예가 주인에게 충성을 바친다'의 의미에서 출발하였으며, 이후
'봉사, 무료'라는 의미로 변하게 되었다.

(2) 정의

1) 개요

① 오늘날 서비스는 다른 사람을 위해 도움을 주거나 배려를 하는 행위 또는 기술
  을 말한다.
② 슈바이처 박사는 인간이 할 수 있는 최고의 행위는 봉사하는 것이라고 하였다.
③ 서비스는 무형의 형태를 가지며, 사람들의 욕구를 충족시켜 주기 위해 인간 또
  는 설비와의 상호작용을 통해 제공되는 것이다.
④ 베리는 제품은 형체가 있고, 객관적인 실체이나 서비스는 형체가 없는 활동이나
  노력이라고 하였다.

2) 학자별 정의 ★★★

① 경제학적 정의
   ㉠ 서비스를 유형재인 재화와 구분해 용역으로 간주하여 '비생산적인 노동, 비
     물질적인 재화'라고 정의하였다.
   ㉡ 아담 스미스는 '비생산적인 노동', 세이(Say)는 '비물질적인 재화'라고 정의하
     였다.

ⓒ 하지만 현대사회에서의 전통적 경제학적 정의는 서비스의 진정한 가치를 나타내지 못하고 있다.

② 경영학적 정의

미국 마케팅 학회	· 판매 목적으로 제공되거나 판매와 연계하여 제공되는 모든 활동, 편익, 만족 (활동론)
블로이스	· 제품의 형태를 물리적으로 바꾸지 않고 판매에 제공되는 활동
스탠톤	· 소비자나 산업구매자에게 판매될 경우 욕구를 충족시키는 무형의 활동으로 제품이나 다른 서비스의 판매와 연계되지 않고도 개별적으로 확인 가능한 것
라즈멜	· 시장에서 판매되는 무형의 상품 (속성론)
레빗	· 인간의 인간에 대한 봉사 (봉사론)
베리	· 산출물이 유형재나 구조물이 아니며 생산시점에서 소멸되며 구매자에게 무형적인 형태의 가치를 제공하는 모든 경제적 활동
레티넨	· 고객만족을 제공하려는 고객접촉 종업원이나 장비의 상호작용 결과로 일어나는 활동 혹은 일련의 활동
코틀러	· 서비스는 직접 또는 간접 구매되는 무형의 편익이나 유형적이거나 기술적인 부분을 포함
일레인 헤리스	· 기업이 고객을 위해 고객을 경험을 고양시켜 주는 모든 일
이유재	· 고객과 기업과의 상호작용을 통해 문제를 해결해 주는 일련의 활동(인간관계론)

2. 서비스의 3단계 ★★

(1) 사전 서비스(before service)

1) 정의

① 판매 전 제공하는 서비스이다.
② 상품 기획, 소개, 광고 등 판매 이전의 활동을 말한다.
③ 주차 유도원 서비스, 상품 게시판, 예약서비스, 카달로그, 광고 등이 있다.

2) 특징

① 사전에 잠재 고객과의 접촉을 통해 수요 창출이 가능하다.
② 고객 대면을 통해 수요 예측 및 맞춤 서비스가 가능하다.

(2) 현장 서비스(on service)

1) 정의

① 고객과 서비스 제공자 사이에 직접적인 상호 거래가 이루어지는 단계로 서비스의 본질 부분에 해당한다.
② 서비스 제공자와 고객이 일대일인 경우(법률상담), 서비스 제공자가 여러 명이나 고객이 한명일 경우(호텔 서비스), 제공자는 한명이나, 고객이 다수인 경우(교육 서비스) 등이 있다.

2) 특징

① 고객이 매장에 들어서는 순간부터 시작되는 서비스이다.
② 서비스 제공자의 태도, 시스템의 편리성, 신속성 등이 품질을 좌우하는 중요 요소가 된다.

(3) 사후 서비스(after service)

1) 정의

① 현장 서비스가 종료된 시점 이후의 서비스 단계로 고객 유지를 위해 매우 중요하다.
② 서비스 보증, 보상제도, 유지 보수 등이 해당된다.

2) 특징

① 사후 서비스의 질에 따라 기업의 이미지가 달라질 수 있다.
② 클레임을 미연에 방지할 수 있고 고객 불평 처리 부서가 대표적이다.
③ 비용이 들어가나 추후 고객 재이용 여부는 불투명하다.
④ 신규 개척에 소홀할 수 있다.

3. 서비스의 특징

(1) 서비스의 분류

1) 쇼스텍(Shostack)의 유형성 스펙트럼 ★★

① 서비스와 제품의 속성을 이용해 서비스와 제품이 어느 위치에 속하는지 알아보기 위한 방법을 제시한 것으로 대표적인 것은 유형성 스펙트럼과 제품-서비스

연속체 개념이다.

② 쇼스택은 많은 제품은 유형적, 무형적 특성을 함께 가지고 있다는 개념을 바탕
으로 만들어진 것으로 시장의 실체를 무형적 요소나 유형적 요소들이 분자처럼
결합되어 있다고 가정하였다.

③ 유형성 스팩트럼은 제품의 특성에 따라 유형성 중심인지 무형성 중심인지를 구
분한다.

④ 제품과 서비스는 따로 분리되어 있는 것이 아니라 연속적인 것으로 보는 것이다.

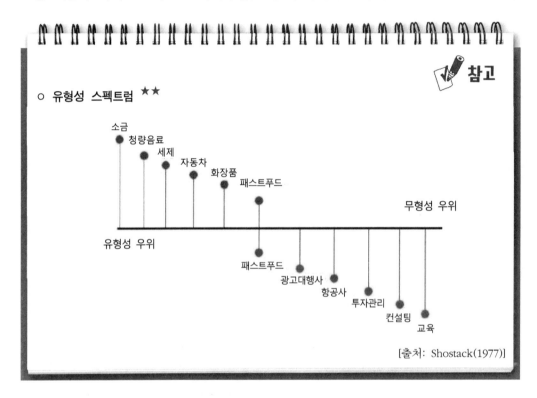

o 유형성 스펙트럼 ★★

[출처: Shostack(1977)]

2) 서비스 운영 차원에 기초한 분류

① 실베스트로(Silvestro) 등은 서비스를 분류하는 데 있어서 6개의 분류 기준을 제
시하였다.

　ㄱ 사람 중심 / 장비 중심

　ㄴ 고객 접촉 시간

　ㄷ 서비스 개별화 정도

　ㄹ 권한 위임 정도

　ㅁ 부가가치의 원천(전면부 / 후면부)

　ㅂ 제품 중심 / 과정 중심

② 6개의 차원과 고객의 수를 비교하여 3가지 대범주로 서비스를 분류하였다.

서비스 분류	고객의 수	예시
전문가 서비스	적음	변호사, 세무사
서비스 상점	중간	호텔, 은행
대중 서비스	많음	대중교통

3) 미국 통계청의 서비스의 대상별 분류 5가지★★★

유통 서비스	물적, 인적 이동을 도와주는 수송 서비스, 정보통신이 제공하는 서비스
도, 소매업 서비스	생산자와 소비자를 연결시켜 공간적, 시간적 편리성을 제공해 주는 서비스
비영리 서비스	비영리기관, 공익단체의 서비스로 사적 이익을 추구하지 않는 서비스
생산자 서비스	전문서비스로 재무, 법률, 부동산, 회계, 디자인, 광고 서비스
소비자 서비스	사회적, 개인적 생활의 질을 높이기 위한 서비스로 교육, 의료, 정비, 숙박, 레저, 유지 보수 등의 서비스

4) 러브락(Lovelock)의 5가지 분류 ★★

① 서비스 행위의 특성에 따른 분류

서비스 행위 객체(사람, 사물)와 행위 형태(유형, 무형)에 따라 다음과 같이 나뉜다.

구분		서비스 직접 수혜자	
		사람	사물
서비스 행위의 성격	유형적 성격	신체 지향적 서비스 (의료, 미용, 호텔, 여객 운송)	재물 및 물적 소유 지향적 서비스 (화물 운송, 청소, 장비 수리)
	무형적 성격	정신 지향적 서비스 (교육, 방송, 광고, 극장)	무형자산 지향적 서비스 (은행, 법률, 회계, 보험)

② 서비스 조직과 고객간의 관계 형태에 따른 분류

구분		서비스 조직과 고객간 관계	
		회원별 관계	불특정 관계
서비스 전달의 성격	계속적 거래	보험, 은행, 전화가입, 대학등록	방송국, 경찰, 무료고속도로
	간헐적 거래	장거리 전화, 정기 승차권	렌터카, 우편서비스, 유료도로

③ 서비스 제공자의 재량권 범위에 따른 분류

구분		서비스 특성상 주문에 대한 대응 범위	
		넓은 경우	불특정 관계
직원 재량의 범위	넓은 경우	법률 서비스, 가정교사 건축설계, 부동산 중개업	대형 교육, 질병 예방 프로그램
	좁은 경우	전화, 호텔, 고급식당	영화관, 패스트푸드점

④ 서비스에 대한 수요 공급 성격에 따른 분류

구분		수요 변동의 폭	
		회원별 관계	불특정 관계
공급의 정도	최대 피크 수요 충족 가능	전기, 전화, 경찰, 소방	보험, 법률 서비스, 세탁
	최대 피크 수요 충족 불가	회계, 세무, 호텔, 극장	위와 비슷하면서 동업종 기본 수준에 미달하는 수용능력을 갖는 서비스

⑤ 서비스 전달 방법에 따른 분류

구분	단일창구	복수창구
고객이 서비스 조직에 가는 경우	극장, 이발소	버스, 패스트푸드, 법률 서비스
서비스 조직이 고객에 오는 경우	잔디 관리, 살충서비스, 택시	우편배달, 자동차 긴급 수리
고객과 서비스 조직이 떨어져 거래	신용카드, 케이블 TV	방송네트워크, 전화회사

⑥ 서비스 상품 특징에 따른 분류

구분		서비스 설비 또는 시설에 근거한 정도	
		높음	낮음
서비스가 사람에 근거한 정도	높음	병원, 호텔	회계, 경영컨설팅
	낮음	지하철, 렌터카	전화

5) 크리스토퍼(Christopher)의 서비스 3단계

사전 서비스	고객 맞이 전 고객을 위한 준비를 하는 서비스 사전에 고객 서비스에 대한 지침 및 기술적 훈련을 제공함으로서 고객이 받게 될 서비스를 미리 알 수 있게 해줌 예) 주차원, 예약 서비스, 게시판 등
현장 서비스	고객과 직원 간에 직접적 상호 거래가 이루어지는 서비스 거래 시 고객에게 제품을 인도하는데 직접적으로 관련된 서비스 예) 재고 수준, 수송 수단, 주문 절차 확립
사후 서비스	지속적인 상품 구매가 가능하도록 고객 불만, 상담 및 처리, A/S 등을 유지, 관리하는 서비스

(2) 서비스의 특성 ★★★

1) 무형성

① 서비스는 눈에 보이지 않기 때문에 품질을 평가하기 어렵다.

② 저장, 특허 보호, 진열, 가격 설정 등이 어렵다.

③ 서비스 기업은 물질적 증거, 심상 제시 등 서비스의 장점을 알릴 수 있는 방법을 모색해야 한다.

2) 소멸성

① 저장이 어려워 공급과 동시에 소멸되어 재고로 보관할 수 없다.

② 비수기의 수요 변동에 대한 대비가 필요하다.

3) 비분리성

① 서비스는 생산과 동시에 소비되어 분리가 안된다.

② 서비스 제공자의 선발 및 역량강화를 위한 교육이 필요하다.

4) 이질성

① 고객과 서비스 제공자에 따라 달라지므로 서비스 품질이 일정하지 않다.

② 각 고객에 맞는 개별화 전략 또는 서비스 표준화가 필요하다.

5) 즉흥성 및 부가역성

① 연습이나 취소가 불가능하다.

② 서비스 제공자의 교육훈련과 역량개발이 필요하다.

6) 변화성

① 서비스 품질은 언제, 어디서, 어떻게 제공하는가에 따라 달라진다.

② 서비스 품질은 서비스 제공자에 따라 달라진다.

(3) 서비스 유형

사람의 신체에 대한 유형적 서비스	신체를 대상으로 물리적 접촉을 통한 서비스로 고객 참여도가 가장 높으며 직원의 업무 역량과 태도가 중요하다. 예) 마사지, 병원 등
유형물에 대한 유형적 서비스	사람이 아닌 일반 재화, 고객 소유물 등 유형적 서비스를 제공한다. 예) 택배, 수리, 세탁 등
사람 정신에 대한 무형적 서비스	고객이 받는 정신적 서비스로 감성, 마인드 등 정신 영역에 영향을 미친다. 예) 교육, 공연, 연예, 오락 등
무형 자산에 대한 무형적 서비스	고객의 데이터, 기록, 무형 자산이 대상이며 직원 전문성 및 신뢰성에 기초한 이미지 관리가 중요하기 때문에 직원 훈련이 중요하다. 정보화 사회에서 가장 발전하는 분야이며 고객 참여가 가장 낮다. 예) 은행, 보험, 컨설팅, 법률, 회계 등

4. 서비스 변화

(1) 의의

20C 산업화 시대에서 21C 정보화 시대의 시대 변화로 인해 서비스 기업에도 많은 변화를 가져오게 되었다.

(2) 21C의 서비스 경영

1) 고객 중심

즉시 고객 불만을 처리하는 등의 고객 중심 경영이 요구된다.

2) 가치 중심

궁극적인 목적은 이익 창출이므로 가치 창출을 위한 가치 중심의 경영이 요구된다.

3) 온라인 중심

기업과 고객이 일대일로 대면하는 환경으로 변화하면서 온라인 중심의 경영이 요구된다.

4) 서비스 혁신

사고의 혁신을 통한 혁신적 서비스의 경영이 요구된다.

5) 전문 지식

지식의 홍수 시대에 항상 새로운 전문 지식을 습득해야 한다.

6) 글로벌 경제

IT기술의 발전으로 글로벌 경제시대에 적응하고 이에 맞는 서비스가 요구된다.

7) 이해 관계

여러 이해 집단 등의 관계를 통해 조직의 목표를 달성할 수 있는 서비스가 요구된다.

5. 서비스 경쟁

(1) 서비스 경쟁 전략 ★

1) 원가 우위 전략

① 경쟁자들보다 낮은 가격에 생산, 공급할 수 있는 전략을 말한다.
② 예시) 고객 접촉 지점의 최소화 및 지원 지점 최대화, 절차 표준화, 분업과 직무 전문화, 직무순환 교육, 직무 일괄 처리, 요소별 아웃소싱 전략 병행

2) 개별화 전략

① 이용자의 성향과 취향, 기호 등을 파악해 이들에게 맞춤형 정보만 제공하는 전략을 말한다.
② 예시) 고객별 DB 구축, 전문화 서비스 제공 등

3) 서비스 품질 전략

① 서비스 결과 또는 서비스 수행 과정을 강조하는 전략을 말한다.

② 서비스 품질의 기술적 측면을 중시하는 기업은 지원 지점에 초점을 두고 품질 개선과 업무 효율을 향상시킨다.

③ 서비스 품질의 기능적 측면을 중시하는 기업은 고객 접촉점에 초점을 두고 서비스 전문화를 강화한다.

4) 기본 경쟁 전략의 선택

① 기본 경쟁 전략은 서비스 프로세스 성격에 따라 선택할 수 있는데 이는 복합성과 다양성으로 정의할 수 있다.

② 복합성은 프로세스를 구성하는 단계와 절차를 말하고, 다양성은 프로세스 각 단계의 절차 범위 및 가변성을 말한다.

5) Shostack의 구조 변화 전략 4가지 ★★

① 다양성 감소 전략 : 표준화로 고객지향성 약화

② 다양성 증가 전략 : 표준화의 정도를 낮추어 개별적 서비스 제공

③ 복잡성 감소를 통한 전문화 전략 : 유통과 통제의 감소로 인한 전문적인 능력 요구

④ 복잡성 증가를 통한 시장침투율 증가 전략 : 더 많은 서비스로 단기에 거래를 상승시킬 수 있으나 고객의 혼란 야기

다양성 높음	복잡성 높음	개별화 전략	병원, 법률, 회계, 컨설팅
	복잡성 낮음	기능적 서비스 품질 전략	택시, 화물, 이미용
다양성 낮음	복잡성 높음	기술적 서비스 품질 전략	항공사, 호텔, 방송
	복잡성 낮음	원가 우위 전략	음식점, 관광, 레저

(2) 서비스의 지속적 경쟁 우위(SCA) ★★

1) 정의

① SCA는 지속적 경쟁 우위를 뜻하는 Sustainable Competitive Advantage의 약자이다.

② Porter(1985)는 특정 기업들은 다른 기업들보다 더 높은 수익을 올리며 경쟁회사들을 제압함으로써 성과를 더 올릴 수 있고 모방할 수 없는 요인을 가지고 있는데 이를 경쟁 우위 요인이라고 하였다.

③ Bharadwaj와 Waradarajan 등(1993)도 독특한 요소인 자원 또는 자산, 기술, 능

력을 경쟁 우위 요소라고 하였다.

④ 서비스 경쟁 우위란 경쟁자들과 다른 독특하고 우수한 서비스를 말한다.

2) 지속적 경쟁 우위의 요소

Barney(1991)는 경쟁우위가 지속되는 기본적인 조건을 다음과 같이 4가지로 제시하였다.

① 고객 가치 평가 : 가치가 있어야 한다.
② 희소성 : 현재 또는 잠재적 경쟁사 사이에서 탁원한 자원과 능력, 즉 희소성이 있어야 한다.
③ 지속 가능성 : 경쟁자가 쉽게 모방할 수 없다.
④ 대체 불가능성 : 경쟁자가 다른 자원, 기술에 의해 유사한 이점을 활용할 수 없다.

3) 원천

① 서비스를 다른 경쟁 전략으로 변경해 본다.
② 다양성이나 복잡성을 변화시킨다.
③ 경쟁전략을 경쟁자보다 높은 수준으로 실행한다.
④ 브랜드 자산을 강화한다.
⑤ 상호 신뢰를 발달시켜 고객 관계의 경쟁 우위를 개발한다.
⑥ 고객과의 접근성을 높이기 위해 공간적 선점의 경쟁 우위를 개발한다.
⑦ 정보 기술을 통해 업무 프로세스 단축, 비용 절감, 서비스 품질을 향상시킨다.

(3) 시장방어전략 ★★

1) 저지전략(Blocking)

① 정의 : 새로운 진입자의 시장 진출을 막는 것이다.
② 방법 : 서비스 보증, 집중 광고, 입지나 유통 통제, 전환 비용 등

2) 보복전략

① 정의 : 새로운 진입자의 예상 수익 또는 원하는 수준의 수익을 확보할 기회를 막는 것이다.
② 방법 : 장기간의 계약 기간, 장기 고객 요금 할인, 판매 촉진 등

3) 적응전략

① 정의 : 새로운 진입자가 있는 사실을 인정한 상태에서 진입자가 시장을 잠식하
는 것을 막는 것이다.

② 방법 : 서비스의 추가나 수정, 서비스 패키지 강화, 지속 가능한 경쟁 우위 요소
개발 등

6. 원스톱 서비스

(1) 개념 ★

1) 정의

원스톱 서비스는 고객이 여러 곳을 찾아 돌아다니며 서비스를 받는 것이 아니라
한 곳에서 한번에 원하는 모든 일을 처리하는 방식의 서비스이다.

2) 중요성

① 고객 입장 : 시간절약, 편리함 제공

② 기업 입장 : 효율적 자원배분, 운영 효율성 향상, 고객 만족 제공

3) 방법

① 통합된 전화번호 또는 한번의 전화를 통해 원하는 모든 서비스를 제공한다.

② 고객이 요구할 때 필요한 요건들을 일관성 있게 설정하고, 관련 기관의 서비스
와 정보 등을 한 장소에서 제공한다.

③ 한명의 지정된 담당자 또는 담당 부서를 할당한다.

4) 성공 요건

① 리더십 : 기업의 목표, 비전을 달성하기 위한 원스톱 서비스의 중요성을 직원에
게 교육시킴으로써 직원들을 동기유발할 수 있는 리더십이 필요하다.

② 정보관리와 분석 : 내부 정보 시스템을 통해 직원들이 고객의 요구에 바로 응대
할 수 있는 효율적인 정보 시스템을 구축하고, 분석을 통한 양질의 정보를 제공
해야 한다.

③ 전략계획 : 고객 감동을 위한 서비스 전략계획을 수립하고 실천해야 한다.

④ 인적자원의 개발과 관리 : 고객 서비스 매뉴얼을 작성하여 유능한 인재의 선발,

교육을 하고, 책임 문화를 도입하여 직원들에게 적절한 보상과 피드백을 제공해야 한다.

⑤ 프로세스 관리 : 공동의 목표를 위해 조직간 경계를 허물고 효율적 프로세스 관리를 통한 완벽한 서비스를 제공해야 한다.

⑥ 고객 지향적 접근과 고객만족 : 고객의 요구를 경청, 피드백하고 이를 기업 운영에 반영하여 고객 만족을 추구한다.

(2) 특징

서비스 운영 시스템	·가시적 부분 : 접점 종업원, 내외부 시설, 장비 ·비가시적 부분 : 후방 종업원, 지원 시스템, 핵심 기술
서비스 전달 시스템	·고객에게 서비스가 전달되는 시간, 장소, 방법 등 ·예시) 자동판매기, ATM기, 셀프 주유소, 인터넷 뱅킹 등
서비스 마케팅 시스템	·서비스의 창조와 전달을 개념화하기 위한 것 ·예시) 광고, 세일즈 콜, 청구서, 전단지 등

7. 체험 마케팅

(1) 개념

분위기, 이미지, 브랜드 등을 통해 고객이 상품을 직접 체험 또는 감각을 자극하도록 하면서 홍보하는 마케팅을 말한다. 즉 고객은 상품 특징이나 이익 제공보다 잊을 수 없는 체험 또는 감각 자극 및 마음을 움직이는 서비스를 기대한다.

(2) 유형 ★

슈미트(Bern H. Schmitt) 교수는 감각적 체험(Sense), 감성적 체험(Feel), 인지적 체험(Think), 행동적 체험(Act), 관계적 체험(Relate) 등 인간의 감각을 5가지로 분류하여 이 유형들을 마케팅 전략과 목적을 구성하는 '전략적 체험 모듈(Strategic Experiential Modules : SEMs)'로 간주하였다.

1) 감각 마케팅

① 고객의 오감(시각, 청각, 후각, 촉각, 미각)을 자극하여 고객들의 감각적 체험에 초점을 맞춘다.

② 컬러 마케팅, 향기 마케팅, 음향 마케팅 등이 있다.

2) 감성 마케팅

① 브랜드에 대한 고객의 다양한 기분, 감정에 영향을 주는 감성적 자극을 통해 브랜드와의 유대관계를 강화한다.
② 어떤 자극이 어떤 특정 감정을 유발할 수 있는지 사전에 이해해야 하며, 자발적인 소비자의 참여를 유도할 수 있어야 한다.

3) 지성 마케팅(인지 마케팅)

① 고객의 지적 욕구를 자극하여 창조적 인지력과 문제 해결적인 체험을 제공할 수 있도록 한다.
② 신기술 제품, 여러 산업 제품 디자인, 커뮤니케이션 등에 사용된다.

4) 행동 마케팅

① 육체, 감각의 자극을 극대화하여 고객이 능동적 행동을 하도록 한다.
② 육체적 체험 강화를 할 수 있는 다양한 방법 및 라이프 스타일의 상호작용을 보여준다.
③ 유명 영화배우, 운동선수 등에 의해 유도될 수 있다.

5) 관계 마케팅

① 브랜드와 고객 간 관계가 형성되도록 관계적 체험을 증가시키고, 브랜드 커뮤니티를 형성한다.
② 이상적인 자아나 타인, 문화 등과 연결시켜 줌으로써 고객의 자기 발전과 남들에게 긍정적으로 인식되고자 하는 개인적 욕망을 자극시킨다.

8. 관광 서비스

(1) 개념 ★

1) 정의

관광을 통해 추구하는 목적을 관광 서비스 직원이 편안하고 안락하게 충족시킬 수 있도록 하는 무형적 성격을 띠는 일련의 활동을 의미한다.

2) 중요성

① 고객들은 물리적 서비스보다 만족과 감동을 주는 서비스를 더 선호한다.

② 고급 서비스의 이미지를 가지고 있기 때문에 숙련되고 전문화된 서비스를 요구한다.

③ 타 기업과 다른 특화된 서비스, 차별화된 서비스, 고품위 서비스를 요구한다.

④ 고객들은 관광을 통해 자아실현 욕구를 충족하길 원하기 때문에 이를 충족시킬 수 있는 철저한 준비가 필요하다.

⑤ 모방이 쉽지 않다.

(2) 특징 ★★

무형성	· 형태가 없고 눈에 보이지 않는다.
동시성	· 서비스가 생산과 동시에 제공된다.
이질성	· 직원과 관광객의 유형 등 인적 요소에 따라 서비스 결과가 달라진다.
소멸성	· 시간과 동시에 자동 소멸되어 재고 보관이 되지 않는다.
연계성	· 주변환경 등과 연결성을 가지고 있다.
인적 의존성	· 정성어린 인적 자원 서비스에 의존하고, 기술 개발 성격은 약하다. · 사람에 대한 의존도가 높아 사람들이 구매하지 않으면 서비스 제공이 불가능하다.
계절성	· 공급은 비탄력적이고 수요는 탄력적이기 때문에 계절의 영향을 받는다. · 성수기와 비성수기의 가격 차이가 많고 비수기 대응을 위한 마케팅 전략이 필요하다.
고급성	· 고급의 물리적 환경을 지향한다.
상호 보완성	· 타 관광 상품과 상호 보완적인 성격을 가진다. · 예시) 에어텔, 패키지 상품 등
복합성	· 다양한 서비스가 융합되는 복합 서비스 산업의 형태를 가진다.

핵심 출제 포인트

· 서비스 리더십의 핵심 요소와 리더십 유형, 체험 마케팅의 유형별 특징을 명확히 이해해야 합니다.

1. 서비스 리더십의 이해

(1) 개념

1) 정의

① 리더십은 고대 앵글로색슨어인 리드(lead)에서 유래하는 말로 리더는 '길을 만들고, 가보고, 보여주는 사람'이라는 의미를 가진다.

② 서비스 리더십은 내부 고객(직원)간에는 친화력을 베풀고, 외부 고객에 대해서는 솔선수범하는 것으로 21세기 기업문화의 최고 화두가 되고 있다.

③ 내부 고객(직원)이 리더에게 고객으로 대접 받을 때 만족을 느끼며, 이는 외부 고객에게 만족과 감동 서비스를 제공한다는 것을 구조화하였다.

○ **워렌 베니스(Warren Bennis)의 리더와 관리자의 차이 11가지**

1. 관리자는 관리를 하지만 리더는 혁신을 한다.
2. 관리자는 모방하지만 리더는 창조한다.
3. 관리자는 유지하지만 리더는 개발 한다.
4. 관리자는 시스템과 구조에 초점을 두지만 리더는 사람들에게 초점을 둔다.
5. 관리자는 통제에 의존하지만 리더는 신뢰를 고취시킨다.
6. 관리자는 짧은 시각을 가지지만 리더는 긴 전망을 갖는다.
7. 관리자는 언제, 어떻게를 묻지만 리더는 그것에 도전한다.
8. 관리자는 수직적이지만 리더는 수평적이다.
9. 관리자는 현상을 유지하려 하지만 리더는 그 것에 도전한다.
10. 관리자는 전형적인 병사이지만 리더는 몸소 일하는 사람이다.

11. 관리자는 과업이 적절하도록 하지만 리더는 적절한 과업을 한다.

출처: 스튜어트 크레이너, 경영 구루들의 살아있는 아이디어

2) 분류

조직 내부적 측면	조직 시스템을 통해 조직 가치와 방향, 성과와 기대 수준, 고객 중심 경영, 조직 학습 등을 조직에 전파하는 것을 의미한다.
조직 외부적 측면	조직의 사회적 책임을 인식, 표현, 지원하는 방법을 의미한다.

3) 목표

① 서비스 리더십의 목표는 고객 만족이라고 할 수 있는데 이는 내부 고객(서비스 제공자)과 외부 고객(서비스 구매자)의 만족을 동시에 의미한다.

② 리더는 파트너로서 내부 고객을 만족시키고 직원은 또 다른 파트너인 외부 고객을 만족시키는 선순환 사이클을 만든다.

③ 서비스 리더십은 파트너 만족을 위한 행위를 많이 해야 하고 이를 위한 다양한 노력과 접근이 필요하다.

2. 서비스 리더십의 핵심 요소 ★★

(1) 서비스 리더십의 핵심, C.M.S

1) 개념

① 서비스 리더는 $C \times M \times S$를 갖추고 행동할 때, 내부 고객 만족뿐만 아니라 외부 고객 만족으로 연결될 수 있다.

② C는 신념(Concept), M은 태도(Mind), S는 능력(Skill)을 말하는데 이 세 가지가 상호 조화를 이루어야 한다.

2) 특징

여기서 C.M.S의 곱하기 관계는 어느 하나가 마이너스가 되거나 Zero가 되면 전체는 마이너스가 되거나 Zero가 되므로 서비스 리더는 이들의 요소를 균형있고 높게 가지고 있어야 한다는 것이다.

(2) C.M.S의 세부 구성 요소

1) 신념(Concept)

① 사람의 인체에 비유하면 머리에 해당하는 영역이다.

② 리더십의 기초인 철학과 비전 그리고 이것을 위해서 현재를 어떻게 개선할 것인가 하는 혁신으로 설명할 수 있다.

③ 신념은 철학, 비전, 혁신이라는 세 가지 하위 요소로 구성된다.

2) 태도(Mind)

① 사람의 인체에 비유하면 가슴에 해당하는 영역이다.

② 어떻게 파트너에게 다가갈지, 파트너십을 형성할지에 대한 마음과 자세를 말한다.

③ 태도는 열정, 애정, 신뢰라는 세 가지 하위 요소로 구성된다.

3) 능력(Skill)

① 사람의 인체에 비유하면 손발에 해당하는 영역이다.

② 고객의 욕구 파악과 충족시키는 능력을 말하는데 이를 위해 서비스 창조 능력, 관리 운영 능력, 인간관계 능력을 가져야 한다.

③ 능력은 창조 능력, 운영 능력, 관계 능력의 세 가지 하위 요소로 구성된다.

참고

○ **서비스 리더십의 핵심(CxMxS = 고객 만족)**

· 리더는 CXMXS를 갖추고 행동 → 파트너(내부 고객) 만족 → 외부 고객 만족

요소	내용
Concept (신념)	Philosophy(철학)
	Vision(비전)
	Change(혁신, 변화)

요소	내용	요소	내용
Mind (태도)	Passion(열정)	Skill (능력)	Creation(창조)
	Affection(애정)		Operation(운영)
	Trust(신뢰)		Relation(인간관계)

· 곱하기 관계를 갖는 C, M, S를 고루 갖출 때만 바람직

3. 서비스 리더의 역할

(1) 커트라이맨의 우수한 리더십의 특성 ★

접근성	고객을 생각하며 리더십을 발휘한다.
솔선수범	무엇을 어떻게 해야 하는지 알며, 솔선수범 한다.
열정	리더는 열정을 가지고 있다.
도전적 목표	달성하기 어려운 도전적 목표를 수립한다.
강력한 추진력	일을 강력하게 추진하는 능력을 가진다.
기업문화 변화	직원들에게 기업 추구 가치를 알려주어 원하는 방향으로 기업문화를 변화시킨다.
조직화	모든 요소를 조직화한 후 적극적으로 실천한다.

(2) 서비스 리더의 역할 수행

1) 자신의 강약점 파악

리더는 자신의 강, 약점을 파악하여 강점은 살리고 약점은 제거하여 변화를 시도한다.

2) 권한 위임

리더는 구성원에게 권한 위임을 통해 조직과 고객 모두 만족을 주는 의사결정을 스스로 할 수 있도록 훈련시켜야 한다.

3) 리더십 개발

고객은 수준 높은 서비스를 받기를 원하기 때문에 내부 고객의 리더십 개발에 최선의 노력을 다해야 한다.

4) 공식적 · 비공식적 리더

공식적 리더와 비공식적 리더가 대립하는 경우 공식적 리더십이 쇠퇴하고, 공식적 리더와 비공식적 리더가 화합하는 경우 공식적 리더십은 강화된다.

5) 구성원 관심

리더는 구성원들의 업무 상 고충 등에 항상 관심을 갖고 대처한다.

6) 개방적 태도

개방적 태도로 여러 의견을 수렴하여 창의적인 업무 수행을 하도록 해야 한다.

7) 구성원 육성

리더는 구성원들을 훈련, 칭찬, 격려함으로써 고객에게 감동 서비스를 제공해야 한다.

4. 서번트 리더십

(1) 개념

1) 정의

① 미국 학자 로버트 그린리프가 1970년대 처음 제기한 이론으로 '다른 사람의 요구에 귀를 기울이는 하인이 결국은 모두를 이끄는 리더가 된다.'는 것이 핵심이다.
② 서번트 리더십은 인간 존중을 바탕으로, 직원을 가장 중요한 재원으로 보고 구성원들이 잠재력을 발휘할 수 있도록 앞에서 이끌어주며 극진하게 섬기는 리더십이다.
③ 통제, 상벌보다 경청, 감정이입, 칭찬과 격려, 설득을 통해 리더십을 발휘한다.
④ 고객만족 경영이 대두되면서 부각되었다.

2) 역할

서번트 리더의 역할을 크게 방향 제시자, 의견 조율자, 일·삶을 지원해 주는 조력자 등 세 가지로 제시하고 있다.

3) 섬기는 리더의 10가지 특성 ★

① 경청하는 자세 : 경청은 존중과 배려를 바탕으로 상대방의 감정과 의견을 가슴으로 느끼는 것이다. 말로 표현된 것은 물론이고 그렇지 못한 것도 귀를 기울이며 이를 통해 구성원의 욕구가 무엇인지 이끌어낸다.
② 공감하는 자세 : 구성원들이 각자 가지고 있는 모습을 인정하고 그들을 이해하고 공감하기 위해 노력한다.
③ 정서적 치유 : 경청과 공감을 통해 구성원들의 요구에 관심을 기울이고, 필요할 때 그들을 지원하고 치유를 돕는다.
④ 분명한 인식 : 섬기는 리더십은 무조건 섬기지 않기 때문에 '종'과 다르다고 할 수 있다. 상황에 대한 분명한 인식을 바탕으로 대안을 제시한다.
⑤ 설득 : 순종을 강요하기보다 타인을 납득시키기 때문에 지위의 권위에 의존하는 것이 아니라 설득에 의존한다고 볼 수 있다. 이는 전통적인 권위주의적 모델과

구분되는 점이다.

⑥ 폭넓은 사고 : 조직의 과거, 현재, 미래를 분석하고 객관적 상황을 판단하여 조직 방향과 달성 목표를 제시하기 위해 노력한다.

⑦ 통찰력 : 과거의 교훈을 이해할 수 있게 돕고, 이를 통해 현실 인식 및 미래의 결과에 대한 예측을 할 수 있도록 돕는다.

⑧ 청지기 의식 : 리더가 다른 사람들을 섬기기 위해 현재의 직분을 맡고 있다고 생각하기 때문에 구성원에 대한 헌신이 최우선이다.

⑨ 구성원 성장에 대한 헌신 : 리더의 성과를 판단하는 방법은 구성원의 성장을 확인하는 것이기 때문에 구성원의 성장과 성공을 지원한다.

⑩ 공동체 형성 : 조직 내에서 구성원들의 공동체 의식을 형성할 수 있는 수단을 찾기 위해 노력하고, 공동체 지원 및 지역사회 발전을 위한 가치를 창조한다.

5. 참여적 리더십

(1) 개념

1) 정의

조직 과정 속에서 구성원들을 활용하여 구성원 의견을 의사 결정에 적극적으로 반영시키는 리더십이다.

2) 효과

일에 대해 적극적인 동기 부여가 가능하며, 조직의 목표를 내재화시킬 수 있어 업무 수행력이 상승한다.

3) 특성

① 주요 결정에 구성원들의 생각, 선호도를 반영한다.

② 구성원들이 책임질 수 있는 부분은 의사결정의 권한을 위임한다.

③ 상부의 결정에 대한 방법 선택의 권한을 구성원에게 위임한다.

④ 관리자가 자신의 권한을 포기하는 것이 아니라, 구성원의 결정을 무효 또는 수정할 수 있는 권한을 가지고 있다.

(2) 장, 단점 ★

1) 장점

① 조직의 목표에 대한 참여 동기가 증대된다.
② 집단 지식과 기술의 활용이 쉽다.
③ 구성원들이 조직 활동에 더욱 헌신하게 된다.
④ 개인적인 가치와 신념 등을 고취시킨다.
⑤ 참여를 통해 경영적 사고와 기술을 익힐 수 있다.
⑥ 의사소통을 자유롭게 할 수 있도록 장려할 수 있다.

2) 단점

① 참여에 따른 시간이 많이 소비된다.
② 타협에 의해 확실하지 않은 결정을 할 수 있다.
③ 책임이 분산되어 무기력해질 수 있다.
④ 헌신적인 지도자를 가지기 힘들다.
⑤ 참여 기술을 습득하기 어렵다.
⑥ 구성원 자격이 비슷할 때 제한적인 효과를 얻을 수 있다.

6. 감성 리더십

(1) 개념 ★

1) 정의

① 리더 스스로 자신의 내면을 인식하고 구성원의 감성을 이해하며 구성원과의 관계를 형성하여 조직의 감성 역량을 강화시키는 것이다.
② 구성원의 감성에 집중하고 감정적인 공감대를 형성하여 이를 시스템화시켜 구성원들의 능력을 발휘하여 조직 목표를 달성하는 리더십이다.

2) 특징

① 감성 리더십은 감성 지능과 관련이 높은데 이는 다니엘 골먼에 의해 폭넓은 연구가 이루어졌다.
② 다니엘 골먼은 저서 『감성의 리더십』에서 위대한 리더를 '다른 사람들의 감정에 주파수를 맞출 수 있는 사람'이라고 정의하였다.

③ 다니엘 골먼은 기술적 능력과 지능지수(IQ)보다 감성지수(EQ)에 의해 리더의
  성공과 실패가 좌우된다고 하였다.

(2) 감성 지능

1) 개념 ★

① 감성 지능은 자기 자신과 인간관계를 효율적으로 관리할 수 있는 능력이다.
② 다니엘 골먼은 감성 지능은 개인적 능력(자기 인식과 자기 관리 능력)과 사회적
  능력(사회적 인식, 사회적 스킬)의 두 가지 능력으로 이루어진다고 하였다.

2) 감성 역량의 4대 요소 ★★

구분	인식	스킬
자기	자기 인식 자신의 감정을 이해하라	자기 관리 자신의 감정을 관리하라.
사회	사회적 인식 다른 사람의 감정을 인식하고 이해하라.	사회적 스킬(도전과 열정) 다른 사람과의 관계를 관리하라.

① 자기 인식 능력 : 자신의 가치를 이해하고 무엇을 하고자 하는지에 대해 명확히
  이해하고 긍정적으로 확신하는 것을 말한다.
② 자기 관리 능력 : 자신의 감정과 충동을 통제하고 다스릴 수 있는 능력을 말한다.
③ 사회적 인식 능력 : 감정이입 능력으로 다른 사람의 감정이나 상태를 이해하는
  능력을 말한다.
④ 사회적 스킬(높은 도전정신, 열정) : 인간관계를 형성하고 관리하는 능력을 말한
  다. 특히 리더가 높은 도전정신과 열정이 있을 때 구성원들이 충성심을 가지고
  리더를 믿고 따른다.

3) 감성 지능의 5대 요소 ★★

① 자아 인식력 : 자신의 감정, 기분, 취향 등이 타인에게 미치는 영향을 인식하고
  이해하는 능력이다. 감정이식, 자기 평가, 자신감 등으로 이루어진다.
② 자기 조절력 : 부정적 기분이나 행동을 통제하거나 전환할 수 있는 능력으로 자
  기 통제, 신뢰성, 성실성, 적응력, 혁신성 등으로 이루어진다.
③ 동기부여 능력 : 스스로의 흥미와 즐거움으로 과제를 행하는 능력으로 추진력,
  헌신, 주도성, 낙천성 등으로 이루어진다.

④ 감정이입 능력 : 다른 사람의 감정을 이해하고 헤아리는 능력이다. 타인 이해, 부하에 대한 공감, 전략적 인식력 등으로 이루어진다.

⑤ 사교성(대인관계기술) : 인간관계를 형성하고 관리하는 능력이다. 타인에 대한 영향력 행사, 커뮤니케이션, 이해 조정력, 리더십, 변화 추진력, 팀 구축 능력 등으로 이루어진다.

7. 카리스마 리더십

(1) 개념

1) 정의

캉거와 카눙고는 "카리스마는 귀인과정의 결과라는 가정을 기초로 삼고 있다. 부하들은 리더의 행동과 결과를 관찰한 것에 기초하며 리더에게 카리스마적인 특성을 귀인시킨다"고 말했다.

2) 효과

① 위기, 격동, 변화 요구가 높은 조직 상황에서 큰 효과를 발휘할 수 있다.

② 일부 지도자들이 구성원들에게 미치는 특별한 영향력을 효과적으로 설명할 수 있다.

3) 카리스마가 갖추어야 할 요건

이미지, 신뢰형성, 개인적 매력, 비전, 수사학적 능력이 있다.

4) 카리스마 귀인을 촉진하는 요인

인상관리 기술, 자신감, 상황을 평가하는 인지적 능력, 부하의 욕구를 파악하기 위한 공감능력 및 사회적 민감성이 있다.

8. 상황적 리더십

(1) 이해

1) 정의

허쉬와 블랜차드가 제시한 상황적 리더십 모형으로 구성원의 성숙도와 미성숙도에 따라 리더십을 다르게 적용해야 한다는 이론

2) 성숙도

성숙	달성 가능한 목표 설정 능력, 책임질 수 있는 의사 및 능력 교육과 경험을 갖추어 자발적 업무 수행 의사와 능력이 있는 상태
미성숙	성숙의 내용을 갖추고 있지 못한 상태

3) 4단계

① R1: 능력 저 / 의지 저
② R2: 능력 저/ 의지 고
③ R3: 능력 고/ 의지 저
④ R4: 능력 고/ 의지 고

(2) 유형 ★★★

지시적 리더십	부하가 의욕 없고 능력도 부족한 경우 리더가 주도적으로 지도, 설득, 밀착 감독 해야 한다
설득적 리더십	부하가 의욕은 있으나 능력이 부족한 경우 리더는 세세하게 지시하기 보다 방향을 제시하고 피드백해야 한다
참여적 리더십	부하가 능력은 있으나 의욕이 부족한 경우 리더는 관계를 중시하여 정보를 공유하며 의사결정에 참여 시킨다
위임적 리더십	부하의 능력과, 의욕이 모두 높은 경우 부하에게 책임과 결정권을 부여한다

9. 감성 경영

(1) 이해

1) 정의 ★★

① 직원들의 감성을 중시하여 감성을 이끌어 냄으로써 생산성을 높이는 경영방식으로 리더십, 직원 관리, 조직 운영 등 모든 경영 활동에 감성을 반영하는 것이다.
② 최근에는 직원뿐만 아니라 고객의 감성적 욕구를 충족시키는 데도 중점을 두는 경영 전략을 포괄하는 개념으로 확장되었다.
③ 미래학자 롤프 옌센은 1인당 GNP가 1만 5,000달러가 넘으면 꿈과 감성을 추구하는 꿈의 사회(Dream Society)가 된다고 주장하였고, 미래학자 앨빈 토플러는 '21세기는 지식 못지 않게 감성도 중요해질 것이다'라고 주장하였다.
④ 후기 정보화 사회인 21세기에는 창의력과 감성이 더 중요한 시대가 되었다.

2) 도입 효과 ★★

① 대내적으로 '감성리더십'으로 나타나는데, 이는 직원들에 대한 관심과 격려로 피그말리온 효과 및 업무 능률을 향상시키는 것이다.
② 대외적으로 '감성마케팅'으로 나타나는데, 이는 고객감동을 제공하고 기업 매출과 브랜드 상승 효과를 가져온다.
③ 감성마케팅은 눈에 보이지 않는 감성을 눈에 보이는 색채, 형태, 소재로 형상화하거나 인간의 감각이나 감성을 자극하는 마케팅을 말한다.
④ 대외적 측면에서 감성경영은 감성마케팅을 통해 기업 매출액과 브랜드 가치를 상승 시킨다.
⑤ 대내적 측면에서 감성리더십을 통해 구성원의 직무 만족도를 증가시킬 수 있으며, 구성원의 충성도 강화와 인재 양성을 촉진시키는 피그말리온 효과를 가져온다.

3) 감성경영의 효율적인 운영방법

① 조직 내 원활한 수직적, 수평적 커뮤니케이션을 통해 긍정적 기업 문화 및 업무 능률을 향상시킨다.
② 지속적인 전략으로 고객의 마음을 사로 잡는다.
③ 감성리더십과 감성마케팅은 하나로 통합하여 운영한다.

참고

o 캐일라 패런(Caela Farren)과 베벌리 케이(Beverly Kaye)의
　현대 조직에서 필요한 리더의 역할 5가지 ★
· 조언자(Advisor)
· 격려자(Encourager)
· 지원자(Facilitator)
· 평가자(Evaluator)
· 예측자(Predictor)

o 피그말리온 효과 ★★
　자기 충족 예언으로 주위의 예언이 행위자에게 영향을 주어 예언한 대로 만들어지는 것을 말한다.

o 낙인 효과 ★
　피그말리온 효과와 반대의 개념으로 부정적인 낙인이 찍히면 그 낙인에 맞는 부정적인 행동을 하는 것을 말한다.

o 엘튼 메이요(Elton Mayo)의 호손 효과(Hawthorne Effect) ★★
· 사람은 누군가 관심을 가지고 지켜보면 더 분발하게 된다. 이런 현상은 할 수 있다고 믿으면 더 잘하게 되는 효과로 여럿이 함께 일하면 생산성이 올라가는 사회적 촉진현상과도 관련이 있다.
· 생산성은 직원의 태도나 감정에 의해 영향을 받으며 직원의 태도나 감정은 집단 내 인간관계에 영향을 받게 된다.
· 즉 조직의 생산성 향상을 위해서는 직원의 정서적 요인에 초점을 맞추어야 한다.

Chapter 01 출제 예상 문제

1. 고객 만족(CS) 와 관련한 정의 중 소비자가 제품이나 서비스를 구매, 비교, 평가, 선택하는 과정에서 경험하는 호의적, 비호의적 감정 및 태도라고 정의한 학자는?

① 웨스트부룩(Westbrook), 뉴먼(Newman) ② 올리버(Oliver)
③ 코틀러(Kotler)   ④ 굿맨(Goodman)
⑤ 앤더슨(Anderson)

2. 공정성 이론과 관련해 공정성의 분류 중 인간적인 측면과 비인간적인 측면까지 의사결정을 수행하는 스타일과 관련된 것으로 의사소통 방식, 우호적인 정도, 편견, 흥미, 존경, 정직, 예의 등으로 구성되어 있는 것을 말하는 것은?

① 도출 결과의 공정성   ② 상호작용의 공정성
③ 태도 구성의 공정성   ④ 공급상의 공정성
⑤ 사회 통념의 공정성

3. 슈매너(Schmenner)가 제시한 서비스 프로세스 매트릭스의 내용 중 서비스 팩토리의 내용으로 가장 거리가 먼 것은?

① 항공, 화물, 호텔, 리조트 등의 업종 ② 낮은 노동집중도
③ 낮은 고객과의 상호 작용   ④ 낮은 개별화 정도
⑤ 소매 금융업 업종

4. 데이비드 마이스터가 분류한 대기 시간에 영향을 미치는 통제 요인 중 기업의 완전 통제 요인에 해당하는 것은?

① 편안함   ② 대기 목적 가치
③ 고객 태도   ④ 개인 또는 단체
⑤ 점유 또는 무점유 대기

5. 구매 행동의 의사결정 단계에서 가족 구성원의 역할과 거리가 먼 것은?

① 소비자 ② 동기관측자
③ 정보수집자 ④ 의사결정자
⑤ 구매담당자

6. 다음 중 피시본 다이어그램 작성의 단계별 흐름에서 가장 마지막 단계는?

① 문제의 명확한 정의 ② 잠재적인 브레인 스토밍
③ 근본 원인 확인 ④ 문제의 주요원인 범주화
⑤ 세부사항 검토

7. 노드스트롬 백화점의 경영 방식 중 내부고객 만족 정책으로 틀린 것은?

① 판매 수수료 제도 ② 내부 승진 원칙
③ 직원 인격 존중 ④ 피상적 조건 타파
⑤ 편리한 쇼핑 환경 제공

8. 고객 행동의 영향 요인과 관련해 준거집단 중 2차 집단의 특성으로 가장 거리가 먼 것은?

① 전체적 인간관계 ② 부분적 인간관계
③ 공식적 인간관계 ④ 특수한 인간관계
⑤ 목적을 위해 의도적인 형성

9. 고객 특성 파악을 위한 고객 가치 정보 중 계약 정보에 해당하는 것은?

① 고객 지갑 점유율 ② 출신지
③ 재산상태 ④ 소득
⑤ 출신학교

10. 다음 중 마이어스 브릭스 유형 지표(MBTI)에 대한 설명으로 틀린 것은?

① 4개의 성격 유형으로 구성한다

② 칼 융의 심리유형론을 근거로 한다

③ 브릭스와 마이어 모녀에 의해 개발되었다

④ 주로 장점을 위주로 구성하고 있다.

⑤ 선호경향은 교육의 영향을 받기 이전에 잠재되어 있는 선천적 심리 경향을 말한다.

11. 다음 중 고객관계관리(CRM)의 장점에 대한 설명으로 틀린 것은?

① 제품 개발과 출시 과정에 대한 소모 시간을 절약한다.

② 고객 창출 부가가치에 따른 마케팅 비용 사용이 가능하다.

③ 특정 고객의 니즈에 따른 표적화가 쉽다.

④ 개별 고객과의 접촉을 활용할 수 있다.

⑤ 가격을 통해 구매 환경을 개선할 수 있다.

12. 고객관계관리(CRM) 목적을 달성하기 위한 활동 중 고객 수를 증가 시키는 방법으로 틀린 것은?

① 타 외부업체와의 제휴　　　　② 기존 고객 유지 활동

③ 추가 판매 및 교차 판매 전략　　④ 고객 추천을 통한 신규고객

⑤ 이벤트

13. 고객관계관리(CRM) 시스템 구축을 위한 고객 데이터 수집 원천 중 내부 데이터에 해당되는 내용이 아닌 것은?

① 거래 데이터　　　　　　② 조사 데이터

③ 제휴 활용 데이터　　　　④ 인적 데이터

⑤ 접촉 데이터

14. 고객관계관리(CRM) 도입의 실패 요인이 아닌 것은?

① 고객정보 데이터 무시　　　② 전략 부재

③ 기업 중심의 CRM　　　　④ 업무 부서 간 협업

⑤ 기술 숙련도에 대한 고려 미흡

15. 휴스턴(huston)과 레빙거(Levinger)가 제시한 인간관계 형성 단계 중 두 사람 사이에 크고 작은 상호 의존이 나타나는 단계는?

① 단계적 확대 단계   ② 친밀한 사적 단계
③ 인상 형성 단계   ④ 피상적 역할 단계
⑤ 정서적 판단 단계

16. 머튼(R.K. Merton)이 주장한 아노미 이론에서 문화적 목표는 수용하지만 제도적 수단을 포기하는 유형은 무엇인가?

① 동조형   ② 혁신형
③ 의례주의형   ④ 패배주의형
⑤ 반역형

17. 서비스의 정의에 대하여 다음과 같이 주장한 학자는 누구인가?

> ・서비스란 시장에서 판매되는 무형의 제품으로 정의할 수 있다.
> ・손으로 만질 수 있는지의 여부에 따라 유형의 상품과 무형의 상품으로 구분할 수 있다.

① 마샬   ② 라즈멜
③ 자이다믈   ④ 세이
⑤ 블루아

18. 구매의도에 영향을 미치는 상황 요인 중 물리적 요인에 속하는 것은?

① 예산   ② 현금 보유 금액
③ 시간   ④ 배달가능 여부
⑤ 친구

19. 다음 중 품질기능전개(QFD)의 한계에 대한 설명으로 틀린 것은?

① 기술 특성 선택에 따라 고객 요구 중요도의 왜곡 가능성이 있음
② 고객의 소리는 정성적일 경우에도 요구 속성을 파악할 수 있음

③ 고객 요구 사항과 기술 특성의 연관 관계를 제대로 파악하는데 어려움이 있을 수 있음

④ 고객이 영속적으로 정확하다고 보기에는 한계가 있기 때문에 새로운 제품에 반영하는데 어려움이 있을 수 있음

⑤ 단순히 현재 상황을 정리하는 것에 지나지 않을 것이라 우려하는 상황이 발생할 수 있음

20. 다음 중 휘(Hui)와 채(Tes)가 제시한 대기에 대한 수용가능성에 대한 것으로 틀린 것은?

① 대기를 하는데 있어 통제력이 자신에게 있을 경우 대기에 대한 수용 확률이 낮아지고 외부에 존재할 경우 대기를 수용할 확률이 높아짐

② 지각된 대기시간은 대기에 대한 수용 가능성에 직접적인 영향을 미침

③ 고객의 대기에 대한 기대와 실제 지각된 대기시간의 차이는 대기에 대한 수용 가능성에 조절 역할을 하게 됨

④ 서비스를 위해 기다려야 하는 시간이 고객의 기준에 합당한지의 여부를 가리켜 대기에 대한 수용 가능성이라고 함

⑤ 고객이 서비스를 통해 얻고자 하는 혜택이 클수록 대기를 수용하는 경향이 크게 나타나고 대기로 인해 발생되는 물리적 심리적 비용이 클수록 대기에 대한 수용을 회피하고자 함

21. 성공적인 CRM구축을 위해 외부로부터 솔루션을 도입할 경우 발생될 수 있는 사항이 아닌 것은?

① 자체 개발 보다 많은 비용 발생　　② 추가적 기능에 문제 발생
③ 프로젝트 실패 확률 감소　　④ 비교적 짧은 개발기간
⑤ 빠른 기간에 업무 적용 가능

22. 판매자 측 잘못으로 발생되는 고객 불만 원인으로 틀린 것은?

① 무성의한 접객 행위　　② 잘못된 A/S
③ 고객에 대한 직원의 인식 부족　　④ 브랜드에 대한 고객의 잘못된 인식
⑤ 정보 제공 미흡

23. 한국인의 특성에 맞는 감성경영 리더가 고려해야 할 내용으로 맞지 않은 것은?

① 깊이 있는 사고와 토론 의식
② 리더 개인적인 측면에서 권위를 완전히 내려 놓음
③ 개인주의와 공동체 의식의 조화
④ 가족주의를 바탕으로 한 경영가족주의 시도
⑤ 유연성 있는 리더십 발휘

24. 항공기출발 지연 분석을 위해 피쉬본 다이어그램을 작성할 때 지체 승객의 탑승 등에 속하는 것은 무엇인가?

① 절차   ② 후방인력
③ 전방인력   ④ 시설장비
⑤ 원자재 공급

25. 대기행렬모형 중 다음에 해당하는 유형은 무엇인가?

① 복수경로 단일 단계 대기 시스템   ② 단일경로 복수단계 대기시스템
③ 단일 경로 단일단계 대기 시스템   ④ 혼합경로 복수단계 대기 시스템
⑤ 복수경로 복수단계 대기 시스템

26. 생산성 향상 운동인 3S의 내용 중 현재 제품 계열에서 적자를 내고 있는 제품을 축소해나가는 것을 뜻하는 요소는?

① Specialization   ② Standardization
③ Simplification   ④ Specification
⑤ Satisfaction

27. 비즈니스프로세스 중 기반 프로세스에 대한 설명으로 옳은 것은?

① 경쟁자보다 우수하게 고객 가치를 제공하는 프로세스
② 경쟁자보다 뛰어나지는 않지만 고객에게 최소한의 가치를 제공하면 됨
③ 변화하는 고객 니즈와 기술 변화에 맞추어 조직의 경쟁 우위 확보를 위한 프로세스
④ 프로세스 초점이 고객만족에 있으며 고객의 기대수준과 대비하여 판단
⑤ 사람, 기술 프로세스를 결합해 조직 역량을 구축하여 미래 산업전략이 성공할 수 있도록 하는 프로세스

28. 확장된 마케팅 믹스 '7Ps' 중 'People'의 내용과 거리가 먼 것은?

① 고객 교육   ② 고객 행동
③ 직원 교육   ④ 고객관계관리
⑤ 공중 관계

29. 메타그룹에서 제시한 CRM의 분류 중 분석 CRM에서 사용되는 분석도구가 아닌 것은?

① data warehouse   ② OLAP
③ ODS   ④ Data mining
⑤ FOD

30. 토마스와 칼만의 갈등 유형 중 자신과 상대방 모두 관심사를 양보하는 방식으로 조직과 개인의 욕구 간에 균형을 지키는 유형은 무엇인가?

① 수용   ② 경쟁
③ 회피   ④ 타협
⑤ 제휴

Chapter 01 CS 개론

1	①	2	②	3	⑤	4	①	5	②	6	③	7	⑤	8	①	9	①	10	①
11	⑤	12	③	13	③	14	④	15	②	16	②	17	②	18	④	19	②	20	①
21	①	22	④	23	②	24	①	25	②	26	③	27	②	28	⑤	29	⑤	30	④

1. ①
① 웨스트부룩과 뉴먼은 소비자가 제품이나 서비스를 구매, 비교, 평가, 선택하는 과정에서 경험하는 호의적, 비호의적 감정 및 태도라고 정의하였다.
② 올리버는 고객 만족은 소비자 자신의 성취반응이며, 이는 제품·서비스의 특성과 그것의 자체 제공이 소비자의 욕구충족과 이행되는 수준에 대한 소비자의 판단이라고 정의하였다.
③ 코틀러는 효과적 시장 세분화를 위한 고객 세분화 요건으로 측정 가능성, 접근 가능성, 실질성, 행동 가능성, 차별화 가능성의 5가지 기준을 제시하였다.
④ 굿맨은 비즈니스와 기대에 부응한 결과로써, 상품과 서비스의 재구입이 이루어지고 고객의 신뢰감이 연속되는 상태를 '고객 만족'이라고 정의하였다.
⑤ 앤더슨은 고객 만족은 고객의 사용 전 기대와 사용 후 성과를 평가한 결과로서, 고객의 만족과 불만족을 하나의 과정으로 이해하였다.

2. ②
공정성 이론은 1960년대 초 애덤스(1965)에 의해 처음 개발된 것으로 결과에 대해 지각하는 공정성인 도출 결과의 공정성, 사용하는 절차나 규칙에 관한 공정성인 절차상의 공정성, 고객 응대 태도에 의해 지각하는 공정성인 상호작용의 공정성이 있다.

3. ⑤
소매 금융업 업종은 대중 서비스와 관련된 내용이다.

4. ①
② 대기 목적 가치, ③ 고객 태도, ④ 개인 또는 단체는 고객의 통제 요인, ⑤ 점유 또는 무점유 대기는 기업의 부분 통제 요인에 해당한다.

5. ②
동기관측자가 거리가 멀다.

6. ③
피쉬본 다이어그램은 ① 문제의 명확한 정의, ② 잠재적인 브레인 스토밍, ④ 문제의 주요원인 범주화, ⑤ 세부사항 검토, ③ 근본 원인 확인 순서로 단계별 흐름이 진행된다.

7. ⑤
편리한 쇼핑환경 제공은 외부고객 감동 정책에 해당한다.

8. ①

2차 집단은 부분적 인간관계로 도덕 및 관습 등에 의한 비공식적 통제, 특정 목적 달성을 위해 의도적으로 형성, 특수한 이해관계를 바탕으로 한 공식적이고 합리적인 인간관계의 특징을 지닌다. 사회의 복잡화, 전문화로 그 필요성이 증대 되었다.

9. ①

고객 지갑 점유율은 한 명의 고객이 지출 가능한 돈에 대해 자사 제품 구매가 차지하는 비율을 말한다. 고객 가치 정보는 구입 상품명, 구입 시기, 구입 빈도 및 횟수, 금액, 고객평생가치 등이 해당 된다.

10. ①

MBTI는 16개의 성격 유형으로 구성되어 있다.

11. ⑤

고객관계관리는 고객의 특성에 맞춘 마케팅을 기획, 실행하는 경영관리 방법으로 고객 유지, 확보, 개발이 가능하기 때문에 마케팅, 영업, 고객 서비스 측면에서 다양한 효과가 있다.

12. ③

추가 판매 및 교차 판매 전략은 구매 금액, 고객 가치를 증가시키기 위한 전략이다.

13. ③

거래, 조사, 인적, 접촉 데이터가 내부 데이터에 해당한다.

14. ④

부서 간 협업은 CRM을 성공시킬 수 있는 방법이다.

15. ②

휴스턴과 레빙거는 두 사람 사이의 상호의존성 정도에 따라 인간관계의 친밀성이 결정된다고 주장했다. 첫인상 형성 단계(면식 단계)-피상적 역할의 단계(접촉 관계)- 친밀한 사적 단계(상호의존 단계) 순서로 발전 된다.

16. ②

문화적 목표는 수용하지만, 제도적 수단은 거부하는 유형은 혁신형이다. 횡령, 탈세, 사기범 등이 해당된다.

17. ②

라즈멜(Rathmell)의 정의이다

18. ④

그 밖에 물리적 환경 요인으로 매장 분위기, 음악, 붐비는 정도 등이 있다.

19. ②

고객의 소리는 고객이 사용하는 언어로 표현되기 때문에 정성적이거나 모호한 경우 정확한 요구 속성을 파악하기 어렵다.

20. ①
대기를 하는데 있어 통제력이 자신에게 있을 경우 대기에 대한 수용 확률이
높아지고 외부에 존재할 경우 대기를 수용할 확률이 낮아진다.

21. ①
자체 개발 보다 적은 비용이 발생한다.

22. ④
브랜드에 대한 고객의 잘못된 인식은 고객의 잘못으로 발생되는 고객 불만 원인에 해당한다.

23. ②
리더의 권위를 완전히 내려놓는 것은 아니다.

24. ①
체크인 절차 지연, 지체승객의 탑승 등은 절차에 해당한다.

25. ②
대기행렬의 기본구조는 모집단으로부터 고객이 도착하여 형성되는 대기행렬과 서비스 주체인
서비스 설비 및 서비스를 받고 시스템을 빠져나가는 출구 등으로 구성된다.

26. ③
3S 운동은 생산성을 향상하기 위한 운동으로, 표준화(standardization), 단순화(simplification), 전문화
(specialization)의 3개의 영문 머리글자를 따 '3S'라고 한다. 직장과 노동을 전문화하고 제품과 부품의
규격 및 종류를 표준화하여 제품과 작업방법을 단순화하는 것이다.

27. ②
①, ④경쟁 프로세스, ③, ⑤은 변혁 프로세스에 해당한다.

28. ⑤
People은 고객 관계 관리, 고객 행동, 직원의 선발/교육/훈련/동기 부여 등이 해당된다.

29. ⑤
분석도구는 ODS(Operation data store), OLAP(On-Line Analytical Processing),
Data mining, Data warehouse 이다.

30. ④
① 수용: 자신의 원하는 바를 포기함으로써 상대방의 갈등이 해결되도록 하는 방법
② 경쟁: 상대방을 희생시켜 자신의 갈등을 해결하는 방법
③ 회피: 자신과 상대방 모두를 무시함으로써 갈등관계에서 탈출하고자 하는 방법
⑤ 제휴: 갈등 해결을 통해 양 당사자 모두 이익이 되는 해결책을 적극적으로 찾는 방법

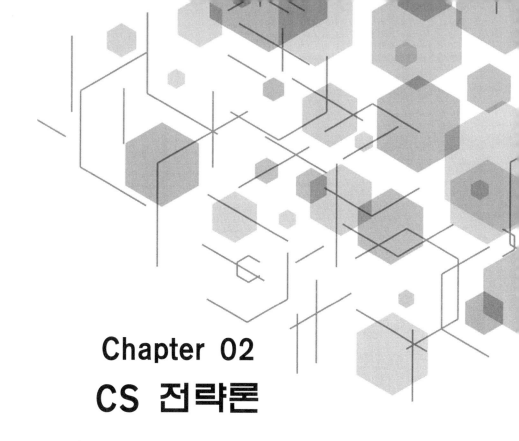

Chapter 02
CS 전략론

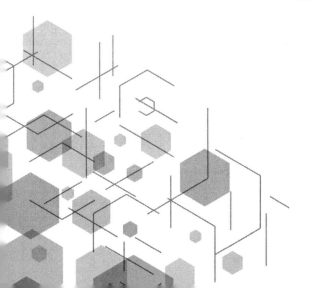

CS 전략론은 총 25문항으로 서비스 분야(50%)와 CS 활용(50%) 비율로 출제된다.

서비스 분야(50%)	서비스 기법
	서비스 차별화
	서비스 차별화 사례
	서비스 품질
CS 활용(50%)	CS 평가 조사
	CS 컨설팅
	CS 혁신 전략

CS 전략론의 경우 CS 개론과 마찬가지로 이해하기 어려운 다양한 전문 용어 및 마케팅 용어 등이 많이 나오기 때문에 보다 철저한 학습이 필요하다. 특히 기본적인 개념, 정의, 특징과 같은 부분은 다른 유사한 개념들과 혼동되지 않도록 주의가 필요하다.

제1절 서비스 기법

 핵심 출제 포인트

· 서비스 청사진은 매년 빠지지 않고 출제되는 부분이므로 정확한 숙지가 필요합니다.
· 서비스 모니터링의 요소 및 유형과 관련된 내용을 명확히 이해해야 합니다.
· MOT 사이클 차트와 관련한 법칙 및 단계별 분석은 혼동될 수 있으므로 개념을 정확하게 파악합니다.

1. 서비스 청사진

(1) 개념 ★★★

1) 정의

서비스 청사진은 1982년 린 쇼스텍(Lynn Shostack)에 의해 처음 소개되었는데 서비스업에서 서비스 설계를 철저하게 수행하기 위해 서비스를 생산, 제공하는 데 필요한 절차를 묘사하고 설명해 놓은 것을 서비스 청사진이라고 한다.

2) 특징

① 핵심 서비스 프로세스와 구성 요소 등을 그 특성이 잘 나타나도록 알아보기 쉬운 그림으로 시각적으로 제시한 것이다.
② 서비스 청사진을 통해 서비스 프로세스와 관련된 각 단계와 종업원, 고객, 기업의 각각의 역할 등 복잡한 이해관계를 재인식할 수 있다.
③ 전체 운영 시스템 중 고객의 동선 등을 파악 후 실패 가능점을 파악해 대안을 강구하여 서비스를 향상시킬 수 있다.
④ 고객과 서비스 시스템의 상호 작용을 구체적으로 표현하며 고객이 경험하게 되는 서비스 과정이며 업무 수행 지침이다.
⑤ 서비스 상품 개발의 설계와 재설계 단계에서 유용하게 활용될 수 있으며 서비스 업무 수행의 지침이 된다.
⑥ 객관적이며 구체적이며 시각적이다.
⑦ 제공되는 서비스에 관계없이 고객과의 상호작용을 확인, 관리하는데 가치를 제공한다.

⑧ 장기적인 고객 서비스를 제공하며 잠재적인 사업의 개선 기회를 발견할 수 있다.

⑨ 전반적인 효율성과 생산성을 평가할 수 있다.

3) 서비스 설계의 위험요소 ★★★

린 쇼스택은 지나친 단순화(Oversimplification), 불완전성(Incompleteness), 주관성(Subjectivity), 편향된 해석(Biased Interpretation)이 서비스 프로세스 설계의 위험요소라고 지적하였다.

4) 서비스 설계시 고려사항

린 쇼스택은 서비스 설계시 고객초점, 과업성과중시, 전체적 시각, 비관료적 설계를 고려해야 한다고 했다.

5) 장점 ★★★

① 서비스 전체 과정을 조망할 수 있어 종업원 본인의 직무를 서비스와 연결하여 고객 지향적이 될 수 있도록 한다.

② 각 요소에 투입되는 비용과 수익, 자본 파악과 평가의 기초를 제공한다.

③ 품질 개선을 위한 상의하달과 하의상달을 촉진하고 전략적 토의를 가능하게 한다.

④ 각 요소에 투자된 원가, 이익, 자본 등의 확인,평가를 위한 기반을 제공한다.

⑤ 서비스 전달 과정 중 실수 가능점을 미리 파악하여 방지책이나 복구 대안을 미리 수립할 수 있다.

⑥ 지식 공유 및 편견, 선입견이 해소되며 동의, 타협 유도가 가능하다.

⑦ 새로운 서비스 개발 및 기존 서비스 재설계 프로세스에 유용하다.

⑧ 서비스 시설 내 고객동선 축소를 통해 서비스 생산성을 향상시킬 때 유용하다.

⑨ 서비스 시스템 내에 존재하는 중요한 관리 포인트인 실패(가능)포인트, 대기 포인트, 결정 포인트를 알 수 있다.

⑩ 직원의 역할과 책임을 규정할 수 있다.

(2) 서비스 청사진의 구성 ★★★

1) 구성 요소

① 행동

고객의 행동	·서비스 구매, 소비, 평가 프로세스에서 고객이 수행하는 활동 ·예시) 병원 선택, 예약 전화하기, 주차, 진료비 수납 등
일선 종업원의 행동	·고객의 눈에 가시적으로 보이는 종업원의 활동 ·예시) 진료하는 의사, 주차요원의 주차 안내 등
후방 종업원의 행동	·고객에게 직접 보이지는 않지만 무대 위 종업원의 행동을 지원하는 행동 ·예시) 예약 전화 받는 직원, 주사를 준비하는 간호사 등
지원 프로세스	·서비스를 전달하는 종업원을 지원하기 위한 내부적 서비스 ·예시) 직원의 친절교육을 위한 교육센터

② 수평선 ★★★

상호작용선	고객과 일선 종업원 사이에 직접적인 상호작용이 발생하는 것을 기준으로 고객이 경험하는 서비스 품질을 알게 해준다.
가시선	고객이 볼 수 있는 영역과 그렇지 않은 활동을 구분하고 어떤 종업원이 고객과 접촉하는지를 알려준다.
내부상호 작용선	서비스를 지원하는 활동과 고객과 접하는 활동을 구분하여 부서 고유의 상호 의존성 및 경계 영역을 명확히 해준다.

2) 서비스 청사진 구성도 ★★★

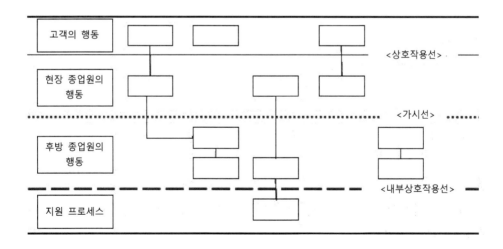

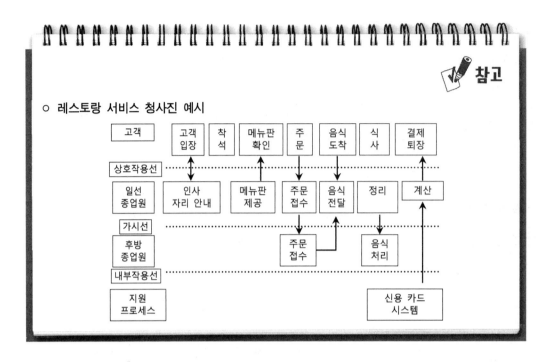

○ 레스토랑 서비스 청사진 예시

3) 서비스 청사진 작성의 5단계 ★

① 1단계(과정의 도식화) : 고객에게 서비스가 전달되는 과정을 도식화된 그림 형태로 나타낸다.

② 2단계(실패가능점의 확인) : 전체 단계 중 서비스 실패가 일어날 확률이 큰 지점을 확인한다.

③ 3단계(경과시간의 명확화) : 각 단계별 표준 작업 시간과 허용 작업 시간을 명확히 한다.

④ 4단계(수익성 분석) : 실수 발생 시점에 대한 가상 수익성을 분석하고, 결과를 바탕으로 표준 서비스 청사진을 만든다.

⑤ 5단계(청사진 수정) : 서비스 실패 가능성을 줄이기 위해 사용 목적별로 서비스 청사진 해석 및 대안 도출 후 청사진을 수정한다.

4) 장점 ★★

① 직원들이 자신의 업무와 전체 서비스와의 관계 파악이 가능하여 고객 지향적 사고를 할 수 있다.

② 고객과 종업원 사이 상호작용선을 통해 직원의 역할과 고객 경험 서비스 품질 파악이 가능해 서비스 설계에 공헌할 수 있다.

③ 고객 접점 직원을 위한 적절한 서비스 교육을 할 수 있다.

④ 무형의 서비스가 유형화 되고, 각 요소의 투입 및 산출물을 확인하고 평가할 수 있다.

⑤ 서비스 실패점을 파악 후 개선을 통해 서비스 품질 개선을 할 수 있으며 이를 위한 상하부 간의 커뮤니케이션을 촉진한다.

2. 서비스 모니터링

(1) 개요

1) 정의

① 상담원의 고객과의 전화응대 과정에서 기본 서비스 기준사항을 확인하고 평가한다.

② 향후 서비스 개선을 위한 상담원 교육의 방향 및 방법을 제시한다.

2) 목적 ★★

① 조직 전반의 품질 향상과 혁신 근거를 제공한다.

② 전화 응대 품질과 정보의 정확성을 측정한다.

③ 콜센터 프로세스의 효과성을 강화한다.

④ 상담원의 교육 훈련의 필요성 및 교육 효과성을 확인한다.

⑤ 피드백의 사례 제공 및 직원 역량 개발을 위한 코칭을 지원해준다.

⑥ 고객 니즈를 찾고, 고객 만족도를 평가한다.

⑦ 전사적인 전략 실행 지원 및 조직의 정책을 준수하도록 한다.

⑧ 책임감 완화를 위한 법적 내용을 준수하게 한다.

3) 요소 ★★★

① 대표성

ㄱ 대상 접점을 통해 전체 접점 서비스 특성 및 수준을 측정할 수 있다.

ㄴ 대상 접점은 시간대, 요일별, 주별을 대표할 수 있어야 한다.

② 객관성

ㄱ 직원의 평가 및 통제 수단이 아니라 능력 향상의 수단이 되어야 한다.

ㄴ 모두가 인정할 수 있는 객관적 기준 수립이 필요하다.

③ 차별성

  ㉠ 타 스킬 분야의 차이를 인정하고 이를 반영해야 한다.

  ㉡ 차별화 서비스 행동에 따른 인정과 보상 판단 기준이 되어야 한다.

④ 신뢰성

  ㉠ 지속적인 평가 및 전 직원 대상 동일한 방법으로 모니터링이 시행되어야 한다.

  ㉡ 평가 결과에 대한 신뢰 및 평가자에 대한 신뢰가 필요하다.

  ㉢ 세부적인 평가 항목이 필요하다.

⑤ 타당성

  ㉠ 고객 평가와 모니터링 점수가 일치되어야 하고 이를 반영하여야 한다.

  ㉡ 고객 응대의 중요 요소가 포함될 수 있도록 포괄적인 평가표가 필요하다.

  ㉢ 고객 만족 행동은 높게 평가되어야 한다.

⑥ 유용성

  ㉠ 모든 정보는 조직과 고객에게 영향을 줄 수 있어야 한다.

  ㉡ 객관적이고 신뢰할 수 있는 유용한 데이터를 만들어야 한다.

4) 기본 프로세스

1. 목표 설정	모니터링의 정성적 / 정량적 목표 설정
2. 평가 척도 구성	목표를 평가하기 위한 평가 척도 구성
3. 모니터링 실행	모니터링 실행
4. 결과 평가, 분석	모니터링 실행 후 평가 결과 분석
5. 상담원 피드백	분석 결과를 상담원에게 피드백 시행

5) 활용 방법 ★

① 통화 품질 측정 및 상담원의 개별 코칭과 보상의 근거로 활용한다.

② 개인의 자질을 분석하여 상담원 선발 시 기준을 조정한다.

③ 상담원 개인과 콜센터 전체의 정확한 교육 니즈 파악이 가능하다.

④ 보상을 통해 상담원의 동기를 부여할 수 있도록 한다.

⑤ 모니터링을 평가/감시가 아닌 자신의 발전 수단으로 인식할 수 있도록 한다.

(2) 모니터링 평가 ★★

1) 모니터링 평가표 점검 요소

계량성(신뢰성)	'평가 결과 또는 평가자가 신뢰할만 한가' '누가 평가하더라도 동일한 결과가 나오는가' '기준이 명확하고 객관적인가'
공정성	'평가항목이 보편적인가' '어떤 상황에서도 공정한가'
유용성	'결과 데이터가 유용한가?' '불필요한 항목은 없는가' '중요도 대비 배점은 적절한가'

2) 평가자(QAA)의 자격 요건

지식(Knowledge)	상품 지식, 비즈니스 전략, 산업 이해, 통화 품질 관리, 성과 분석, 지표/산출/통계법, 관련 서류(보고서 등) 작성법
기술(Skill)	경청, 정확한 평가, 스크립트 작성, 피드백 방법
태도(Attitude)	객관성, 공정성, 서비스 마인드 ※기본적인 마인드와 개개인의 패러다임은 고치기 어렵기 때문에 무엇보다 중시되어야 하는 부분이다.

3) 모니터링 자세

① 달성 가능한 목표 제시
② 구체적 행동의 개선 방안 제시
③ 코칭 시행 후 피드백 실시
④ 지속적인 관심

(4) 모니터링 피드백 ★

1) 개요

① 모니터링 피드백은 고객 만족을 위한 모니터링의 궁극적 목적을 위해 이용하는 것이다.
② 신속한 피드백을 위해 월간, 일간, 주간 보고를 시행한다.
③ 데이터는 교육 시행, 콜 센터의 품질 확인, 보상, 프로세스 개선의 기회로 활용한다.

2) 의의

① 성찰, 분석하는 과정으로 어떤 결과와 과정을 사실에 비추어 객관화하는 과정이다.

② 결과를 평가하는 것이 아니라 긍정적인 변화를 유도하는 과정이다.

3) 피드백 방법

① 피드백은 사람의 부정적인 특성을 지적하는 것이 아니라 구체적이고 관찰 가능한 사실에 집중한다.

② 좋은 피드백은 상대로부터 판단 받았다는 느낌이 아니라 도움을 받았다는 느낌을 주고, 신뢰와 협조가 가능해지며, 잠재력에 대한 확신을 준다.

③ 나쁜 피드백은 상대에 대한 비난에 집중하여 자존심을 손상시키고, 공격과 방어의 대결구도를 만든다.

참고

○ **피드백 스킬** ★
· 피코치자의 행동을 여는 스킬로 상대방의 강점을 부각시키고 약점을 보완할 수 있도록 도움을 준다.
· 지지적 피드백(ACE 기법)

Action : 행동	관찰한 사실을 구체적으로 말한다.
Contribution : 기여	그 행동이 기여한 바를 알려준다.
Emotion : 감정	노력에 대하여 느낀 나의 감정을 전달한다.

· 교정적 피드백(AID 기법)

Action : 행동	사람 자체가 아닌 구체적인 행동을 지적한다.
Impact : 영향	행동이 미치는 영향을 표현한다.
Desired outcome : 바람직한 결과	앞으로 바라는 행동에 대해 구체적으로 말한다.

4) 모니터링 데이터 활용 ★

① 모니터링은 서비스 품질(친절성, 정확성, 고객 만족, 고객 로열티 요소)을 측정, 평가하는 가장 효과적인 방법이다.
② 즉각적, 지속적, 정확한 피드백을 통해 직원의 특성에 맞는 개별적인 코칭과 스킬 향상을 위한 후속조치를 할 수 있다.
③ 모니터링 데이터는 직원의 성과 평가 자료로 활용되며 보상과 인정을 통한 동기부여와 자신을 발전시킬 수 있는 수단으로 도움을 준다.
④ 직원 개인과 조직 전체의 교육 니즈를 명확히 알고, 자기 개발 니즈에 맞는 교육을 실시할 수 있다.
⑤ 모니터링 후 개인의 자질을 분석하여 선발 과정의 문제점 파악 및 개선된 선발 과정을 적용할 수 있다.
⑥ 모니터링 과정에서 고객의 VOC(컴플레인, 클레임, 문제, 서비스 등)를 청취할 수 있어 업무 프로세스 개선의 기회를 제공해준다.

(5) 미스터리 쇼퍼(Mystery Shopper) ★★★

1) 정의

고객으로 가장하여 매장 직원의 친절도, 외모, 판매 기술, 매장 분위기 등을 평가하여 개선점을 제안하는 일을 하는 사람을 말한다.

2) 역할

① 직접 고객의 평가를 파악하기 어려운 기업을 대신하여 소비자의 반응을 평가한다.
② 매장 방문 전 정보(해당 매장 위치, 환경, 직원 수, 판매 제품 등)를 사전 파악하여 방문하고 실제 고객의 행동(상품 문의, 구매, 환불 등)을 한다.
③ 매장 직원들의 서비스, 상품 지식, 매장 청결상태, 개인적으로 느낀 점들에 대해 평가 후 보고서를 작성한다.

3) 목적

① 개선을 통한 고객 만족 극대화
② 서비스 제공 실패 파악 및 개선점, 보완점 발견
③ 고객 서비스 현황 및 환경에 대한 평가 진단
④ 서비스 표준화 및 마케팅 전략 수립
⑤ 운영, 시설 실태, 종업원 업무 수행 능력 중심 진행

4) 자격 요건

신뢰성	미스터리 샤퍼의 기본 자격 임
계획성	마감 시간 엄수하여 활동해야 함
융통성	짧은 시간 내 많은 정보를 얻기 위해 사전 기본적 지식이 필요함
관찰력	짧은 시간 내 자세한 사항 주시 및 관찰이 필요함
꼼꼼함	정확히 기록하여 보고서를 제출하고 꼼꼼히 체크 해야 함
작문 능력	현장감 있고 생동감 있는 작성능력이 필요 함
정직성	정확한 상황만 기록하고 대답을 왜곡하지 않아야 함 가장 중요한 요건으로 모든 요건의 기본 바탕이 됨
객관성	사실 있는 그대로 적어야 함

3. MOT 사이클 차트

(1) 이해

1) 개념 ★★★

① MOT(Moment of Truth)는 스페인의 투우 용어인 Momento De La Verdad를 영어로 옮긴 것으로 스웨덴의 마케팅 학자인 리차드 노만이 서비스 질 관리에 처음 사용하였다. 투우사가 소에게 관심을 집중해 온 힘을 다해 승부를 거는 결정적 최후의 순간, 피하려 해도 피할 수 없는 순간, 실패가 허용되지 않는 매우 중요한 순간을 의미한다.

② MOT가 서비스 마케팅의 주요 이슈로 떠오른 것은 1980년대 초 스칸디나비아 항공사(SAS)의 CEO인 얀 칼슨에 의해서다. 얀 칼슨은 서비스 품질에 대한 이미지와 회사의 성패를 결정짓는다는 사실을 인식하고 고객 만족 경영을 추진하였다. SAS에서는 대략 1,000만명의 고객이 각각 5명의 직원들과 접촉했으며 1회 응대 시간은 평균 15초였음을 알게 되었고, 고객의 마음 속에 1년에 약 5,000만번 회사의 인상을 새겨 넣는 순간이 있었다. 이 15초 동안의 짧은 순간이 결국 SAS의 이미지와 사업의 성공을 좌우하는 중요한 순간임을 발견했다. MOT의 개념을 회사 경영에 도입한지 불과 1년 만에 연 800만 달러의 적자기업에서 7,100만 달러의 이익을 내는 흑자기업으로 탈바꿈하게 되었다.

③ MOT는 서비스 제공자가 고객에게 서비스 품질을 보여줄 수 있는 15초 내외의 극히 짧은 시간이지만, 자사에 대한 고객의 인상을 좌우하는 극히 중요한 순간이다. 이 짧은 순간에 고객이 기업에 대한 이미지를 결정 지을 수 있고 기업에게는 고객을 속일 수 없는 결정적인 순간이 된다.

2) 특징 ★★★

① MOT 사이클 차트는 서비스 사이클 차트라고도 하며 서비스 프로세스 상에 나타나는 일련의 MOT를 보여주는 시계 모양의 도표이다.
② 고객은 서비스 과정에서 경험하는 순간 전체를 가지고 서비스 품질을 평가하기 때문에 종업원의 입장이 아닌 고객의 입장에서 이해하기 위한 방법으로 MOT 사이클 차트가 활용된다.
③ 고객이 경험을 시작하는 순간부터 종료하는 순간까지의 MOT를 원형 차트의 1시 방향에서 시작하여 시계 방향으로 순서대로 기입한다.

○ **예시: 병원 서비스의 MOT 사이클 차트**

1. 병원에 예약 전화를 건다.
2. 예약을 한다.
3. 차량으로 주차장에 주차를 한다.
4. 엘리베이터를 탄다.
5. 안내 데스크에서 예약 확인을 한다.
6. 진료실 안내를 받는다.
7. 의사가 진찰을 한다.
8. 주사를 맞는다.
9. 처방전을 받는다.
10. 결제를 한다.

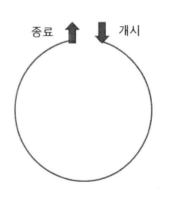

3) 구성 요소 ★★★

① 하드웨어
  ㉠ 시설: 쾌적성, 편리성, 안정성, 점포수, 위치 등
  ㉡ 상품: 제품 개발, 품질, 다양성, 상품 진열 등
② 소프트웨어
  ㉠ 프로세스: 업무처리절차, 처리속도, 고객중심 업무 프로세스 등
  ㉡ 제도: 현장 권한, 규정, 업무처리를 위한 구비서류 등
③ 휴먼웨어
  ㉠ 응대: 친절성, 호감성, 서비스 기준 이행 등
  ㉡ 상품지식: 업무관련 지식, 고객에 대한 지식 등

4) MOT 법칙 ★★★

① 곱셈의 법칙
  고객이 경험하는 서비스 만족도는 MOT 각각의 만족도 합이 아니라 곱셈에 의해 결정된다는 것이다. 예를 들면, 10번 중 9번을 잘 하더라도 나머지 한 부분에서 실수를 해서 점수가 0점 또는 마이너스 점수를 받게 되면 전체 만족도 점수는 0점이 되거나 마이너스 점수가 된다는 의미이다.
② 통나무 물통의 법칙
  통나무 물통은 여러 나무 조각으로 만들어졌기 때문에 어느 한 조각이 깨지면 그 낮은 높이만큼만 물이 담긴다. 고객 서비스도 마찬가지로 여러 가지 서비스 가운데 가장 나빴던 서비스를 더욱 잘 기억하고 그 기업을 평가하는데 중요한 기준으로 삼는다.
③ 뺄셈의 법칙, 100 - 1=0(깨진 유리창의 법칙)
  100가지 서비스 접점 중 어느 한 접점에서 불만족을 느끼면 그 서비스의 전체에 대하여 불만족을 느낀다.
④ 10-10-10 법칙
  고객을 유지하는 데 10$가 소요되고, 고객을 잃어버리는 데 10분이 소요되며, 고객을 다시 찾는 데 10년이 소요된다는 의미이다.

(2) 관리 ★

1) MOT 적용 시 고려 사항

① MOT 싸이클 전체를 관리한다.
각각의 MOT 중 어느 하나만 불만이 발생한 경우, 한 순간에 고객을 잃을 수도 있기 때문에 MOT 싸이클 전체를 관리해야 한다.

② 고객 관점에서 관리한다.
서비스 제공자와 고객의 시각은 다를 수 있으므로 MOT의 관리를 위해서 항상 고객의 입장에서 생각하고 고객의 목소리에 귀를 기울여야 한다.

③ MOT와 전략을 함께 관리한다.
MOT는 전략을 성공적으로 수행하기 위한 방법을 찾는 데 도움이 될 수 있으므로 MOT와 전략을 함께 관리해야 한다.

2) MOT 분석의 5단계 ★★

고객 입장에서 진단(분석)	고객이 처음 들어오는 순간부터 나가는 순간까지의 모든 과정을 고객의 입장에서 생각해본다.
고객 접점(MOT) 설계	기업 내 고객 접점 특징을 파악한 후 고객 접점의 단위를 구분하고, 정의한다.
고객 접점 사이클 세분화	여러 업무 단위로 세분화하여 고객 접점 사이클을 세부적으로 분석한다.
고객 접점 시나리오 구성	각 고객 접점마다 문제점과 개선점을 찾아 시나리오 차트를 구성한다. 이 시나리오 챠트는 T차트라고도 한다.
새로운 표준안대로 행동	각 접점 단위별로 새로운 고객 접점 표준안을 만들고, 접점별 표준안대로 훈련하고 행동한다.

3) MOT 평가

① MOT 차트는 마이너스 요인, 표준적 기대, 플러스 요인 등 세 개의 칸으로 이루어져 있다.

② 중앙에는 고객의 표준적 기대, 오른쪽 칸에는 불만족스럽게 만드는 마이너스 요인, 왼쪽 칸에는 만족스럽게 만드는 플러스 요인을 기록한다.

[예시: 병원 서비스의 MOT 사이클 차트]

플러스 요인	표준적 기대	마이너스 요인
· 직원이 신속하게 전화를 받는다. · 안내데스크 직원이 상냥한 미소와 함께 밝은 목소리로 인사한다. · 의사가 문제 예방 방법을 잘 설명해준다.	· 전화가 잘 연결된다. · 진료를 위해 오래 대기하지 않는다. · 직원이 친절하게 응대한다.	· 전화가 잘 연결되지 않는다. · 안내데스크 직원이 무표정하다. · 의사가 환자의 말을 제대로 들으려고 하지 않는다.

4. 서비스 보증

(1) 개념

1) 정의

불만족 고객에게 제품 교환 또는 수리해 주는 것이다.

2) 특징

① 무형성 및 소멸성의 특성을 가진다.
② 제품 보증보다 창의적인 발상을 실현한다.

(2) 성공적인 보증의 조건 ★

① 무조건적이어야 한다.
② 쉬운 이해 및 쉬운 설명이 가능해야 한다.
③ 고객에게 중요한 것이어야 한다.
④ 이용하기 편리해야 한다.
⑤ 신뢰성 및 적정성이 있어야 한다.

(3) 서비스 보증이 필요한 상황 ★

① 상품 가격이 비싼 경우
② 고객 자아 이미지가 연관된 경우
③ 문제 발생 시 심각한 피해 발생이 우려되는 경우
④ 품질에 대해 이미지가 나쁘게 형성되어 있는 경우
⑤ 고객이 상품 구매에 대해 전문 지식이나 자신감이 적을 경우

⑥ 고객 반복 구매가 기업에 중요한 경우

⑦ 구전에 의해 사업의 영향을 많이 받는 경우

⑧ 구매자 저항이 큰 경우

핵심 출제 포인트

· 마케팅의 개념에 대해 명확하게 이해합니다.
· 시대 변화의 흐름, 틈새시장과 관련된 전략 및 사례 등은 반드시 이해합니다.
· 서비스 패러독스와 서비스 회복 패러독스의 개념은 쉽게 혼동될 수 있으므로 개념 이해를 명확히 합니다.
· A/S의 개념 및 품질차원 요소에 대해 숙지합니다.

1. 서비스 마케팅의 이해

(1) 마케팅의 이해

1) 학자의 정의

필립 코틀러 (Philip Kotler)	인간의 니즈(Needs)와 원츠(Wants)를 만족시키기 위해 수행되는 교환 과정
미국 마케팅학회 (AMA, 1985)	고객과 조직 목표를 충족시키기 위해 교환이 일어날 수 있도록 하기 위해 상품, 서비스, 아이디어 설계, 가격 결정, 촉진, 유통을 계획하고 실행하는 과정
미국 마케팅학회 (AMA, 2004)	조직과 이해관계 당사자들에게 이익이 되는 방법으로 고객에게 가치를 창조, 전달하여 고객관리를 하기 위한 조직의 기능과 과정

2) 마케팅 흐름 ★★★

① Production Concept(생산개념)

    ㉠ 소비자의 선택 기준이 가격과 제품의 활용성에 있다고 가정하여 기업의 내적 능력에 초점을 둔 판매자 관점의 가장 오래된 개념의 마케팅이다.

    ㉡ 기업이 시장을 확대하고자 할 때 이용되며 주로 개발도상국에서 많이 보인다.(원가 절감, 높은 생산성, 폭넓은 유통망 집중)

② Product Concept(제품 개념)

    ㉠ 소비자의 선택 기준이 품질, 성능 등에 있다고 가정하여 마케팅 근시안을 초래할 가능성이 있다.

③ Sales Concept(판매 개념)
  ㉠ 거래를 조성하는데 집중이 되어 있으며 판매자 욕구에 초점을 맞춘 마케팅이다.
  ㉡ 과잉생산 능력에 처할 때 수행하는 개념으로 시장이 원하는 것보다 기업에서 만든 것을 판매하는데 목적이 있다.
④ Marketing Concept(고객지향적 마케팅)
  ㉠ 기업의 목표 달성 여부를 소비자 욕구 파악 및 만족을 위한 활동을 경쟁자보다 효율적으로 추구하는데 목적을 두는 개념이다.
  ㉡ 고객 욕구에 집중하여 장기적으로 고객 관계를 유지하고 이익을 창출한다.
⑤ Integrated Marketing Communication:IMC (복합적 마케팅)
  ㉠ 관계 마케팅: 고객과의 장기적 관계를 구축하는 마케팅 개념이다
  ㉡ 통합적 마케팅: 고객을 위한 가치 창조와 커뮤니케이션을 위해 모든 형태를 취하는 마케팅 개념이다. (4P, 4C)
  ㉢ 내적 마케팅: 고객 관점을 가지고 있는 직원을 고용하고 훈련해야 한다.
  ㉣ 사회적 마케팅: 윤리, 환경, 법적 맥락에서 마케팅을 이해하는 것으로 기업, 소비자, 사회 전체로 확대되고 있는 마케팅 개념이다.

2. 시대 변화와 틈새시장

(1) 시대 변화

1) 생산자 중심 → 소비자 중심

급격한 경제 발전과 공급 과잉으로 생산자 중심에서 소비자 중심 경제로 변화하였다. 또한 과학 기술의 급속한 발달로 시간, 장소의 개념이 없어졌으며, 세계 경제는 글로벌화 되고 있다. 따라서 고객 중심의 서비스와 지속적인 기업 구조 개선이 생존의 중요한 열쇠가 되고 있다.

2) 피터 드러커의 마케팅 활동 ★

① 마케팅 활동은 타깃 시장을 선정 후 고객 가치를 창조하고, 커뮤니케이션을 제공함으로써 고객을 획득, 유지, 발전시키는 것이다.
② 마케팅은 고객의 니즈와 욕구를 확인하고, 규모와 잠재적 수익성을 측정한 후, 타깃 시장, 제품, 서비스, 프로그램 등을 결정하고 직원들의 고객 중심적 사고

를 가지고 행동할 수 있도록 하는 것이다.

③ 고객의 눈에 보이는 만족, 그 이상의 고객 만족을 지향하는 것이다.

④ 고객이 구입하는 제품, 서비스 자체보다 그것의 사용 방법, 활용 방법에 초점을 맞추어 마케팅을 전개한다.

(2) 틈새시장(Niche Market) ★★★

1) 정의

① 니치(Niche)는 적소, 특정 분야, 특정 활동 범위의 뜻을 가지고 있으며 니치 시장은 틈새시장, 특정 분야의 소규모 시장을 의미한다.

② 마케팅의 시각에서 틈새시장은 후발 기업이 아직 선점되지 않은 분야를 공략하는 것이다.

③ 남이 미처 알지 못하는 시장 또는 남이 알고 있더라도 아직 공략이 제대로 되지 않는 시장에서 시장 세분화를 거쳐 틈새를 공략하는 것을 말한다.

④ 하나의 세분화된 시장을 더 작은 하위 시장으로 나누어 시장의 빈틈을 공략하여 시장 점유율을 유지시키는 판매 전략이다.

⑤ 기업의 환경 속에서 자사의 최적의 위치를 추구하는 전략이다.

⑥ 소비자의 라이프스타일 변화를 통해 틈새시장이 변화하는 원인을 발견할 수 있다.

⑦ 타 기업에서 손대지 않는 잠재성이 있는 시장으로 경쟁 기업이 진입하기 전까지 독점을 유지 가능성이 높다.

2) 특징

① 끊임없이 변화한다.

② 없어지거나 새로 만들어질 수도 있다.

③ 같은 틈새시장에 여러 기업이 공존할 수 있다.

④ 틈새시장이 대형시장을 형성하기도 한다.

⑤ 틈새시장은 작을 수도 있고, 클 수도 있다.

⑥ 중소기업에 유리한 전략이나 최근 대기업 진출이 늘어나고 있다.

3) 시장의 변화

초창기	1980년대		이후
매스 마케팅	세분화 마케팅	틈새 마케팅	데이터베이스 마케팅

4) 틈새 마케팅(Niche Marketing) ★★★

① 정의 : 매스 마케팅의 대립되는 말로 니치 마케팅이라고도 하며 남들이 미처 발견하지 못한 시장을 공략해서 수익을 창출하는 마케팅을 말한다.

새로운 고객의 틈새시장 개발	· 아동복 세분화 : '토들러' 카테고리 · 라이프스타일 세분화 : 싱글족, 딩크족, 맞벌이 부부 등 · 고객 특성 세분화 : 10대 전용 제품, 남성 전용 제품, 여성 전용 제품, 자전거 동호인 타깃 제품
경쟁자가 진입하지 않은 시장	· 다이어트 성분 음료 등
미래 성장 가능성이 있는 시장	· 발찌, 발까락찌, 네일숍, 휴대전화 악세사리 등

② 방법
- ㉠ 남이 개척하지 않은 시장이나, 과거에 우선 순위에서 밀려났던 시장 발굴이 필요하다.
- ㉡ 기업은 기존 매스 마케팅적 사고에서 탈피하여 작지만 빠르게 행동하여 시장의 욕구를 충족시켜야 한다.
- ㉢ 항상 고객과 접촉을 통해 여러 가지 정보를 지속적으로 수집하여 유용한 아이디어를 얻어야 한다.
- ㉣ 고객과의 원활한 소통을 위해 고객이 부담 없이 기업에 접근하고 쉽게 소통할 수 있는 기업조직문화를 형성해야 한다.

5) 데이터베이스 마케팅 ★

① 정의 : 고객과 관련한 데이터를 수집, 분석하여 마케팅의 효율성을 높이는 것을 말한다.

② 개별 마케팅(Individual Marketing), 일대일 마케팅(One-to-One Marketing), 관계 마케팅(Relationship Marketing) 등으로 진화한다.

6) 틈새 시장 전략 ★★★

세분단위 시장개척 전략	기존 세분시장을 다시 세분화하여 대기업으로부터 고립된 세분단위 시장을 개척하여 성장을 도모하는 유형
세분단위 시장심화 전략	세분단위 시장은 좁지만 깊게 개척하여 소비자의 수요를 증대시키는 유형
개성화 대응 전략	소비자의 적극적 개성화 의식을 전제로 하여 소비자 개개인의 니즈를 충족시키고자 하는 유형

○ **롱테일 법칙**

· 80%의 '사소한 다수'가 20%의 '핵심 소수'보다 뛰어난 가치를 창출한다는 이론으로 파레토 법칙에 반대되는 개념이다.

· 온라인의 경우, 오프라인 판매량이 저조해 구비해 놓기 어려운 틈새시장에서 매출의 대부분이 나온다.

· 미국 IT 전문잡지 '와이어드' 편집장 크리스 앤더슨이 롱테일 법칙과 관련된 기사를 발표했는데 한 제품의 꼬리는 우리가 생각하는 것보다 훨씬 길고, 이 긴 꼬리는 효과적으로 개발할 수 있으며, 이 제품들을 모아놓으면 큰 규모의 시장을 만들 수 있다는 결론을 내렸다.

○ **파레토 법칙**

· 경제학자 파레토에 의해 발표된 소득분포의 불평등도에 관한 법칙으로 '80:20 법칙'이라고도 한다.

· 상위 20% 사람들이 전체 부의 80%를 가지고 있다거나, 상위 20% 고객이 매출의 80%를 창출한다는 의미로 쓰인다.

3. 서비스 패러독스

(1) 개념

1) 정의 ★★

① 경제 성장 및 기술 발전으로 과거에 비해 경제적으로 윤택해지고 다양한 서비스들을 누리며 더 많은 자유시간을 갖고 있는데도 서비스에 대한 만족도는 오히려 낮아지는 아이러니한 현상을 말한다.

② 서비스 패러독스는 서비스 성과에 대한 '높은 기대수준'과 '실제 서비스 성과'의 두 가지 요인으로 나눌 수 있다.

2) 발생 원인 ★★★

서비스 질 악화의 주요 원인은 서비스업에서 제조업의 마케팅 이론을 그대로 적용한 서비스 공업화(Service Industrialization)를 살펴보아야 한다. 이를 모든 서비스 영역에 획일적으로 적용한다면 고객 불만족 및 고객의 이탈로 이어질 수 있다.

① 서비스의 표준화(기계화)

서비스 표준화는 직원의 자율적 재량이나 인간적 서비스가 결여되게 만들어 서비스의 빈곤이라는 인식을 낳게 된다.

② 서비스의 동질화(메뉴얼화)

차별화를 추구해야 하는 서비스에서도 획일적 서비스를 제공하게 된다면 유연하지 못한 경직된 서비스를 제공하게 되어 서비스의 핵심인 개별성을 상실하게 된다.

③ 서비스의 인간성 상실

효율성만을 강조하면 인간을 기계의 부속품처럼 취급하게 되어 인간성 무시 현상이 나타나게 된다. 또한 인건비 상승으로 인해 종업원 수에 제한을 두면 직원의 육체적, 정신적 피로를 야기하고 기계적으로 변하여 사기 저하나 서비스 품질이 낮아진다.

④ 기술의 복잡화

기술이 발전하면서 제품이 복잡해져 사람들이 기술을 따라가지 못하는 경우가 있다. 이에 따라 근처에서 A/S를 받지 못하는 상황이 발생하거나 고객이 멀리 가서 오래 기다려야 하는 상황이 발생할 수 있다.

⑤ 종업원 확보의 악순환

인력 확보가 어려워져 충분한 교육 없이 채용하여 문제 발생 시 대처 능력을 갖추지 못하게 되는 경우가 있다. 또한 저임금 위주의 종업원을 채용하여 종업원의 사기 저하로 높은 이직율이 발생하게 된다. 따라서 종업원이 제공하는 서비스 품질은 저하되고, 고객은 계속 질 낮은 서비스를 받게 되는 것이다.

(2) 서비스 실패

1) 서비스 실패의 개념

① 정의

㉠ 서비스 접점에서 고객의 불만족을 야기하는 좋지 않은 서비스 경험을 말하는 것이다.

㉡ '고객과 접하는 과정에서 고객의 불만족을 초래하는 경우'라고 여러 학자들이 정의하였으며, 기업(서비스 제공자)과 고객 간 상호 작용에서 발생할 수 있다.

㉢ 수잔 키비니는 서비스 실패는 서비스 상황에서의 고객 이탈 또는 타사로의 전환 행동에 가장 중요한 요소임을 제시했다.

㉣ 고객 이탈의 유형과 영향도를 살펴보면 핵심가치 제공 실패, 불친절한 고객 응대의 순이다.

② 학자별 정의 ★★★

학자	개념
빌(Bell), 젬케(Zemke)	·고객 기대 이하로 떨어지는 서비스 결과를 경험하는 것을 말한다.
해스켓(Haskett), 새서(Sasser), 하트(Hart)	·서비스 과정이나 결과에 대해 서비스를 경험한 고객이 좋지 못한 감정을 갖는 것을 말한다.
베리, 레너드(Leonard), 파라수라만	·책임이 분명한 과실로 인해 초래된 서비스 과정이나 결과에 대한 과실을 말한다.
존슨턴(Johnston)	·책임 소재와 무관하게 서비스 과정 또는 결과가 무엇인가 잘못된 것을 말한다.
자이다믈, 베리, 파라수라만	·고객이 지각하는 허용영역 이하로 떨어지는 서비스 성과를 말한다.
윈(Weun)	·서비스 접점에서의 열악한 경험은 고객불만을 야기한다.

③ 중요성 ★

ㄱ 구전을 통해 신규 고객 창출과 향후 고객의 재거래 여부에도 영향을 미친다.

ㄴ 후광 효과(하나의 부정적 이미지 → 기업 전체 이미지 영향)를 가져온다.

ㄷ 도미노 효과(하나의 분야 실패 → 다른 분야의 실패 유도)를 가져온다.

④ 고객 이탈 유형 순위

수잔 키비니(Susan Keaveney)는 고객 이탈 유형 순위를 핵심 가치 실패 〉 불친절한 고객 응대 〉 가격 〉 이용 불편 〉 불만처리 미흡 〉 경쟁사 유인 〉 비윤리적 행위 〉 불가피한 상황 순으로 제시했다.

2) 서비스 회복의 개념 ★★

① 정의

ㄱ 그뢴루스(1988)는 서비스 회복을 통해 고객 만족 상태로 회복시킬 수 있다고 정의하였다. 서비스 회복에 실패할 경우, 이미 불만족을 느낀 고객을 다시 실망시키는 부정적 결과를 가져올 수 있고, 반대로 서비스 회복을 통해 불만족한 고객을 만족한 상태로 만들면 그 고객은 충성 고객이 될 수 있다. 서비스 회복 과정을 지나치게 서두르면, 이중일탈효과(Double-deviation Effect)를 가져올 수 있다.

ㄴ 실제 연구 결과에 의하면, 대다수의 고객 불만은 서비스의 실패 때문이 아닌 그것에 대응하는 직원의 태도 때문으로 나타났다.

② 유형

서비스 회복은 심리적 회복(사과, 공감 등)과 물질적 회복(금전 보상 등)의 두 가지 유형으로 나눌 수 있다.

3) 서비스 회복 패러독스의 개념 ★★

① 정의

　　㉠ 서비스 실패 후가 서비스 실패 이전의 만족도보다 높은 경우이다.

　　㉡ 서비스 실패가 발생 되더라도 효과적으로 회복만 된다면 서비스 실패 발생
　　　전보다 고객에게 더 큰 만족을 줄 수 있는 기회가 될 수 있다는 것이다.

　　㉢ 에이브람스와 파에제는 서비스 실패 이후에 적극적으로 해결하면 강한 유대
　　　감이 형성되어 고객의 참여도가 높아지고, 재구매 의향도 가져올 수 있다고
　　　하였다.

② 영향 요인

　　㉠ 공정성 이론 ★★

　　　애덤스는 개인의 투입물(시간, 노력, 비용 등)에 비해 자신의 결과물이 타인
　　　과 비교하여 낮다고 생각될 경우 개인은 공정하지 않다고 느낀다.

결과 공정성 / 분배 공정성	· 고객이 얻게 되는 결과, 산출을 통한 공정성 · 고객은 불만 수준에 맞는 보상을 기대 함 · 예시) 보상, 사과, 수리, 교환, 차후 무료 서비스, 쿠폰 제공, 가격 할인 등
절차 공정성	· 문제를 해결하는 과정에 적용되는 공정성 · 고객은 불평 과정에 쉽게 접근하고 처음 접하는 직원에 의해 문제가 신속히 해결되길 기대 함 · 예시) 기준, 정책, 방침, 적시성 등
상호작용 공정성	· 고객은 서비스 제공 직원의 친절한 태도를 기대함 · 불친절한 태도로 문제 해결에 노력하지 않는다고 느낄 때 상호작용 공정성은 더욱 중요함 · 예시) 정중함, 관심, 진실성, 민감성, 공감, 확신, 공손한 응대, 친절 등

　　㉡ 귀인 이론

　　　ⓐ 어떠한 사건이 발생했을 경우, 그 원인과 의미를 이해하려는 것을 말한다.

　　　ⓑ 현재 발생 상황에 대한 원인을 찾고, 추리하여 그에 따라 대상에 대한 최
　　　　종적 태도나 행동을 결정하는 것이다.

4) 서비스 회복 기대

① 고객 기대와 실제 제공받은 서비스가 일치하면 고객 만족이 이루어진다.

② 고객들의 믿음 또는 경험에 의해 서비스를 평가하는 경향이 있다.

③ 실패 상황이 발생하면 기업이 문제 발생 원인을 이해하고 책임을 질 것을 기대
　한다.

④ 연구 결과에 의하면 서비스 실패 시 기업이 대처하지 않으면 고객 불만은 86%에 달하고, 제대로 대처할 경우 불만은 20%로 감소한다.

4. A/S의 중요성

(1) 개념

1) 정의 ★★★

① 서비스, 상품을 구입한 고객에게 판매자가 제공하는 사후 관리 서비스를 말한다.
② Turban 등은 고객 서비스는 고객 만족 수준을 강화시키는 일련의 활동으로 제품이나 서비스가 고객 예측을 만족시키는 느낌을 말한다고 하였다.
③ 현장 서비스가 종료된 시점 이후의 유지서비스로 충성고객확보를 위해 중요하다.
④ 결함이 있는 제품으로부터 소비자를 보호하는 서비스 유형으로 제품 판매를 지원할 필요가 있는 서비스항목을 나타낸다.
⑤ 회수 또는 반품, 소비자 불만과 클레임 등을 해결할 수 있어야 한다.

2) 중요성

① 상품을 구매할 때는 상품 자체뿐만 아니라, 사후 서비스까지 고려하여 구매를 결정한다.
② A/S를 통해 고객을 관리하는 세일즈맨은 만족한 고객이 주변 사람들에게 소개를 해주기 때문에 피라미드나 다단계 판매망이 형성되어 판매 만큼 중요한 활동이다.

(2) 주요 요령 5단계 ★

1단계 고객 요구에 맞는 제공	고객 요구 조건에 맞춘 제품, 서비스를 제공한다.
2단계 만족도 확인	서비스, 상품 만족도 확인을 위해 전화 또는 방문을 한다.
3단계 불만 처리	제품 고장이나 불만을 신속, 완벽하게 처리한다.
4단계 친밀감 유지 및 정보 탐색	특별한 용건이 없어도 사용 현황 조사 방문 후 친밀감을 형성하여 주변 고객 정보 수집 및 소개를 받는다.
5단계 정보 제공 및 신뢰 구축	다른 상품, 서비스 정보의 수시 제공으로 신뢰를 구축한다.

(3) 브래디와 코로닌의 A/S 품질 차원 ★★★

A/S 서비스의 품질 차원 요소 중 전문성과 기술, 태도와 행동, 정책, 편의성, 처리 시간 순으로 영향도가 높게 나타났다.

1) 물리적 환경 측면

① 정책 : 무상 및 유상 A/S의 합리성, 무상 A/S 보증기간, A/S 비용 등
② 편의성 : 고객 센터 이용의 편리성, 내부 시설의 편의시설, A/S 센터 방문 및 이용시간의 편리성 등

2) 결과 품질 측면

① 전문성, 기술 : 서비스 항목 외 서비스, 문제 해결 정도, 문제 파악 정확도, 직원의 전문적 기술, 서비스 후 제품 신뢰도 등

3) 상호 작용 품질 측면

① 처리 시간 : 접수 및 수리 시간 등
② 행동 및 태도 : 접수 직원 및 수리 직원의 친절도, 직원의 말과 행동, 고객의 도움 의지 등

핵심 출제 포인트

· 리츠칼튼호텔의 고객 인지 프로그램, 황금 표준 등의 내용은 명확히 이해해야 합니다.
· 서비스 수익 체인의 구조와 만족 거울의 개념은 반드시 숙지합니다.
· 제품 차별화 전략 및 의료 서비스의 특징을 정확히 이해해야 합니다.

1. 서비스 차별화 요소

서비스 차별화 전략은 물리적, 인적, 시스템적 서비스의 차별화로 나눌 수 있다.

물리적 서비스 차별화	· 물리적 요소(건물, 인테리어, 음식 등)는 서비스의 무형성을 유형화 시켜주는 수단 · 고객이 고가를 지불할 때 기대되는 요소 · 예시) 여관 vs 호텔
인적 서비스 차별화	· 고객이 고가를 지불할 때 기대되는 요소 · 예시) 패스트푸드 레스토랑 vs 호텔의 고급 레스토랑
시스템적 서비스 차별화	· 고객에게 서비스 등급 수준의 이미지 형성에 중요한 요소 · 예시) 기업 이미지 통합 작업(CI), 광고, 인터넷 정보 서비스, 디자인 등 · 동일 수준의 물리적 서비스와 인적 서비스 프로세스의 두 기업이 있을 경우, CI, 광고활동, 인터넷 등의 시스템 서비스를 갖추고 있는 기업이 좋은 이미지를 형성

2. 고객 인지 프로그램

(1) 개념 ★★

1) 고객 인지 가치

① 가치는 이상적 최종 상태나 행동 양식에 대한 개인적 신념을 말한다.
② 고객의 상황, 배경에 따라 가치의 지각은 달라진다.
③ 가치는 주관적, 무형적, 상징적인 의미를 포함한다.

2) 인지적 요인

① 인지는 개인의 신념, 태도, 행동, 환경 등에 가지고 있는 지식을 총칭한다.

② 개인의 인지구조 안의 요소 사이에는 다음의 관계 중 한 가지 관계를 갖게 된다.

무관계	하나의 인지가 다른 인지에 대해 아무 의무를 갖지 못하는 관계
조화 관계	하나의 인지가 다른 인지에 순응하거나 일치하는 관계
부조화 관계	하나의 인지가 다른 인지와 갈등을 일으켜 불일치하는 관계

③ 인지 요소 사이에 부조화가 발생하면 갈등이 일어나기 때문의 대부분의 사람들은 신념, 태도, 언어, 행동이 일치하기를 희망한다.

3) 인지 부조화

① 페스팅거(Festinger)의 인지 부조화 이론에서는 인간의 행동과 태도가 일치하지 않을 때 심리적 갈등이 유발되고, 이러한 갈등 상황을 해소하고 자신에 대한 일관성을 유지하기 위해 동기화되는 현상을 설명했다.

② 사람은 태도, 행동의 일관성을 유지하고자 하는 근본적 동기를 가지고 있어 이러한 부조화 상태에서는 이를 해소하기 위해 자신의 태도, 행동을 변화시켜 심리적 불편함을 해소하고 자신의 일관성을 유지하고자 한다.

③ 고가 상품을 구입한 고객은 그와 관련한 상품 광고를 챙겨 보면서 고가 상품을 구입한 행동이 옳다고 생각하려 한다.

(2) 리츠칼튼호텔의 고객 인지 프로그램 ★★★

1) 개요

① 리츠칼튼호텔의 고도의 개별적 서비스를 가능하게 해주는 고객 정보관리 시스템을 말한다.

② 획일적 서비스가 아니라 차별화된 개별적인 서비스를 제공한다.

③ 고객이 말하지 않아도 원하는 것을 미리 실천해주는 서비스를 제공한다.

④ 고객 정보를 활용하여 고객에게 정성 어린 서비스를 제공함으로써 고객 만족을 극대화시킨다.

⑤ 모든 체인점에는 한 두 명의 고객 코디네이터가 있는데 이들은 고객의 개인적 취향에 대해 조사하고, 고객별 차별화된 서비스의 제공을 위해 이전에 저장된 고객 이력 데이터베이스에 접속하여 활용한다.

2) 리츠칼튼호텔의 황금 표준 ★

서비스 황금 표준은 모토, 서비스 3단계, 12가지 서비스 가치 등을 담고 있다.

① 신조(The Credo)
   ㉠ 우리의 가장 중요한 임무는 고객에게 진정으로 편하고 안락한 공간을 제공하는 것이다.
   ㉡ 우리는 고객이 언제나 따뜻하고 편안한 고품격 분위기를 즐길 수 있도록 고객 한분 한분께 최고의 서비스와 시설을 제공할 것을 다짐한다.
   ㉢ 리츠칼튼호텔의 경험은 고객 삶에 활기를 불어 넣고, 참다운 웰빙을 깨닫게 해주며 고객의 숨은 욕구와 희망까지 충족시켜 줄 것이다.
② 모토(Motto)
   우리는 신사 숙녀를 모시는 신사 숙녀이다.
③ 3단계 서비스(Three Steps Of Service)
   ㉠ 따뜻하고 진심어린 인사를 하며 고객의 이름을 부른다.
   ㉡ 모든 고객의 욕구를 예상하고 충족시킨다.
   ㉢ 다정한 작별 인사를 한다. 고객의 이름을 부르고 따뜻하게 작별을 고한다.
④ 12가지 서비스 가치(12 Service Values : I Am Proude To Be Ritz-Carlton)
   ㉠ 나는 평생 돈독한 인간관계를 형성하고 리츠칼튼 고객을 창조한다.
   ㉡ 나는 표현하든 표현하지 않든 상관없이 우리 고객의 소망과 욕구에 항상 대처한다.
   ㉢ 나는 우리 고객을 위해 독특하고 인상적이며 개인적인 경험을 창조할 권한이 있다.
   ㉣ 나는 핵심 성공 요소를 성취하고 커뮤니티 풋프린트를 수용하며 리츠칼튼 미스틱을 창조하는 과정에 내가 수행해야 할 역할을 이해한다.
   ㉤ 나는 리츠칼튼 경험을 혁신하고 개선할 기회를 지속적으로 모색한다.
   ㉥ 나는 고객의 문제를 책임지고 즉시 해결한다.
   ㉦ 나는 팀워크와 탁월한 서비스를 지원하는 업무 환경을 조성해 고객과 동료들의 욕구를 충족시킨다.
   ㉧ 나는 끊임없이 배우고 성장할 기회를 가지고 있다.
   ㉨ 나는 나와 관련된 업무의 계획 과정에 참여한다.
   ㉩ 나는 전문가다운 내 용모와 언어 그리고 행동에 자부심을 느낀다.
   ㉪ 나는 고객과 동료의 사생활과 안전 그리고 회사의 기밀정보와 자산을 보호한다.

ⓔ 나는 탁월한 수준의 청결함을 유지하고 사고의 위험이 없는 안전한 환경을
조성할 책임이 있다.

[출처 : 조셉 미첼리(2009), 리츠칼튼 꿈의 서비스, 비전과 리더십]

3) 고객인지 프로그램의 효과

① 기업은 차별화된 서비스 제공 수단으로 활용
② 서비스 제공자는 개인 취향에 맞는 서비스 제공
③ 관계 마케팅을 수행하는데 있어 고객 정보 파일은 여러 가지 측면에서 활용
④ 중요한 고객을 파악하여 적절한 서비스 적시 제공 가능
⑤ 고객 재방문시 고객 행동 예측 가능

3. 서비스 수익 체인

(1) 개요 ★★★

1) 개념

하버드 대학의 헤스켓(Heskett), 사서(Sasser), 슐레징거(Schlesinger)에 의해 개발된
모델로 수익성, 고객 충성도, 직원 만족도, 직원 유지도, 생산성을 연결한 관계를 제
시한 모델이다.

2) 의의

① 수익성은 시장 점유율이 아닌, 고객 충성도에 의해 좌우된다고 한다.
② 만족도가 높은 직원은 충성도와 생상성이 높고 이는 충성도가 높은 고객을 이
끌어낸다.
③ 수익성의 증가는 고객 충성도로부터 나오고, 충성도는 고객의 인지된 서비스 만
족도의 결과이다.
④ 서비스 가치는 직무에 만족하는 직원들에 의해 창출되며 직원들이 만족하지 못
하면 가치가 높은 서비스는 제공될 수 없다.

(2) 구조 ★★★

내부	내부 서비스 품질 → 종업원 만족도 → 종업원 충성도 → 종업원 생산성

$$\downarrow$$

서비스 가치	서비스 가치 창출

$$\downarrow$$

외부	수익과 성장 ← 고객 충성도 ← 고객 만족도

1) 내부

① 내부 서비스 품질은 종업원의 만족을 가져오고, 종업원 만족도는 종업원 충성도를 가져오며, 종업원 충성도는 종업원 생산성을 가져온다.

② 내부 품질 요소: 작업장 설계, 직원 선발 및 교육, 경력 보장 및 보상과 인정, 정보 및 커뮤니케이션, 업무 설계 및 의사 결정권, 고객 서비스 제공을 위한 도구

2) 서비스 가치

종업원 생산성은 서비스 가치 창출을 가져온다.

3) 외부

① 서비스 가치는 고객 만족을 가져오고, 고객 만족은 고객 충성도를 높이며, 고객 충성도는 수익과 성장에 연결된다.

② 외부 표적시장 의미 요소: 매력도, 재구매, 고객 유지, 애호가, 고객 평생가치, 주위권유, 고객 요구를 위해 설계된 서비스

(3) 만족 거울 ★★

1) 정의

① 벤자민 쉬나이더(Benjamin Schneider)와 데이빗 보웬(David Bowen)이 1985년 은행·보험회사, 병원 등을 조사(1985), 고객과 종업원 만족 수준 사이에는 밀접한 관계가 있다고 발표했다.

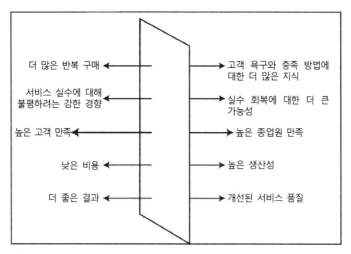

자료 : Heskett, James L W., Earl Sasser Jr., and Leonard A. Schlesinger. *The Service-Profit Chain*, Samsung Economic Research Institute, Korean Edition, 2000, p.163.

[만족 거울]

2) 의의

① 접점에서 고객과 접촉하는 직원들의 서비스 수준이 낮으면 그 기업의 만족도도 같이 하락하고 이는 자연적으로 매출도 낮아진다.

② 직원들이 자신의 일에 만족도가 높으면 고객들에게 만족을 높이는 서비스를 제공함으로써 자연적으로 매출도 증가하게 된다.

4. 제품 차별화 전략

(1) 개요

1) 정의

① 경쟁기업의 제품과 구별되는 특성을 강조함으로써 경쟁 우위를 확보하는 전략을 말한다.

② 체임벌린(E.H Chamberlin)이 제품 차별화 이론을 처음 도입했다.

③ 경쟁 제품과 구별되는 특징을 자사 제품에 부가하여 구매자를 독점하면서 가격 경쟁을 피하려는 전략을 말한다.

2) 중요성

① 성공적인 차별화일 경우, 시장에서 독점을 선점할 수 있으며 높은 가격을 받을 수도 있다.

② 최근 고객의 요구가 다양화되어 제품 간 차이에 가치를 두는 사람들이 증가하면서 고객 중심의 제품 차별화 전략도 중요해지고 있다.

(2) 요소

1) 유형 vs 무형

유형적 요소	무형적 요소
크기, 모양, 디자인, 중량, 색상 등	성능, 속도, 일치성, 안정성

2) 필립 코틀러(Philip Kotler)의 제품 차별화 요소

요소	특징
형태	제품 크기, 모양, 물리적 구조
특성	제품의 기본적 기능을 보완하는 특성
성능 품질	제품의 기본적 특징이 작동되는 수준
적합성 품질	생산된 제품 단위가 일관되게 만들어지며 약속한 목표 규격 명세를 충족시키는 정도
내구성	정상적 또는 긴박한 조건에서 제품에 기대되는 작동 수명의 측정치
신뢰성	제품이 특정 기간 내 고장이 나지 않거나 제대로 움직일 가능성의 측정치
수선 용이성	원활하게 작동되지 않는 제품을 정상적으로 작동시키기 용이한지의 측정치
스타일	제품이 구매자에게 좋게 느껴지는지의 여부
디자인	제품이 구매자에게 어떻게 보이며 느껴지는지, 기능을 수행하느냐에 영향을 주는 특성

(3) 분류

1) 소비재 분류(소비자의 쇼핑 습관) ★★★

편의품	단가가 싸고 빈번히 구매하는 제품 (예) 생필품, 신문
선매품	여러 제품의 품질, 가격의 기준으로 비교 후 구매하는 제품 동질적 선매품: 냉장고, 가스레인지, 텔레비전, 세탁기 등 이질적 선매품: 가구, 의류 등
전문품	제품 가격 또는 점포 위치에 상관없이 특별히 구매 노력을 기울이는 제품 (예) 고급 자동차
비탐색품	소비자가 알지 못하거나 알고 있더라도 일반적으로 구매하지 않는 제품 (예) 보험, 백과사전

2) 레빗(Levitt)의 3가지 제품 차원 ★★★

핵심 제품	사용으로 욕구 충족을 얻을 수 있는 제품 제품이 주는 근본적 혜택. 기본적 욕구를 충족시킬 수 있는 특성의 제품 레빗은 "소비자는 4분의 1인치짜리 드릴을 사고 싶어 하는 것이 아니라 4분의 1인치 구멍을 원한다."라고 표현함
실체 제품	실물적 차원에서 인식하는 수준의 제품 핵심 제품에 상표, 포장 등이 추가된 형태의 제품 제품이 제공하는 효익을 유형으로 형상화 시킨 제품
확장 제품	실체 제품에 추가되는 혜택을 포함하는 제품 사후 서비스 등이 포함된 제품 구매에 영향을 미치는 결정적 요소가 됨

3) 필립 코틀러(Philip Kotler)의 5가지 제품 차원

핵심 이점	고객이 실제 구입하는 근본적 이점
기본적 제품	핵심 이점을 유형 제품으로 형상화 시킨 제품
기대하는 제품	구매자들이 기대하고 합의하는 속성과 조건
확장 제품	경쟁자가 제공하는 것과 구별되게 하는 추가적인 이점을 포함하는 제품
잠재적 제품	미래에 경험 가능한 변환과 확장 일체

4) 소비재 ★★★

비내구재	보통 한번 내지 두세번 사용으로 소모되는 유형 제품 소비자가 쉽게 구입 가능하도록 판매점을 늘리는 것이 중요 대량 광고를 통해 구입 유도 및 선호도 구축이 가능한 제품
내구재	여러번 사용가능한 제품 장비, 가전제품 등이 해당됨 사후 서비스, 보증 등 의사결정에 필요한 정보 제공이 필요
서비스	높은 수준의 품질과 공급자의 신뢰성이 요구 됨

(3) 제품 차별화의 방법 및 원리 ★★★

제품 차별화 원리	차별화 수단
선택의 폭을 넓힌 동일 제품	소포장, 분할판매, 묶음판매 선택 가능한 제품 구색이 많아 진다.
대량 판매	원플러스원, 이중가격제도, 덕용포장 대량 생산과 판매 시 원가 절감효과가 나타난다.
친환경 제품	유기농, 무공해, 웰빙 제품 건강과 공해 등 요소의 전략적 개선과 집중적 차별화 요소로 부유층에게 어필할 수 있다.
개별 고객 욕구 충족	니치마켓, 제품 개량, 경쟁 제품 분석 기존 제품이 표준형 제품 또는 고객 불만이 많은 경우 특정 고객만이 구입을 할 때 불만 고객과 다른 고객층 욕구를 충족시킬 수 있도록 제품을 개량한다.
서비스 강화	서비스의 보강, 신속성 및 친절도 향상 서비스 내용은 같더라도 제공과정과 서비스 접점에서 느끼는 심리적, 사회적 만족도가 높아지도록 제공하면 경쟁사가 모방하기 어렵다.
중류층이나 저소득층도 소비 가능한 제품 개발	소형 제품화, 염가 제품화 고소득 상류층만이 구매할 수 있는 제품을 일반 대중도 구매할 수 있도록 소형화하거나 염가화 제품으로 불경기에 효과적이다.
하이터치 요소 강화	디자인 개선 기본 기능이 단순하거나 개선 여지가 없는 경우 외향적 요소에 대한 차별화를 한다.
고객 문제에 대한 새로운 해결방법 제시	기능 요소 차별화 예시) 편의품

	혁신적 기술에 의해 효율, 편리, 신속, 경제적으로 해결할수 있는 제품을 제공한다. 하지만 더욱 개선된 혁신에 의해 차별화 상실의 가능성이 있으며 중소기업의 경우 자원이 우수한 대기업에 의해 시장을 쉽게 빼앗길 수 있다.
다른 사람과 차별화 되는 높은 의미와 가치 제시	상징 요소 차별화 예시) 고급 자동차, 골프웨어 제품 기능 자체보다 자아 이미지와 준거집단의 가치 표출에 의해 차별화를 하는 경우 효과적이다.
따뜻한 감성, 이미지 브랜드	감성 요소 차별화 예시) 박카스 감성 마케팅 제품의 기능적 차별화 요소 발견이 어렵거나 실현하는 데 어려움이 있을 경우 효과적인 수단 차별화가 서서히 구축되며 일단 축적되면 오래 지속되는 고정 자산의 성격을 가진다.

(4) 가격 차별화 ★★★

구분	내용
순수 묶음 가격 전략	서비스를 패키지로만 구매 가능하고 개별 제품은 구매할 수 없도록 가격을 책정하는 전략 (예) 해외여행 패키지
혼합 묶음 가격 전략	두 개 이상의 상품이나 서비스를 할인용 가격에 패키지로 구매할 수 있도록 하면서 별도로 분리하여 개별적으로도 구매할 수 있도록 가격을 책정하는 전략 (예) 어학원 동시 수강 시 수강료 할인

6. 의료(병원) 서비스

(1) 개요 ★

1) 의료 서비스의 특성

① 대부분의 서비스가 고객이 보는 앞에서 이루어지기 때문에 환자의 눈을 피할 곳이 거의 없고, 대부분의 직원들이 고객과 만난다.

② 치료 과정 자체가 환자가 느끼는 결과에 영향을 주기 때문에 환자를 대하는 태도가 환자의 치료 효과에 영향을 준다.

③ 환자의 질병 상태, 신체적 상태, 성격 등 똑같은 환자는 한명도 없으므로 치료 기술과 고객 상담 스킬은 매우 중요하다.

2) 의료기관의 특성 ★★

① 특징
　　㉠ 자본 집약적
　　㉡ 노동 집약적
　　㉢ 비영리 동기
　　㉣ 이중적 지휘 체계
　　㉤ 복합적 사용 목적

② 경제적 특징
　　㉠ 정보의 비대칭성
　　㉡ 공공재적 성격
　　㉢ 불확실한 치료
　　㉣ 예측 불가능한 질병
　　㉤ 외부 효과
　　㉥ 경쟁 제한

3) 의료 서비스 환경의 변화 ★

사회적	소득 증가, 고령화, 소비자 인식 변화 등
제도적	의료보험제도, 의료시장 개방, 의료수가제도, 기관 서비스 평가제 등
기술적	진단장비, 치료기법, 의약품 개발 등

(2) 병원 패러다임 변화 ★

과거	현재
공급자 위주 의료 정책	고객 위주 의료 정책
양적 업무 위주	효율적 업무 위주(대기 시간 관리 등)
치료비 중심	고객 감동 서비스
경직된 노사 문화	유연한 노사 문화
전통적 거래 마케팅(외부 홍보)	관계 마케팅(고객 서비스)

(3) 의료 서비스 품질 요소 ★★★

1) 마이어(Mayers)의 의료서비스 품질 요소

접근성	양질의 의료 서비스는 편리하게 이용할 수 있어야 함
적정성	의료의 의학적 적정성과 사회적 적정성이 동시 달성되어야 함
조정성	예방, 치료, 재활, 보건 증진 사업과 관련된 다양한 서비스가 의료 내용에 조정되어 포함되어 있어야 함
지속성	시간적, 지리적인 상관성을 가지고 적절하게 연결되어야 함
효율성	목적 달성을 위해 투입되는 자원의 양을 최소화하거나 일정 자원의 투입으로 최대 목적을 달성할 수 있어야 함

2) 부오리(Vuori)의 의료서비스 품질 요소

효율	서비스 단위 생산비용 당 실제 나타난 영향의 정도
효과	이상적 상황에서 서비스가 달성할 수 있는 최대한의 효과와 비교했을 때 통상적 상황에서 실제적으로 나타나는 영향의 정도
적합성	제공된 서비스가 집단의 필요에 부합하는 정도
의학적, 기술적 수준	이용가능한 의학적 지식,기술을 환자에게 적용하는 정도

3) 도나베디언(Donabedian)의 의료서비스 품질 요소

효능, 효과, 효율, 수용성, 적정성, 합법성, 형평성

제4절　서비스 품질

· 서비스 품질 측정이 어려운 이유와 서비스 품질이 낮은 이유를 이해합니다.
· 서비스 품질 측정도구(SERVQUAL), 서비스 품질 격차 모델, 학자별 품질 모형의 개념은 다소 어려울
　수 있으므로 이해와 동시에 암기가 필요한 부분입니다.
· 서비스 품질 개선 방법 및 서비스 품질과 종사원 내용을 이해합니다.

1. 서비스 품질의 이해

(1) 개념 ★★

1) 정의

① 서비스 품질은 객관적이고 획일적인 규명이 어렵고, 고객에 의해 인식되고 판단
　되는 주관적 평가이다.
② 서비스 품질은 기대에 대한 인식의 일치로 기대, 지각, 만족의 관련에 의해 해
　석되는 복합적인 개념이다.
③ 서비스 품질은 '고객이 요구하는 서비스 속성이 특정 서비스에 정의되고 있고,
　그것에 부합하는 정도'와 '서비스 속성에 대한 요구 수준이 성취되어 사용자에
　게 인식되어 지는 정도' 두 가지로 구성된다.
④ 기업의 경쟁 우위 확보와 관련하여 서비스 품질은 중요하며 서비스의 개선, 향
　상, 재설계를 위한 품질 측정이 필요하다.

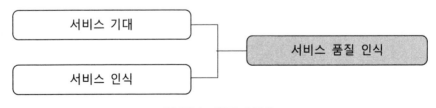

[서비스 품질 인식]

2) 서비스 품질의 관점

① 고객 필요 관점과 고객 품질 지각 관점

고객 필요 관점	· 고객 필요 및 요구에 초점 · 제공된 서비스가 고객의 기대나 요구에 부응하는 정도
고객 품질 지각 관점	· 기대 불일치 패러다임에 근거 · 고객의 기대와 성과 사이 지각 차이

② 서비스 품질은 다항속성들로 구성되어 있기 때문에 고객 필요 관점은 잘못된 개념으로 지적되고 있으며, 최근 학계는 기대 불일치 패러다임에 근거한 고객 품질 지각 관점이 많은 호응을 얻고 있다.

3) 서비스 품질 측정이 어려운 이유 ★★★

① 서비스 품질의 개념이 고객의 지각과 관련되기 때문에 주관적이고 객관화하여 측정하기 어렵다.

② 서비스 품질은 서비스 결과뿐만 아니라 과정에 대한 평가이므로 서비스 전달이 완료되기 이전에는 품질 검증이 어렵다.

③ 서비스 품질 측정을 위해서는 고객 데이터 수집이 필요한데 시간과 비용이 많이 들고, 회수율도 낮다.

④ 서비스는 무형성, 비분리성, 이질성, 동시성의 특성을 갖고 있어서 고객과 함께 자원이 이동할 경우, 고객이 자원의 흐름을 관찰할 수 있기 때문에 객관성이 낮다.

⑤ 고객은 서비스 프로세스의 일부이자 변화의 중요한 요인이기 때문에 고객을 대상으로 하는서비스 품질 연구 및 측정에 어려움이 있다.

(2) 서비스 품질이 낮은 이유 ★★

1) 서비스의 무형성

① 무형성은 눈에 보이지 않기 때문에 측정할 수 없고, 통제할 수 없다.

② 무형 서비스에 대한 품질은 고객의 인식, 기대로 측정할 수 밖에 없으며, 품질 관리를 할 수 있는 방법은 거의 없다.

2) 표준화 문제

① 표준화가 어렵기 때문에 서비스가 고객에게 전달되기 전 품질 검사 방법이 거의 없다.

② 다양한 서비스를 다양한 종업원이, 다양한 고객에게 제공할 경우 서비스 실수 가능성이 높다.

3) 고객 만족도에 대한 무지

① 서비스 제공자는 고객에게 만족스러운 서비스를 제공하고 있다고 착각하기 쉽다.
② 고객들은 서비스에 대한 기대를 하지 않기 때문에 요구를 많이 하지 않는다.

4) 생산성, 효율성의 강조

① 서비스 품질 대신 생산성과 효율성을 강조한다.
② 예시) 콜센터의 한정된 상담 시간 기준

5) 서비스업의 부정적 인식

① 종업원의 경우 장기적인 직장이 아닌 단기적으로 근무하는 직장이라는 인식이 강하다.
② 고객들은 종업원을 비숙련, 비전문적인 직업으로 생각한다.

6) 비용 절감

① 인건비 절감을 위해 적은 직원을 쓰려 하고, 셀프 서비스가 확대된다.
② 직원의 훈련 부족과 고객 응대 직원이 줄어 서비스 수준과 품질이 낮아진다.

(3) 서비스 품질의 분류 ★

기술적 품질	· 서비스 제공자에 의해 제공되는 성과물을 말하며 결과 품질, 기술적 품질, 물리적 품질이 있다. · 서비스 성과가 나타난 이후 서비스가 평가되고 고객이 실질적으로 받는 서비스이다.
기능적 품질	· 서비스 전달과정에서 느끼는 서비스의 질이다. · 고객 평가가 가능하며 과정 품질, 상호작용적 품질을 말한다.

(4) 서비스 품질 평가

상대적 평가	· 서비스의 상대적 우월감 또는 열등감 등의 고객 인상을 말한다.
절대적 평가	· 서비스 자체의 전반적 우수성에 대한 고객 평가를 말한다.
기대치 평가	· 서비스에 대한 고객 기대치와 지각 정도로 비교 평가를 말한다.

2. 서비스 품질 결정 요인

(1) 서비스 품질 연구

2차원	그렌루스(Grönroos), 베리(Berry)
3차원	레티넨(Lehtinen), 카마카(Karmarker)
다항목	파라수라만(Parasuraman), 존스톤(Johnston)

(2) 서비스 품질 측정 모형

1) PZB의 SERVQUAL 모형(5가지 범주) ★★★

① 미국의 PZB 세 학자(파라수라만, 자이다믈, 베리)에 의해 개발된 서비스 품질 측정 도구이다.

② 서비스 품질은 객관적인 측정이 어려우므로 서비스 품질을 평가하는 방법은 소비자의 지각(고객의 기대 수준과 지각한 것의 차이 정도)을 측정하는 것이라고 주장하였다.

③ 고객의 기대를 형성하는 데 기여하는 요인은 구전, 서비스 이용 경험, 서비스 제공자의 커뮤니케이션 등이다.

④ 기업이 고객의 기대와 평가를 이해하는 데 사용할 수 있는 다문항 척도 (Multiple-item Scale)이다.

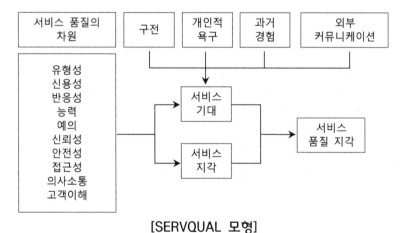

[SERVQUAL 모형]

⑤ 반복적 자료 수집과 자료 분석을 통해 97개 문항의 측정 도구를 축약하여 5개 품질 차원에 대한 고객의 기대를 측정하는 22개 문항으로 구성된 SERVQUAL을 개발하였다.

⑥ PZB의 5개 품질 차원은 RATER로 요약할 수 있는데, 이는 신뢰성(R ; Reliability), 확신성(A ; Assurance), 유형성(T ; Tangibles), 공감성(E ; Empathy), 대응성(R ; Responsiveness)을 의미한다.

⑦ 서비스 품질 결정 요인의 상대적 중요성은 신뢰성 〉대응성 〉확신성 〉공감성 〉유형성의 순이다.

[서비스 품질의 10가지 구성 차원]

구성 차원	내용
유형성	서비스의 물리적 증거 (물리적 시설, 종업원 외모, 서비스 제공에 필요한 설비, 다른 서비스 이용 고객)
신뢰성	서비스 수행을 일관성 있고 정확하게 이해하는 것 (정확한 계산, 정확한 기록 보유, 서비스의 정시 수행)
반응성	서비스를 제공하는 종업원의 의지와 준비성 (신속한 서비스 처리, 적절한 서비스 제공)
접근성	서비스의 접근 가능성과 접촉의 용이성 (전화로의 접근 용이성과 대기시간, 영업시간의 위치의 편리성)
능력	서비스의 수행에 필요한 기술과 지식의 보유 (종업원의 기술과 지식, 조직의 조사 능력)
예의	접촉 종업원의 예의, 정중함, 존경심 (고객의 특성 배려, 접촉 종업원의 깔끔한 외모)
의사소통	고객이 이해할 수 있는 정보 제공과 고객의 의견 경청 (서비스 자체와 서비스 비용 설명, 문제 처리에 대해 확실한 보장)
신용성	제공되는 서비스의 진실성, 정직성 (기업명, 기업의 이미지, 접촉 종업원의 개별적 특성)
안정성	육체적, 재무적 위험, 의심이 없는 것 (물리적 안정, 금전적 안정, 고객의 정보 보장)
고객의 이해	고객과 고객의 욕구를 이해하려는 노력 (고객의 특별한 요구에 대한 학습, 개별적 관심 제공, 정규 고객 파악)

[서비스 품질 평가 10개 차원 vs SERVQUAL의 5개 차원]

서비스 품질 10개 평가 차원	SERVQUAL 차원	정의	예시
유형성	유형성 (Tangibles)	서비스 평가를 위한 외형적 단서	물리적 시설, 장비, 직원, 커뮤니케이션 자료 등
신뢰성	신용성 (Reliability)	약속한 서비스를 정확하고 믿을 수 있게 수행하는 능력	정확한 서비스, 약속시간 엄수 등
반응성	대응성 (Responsiveness)	신속하게 서비스를 적시에 제공, 고객을 자발적으로 도우려는 의지	신속한 서비스, 신속한 질의 응답
능 력 예 의 신뢰성 안전성	확신성 (Assurance)	고객에게 신뢰와 믿음을 줄 수 있는 종업원의 지식과 예절	연구 개발력, 담당 직원과 지원 인력의 지식과 기술
접근성 의사소통 고객이해	공감성 (Empathy)	기업이 고객에게 제공하는 개별적 관심과 배려	담당 직원의 정중한 태도, 서비스 설명, 개별적 관심

2) 서비스 품질 GAP 분석 모형 ★★★

① SERVQUAL은 서비스 기대와 서비스 경험 측정의 2가지를 구분한 후 측정된 기대와 성과의 차이(GAP)를 이용해 서비스 품질을 평가하는 모형을 개발하였다.

② 그 다음 제3단계 작업으로 서비스 품질에 영향을 미치는 기업 내부의 요인들에 대한 연구를 시작하여, 고객이 지각한 품질상의 문제점을 기업 내의 결점 또는 격차(Gap)와 연결시키는 개념적 모형을 개발하였다.

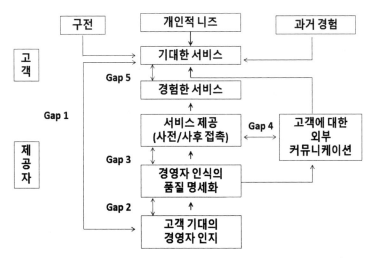

[갭 분석 모형 : Gap Model]

③ 서비스 품질은 Gap 5에 의해 결정되고, Gap 5는 Gap 1에서 4에 의해 결정된다.
  ㉠ Gap 1(경영자 인지 격차) : [기대된 서비스−경영진의 고객 기대에 대한 인식]
  ㉡ Gap 2(경영자 인지 격차) : [경영자 인식의 품질명세화−경영진의 고객 기대에 대한 인식]
  ㉢ Gap 3(서비스 전달 격차) : [서비스 전달−경영자 인식의 품질 명세화]
  ㉣ Gap 4(시장커뮤니케이션 격차) : [서비스 전달−고객에 대한 외적 커뮤니케이션]
  ㉤ Gap 5(경험한 서비스 격차) : [기대한 서비스−경험(인지)한 서비스]
④ Gap 요인 분석
  ㉠ Gap 1 : 부족한 마케팅 리서치 결과 이용, 고객의 요구에 대한 경영자의 커뮤케이션 부족, 최고위와 최하위 간 많은 관리 단계 수로 전달 부족
  ㉡ Gap 2 : 서비스 품질에 대한 경영자 참여 부족, 경영자가 고객의 기대를 충족할 수 없다는 인식, 업무 표준화에 활용할 수 있는 기술 부족
  ㉢ Gap 3 : 직원의 역할 모호성, 직원의 역할 갈등, 직원들의 기술과 업무의 불일치, 장비와 기술의 부조화, 평가와 보상의 부적절, 직원의 재량권 기각, 직원과 경영자의 팀워크 부족
  ㉣ Gap 4 : 서로 다른 부서간 또는 부서 내 커뮤니케이션 부족, 외부 전달 과정의 과다 약속 및 서비스 제공자의 정보 부족
  ㉤ Gap 5 : 고객의 기대와 인지와의 차이로 Gap 1~4의 크기와 방향 조정 필요
⑤ Gap 해결 방안
  ㉠ Gap 1 : 고객의 기대 조사 및 시장 조사, 조직의 관리 단계 축소, 상향적 커뮤니케이션의 활성화
  ㉡ Gap 2 : 업무 표준화, 체계적 서비스 설계, 구체적 서비스 품질 목표 설정, 최고 경영자 혁신, 적절한 물리적 증거와 서비스 스케이프
  ㉢ Gap 3 : 효과적 인사 정책, 종업원 업무 석합성 보정, 수요와 공급 일치, 교육/피드백/커뮤니케이션 제공, 기술-직무 적합성 보장
  ㉣ Gap 4 : 고객 기대의 효과적 관리, 광고와 인적 판매의 정확한 약속 수행, 수평적 커뮤니케이션 활성화
  ㉤ Gap 5 : 각 GAP1~4의 원인에 따른 조정 필요

3) SERVPERF 모형 ★

① 크로닌과 테일러(Cronin & Taylor)가 제안하였으며 PZB의 SERVQUAL 모형과 다르게 서비스에 대한 기대는 제외하고 서비스 성과만을 서비스 품질 측정 수

단으로 사용해야 한다는 모형이다.

② 신종 서비스업의 경우, 고객의 기대가 형성되기 어려우므로 서비스 성과의 결과 비교를 통해 고객 니즈와 개선 사항을 알 수 있다.

[SERVPERF vs SERVQUAL]

구분	SERVPERF 모형	SERVQUAL 모형
연구자	Cronin, Taylor	PZB
모델	서비스 성과	서비스 성과 - 서비스 기대
측정	5개 차원 22개 항목	5개 차원 22개 항목
기대 정의	기대 측정 안함	규범적 기대(제공해야만 할 수준)

4) 가빈(Garvin)의 품질 모형(8가지 범주) ★★

① 생산자뿐만 아니라 사용자의 관점을 동시에 고려하였다.

② 조직 내 특정 활동 및 기능, 관련 집단의 성숙도 및 경험 정도에 따라 달라야 한다고 보았다

③ 가빈 품질의 구성 요소

범주	개념
성과	제품이 가지는 운영적 특징
특징	제품이 가지고 있는 경쟁적 차별성
신뢰성	실패하거나 잘못될 가능성의 정도
적합성	고객의 세분화된 요구를 충족시킬 수 있는 능력
지속성	고객에게 지속적으로 가치를 제공할 수 있는 기간
서비스 제공 능력	속도, 친절, 문제해결 등의 제공 능력
심미성	외관의 미적 기능
인지된 품질	기업 혹은 브랜드 명성

④ 5가지 품질 정의

접근	관점	내용
선험적 접근	철학적	고유한 탁월성과 동일 개념 경험 통해서 파악 가능하나 분석 어려움
제품 중심적 접근	경제학적	품질을 제품 고유 속성으로 간주하고 객관적으로 측정 가능한 변수로 봄 제품이 지닌 속성의 합이 클수록 제품 품질 양호
사용자 중심적 접근	생산관리, 경제학, 마케팅	수요 지향적, 주관적인 개념 고객들의 니즈, 욕구를 충족시켜주는 품질이 좋은 것임

제조 중심적	경제학적	공급 측면에 초점 제품 속성이 명세와 일치하면 고객 신뢰와 만족이 높아짐
가치 중심적	생산관리	원가, 가격에 의해 품질 정의 고객 수용 가능한 가격으로 제공받거나 생산 수용 가능한 원가에 제공하면 양질의 제품 임

5) 그렌루스(Granroos)의 품질 모형★★★

① 기대 서비스와 지각 서비스 간의 비교를 통해 고객에게 지각되는 것을 전체적인 서비스의 질이라고 규정하였다.

② 그뢴루스의 품질 구성 요소

구성 요소	내용
전문성과 기술	전문적인 방안을 이용하여 서비스 공급자, 종업원, 운영체계, 물리적 자원들이 자신들의 문제를 해결하는 데 필요한 지식과 기술을 가지고 있다고 고객들이 인식하는 것
태도와 행동	고객과 접촉하는 종업원들이 친절하고 자발적으로 고객에게 관심을 기울이고 문제를 해결한다고 고객이 느끼는 것
접근성과 융통성	서비스 공급자, 서비스 기관의 위치, 종업원, 운영체계 등이 서비스 받기 쉬운 위치에 있고, 설계 운영되며 고객의 기대와 수요에 따라 융통성 있게 조절될 수 있다고 고객이 느끼는 것
신뢰성과 믿음	무슨 일이 있어도 서비스 공급자와 운영체계 등이 약속을 잘 지키고, 고객을 최우선으로 고려하여 서비스를 이행할 것이라고 고객이 알고 있는 것
서비스 회복	서비스 실패나 예상치 못한 일이 발생하였더라도 능동적으로 즉각 바로 잡으려고 노력하고 해결 대안을 찾아내려 한다고 고객이 느끼는 것
평판과 신용	서비스 공급자의 운영이 신뢰받고 서비스 이용요금에 대해 가치를 부여할 수 있으며, 고객과 서비스 공급자에 의해 그 서비스 운영이 성과와 가치를 나타낸다고 공감하는 것을 고객이 믿는 것

6) 카노(Kano)의 품질 모형(5가지 범주) ★★★

① 위생이론을 기본으로 고객의 기대 품질 요소를 이원적 인식 방법으로 제시한 모델이다.

② 고객 만족을 제공하는 방법에 따라 품질 역할을 분류하는 방법과 기업 입장에서 고객의 요구사항을 전략적으로 활용하는 방법을 제시하였다.

구성 요소	내용
매력적 품질요소	고객 기대 이상으로 만족을 초과하여 주는 품질요소
일원적 품질요소	충족될수록 만족 증대, 충족되지 않을수록 불만 증대
당연적 품질요소	최소한 마땅히 있을 것이라고 생각되는 기본적인 품질요소
무관심 품질요소	충족 여부에 상관없이 만족도 불만도 일으키지 않는 품질요소
역 품질요소	충족이 되지 않으면 만족, 충족이 되면 불만을 일으키는 요소

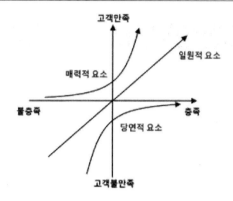

7) 알브레히트(Albrecht)와 젬케(Zemke)의 품질 모형(4가지 범주)

① 80년대 영국 브리티쉬항공 대상으로 서비스 품질 구성 차원을 조사하였다.

② 4가지 품질 구성 요소 : 돌봄과 관심, 자발성, 문제 해결, 회복 등

8) 주란의 서비스 품질 모형(5가지 범주)

① 사용자의 눈에 보이지 않는 내부적 품질 : 항공, 철도, 전화, 호텔, 백화점 등 설비나 시설 등의 기능을 발휘하도록 보수가 잘 되고 있는지 나타내는 품질

② 사용자의 눈에 보이는 하드웨어적 품질 : 레스토랑 요리의 맛, 호텔 실내 장식, 철도의 좌석 크기 등

③ 사용자의 눈에 보이는 소프트웨어적 품질 : 컴퓨터 실수, 배달 사고, 전화 고장, 품절, 상품 매진, 청구 금액 착오 등

④ 서비스 시간성과 신속성 : 기다리는 시간, 매장 직원이 올 때까지의 시간, 수리 신청에 대한 회답 시간, 수리 시간 등

⑤ 심리적 품질 : 직원의 예의바른 응대, 친절, 환대 등

9) 이유재, 이준엽(2000)의 KS-SQI

① 이유재, 이준엽(2000)은 SERVQUAL 모델이 우리나라의 상황에는 맞지 않다고 판단하여 KS-SQI 모델을 제시하였다.

② 우리나라 서비스 산업과 고객 특성을 반영하여 서비스 산업 전반의 품질에 대한 소비자의 만족 정도를 나타내는 종합지표이다.

③ 서비스 품질에 대한 고객의 지각은 기대와 성과 차원의 측면 모두에 걸쳐 형성되기 때문에 KS-SQI는 서비스 품질에서 성과 품질과 과정 품질을 균형적으로 고려하였다.

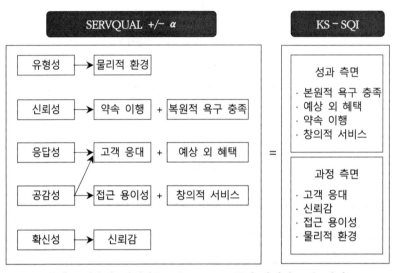

[출처 : 이유재, 라선아(2006), KS-SQI 품질 차원의 도출 과정]

10) e-서비스 품질

① 오프라인 vs 온라인

신뢰성 응답성	온,오프라인의 공통 서비스 품질 차원
공감성	더 효율적 거래를 만드는 경우를 제외하고 e-서비스품질에서 요구되지 않음
유형성	정보기술을 통해 서비스 제공 시 사이트의 시각적 요소는 회사의 브랜드 지각 및 사이트 운영 효율성에 중요함

② 자이다믈, 파라슈라만, 말호트라의 e-서비스 품질 차원 ★★★

ⓒ 일상적

효율성	사이트 접속 후 원하는 제품, 정보를 찾는 것이 최소한의 노력으로 가능한지 여부
신뢰성	사이트의 기술적 기능, 상품 구매 가능성, 정확한 작동 여부
성취이행성 (실행성)	서비스 약속의 정확성, 정확한 배송, 상품 재고 보유
보안성	신용정보, 구매 행동 자료 보안

ⓛ 서비스 회복 시

응답성	문제 발생 시 정보 제공, 온라인 보증 제공
배상	환불 시 배송 비용에 대한 배상
실시간 접촉	온라인, 전화 문의 시 직원의 존재 여부

3. 서비스 품질 향상 방안

(1) 서비스 품질 문제의 원천 ★

1) 서비스의 비분리성

서비스는 생산과 소비의 비분리성으로 서비스 제공자와 서비스 제공 과정에서 많은 품질 문제가 발생한다.

2) 서비스의 노동집약성

서비스는 노동집약성의 특성을 가지기 때문에 표준화하기 어렵다.

3) 부적절한 서비스

서비스 직원이 제공하는 부적절한 서비스는 서비스 품질 문제를 야기시킨다.

4) 고객의 중요성 간과

고객을 수치로 보게 되면 고객의 불만이 증대되고, 서비스 품질 문제가 발생한다.

5) 커뮤니케이션 차이

기업이 과대 광고를 하게 되거나 고객에게 서비스를 정확하게 인식시키지 못하는 경우 커뮤니케이션 차이로 서비스 품질 문제가 발생한다.

6) 비용 절감

비용 절감에 집중하여 단기적 이익을 강조하게 될 경우 서비스 품질 문제가 발생한다.

(2) 서비스 품질의 개선 방법 ★

1) 서비스 품질 요소 파악

고객에게 서비스 품질의 중요한 결정 요소를 파악하는 것에서부터 서비스 품질 개선은 시작된다.

2) 서비스 정보 제공

고객에게 적절한 서비스 정보를 제공하여 서비스 품질 이미지를 달성하도록 한다.

3) 평가 요소 관리

서비스 제공 전/중/후의 평가와 관련된 유형 요소 관리는 제공된 서비스 품질 평가를 좌우한다.

4) 서비스 지식 제공

고객에게 서비스에 대한 지식(서비스 사용의 시기, 방법, 수행 과정 등)을 알려줌으로써 고객이 의사결정을 할 수 있도록 돕는다면 결국 고객 만족도가 증가한다.

5) 기업 문화 정착

기업 내 품질 기준 확립, 역량있는 직원 채용 및 훈련, 공정한 보상 등의 품질 개념이 확립된 기업문화를 정착하여 높은 서비스 품질을 유지시킨다.

6) 서비스 자동화

자동화로 대체 가능한 인적 활동은 자동화 시스템으로 대체하여 서비스 제공상의 실수를 줄인다.

7) 고객 기대 예측

기대 수준과 관점 변화 차원의 고객 기대 변화를 예측하여 기업은 이에 적절히 대응해야 한다.

8) 신용과 이미지

높은 신용과 이미지 향상을 통해 고품질의 서비스를 제공한다.

9) 평가 기준 제공

고객에게 가시적 평가 기준을 제공해준다.

4. 서비스 품질과 직원(조직문화)

(1) 서비스 마케팅의 개념 ★

1) 정의

서비스 마케팅은 제조업 마케팅을 의미하는 '외부 마케팅', 서비스를 제공하는 직원과 고객 간의 '상호작용 마케팅', 직원이 고객에게 지원, 교육하는 '내부 마케팅'이 필요하다.

2) 서비스 마케팅 삼각형

① 내부 마케팅
  ㉠ 기업과 종업원 간에 이루어지는 마케팅을 말한다.
  ㉡ 내부 직원을 교육, 훈련, 동기 부여하는 마케팅 활동을 말한다.
  ㉢ 내부 마케팅은 외부 마케팅보다 우선적으로 수행되어야 한다.
  ㉣ 경영자는 직원에게 재량권 부여를 통해 고객 응대 시 신속히 대응할 수 있도록 하며 주인의식과 책임감을 가지고 직원이 고객과 상호 작용할 수 있도록 해야 한다.
② 외부 마케팅
  ㉠ 기업과 고객 간에 이루어지는 마케팅을 말한다.
  ㉡ 경영자는 고객 조사 및 서비스 설계, 제공하는 품질을 약속한다.
③ 상호작용 마케팅(고객 접점 마케팅)
  ㉠ 종업원과 고객 간에 이루어지는 마케팅을 말한다.
  ㉡ 직원들이 직접 고객과 접촉하면서 실제 서비스를 제공한다.

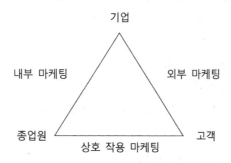

3) 그렌루스(1982)의 내부 마케팅 ★★★

① 정의

전략적 수준	직원의 동기부여, 판매 마인드 강화, 고객 지향성 지원을 위한 조직 분위기
전술적 수준	서비스 판매를 위한 경쟁우위 서비스 지원, 종업원 마케팅 및 캠페인 지원

② 요소

⊙ 교육 훈련 강화

기업 전략 및 직원 자신의 이해, 전략적 사고, 운영 서비스 노하우, 사실에 대한 이해 등의 지식 향상 및 태도 변화 효과

ⓒ 내부 커뮤니케이션 강화

조직 유효성 제고, 직원 감정, 사회적 욕구, 동기유발 촉진, 의사결정을 위한 주요 정보기능 담당

(예) 공식 훈련 프로그램, 직원에 대한 격려, 의사 결정의 직원 참여로 개방적, 자율적 분위기 형성

ⓒ 권한 위임

고객 요구와 문제에 신속 대응할 수 있으며 우호적 분위기에서 혁신적 아이디어를 개발하고 충성 고객 창출이 가능하다. 직원 동기 부여를 통해 생산성 증진 및 고객 지향 서비스 수행이 가능하다. 직원의 태도 및 행동 변화를 통해 직무 만족 증대 및 역할 분담과 역할 모호성을 감소시킨다.

② 경영층 지원 강화

고객 및 외부고객 지향성을 고취시킬 수 있다. 직원의 제안을 적극적으로 수용하게 되면 내부고객 만족도를 향상시킬 수 있고 기업 수익 증대는 물론 고객 지향적 기업으로 발전시킬 수 있도록 해준다.

⑩ 고용 안정성

외부고객과의 상호작용을 수행하게 하여 서비스 품질과 고객만족을 증대시킬 수 있도록 해준다.

ⓑ 복리후생 제도

임금 이외 수단을 통해 직원의 노동력을 유지, 발전시켜 직원 능력을 최대로 발휘하게 함으로써 생산성 향상 도모 및 신체적, 정신적, 경제적, 문화적 생활 향상을 목적으로 하는 제도의 총칭을 말한다.

ⓐ 보상시스템의 동기부여

기업이 올바른 직원을 소유, 유지하는 필수적 도구로 효과적으로 보상하기 위해서는 수당, 임금 수준을 보통 수준보다 높게 측정하여 지급하고 업무에 대해 권한위임을 실시하여 책임감을 가지고 업무 수행할 수 있도록 한다. 또

한 기업의 공적 이미지를 부각하여 자부심을 가질 수 있도록 하며 생산적인 제안에 대해 금전적 보상을 실시하는 것이 좋다.

4) 내부 마케팅 영향 요인★★★

투입통제	직원 선발, 교육 훈련, 전략 계획, 자원 할당
과정통제	조직 구조, 관리 절차, 보상
결과통제	불평, 고객 만족, 서비스 품질

(2) 서비스 종업원의 역할

1) 종업원의 역할 갈등 ★

① 두 가지 이상의 기대가 동시에 주어졌을 때 역할 갈등이 발생한다.
② 종업원은 기업과 고객의 요구를 동시에 만족시켜야 하기 때문에 역할 갈등이 발생한다.
③ 개인 특성에 따른 역할 갈등요인으로 인식 차이, 성격차이, 의사소통 방법, 가치와 윤리 등이 있다.
④ 역할 갈등 제거를 통해 종업원을 만족시킬 수 있다.

2) 종업원의 역할 모호성 ★

① 개인이 역할과 관련된 충분한 정보(성과에 대한 기대, 기대 충족 방안, 직무행위 결과)를 가지고 있지 못할 때 역할 모호성이 발생한다.
② 역할 모호성은 서비스 표준이 없거나, 우선 순위가 많은 서비스 표준이 존재하거나, 서비스 표준이 의사소통되지 않거나, 서비스 표준이 성과측정 / 평가 / 보상 시스템과 연결되어 있지 않을 때 발생한다.

3) 칸(Kahn)의 역할 모호성 발생 원인 ★★

① 재조직화를 수반하는 조직의 빠른 성장
② 사회구조적 요구에 의한 빈번한 기술의 변화
③ 조직의 투입정보에 제한을 가하는 관리 관행
④ 구성원들에게 새로운 요구를 하는 조직 환경의 변화
⑤ 개인의 이해 영역을 초과하는 조직의 규모 및 복합성

(3) 종업원 만족 ★

1) 종업원 만족(ES : Employee Satisfaction)과 고객만족(CS : Customer Satisfaction)

① 종업원 만족은 고품질 서비스로 이어지며 고품질 서비스는 고객 만족으로 이어진다.

② 종업원의 역할과 중요성 인식은 내부 마케팅의 성공으로 이어진다.

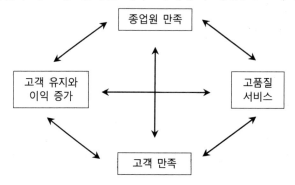

2) 직원 만족과 관련된 요인

직접적 요인	전략, 교육, 역량 개발, 직무 특성 및 범위, 성과 평가 관리, 보상, 인사체계, 복리 후생
환경적 요인	기업의 비전 및 미션, 기업문화, 커뮤니케이션 전략, 리더십

(4) 통합적인 인적자원관리

1) 개념

① 인적자원관리(HRM : Human Resource Management)는 기업 경영 목표 달성을 위한 인적 자원의 선발, 개발, 배치, 유지, 평가, 동기 부여에 관한 관리 기법을 말한다.

② 서비스 기업은 고객 만족이 기업 성과로 연결되기 때문에 인력의 선발부터 보상에 이르는 전 과정에 대한 효과적인 인적자원관리가 필요하다.

2) 목표

① 유능한 인재의 확보를 통해 기업의 경쟁력을 향상시킨다.

② 핵심 인력의 육성, 개발을 통해 핵심 역량을 강화한다.

③ 공정한 보상을 통해 동기 부여를 한다.

④ 조직 내 커뮤니케이션을 활성화시킨다.

⑤ 생산성 향상을 통해 품질을 향상시키고 이것은 고객 만족으로 이어진다.
⑥ 기업 목표와 사업 전략을 연계시킬 수 있다.

3) 내용 ★

① 선발 : 고객 만족형 인적자원을 선발한다.
② 업무설계 : 고객, 조직 특성, 이해관계자의 특성을 고려하여 업무 설계를 한다.
③ 교육 및 개발 프로그램 강화 : 직무수행능력 발전을 통해 생산성과 성과를 높인다.
④ 인정과 동기부여 : 금전적, 비금전적 보상을 통해 우수한 인적자원을 유지하고 동기부여 한다.
⑤ 업무환경과 복지 : 직원들의 경제적 안정, 생활의 질 개선을 통해 만족도를 높이고 동기부여를 한다.
⑥ 피드백 : 조직 단위 및 개인별 성과에 대한 평가와 개선을 한다.

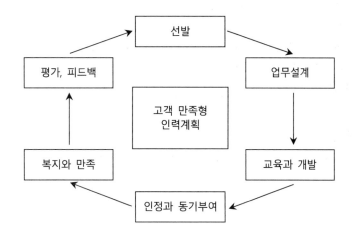

4) 서비스 인적자원 관리의 과제

① 권한 부여 : 종업원에게 업무 수행 권한과 자주성을 부여함으로써 잠재능력을 발휘할 수 있도록 한다.

조직 통제 시스템	정의	주요 이슈 사항
신뢰 시스템	잘 구현된 조직문화	핵심 가치 규명
한계 시스템	종업원의 재량권에 대한 한계 규정	위험 회피
진단 시스템	측정 가능한 달성 목표 정의	주요 성과 변수
상호작용 시스템	지식산업에 가장 적합	전략적 불확실성

② 팀 활동 : 공동의 목적을 가지고 자체적인 성과 목표, 접근 방법, 책임을 지는
집단을 운영한다.

팀 활동	내용
문제해결팀	· 관리자와 작업자들로 구성되는 소규모 집단 · 생산과 품질에 관련된 문제 분석, 해결책 제시
특수목적팀	· 다수의 과나 기능 부서 대표들로 구성 · 경영진, 노동자 또는 양자 모두의 주요 관심사를 다룸
자율관리팀	· 작업자들로 구성된 소집단 · 공동작업을 통해 제품, 서비스의 주요 부분 또는 전체를 생산하는 것

③ 조직 구조

조직 구조	내용
수직구조	· 부서 역할에 충실, 부서간 의사 소통을 거의 하지 않음 · 예시) 마케팅, 생산, 재무, 인력자원 등의 부서
수평구조	· 위계와 기능부서의 벽이 없는 프로세스 중심 구조 · 팀이 고객과의 접점에 있으며 고객 지향적 성과를 냄 · 팀에 의한 조직 관리로 평평한 조직 위계를 가짐 · 모든 종업원에 대한 훈련 프로그램이 제공됨 · 예시) 다기능팀

④ 제안제도

조직 구성원들이 서비스 개선 의견을 제시하면 보상을 함으로써 경영 참여 의
식을 높이고, 기업 개선 효과를 극대화시키는 제도이다.

제5절 CS 평가 조사

· 고객 만족도 측정 방법, 고객만족지수(CSI), 순수 추천 고객지수(NPS)의 개념은 반드시 숙지해야 합니다.
· CS 평가 시스템의 자료 수집 방법에 대한 명확한 이해가 필요합니다.
· 고객 충성도 분류는 학자별로 다르므로 명확히 이해하도록 합니다.

1. 고객 만족도 측정 방법

(1) 고객 만족의 관점별 정의 ★★

① 인지적 상태의 관점
  ㉠ 구매자가 치른 대가의 보상에 대한 소비자의 판단으로 보는 관점
  ㉡ 구매자가 치른 대가에 적절 또는 부적절하게 보상되었다고 느끼는 소비자의 인지적 상태

② 고객의 평가로 보는 관점
  ㉠ 고객 욕구 또는 요구를 충족시키는 정도에 대한 평가, 고객의 사전 기대와 제품의 실제 성과 또는 소비 경험에서 판단되는 일치·불일치 정도 등 일련의 소비자의 인지적 과정에 대한 평가로 정의
  ㉡ 제공된 제품, 서비스를 획득하거나 소비함으로써 유발되는 욕구 및 요구를 충족시키는 정도에 대한 소비자의 주관적인 평가

③ 정서적 반응으로 보는 관점
  ㉠ 고객의 다양한 인지적 처리과정(예 : 기대 불일치) 후 형성되는 정서적 반응
  ㉡ 특정 제품 및 서비스를 사용, 소비 및 소유함으로써 얻는 경험의 평가에 대한 소비자의 정서적 반응

④ 만족에 대한 고객의 판단으로 보는 관점
  ㉠ 고객의 인지적 판단과 정서적 반응이 결합되어 나타나는 것
  ㉡ 소비자의 충족 상태에 대한 반응으로 제품, 서비스의 특성 또는 그 자체가 소비에 대한 충족 상태를 유쾌한 수준에서 제공하였는지에 대한 판단

(2) 고객 만족 평가

1) 개념

① 에드워드 데밍(W. Edward Deming)이 "측정할 수 없으면 관리할 수 없다."라고
한 것처럼 품질의 정확한 측정은 기업 전략 수립의 시작이다.
② 기업은 서비스 품질을 향상시키기 위한 평가지표가 필요하고, 고객 만족은 경영
성과로 연결된다.
③ 고객의 욕구에 대해 고객 기대 만큼 얼마나 기업이 충족시키고 있는가를 객관
적 평가를 통해 시간경과에 따라 비교할 수 있도록 지표화한 것을 말한다.
④ 고객 만족 측정을 위해 '고객의 기대수준, 인식수준, 만족수준'을 조사하여 측정
하는 것이 중요하다.

2) 고객 만족 측정의 3원칙 ★★

계속성의 원칙	과거, 현재, 미래와 비교할 수 있어야 함 지속적 주기적으로 조사 실시해야 함
정량성의 원칙	항목별로 정량적 비교가 가능하도록 조사해야 함
정확성의 원칙	정확한 조사와 해석 실시 정확한 답변이 나올 수 있도록 설문지를 설계 하고 주관적인 해석은 배제되어야 함

3) 고객 만족도 측정 방법 ★★★

간접측정	여러 가지 서비스의 하위요소 또는 품질에 대한 차원만족도의 합을 복합점수로 간주하는 방식 다양한 품질 차원을 고려하기 때문에 만족도 개선을 위해 어떤 노력을 기울여야 하는지 다양한 정보를 제공받을 수 있음 중복측정 문제를 방지할 수 있으나 가중치 부여 등 조사모델이 복잡해 질 수 있음 직접 설문을 통해 측정하는 것이 아닌 만족에 대한 선행변수로 전제대는 품질 요소에 대한 측정을 통해 만족도 측정
직접측정	단일한 설문 항목 또는 복수 설문 항목을 통해 만족도를 측정하는 방식 단일문항 측정 방법에서 측정 오차 문제 해소가 어렵기 때문에 복수 설문 항목을 통한 측정으로 한정하여 정의 민간 부문 대상의 만족도 조사에서 많이 활용되며 ACSI, NCSI 등이 해당됨
혼합측정	직접 측정과 간접 측정을 혼합하여 측정하는 방식 공공기관 대상의 만족도 조사에서 많이 활용 됨 비율은 조사 모델마다 다르지만 대체적으로 체감 만족도와 차원만족도 비율이 5:5에서 3:7사이에 분포 됨

(3) 고객만족지수의 이해

1) 고객만족지수(CSI ; Customer Satisfaction Index)의 이해 ★★★

① 정의

고객만족지수는 생산, 판매되고 있는 제품 및 서비스에 대해 해당 제품을 직접 사용한 경험이 있는 고객이 직접 평가한 만족 수준의 정도를 모델링에 근거하여 측정, 계량화한 지표를 말한다.

② 측정 목적

㉠ 고객 만족도 수준 파악 및 시계열 변동의 원인 관리를 통해 수익성과 밀접한 관계가 있는 고객 유지율을 유지, 제고하기 위해 측정한다.

㉡ 제품, 서비스 품질 향상을 위한 기업 내부의 프로세스 개선을 위해 측정한다.

③ 필요성

㉠ 단순 만족도 측정 평가가 아닌 자사의 품질 경쟁력의 성과 평가 지표

㉡ 업종간 또는 경쟁사의 강/약점 분석

㉢ 고객 만족도 및 고객 충성도 분석

㉣ 고객 기대가 충족되지 않은 다양한 영역을 평가하여 고객 만족 향상을 위한 전략 수립

㉤ 잠재적 시장 진입 장벽 규명

㉥ 제품, 서비스의 가격 인상 허용 폭을 결정하여 미래 수익 예측

㉦ 효율성 평가, 불만 해소 영향 분석

㉧ 고객 유지율의 형태로 예측된 투자수익률(ROI) 예측

④ 추진 절차

1단계	사전 준비 단계	·CS 추진 기반 마련 및 조직, 문화, CS 인식 진단
2단계	CS 추진 기구의 편성	·CS 이념, 비전, 문화 설정 및 추진 리더 양성
3단계	고객 조사	·내부, 외부 고객의 Needs 분석 및 만족도 측정 후 현상 파악
4단계	CS 실천 전략 수립	·고객-기업 간 Gap 발견 후 고객 만족 실천 전략 수립
5단계	목표설정 및 CS 추진과제 실천안 설계	·공감대 형성 후 목표 설정 및 과제 실천안 수립
6단계	CS 향상 활동	·현장 업무 및 프로세스 개선 실천 활동
7단계	성과분석 및 차기 전략 수립	·성과 및 효과 분석 후 차기 전략 수립

(4) 고객만족 측정 모형

1) NCSI(National Customer Satisfaction Index)

① 생산성본부가 미국 미시간대학 경영대학원 산하 국제품질연구센터와 공동 개발 후 1998년부터 매 분기별 측정 및 발표되고 있다.

② NCSI 모델의 측정 방법론은 미국, 일본, 싱가포르 등 11개국과 EU 16개국이 활용하고 있는 국제 표준으로 국가간 품질 경쟁력 수준을 확인할 수 있다.

③ 국내, 외에 생산되고 국내의 최종 소비자에게 판매되고 있는 제품 및 서비스에 대해 해당 제품을 사용한 경험이 있는 고객이 직접 평가한 만족 수준 정도를 모형화한 고객 만족 지표이다.

④ 현재와 미래의 사업 성과 평가를 위해 중요 구성 개념인 고객 충성도를 설명하는 데 모델 측정의 주요 목적이 있다.

⑤ 설문구성요소 ★★★

고객기대수준	개인적 니즈 충족, 전반적 품질 기대 수준, 구입 전 평가(신뢰도)
인지된 서비스 품질 수준	개인적 니즈 충족, 전반적 품질 수준, 구입 후 평가(신뢰도)
고객만족지수	기대불일치, 전반적 만족도, 이상적 제품 및 서비스 대비 만족 수준
고객충성도	재구매가능성 평가, 재구매 시 가격인상 허용률, 재구매 유도를 위한 가격인하 허용률
고객 불만	고객의 공식적, 비공식적 제품과 서비스에 대한 불만
인지가치수준	가격대비 품질 수준, 품질대비 가격 수준

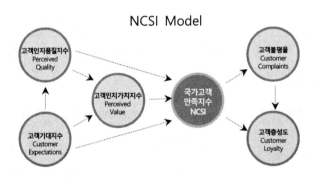

NCSI Model

2) NPS(Net Promoter Score) ★★★

① NPS는 순수 추천 고객 지수 또는 순 촉진자(후원자) 지수이다.

[NPS]

> NPS(Net Promoter Score)
> =(적극적 추천 고객 수 - 비추천 고객 수)
> ┈┈┈┈┈┈┈┈┈┈┈┈┈┈┈┈┈┈┈┈
> 응답자 비율

② 고객 로얄티를 측정하는 방법으로 충성도(Loyalty)가 높은 고객을 얼마나 많이 보유하고 있는지를 나타내는 지표이다.

③ 2004년 베인 컨설팅의 프레드릭 라이할트에 의해 개발되었고 하버드비즈니스리뷰에 처음 소개되었다. GE와 마이크로소프트 등 세계적 기업들이 성과지표로 도입하면서 확산되었다.

④ 추천 의향 문항을 11점 척도로 측정하여 추천고객비율에서 비추천고객비율을 빼서 NPS를 산출한다.

⑤ NPS는 추천 의향을 높임으로써 반복 구매나 추천을 통해 기업 성장을 달성하고자 한다.

⑥ 이익에는 기업의 장기적 성장이 원천이 되는 좋은 이익(고객과 관계 발전을 통해 얻는 이익), 단기적 기여에 그치는 나쁜 이익(할인 행사 등의 고객과 관계 희생을 통해 얻는 이익)이 있다.

참고

○ **HOG(Harley Owner Group)**
· 할리 데이비슨 운전자 동호회를 일컫는 말로 전 세계적으로 64만명이 가입함
· 고객 충성도 전략의 기법으로 1989년 CEO로 취임한 Rich Teerlink가 이런 고객들의 커뮤니티를 지원하기 위하여 만든 프로그램

○ **미국고객만족지수(ACSI : American Satisfaction Index)**
  미국 소비자들의 상품별, 산업별, 국가별 만족지수를 비교하도록 설계된 지표이다. 다른 모델과 달리 전반적 고객 만족도를 잠재 변수로 측정 후 비교 가능한 경제 지표로 활용할 수 있으며, 구매 고객뿐만 아니라 고객 충성도를 알 수 있는 지표이다.

2. 고객 만족도 평가 시스템 구축

(1) CS 평가 시스템(Customer Satisfaction Evaluation System) ★

1) 정의

① 고객 관점에서 고객 만족에 기여한 내부 경영활동의 과정과 결과를 평가하는 기법이다.
② 고객 만족도 측정뿐만 아니라 고객 만족에 대한 기업 내부 활동에 대해서 평가할 수 있는 균형 잡힌 평가방식이다.

2) 필요성

① CS 평가 지표를 서비스 개선에 활용하고, 구성원의 실천에 유도하여 조직문화로 정착시키고자 하는 기업에 필요하다.
② 성과 중심의 시스템에 고객 관점의 평가 시스템을 반영하고자 하는 기업에 CS 평가 시스템이 필요하다.
③ CS에 대한 원인, 과정, 결과 지표 등을 체계적으로 추적하고 서비스 개선에 활용한다.

(2) CS 평가 시스템 컨설팅 프로세스 ★

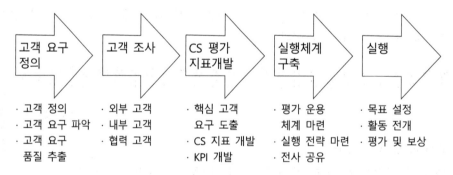

[출처: CS 평가 시스템 컨설팅 프로세스, 한국능률협회컨설팅]

1단계 고객 요구 정의	· 기존 VOC 자료 수집 / 분석 및 고객 접점 진단을 통해 Raw Data를 수집하고 고객 요구 품질을 추출한다.
2단계 고객 조사	· 고객 요구가 반영된 설문지 개발 및 각 고객별 조사를 통해 고객의 기대와 만족의 정도를 파악한다. 외부 고객 만족도(CSI) 조사와 내부 만족도(ICSI) 조사를 한다.
3단계 CS 평가 지표 개발	· 주요 고객 요구와 핵심관리요소(CSF), 평가 지표, 핵심성과지표(KPI)를 개발한다.
4단계 CS 평가 시스템 실행 체계 구축	· 각 지표별 DATA Gathering 방안 및 구체적인 평가설계(대상, 주기, 도구, 방법 등)를 마련하고, Pilot Test를 통해 문제점 보완 후 완성한다. 전사 공유를 위한 프레젠테이션을 실시한다.
5단계 CS 평가 시스템 실행	· 전사, 부문, 팀, 개인 단위의 지표별 목표 및 구체적 실행 계획을 수립하여 활동을 전개한다. 이후 실행에 대한 성과 분석 후 평가, 보상을 시행한다.

1) 고객 요구 정의

① 조사 목적

문제 발견 조사	이미 존재하거나 향후 발생 가능성이 있는 문제를 발견하기 위한 조사 (예) 시장 점유율, 브랜드 이미지, 매출 분석 및 예측 등
문제 해결 조사	문제 발견을 위한 조사에서 발견된 문제를 해결하기 위한 조사 (예) 신제품 개발, 대안 선택, 제품 촉진 활동 등

② 조사 유형 ★★★

탐험 조사	주어진 문제에 대해 지식이 부족할 경우 실시하는 조사 비계량적 조사와 비정형적 절차를 사용하여 자료 수집과 분석이 이루어짐 특정 그룹이나 제한된 숫자의 개인 인터뷰를 통한 예비조사를 실시하여 조사 목표를 수정하거나 재규정하는데 사용 (예) 심층 면접, 문헌 조사, 전문가 의견 조사, 표적 집단 면접
기술 조사	표적집단 또는 시장 특성으로 소비자 태도, 구매 행동, 시장 점유율에 관한 자료 수집, 분석 후 결과 기술하는 조사 (예) 패널, 서베이, 관찰
인과관계조사	두 개 이상 변수들 간의 인과관계를 밝히는 조사 (예) 실험

③ 자료 수집 방법 결정 ★★★

1차 자료	조사자가 직접 수집한 자료 (예) F.G.I(표적 집단 면접법), 서베이, 실험법, 관찰법
2차 자료	조사를 직접 수행하는 조사자가 아닌 타 주체에 의해 이미 수집된 자료 (예) 인터넷 자료, 마케팅회사 자료, 정부 발표 자료

문헌 연구법	· 역사 기록, 기존 연구 기록, 통계 자료 등을 통해 자료를 수집하는 방법으로 기존의 연구 동향을 알 수 있음 · 시간과 비용을 절약할 수 있고 비교적 정보 수집이 용이. · 선행 연구의 신뢰도가 떨어질 경우 현행 연구의 신뢰도 역시 떨어질 가능성이 매우 높음 · 문헌 해석 시 연구자의 편견이 개입될 가능성이 있음
표적 집단 면접법(FGI)	· 1명 또는 2명의 사회자 진행으로 6~12명의 참여자(표적집단)가 주제에 대해 토론 후 자료를 수집하는 방법 · 마케팅 문제 정의를 위한 정보 획득, 계량적 조사를 통해 얻은 결과에 대한 구체적 이해, 소비자들의 내적 욕구/태도/감정 파악, 신제품 아이디어와 기존 제품의 용도 파악, 조사를 위한 정보 취득을 위해 사용 · 주관적 해설, 고비용, 낮은 일반화, 낮은 신뢰성이 한계
서베이 법	· 다수의 응답자 대상으로 설문조사에 의해 자료 수집, 정형화된 설문지를 사용하는 방법 · 전화 및 대인 인터뷰, 우편 및 전자 서베이 등 있음 · 다량의 표본, 일반화 가능성, 자료수집 용이성, 통계에 의한 분석 가능, 직접 관찰이 어려운 요인 및 개념 추정 및 객관적 해설 가능 · 한계점: 깊이있는 질문, 설문지 개발의 어려움, 현실 오도 가능성, 낮은 응답률, 장시간 소요, 응답 정확성 등의 문제가 있음
패널 조사	· 패널: 고정 표본으로 어느 기간 동안 구성원들을 일정하게 유지 · 순수패널: 동일 변수에 대해 구성원들은 반복적 응답 · 혼합패널: 구성원들은 동일하게 유지되지만 수집 정보가 달라짐
관찰법	· 조사 대상의 행동 패턴을 관찰, 기록을 통해 자료 수집하는 방법 · 한계점: 일반화의 어려움, 내면적 행동 요인 측정 불가능, 관찰시점과 기록시점의 오차가 발생함
실험법	· 정확한 인과관계와 효과적 가설 검증이 가능, 실험 대상에 대한 윤리적 문제 제기 가능성 존재, 가장 과학적이며 확실한 조사방법 임, 일정 조건 하에 실험 집단을 통제 집단과 비교하여 법칙을 찾아내는 방식
HUT(Home Use Test)	· 조사대상의 가정을 직접 방문하여 제품 유치, 사용하게 한 뒤 면접을 통해 설문을 받는 방식
CLT(Central Location Test)	· 제품 시음, 사용, 패키지, 광고물의 테스트에 주로 사용하는 방법 · 조사 대상자가 많이 있는 곳으로 직접 나가 간이 조사장소 설치 후 조사 대상자를 불러 모아 조사하는 방법
ZET	· 1대1 심층 면접의 한 종류로 은유, 스토리, 이미지 활용하여 소비자의 무의식적 인지 장벽을 완화하는 주제에 대한 심층 심리 구조
갱서베이	· 소비자를 일정 장소에 한 번에 모아놓고 제품 광고 시연하며 구조화된 설문을 동시에 진행

심층면접법	·1차 자료를 수집하기 위한 정성조사 방법 중 하나 ·잘 훈련된 면접원이 조사대상자 1명 대상으로 비구조화된 인터뷰를 시행하는 방법
투사법	·내면 신념, 태도를 문장완성법, 단어연상법, 그림 묘사법, 만화완성법 등의 심리적 동기유발 기법을 사용해 조사하는 방법

④ 정량 조사와 정성조사 ★★

정량 조사	·양적으로 조사 결과를 표현하는 것으로 가설 검증을 통해 확정적인 결론을 획득할 때 이용한다. ·많은 수의 응답자를 대상으로 조사한 내용을 집계하는 것이다. ·서베이, 가정 유치 조사, 옴니버스 조사, 회장법, 여론조사, 선거조사, 전화조사, 1:1 개별면접조사, 우편조사, 온라인 조사 등이 있다. ·가장 중요한 점은 표본의 대표성으로 조사대상 전체가 아닌 일부만 표본으로 추출하여 조사를 진행하기 때문에 일부 표본이 전체를 대표해야 한다. ·장점은 일부만으로 구성된 표본으로 전체 대상의 의견을 파악할 수 있다는 것이고, 단점은 현상이나 문제점에 대한 구체적 원인과 정보를 얻기는 어렵다는 점이다. ·객관성, 대표성, 신뢰성, 다목적성의 장점이 있고 장시간이 소요, 고비용 및 인과가 불분명한 것은 단점이다. ·활용:시장 세분화, 목표 시장 선정이 필요한 경우, 가설 검증을 통한 확정적 결론 획득이 필요한 경우, 소비자 특성 별 니즈 구조와 차이가 필요한 경우, 바람직한 콘셉, 용기, 상표명을 선정할 경우, 시장 경쟁 상황, 소비자 태도, 행동 파악이 필요한 경우, 상표의 포지셔닝 파악이 필요한 경우
정성 조사	·양적 조사의 사전 단계로 정량 조사에서 파악하기 어려운 구체적 내용을 얻을 때, 가설의 발견, 예비적 정보의 수집 시 활용된다. ·장점은 정량 조사에서 도출될 수 없는 현상의 질을 파악할 수 있다는 점이다. ·FGD(Focus Group Discussion), FGI(Focus Group Interview), In-depth Interview, ZMET, 집단면접, 관찰, 투사, 온라인 포커스그룹, 델파이 (Delphi) 등이 있다. ·소수의 응답자 대상으로 비교적 긴 시간 인터뷰를 하기 때문에 특정 이슈, 대상에 대한 생각을 깊이 파악할 수 있다. ·유연성, 현장성, 심층성, 신속성, 저렴한 것은 장점이고, 조사 결과의 해석이 주관적이고 대표성이 없는 것은 단점이다. ·활용:다량의 샘플 확보가 어려운 경우, 소비자에 대한 사전 정보 및 지식이 부족한 경우, 가설이 질적 검증 및 의미 확인이 필요한 경우, 소비자의 언어 발견 및 확인이 필요한 경우, 신속한 정보 획득이 필요한 경우, 소비자를 깊이 이해할 필요가 있을 경우

2) 고객 조사

① 설문지 개발 시 유의사항

　　㉠ 애매모호한 질문은 피하고 쉬운 질문을 사용한다.

　　㉡ 응답자가 답변하기 쉬운 것부터 질문하고 부정적 질문은 삼간다.

　　㉢ 한 번에 두 개 이상의 질문은 피하도록 한다.

② 질문 유형

개방형	장점: 조사자가 미처 생각하지 못한 아이디어 획득 단점: 코딩 작업이 어려움
선다형	장점: 응답이 용이, 코딩이 쉬움 단점: 심층적 의견 반영이 어려움

3. CS 평가 결과의 활용

(1) CS 평가 활용의 필요성

1) 고객 가치 및 요구 파악

고객 인지 가치 및 요구 파악이 가능하다.

2) 고객 만족 측정 및 피드백

고객 만족 정도를 측정할 수 있고, 측정 결과에 대해 활용 및 피드백이 가능하다.

3) 지속적 관리

지속적으로 고객 만족 평가 시스템의 관리가 가능하다.

(2) CS 개선 방안

1단계 개선 요소 선정	·개선 과제 우선 순위 분류 후 개선 방향을 설정하고 평가 요소 중 상대적 만족도가 낮고, 중요도가 높은 내용을 개선 요소로 선정한다.
2단계 주요 요구 선정	·항목별 개선 요구 사항을 분류하고 개선 요소와 연관성이 큰 내용을 업무별, 부서별로 구분한다.
3단계 CS 개선 과제 도출	·주요 요구에 대한 현상, 문제점, 원인 도출 후 문제점을 해결하기 위한 CS 개선과제를 도출한다.

4. 고객 만족도 향상 전략

(1) 고객 만족의 개념

1) 정의

기업이 제공한 상품, 서비스가 고객의 사회적, 심리적, 물질적 만족감을 주고 지속적인 재구매 및 수평적 인간관계를 형성하는 커뮤니케이션 사이클이다.

2) 고객 만족의 3요소 ★★

하드웨어적 요소(Hardware)	기업의 이미지, 브랜드, 편의시설, 고객지원센터, 인테리어 등
소프트웨어적 요소(Software)	상품, 서비스, A/S, 고객 관리 시스템 등
휴먼웨어 요소(Humanware)	직원의 서비스 마인드, 접객서비스, 매너, 조직문화 등

(2) 고객 만족 전략

1) 목적

① 고객 니즈를 파악하고, 근본적인 불만 개선을 통해 고객 만족을 달성하기 위한 것이다.
② 기업 내부의 경영방식을 고객 중심으로 바꾸고, 이를 현장에서 실천하여 고객에게 가치를 제공하여 결국은 조직의 가치를 극대화하는 것이다.

2) 기대 효과

① 기업 이미지 및 인지도를 높일 수 있다.
② 표준화, 체계화된 서비스 제공 방식으로 서비스의 효율성을 높인다.
③ 고객 중심 마인드를 통해 조직의 서비스 문화를 활성화시킨다.

3) 과제

① CRM 체계 개선 : 고객 특성에 따라 분류하고, 정의를 내린다.
② 기업의 발전 방향 수립 : 고객 니즈 및 고객 만족도를 분석한다.
③ CS 체계 구축 : 프로세스를 분석하고 개선한다.
④ 교육 및 워크숍 수행 : 지속적인 내부 구성원 역량 강화를 통해 서비스 마인드를 높인다.

○ 고객 만족 경영의 3요소
· 상품 : 하드 요소, 소프트 요소
· 서비스 : 점포 분위기, 직원 서비스, A/S
· 이미지 : 사회 공헌도, 환경보호 정책

(3) 존 굿맨(John Goodman)의 법칙 ★★

1) 정의

① TARP(1970년대 마케팅 조사 회사)의 사장 존 굿맨(John Goodman)은 20개국의 많은 산업을 조사한 결과 고객 불만율과 재방문율, 재구매율의 관계에 대해 알게 되었다.
② 불만 고객이 직원의 대응에 대해 충분히 만족했을 경우에는 오히려 불만이 나타나지 않았던 때보다 재방문율 또는 재구매율이 올라간다.

2) 고객 불만율과 재방문율의 관계

① 고객이 평소에 잘 이용하여 아무런 문제를 느끼지 못한 상황에서는 10%의 재방문율을 나타냈다.
② 불만족한 고객에게 기업이 진지하게 대응하면 65%의 재방문율을 나타냈다.

3) 고객 불만율과 재구매율의 관계(100달러 이상의 상품 구매자에 대해 조사)

① 상품에 대해 불만이 있었지만 불만을 정식으로 제기하지 않았던 고객의 재구매율은 9%였다.
② 불만을 제기하여 문제가 해결된 고객의 재구매율은 70%로 나타났다.
③ 문제가 신속하게 해결된 경우에는 재구매율이 82%로 나타났다.

제1법칙	자신의 불만을 해결하여 만족하게 된 고객은 불만을 갖고 있지만, 토로하지 않는 고객에 비해 동일 브랜드를 재구입할 가능성이 매우 높다. 예시) 역시 OO전자는 A/S가 좋아. 돈을 더 주더라도 확실하니깐 믿을만 해.
제2법칙	고충 처리에 불만을 품은 고객의 비우호적인 소문의 영향은 만족한 고객의 호의적인 소문의 영향에 비해 두 배나 강하게 판매를 방해한다. 예시) OO전자 제품 절대 사지 마. 구입하자마자 고장 났어.
제3법칙	소비자 교육을 받은 고객은 기업에 대한 신뢰도가 높아 호의적인 소문의 파급효과가 기대될 뿐 아니라 상품의 구입 의도가 높아져 시장 확대에 공헌한다. 예시) OO기업은 고객들한테도 제품 교육을 철저히 하더라구. 덕분에 새로운 정보를 많이 얻었어.

5. 고객의 소리(VOC : Voice of Customer)

(1) 이해 ★

1) 정의

고객 만족 추구를 위한 제도로 고객의 소리에 귀를 기울여 고객 요구를 파악, 수용하여 경영활동을 하는 것을 말한다.

2) 용어

고객 불평을 Zero화 하자는 의미로 ZC(Zero Complaint)라고 한다.

(2) 효과 ★

1) 시장, 고객 파악

시장과 고객 요구를 알 수 있고, 다양한 아이디어를 얻을 수 있다.

2) 서비스 프로세스 문제 파악

고객의 입장에서 서비스 프로세스의 문제점을 알 수 있다.

3) 아이디어 획득

예상 밖의 아이디어를 얻을 수 있다.

4) 고객 관계 유지

고객과의 커뮤니케이션을 통해 돈독한 관계를 유지할 수 있다.

5) 표준화된 응대 제공

고객의 요구에 따라 표준화된 응대 서비스를 제공할 수 있다.

6) CRM 한계 극복

데이터 분석이 아닌 실제 고객 성향 파악이 가능해 CRM의 한계를 극복할 수 있다.

(3) 성공 조건

보상 연계, 조직변화 평가, 코딩 분류, 보고서 작성 및 변화 점검

6. 고객 충성도 향상 전략

(1) 개념

1) 정의

고객에게 지속적인 가치를 제공함으로써 기업에 대한 호감이나 충성심을 가질 수 있도록 하여 기업의 상품, 서비스에 대한 지속적인 구매활동이 유지될 수 있도록 하는 것이다.

2) 고객 충성도 형성 요인 ★★★

진실한 충성도	기업이 고객에게 다른 기업이 제공하는 것 이상의 가치 제공을 통해 고객에게 완전한 만족을 느끼게 한 결과 형성되는 충성도 예) 품질 만족, 가격 만족, 기대, 기업과의 관계
거짓된 충성도	습관적 구매, 경제적 인센티브, 편안함, 대안부족 때문에 특정브랜드에 대한 호감이 없어도 빈번한 구매가 이루어짐 정보 규제, 높은 전환 비용, 독점 시장 등의 요인에 의해 고객 충성도가 강화 됨 예) 경쟁 제한성, 전환 비용
잠복된 충성도	기업에 대한 좋은 이미지를 가지고 있지만 가격, 접근성, 마케팅 전략이 재구매 욕구를 끌어내지 못하기 때문에 행동적 충성도가 낮은 집단
낮은 충성도	재구매율, 태도적 애착이 모두 낮은 집단

3) 고객 충성도 증대 방안

① 고객을 분류하여 공략하고, 통일된 고객 관계 관리를 한다.
② 잠재 고객은 쉽게 고객이 될 수 있도록 한다.
③ 신규 고객은 첫 거래에 대한 감사 인사를 한다.
④ 방문 고객에게 원하는 것을 물어보고, 개별화된 맞춤 서비스를 제공한다.
⑤ 장기 고객에게는 장기 거래에 대해 보답한다.
⑥ 고객 라이프사이클에 맞는 마케팅을 실시한다.
⑦ 고객들을 직접적 이해관계자로 전환시켜 주변 사람에게 홍보하도록 만든다.

(2) 고객 충성도의 분류

1) 라파엘과 레이피(Raphael&Raphe)의 분류 ★★★

예비 고객	구매에 관심을 가질 가능성이 있는 고객
단순 고객	관심을 가지고 적어도 한번 정도 매장을 방문하는 고객
고객	빈번하게 구매하는 고객
단골 고객	정기적으로 구매하는 고객
충성 고객	주변 사람에게 긍정적으로 구전을 하는 고객

2) 올리버(Oliver)의 고객 충성도 발전 4단계 ★★

1단계 인지적 충성	·브랜드 신념에만 근거한 충성 단계이다. ·고객에게 가용한 브랜드 속성 정보로 인해 하나의 브랜드가 대체 브랜드보다 선호될 수 있음을 나타낸다.
2단계 감정적 충성	·브랜드에 대해 만족한 경험이 누적됨에 따라 선호가 증가하는 단계이다. ·이 형태의 충성은 이탈하기 쉬운 상태에 해당한다.
3단계 행동 의욕적 충성	·브랜드에 대해 긍정적 감정을 가지고 반복적인 경험에 의해 영향을 받으며 행위 의도를 가지는 단계이다.
4단계 행동적 충성	·의도가 행동으로 전환되는 단계이다. ·행동 통제의 연속선 상에서 이전 충성 상태에서 동기 부여된 의도는 행동을 위한 준비 상태로 전환된다.

3) 레이나르츠&쿠머(Reinartz&Kumar)의 고객충성도 ★★

구분	단기 거래 고객	장기 거래 고객
높은 수익	- Betterflies - 회사 제공 서비스와 소비자 욕구 간에 적합도가 높고 잠재 이익이 높음 태도적 충성도가 아닌 거래적 만족도를 달성할 수 있어야 함	- True Friends- 회사 제공 서비스와 소비자 욕구 간 적 합도가 높고 잠재 이익이 높음 지속적인 의사소통, 태도적&행동적 충성도 구축 및 지속적인 관계 유지가 필요 함
낮은 수익	- Strangers - 회사 제공 서비스와 소비자 욕구 간에 적합도가 낮고 잠재 이익이 낮음 관계 유지를 위한 투자는 불필요하며 거 래 시마다 이익을 창출 할 수 있어야 함	- Barnacies- 회사 제공 서비스와 소비자 욕구 간에 적합도가 낮고 잠재 이익이 낮음 규모와 지갑 점유율 측정해야 하며 지갑 점유율이 낮으면 상향, 교차 구매를 유 도할 수 있어야 함

4) Coinsidene & Raphel의 고객 충성도 사다리 모델 ★★★

잠재고객	제품 구매에 대한 확신의 부족으로 구매를 결정하지 못하는 사람
가망고객	제품에 관심은 있지만 아직 구매하지 않은 사람
신규고객	제품을 처음 구매한 고객
반복구매고객	제품을 재구매 하면서 신뢰를 보이기 시작한 고객
단골고객	타사 제품을 구매하지 않고 제품을 반복 구매하여 상품에 대해 친숙해진 고객
옹호고객	지속적 구매를 넘어서 주변 사람들에게 제품을 적극적으로 홍보하 는 고객

5) 브라운(Brown)의 고객 충성도

소비자 구매 패턴	완전한 충성도, 분열된 충성도, 변화하기 쉬운 충성도, 무 충성도 로 구분
반복구매 수준과 상대적 태도	진정한 충성도, 잠재적 충성도, 거짓 충성도, 무충성도로 구분

6) 커라시와 케네디(Curasi &Kennedy)의 고객 충성도

포로, 고립된 충성도, 획득된 충성도, 만족한 충성도, 전도자로 구분

(3) 고객 충성도 측정방법 ★★★

행동적 측정 방법	일정 기간 동안 지속적, 반복적 구매행위 고려 측정방법: 구매 비율/구매 빈도/구매 순서/구매 가능성/반복 구매행동
태도적 측정방법	호의적 감정을 가지고 반복적으로 제품 구매하는 것 측정방법: 우호적 태도/재구매의도/타인 추천
통합적 측정방법	행동적 측정과 태도적 측정방법의 장,단점 고려하여 측정 측정방법: 고객의 호의적 태도/브랜드 교체성향/반복 구매행동 /총 구매량

제6절 CS 컨설팅

핵심 출제 포인트

· 서비스 기대 모델과 영향 요인 관련 개념은 정확한 숙지가 필요한 부분입니다.
· CS 트렌드, 마케팅 프로세스, CS 플래닝 개발과정, 벤치마킹의 개념에 대해서 명확히 이해하고 넘어 갑니다.

1. 서비스 품질관리 컨설팅

(1) 서비스 기대의 이해

1) 서비스 기대 수준의 정의

① 고객의 서비스 기대는 성과에 대한 평가의 준거점으로 활용되며, 서비스 제공에 대해 고객이 가지고 있는 신념을 의미한다.

② 고객은 서비스 준거점을 기준으로 품질을 평가하기 때문에 고객 기대를 이해하는 것이 필요하다.

③ 고객의 기대 수준은 최고(이상적) 서비스, 희망 서비스, 최저(적정) 서비스, 허용 영역, 예상 서비스 등 5가지로 구성된다.

2) 서비스 기대 수준의 구성 ★★★

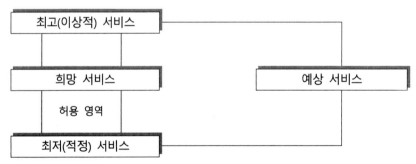

[출처 : 김성용(2006), 관광마케팅, 기문사]

① 최고(이상적) 서비스(Ideal service)
   ㉠ 최고 서비스는 고객이 이상적으로 생각하는 바람직한 서비스를 말한다.
   ㉡ 서비스 전 고객이 원하는 것과 예상하지 못한 것이 제공되어 고객이 만족하는 서비스를 말한다.
② 희망 서비스(Desired Service)
   ㉠ 희망 서비스는 고객이 서비스를 제공 받기 전 받기를 원하는 희망 수준을 말한다.
   ㉡ 일반적으로 최고 서비스는 제공 받기 어려우므로 그보다 낮은 수준의 희망 서비스에 대한 기대를 가진다.
   ㉢ 고객에 따라 희망 서비스에 대해 수용 의지가 있다.
③ 최저(적정) 서비스(Adequate Service)
   ㉠ 적정 서비스란 고객이 받아들일 수 있는 최저 수준의 서비스를 말한다.
   ㉡ 적정 서비스 수준은 경험을 바탕으로 한 예측 서비스 수준에 의해 형성된다.
   ㉢ 최소한 허용 가능한 기대 수준 또는 허용 가능한 최하 성과 수준을 말한다.
④ 허용 영역(Zone of Tolerance)
   ㉠ 허용 영역이란 희망 서비스 수준과 최저(적정) 서비스 수준 사이의 영역을 말한다.
   ㉡ 고객이 서비스에 대한 가변성을 인정, 수용하고자 하는 정도로 서비스 실패가 잘 드러나지 않는 미발각지대(No Notice Zone)라고 한다.
   ㉢ 고객은 허용 영역 내에서 서비스 제공을 받으면 받아들이지만 최저 서비스 수준보다 허용 영역이 더 낮아지면 불만족을 느낀다. 반면 희망 서비스 수준보다 허용 영역이 더 높아지면 만족을 느낀다.
⑤ 예상 서비스(Predicted Service)
   ㉠ 예상 서비스는 고객이 실제로 받을 것이라고 기대하는 서비스이다.
   ㉡ 최고 서비스부터 최저 서비스까지 전 구간에 걸쳐 있다.

3) 서비스 적정도와 우위도 ★

① 서비스 적정도(MSA : Measure of Service Adequacy)
   ㉠ 고객이 기대하는 최저(적정)서비스와 지각된 서비스 간의 차이
   ㉡ 지각된 서비스 - 최저(적정)서비스
② 서비스 우위도(MSS : Measure of Service Superiority)
   ㉠ 고객이 기대하는 희망 서비스와 지각된 서비스 간의 차이
   ㉡ 지각된 서비스 - 희망 서비스

③ 서비스 적정도(MSA)와 서비스 우위도(MSS)에 따른 경쟁적 위치

고객의 기대와 인식 수준	서비스 적정도와 우위도	경쟁적 위치
지각된 서비스	MSA + , MSS +	고객 충성도 상황
희망(이상적) 서비스		
지각된 서비스	MSA + , MSS −	경쟁 우위 상황
최저(적정) 서비스	MSA − , MSS −	경쟁 열위 상황
지각된 서비스		

(2) 서비스 기대의 영향 요인 ★★

1) 내적 요인

① 내적 요인은 개인적 욕구, 관여도, 과거의 경험이 해당된다.
② 개인 욕구에 따라 서비스 기대 수준에는 차이가 있다.
③ 관여도가 높을수록 허용영역이 좁아진다.
④ 과거 경험이 많을수록 기대 수준이 높아지고, 예측된 기대와 희망 기대 수준에 영향을 미친다.

2) 외적 요인

① 외적 요인은 경쟁적 상황, 사회적 상황, 구전 커뮤니케이션에 해당된다.
② 경쟁적 상황은 경쟁사가 제공하는 서비스에 의해 서비스 기대에 영향을 미친다.
③ 사회적 상황의 경우, 사람들이 다른 사람과 함께 있을 때 기대 수준이 높아지는 것을 말한다.
④ 구전 커뮤니케이션은 최고 서비스 수준과 희망 서비스 수준에 영향을 미치고, 고객 서비스 기대 형성의 강력한 정보 원천(3원칙 : 개인적 원천, 전문가 원천, 파생적 정보원천)이 된다.

3) 상황적 요인

① 상황적 요인에는 구매 동기, 소비자 기분, 날씨, 시간 제약 등이 있다.
② 상황적 요인은 내적 요인, 외적 요인, 기업 요인에 모두 영향을 미친다.
③ 소비자 기분이 좋을 때는 허용 영역이 넓어지고 날씨가 나쁠 때, 시간적 압박, 긴급상황 시에는 허용 영역이 좁아진다.

4) 기업 요인

① 기업 요인에는 기업의 촉진, 가격, 유통, 서비스 직원, 유형적 단서, 기업 이미지, 고객 대기 시간 등이 있다.

② 가격이 높고 기업 이미지가 좋으면 서비스 기대 수준은 높아지고 허용 영역은 좁아진다.

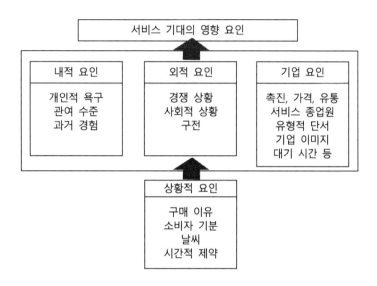

(3) 서비스 기대 관리

1) 고객 기대의 이해

① 외부 마케팅 조사
  ㉠ 조사기관 또는 조사부서에 의뢰해 고객에게 정보를 얻는 방법을 말한다.
  ㉡ 조사 단계

1단계	문제와 조사 목적 정의
2단계	서비스 측정 방법 개발
3단계	조사 프로그램 실행
4단계	데이터의 수집, 정리
5단계	분석 및 발견점 해석
6단계	발견 사항 보고

② 내부 마케팅 조사
  ㉠ VOC 시스템 구축을 통해 직접 고객의 소리를 듣거나 중간고객(유통업자) 또는 내부고객(직원)을 통해 정보를 얻는 방법이다.

ⓛ 방법으로는 고객의 소리, 직원의 소리 또는 제안, 직원 또는 중간고객 조사, 경영진의 고객 방문 등이 있다.

2) 구매 단계별 고객 기대 관리 ★

서비스 구매 전 단계	· 영업 또는 서비스 직원을 통해 고객의 기대를 파악한다. · 광고, 판촉, 인적 판매, POP 등을 통해 서비스에 대한 홍보를 한다. · 일관성 있는 서비스를 제공한다.
소비 단계	· 고객과 지속적인 커뮤니케이션을 한다. · 고객의 기대 충족을 위해 고객 중심으로 서비스를 수정하고, 수정이 필요할 경우 그 이유를 설명한다.
서비스 구매 후 단계	· 피드백을 통해 고객의 기대 충족 여부와 반응을 확인한다. · 후속 사후관리 프로그램(Follow-up Program)과 고객 불만처리 프로그램을 개발한다.

2. CS 트렌드

(1) 트렌드의 이해 ★

1) 정의

① 트렌드의 사전적 의미는 동향, 경향, 추세, 유행이다.
② 트렌드와 비슷한 의미로 쓰이는 유행은 트렌드와는 다른 개념이다. 트렌드는 적어도 5~10년 정도 지속되며, 사회 전반에 광범위한 영향을 미친다.
③ 유행은 단기적 유행을 뜻하는 패드와 비슷한 의미로 패드와 트렌드는 구분되어야 한다.
④ 트렌드는 특정 시점에서 하나의 징후로 출발해 사회, 경제, 문화 등 다양한 영역에서 나타나는 현상이다.
⑤ 트렌드가 강해지면 전 사회를 관통하는 주류 트렌드로 발전한다.

2) 유형

메타 트렌드	자연의 법칙이나 영원성을 지닌 진화의 법칙으로 문화 전반의 광범위하고 보편적인 트렌드를 말한다.
메가 트렌드	미래학자인 존 네이스비츠의 메가트렌드 저서에서 유래된 용어이다. 사회 문화적 환경의 변화와 함께 트렌드가 모여 사회의 거대한 조류를 형

	성하는 현상으로 세계화가 그 대표적인 예이다.
	최소한 30~50년 지속되고 삶의 모든 영역에서 징후를 찾아볼 수 있다.
사회적 트렌드	삶에 대한 사람들의 감정, 동경 등을 말한다.
소비자 트렌드	새로운 변화를 이끌어 내는 소비문화로 5~10년 동안 지속되며 소비 표층 영역까지 광범위하게 나타나는 현상을 말한다.
	개별적 제품 영역 뿐 아니라, 기술, 경기, 소비문화로부터 소비 표층 영역까지 포괄하여 광범위하게 나타난다.

3) 특징

① 트렌드는 공간적으로 미시, 거시, 초거시 트렌드로 구분할 수 있다.

② 트렌드는 시간적으로 단기, 중기, 장기, 초장기 트렌드로 구분할 수 있다.

③ 트렌드의 사전적 의미는 어떤 방향으로 쏠리는 현상, 동향, 경향, 추세, 스타일 등을 말한다.

④ 트렌드는 생성, 성장, 정체, 후퇴 등 변동 경향을 나타내는 움직임으로 시대정신과 가치관이 반영된다.

(2) CS 트렌드 ★

1) 소비자 태도 변화의 7가지 추세(IBM CX 포럼)

① 생활 패턴의 변화에 따라 소비자의 가치가 높아진다.

② 도시에는 중산층이 많아지고 도시간 연결이 긴밀해지는 반면, 농촌은 마을간의 격리가 심화된다.

③ 정보 과잉으로 정보에 대한 거부감이 증가함으로써 고객에게 접근하기 어려워지고 있다.

④ 구매자의 80%가 사전 정보를 파악하여 구매를 결정하므로 고객 요구가 까다로워지고 있다.

⑤ 대형 유통업체들이 유통업을 변화시키고 있으며 편의점과 슈퍼마켓, 금융 서비스 사업 등으로 진출하고 있다.

⑥ 산업의 변화에 따라 파트너 위임 또는 아웃 소싱 형태 운영 등 기업 변화가 요구되고 있다.

⑦ 시장 변수 증가로 다수 대상이 아닌 특수 영역만을 집중 공략하는 등 시장 구조 조정이 진행되고 있다. (은행의 개인 맞춤 서비스, 백화점의 탑엔드와 로우엔드의 선택과 집중 등)

2) 혁신 관점의 미래 비즈니스 트렌드

① 고객 가치 실현을 위해 제약 조건인 시간·비용을 맞춤화하는 비즈니스가 발전하고 있다.

예시) 24시간 레스토랑, 차별적인 가전제품 대여 요금 부과 등

② 지리적, 물리적 제약을 극복하기 위해 고객을 직접 찾아가는 제품 및 서비스가 부상하고 있다.

예시) 일본의 이동 애견센터, 실버타운 거주자를 위한 이발 서비스 등

③ 고객이 구매 역할만 하는 것이 아니라 비즈니스 프로세스 활동에 참여하여 가치를 창출하는 프로슈머로 전환되고 있다.

예시) 유튜브, 위키피디아 등

④ 새로운 틈새시장을 개척하고, 차별화한 사업이 부상하고 있다.

예시) 휴대용 산소캔 제품, 고소득 여성 대상 프리미엄 서비스, 애완견 고급 의류 등

⑤ 적극적인 경험 창출과 일상 생활의 아웃소싱 비즈니스가 부각되고 있다.

예시) 할리데이비슨 오토바이, 스타벅스, 집 봐주기 대행 서비스, 홈 인스펙션 사업 등

[출처: IBM CX Forum 2005]

3) 새로운 고객 유형 ★

모루잉족	제품을 오프라인 매장에서 자세히 살펴본 뒤, 모바일 쇼핑을 하는 사람 또는 그런 무리.
엠니스족	남성을 뜻하는 영어단어 Man의 M에다 성질·상태를 나타내는 ness를 붙인 신조어이다. 남성의 특징으로 여겨지던 힘, 명예 등의 특성에 여성적인 요소라고 간주되던 양육, 소통 등을 조화시킨 남성상을 뜻하는 것이다.
메트로 섹슈얼족	패션과 외모에 많은 관심을 보이는 남성을 일컫는 용어. 패션에 민감하고 외모에 관심이 많은 남성을 이르는 말이다
액티브 시니어	건강하고 적극적으로 은퇴생활을 하는 활기찬 은퇴자를 말한다
그루밍족	패션과 미용에 아낌없이 투자하는 남자들을 일컫는 신조어로 여성의 뷰티(beauty)에 해당하는 남성의 미용용어이다.
호모 에코노미쿠스	합리적인 소비를 추구하는 사람으로서 공산품은 최저가의 상품으로 구입하지만, 식품이나 유아용품 등은 친환경·유기농 상품들로 구입하는 특징을 보인다.

3. CS 플래닝

(1) 계획 수립(Planning)의 이해

1) 계획 수립

조직 목표 달성을 위해, 무엇을, 언제, 어디서, 어떻게, 누가 할 것인지 결정하는 과정을 말한다.

2) 계획 수립 조건

SMART 해야 한다.

Specific	구체적이어야 한다
Measurable	측정가능해야 한다
Attainable	달성가능해야 한다
Realistic	결과지향적이어야 한다
Time-Limited	기간을 명시해야 한다

(2) CS 마케팅 플래닝의 이해

1) 마케팅 플래닝의 정의

고객의 변화와 니즈를 포착하여 상품을 제작하고, 커뮤니케이션을 효과적으로 하여 고객 구매 행동을 위해 준비, 계획하는 전체 과정을 의미한다.

2) CS 마케팅 플래닝 절차

기업 목표 진술 → 기업 환경 분석 → 마케팅 목표 설정 → 전략 수립 → 프로그램 작성 → 실행 및 재검토

3) 1단계: 기업 목표 기술

조직 목표를 기업 목표 또는 기업 사명(Mission)으로 표현

4) 2단계: 기업 환경 분석

내부 환경 (강점)	제품 혁신 능력, 우수한 인적 자원, 고객 서비스의 우수성, 저렴하고 효율적인 조직 운영
내부 환경 (약점)	제품 및 시장 개발 시 불충분한 고객 연구, 유통구조의 중복성, 애매한 서비스 정책, 수치화된 목표 부재, 신제품 개발 시 최고경영자의 불참성, 많은 보고 단계

5) 3단계: 마케팅 목표 설정 ★★★

① 일정이 명확해야 한다
② 기업의 목적은 일관성이 있어야 한다
③ 필요한 모든 조직 구성원과 커뮤니케이션 해야 한다
④ 사업 단위는 현실적인 목표를 설정해야 한다

6) 4단계: 전략 수립

고객 니즈를 만족시킬 수 있는 마케팅 믹스 전략(4P)와 판매수단을 결정해야 한다.

7) 5단계: 프로그램 작성

8) 6단계: 실행 및 재검토

(3) 서비스 신상품 플래닝

1) 기획 시 고려사항 ★

① 시장 조사를 활용한다.
② 고객이 추구하는 편익을 제공해야 한다.
③ 제품을 서비스로 전환한다.
④ 보조 서비스로 새로운 상품을 만든다.
⑤ 서비스 프로세스를 리엔지니어링한다.
⑥ 기업의 기존 이미지와 맞는 신상품을 통해 시너지를 추구한다.
⑦ 직원들이 새로운 상품의 중요성을 이해하고 협업할 수 있도록 한다.

2) 개발 과정 ★

사업 전략 개발	기업의 비전과 미션을 검토한다.
신규 서비스 전략 개발	신규 서비스 전략 수립을 통해 새로운 아이디어를 만든다.
아이디어 도출	직원과 고객의 아이디어 유도, 브레인 스토밍, 사용자와 경쟁사 서비스 연구를 시행한다.
콘셉트 개발, 평가	신규 서비스의 콘셉트에 대한 합의 후 서비스 특징, 목표 고객, 서비스 직원 등을 확인한다.
사업 분석	잠재 이익과 서비스 실현 가능성을 통해 사업을 분석한다.
서비스 개발, 시험	전 부서의 실무자와 접점 직원이 참여하여 서비스 콘셉트를 수정한다.
시장 테스트	서비스 세부 프로세스의 기능을 점검한다.
상품화	서비스 직원들의 신규 서비스 수용을 돕고 유지, 모니터링한다.

4. 벤치마킹

(1) 개요 ★★

1) 정의

① 벤치마킹은 기업 경쟁력을 제고하기 위해 타사에서 배워오는 혁신 기법이다.
② 최고 기업의 장점을 배운 후 새로운 방식으로 재창조하는 것이기 때문에 복제나 단순 모방과는 다르다.
③ 기업의 경쟁력을 높이고 핵심 능력을 유지하기 위해 최선의 방법을 도입, 실행, 확산하는 통합된 수단을 말한다.

2) 효과

동종업계나 타 업종에서 최고 선두기업의 제품, 서비스, 조직 운영, 프로세스 등의 장단점을 비교하고 우수한 점을 체계적으로 업그레이드하여 시장 경쟁력을 강화하는 것이다.

3) 마이클 J. 스펜돌리니의 벤치마킹 하는 이유

① 벤치마킹은 시장 변화를 예측할 수 있게 한다.
② 벤치마킹을 통해 새로운 아이디어를 도출할 수 있다.
③ 조직이 추구하는 적절한 목표를 선정하는데 도움을 준다.
④ 벤치 마킹을 통해 경쟁 업체 또는 초우량 기업과 제품, 경영 프로세스를 비교하여 자신의 경쟁력 및 서비스 향상 방법 등을 파악할 수 있다.
⑤ 벤치마킹은 전략적 목적으로 사용되어 여러 분야의 정보를 수집한 후 이를 실행하는데 아주 유용한 도구로 사용된다.

(2) 종류 ★★

1) 내부 벤치마킹

① 외부 벤치마킹의 사전 단계로 현재 업무 개선을 위해 기업 내부의 부문간 또는 관련 회사간의 벤치마킹이다.
② 일반적 환경의 최고 수준을 확인하고 동일 업무 또는 기능을 분석하는 것이다.
③ 성과 평가, 개선 대상 확인, 전반적 벤치마킹 실시, 조직 참여 및 커뮤니케이션 통로 개설, 프로세스 및 네트워크 확인 후 기준 설정 등의 활동을 수행한다.

2) 외부 벤치마킹

경쟁 벤치마킹	· 경쟁사의 강·약점 파악 후 성공적 대응전략을 수립하는 방법으로 상대적 업무 수준이 평가되기 때문에 업무 개선의 우선 순위를 정하는 데 도움을 준다. · 생산방식과 배달방식 등을 통해 경쟁력을 확보할 수 있다.
산업 벤치마킹	· 산업에 속해 있는 전체 기업을 대상으로 하기 때문에 범위가 매우 넓다. · 이해관계자, 시장, 고객, 비슷한 수준의 기업과 비교하는 것이다.

3) 선두그룹 벤치마킹

① 새롭고 혁신적인 업무방식을 추구하는 기업을 비교하는 것으로 단순 경쟁 대처가 아닌 혁신적인 방법 모색을 목표로 한다.

② 가치 창조 과정은 공통적 특성이 있다는 것을 전제로 하기 때문에 특정 분야에서 다른 기업이 자신의 기업보다 우수하다는 사실을 인식하는 것이다.

③ 자신의 기업이 뒤떨어지는 분야에서 개선 목표를 정하고 목표 달성 방법을 정할 수 있도록 도움을 준다.

4) 기능 벤치마킹

① 최신 제품, 서비스, 프로세스를 가지고 있는 조직을 대상으로 한 벤치마킹이다.

② 새롭고 혁신적인 기법을 발견할 수 있고, 업종이 다를 경우 방법 이전에 한계가 발생할 수 있다.

5) 포괄 벤치마킹

관계 없는 다른 업종 기업들에 대해 벤치마킹하는 것이다.

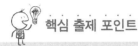

제7절 　CS 혁신 전략

핵심 출제 포인트

· STP 분석, 시장 세분화, 표적시장 선정 방법의 개념에 대해 명확히 이해합니다.
· 고객이 추구하는 가치 유형과 대인 전략에 대한 특징을 반드시 숙지합니다.

1. 고객 분석 및 기획

(1) STP 분석의 이해 ★★★

1) 정의

① 시장과 고객을 여러 영역으로 나누고, 각 세분시장의 매력도를 평가하여 집중적으로 공략할 영역 선택 후 그 영역 내에 가장 바람직한 경쟁적 위치를 정립하는 전략이다.

② 목표시장(Targe market)을 찾기 위해 수행하는 작업으로 시장 세분화(Segmentation), 표적시장 선정(Targeting), 포지셔닝(Positioning)의 단계를 거친다.

2) 활용

STP 전략은 신제품 콘셉트를 도출하기로 하고 STP를 미리 수립해보는 방안과 이미 도출된 콘셉트를 STP에 적용하는 방안으로 활용될 수 있으며 시장 변화에 따른 지속적인 추적 관리가 필요하다고 볼 수 있다.

S	욕구가 유사한 소비자 집단별로 전체 시장을 나눔
T	세분시장의 매력도를 평가하여 기업에 가장 적합한 세분시장 선택 혹은 표적화
P	선정된 표적시장 내에 가장 바람직한 경쟁적 위치 정립

(2) STP 분석 - 시장 세분화(Segmentation) ★★★

1) 개념

① 효과적인 마케팅 믹스 개발을 위해 전체 시장을 일정 기준에 의해 욕구가 유사한 몇 개의 시장으로 나누는 작업이다.

② 최근 마케팅은 대량 마케팅보다 세분시장, 틈새시장, 지역시장 마케팅 등으로 변하고 있다.

③ 시장 세분화는 이익이 높은 세분시장에 대한 판촉비와 시장 니즈에 맞는 제품을 정할 수 있고, 미래 시장에 대비한 계획 수립 및 대책 마련이 가능하다.

④ 코틀러(2007)는 효과적 시장 세분화를 위한 고객 세분화 요건으로 측정 가능성, 접근 가능성, 실질성, 행동 가능성, 차별화 가능성의 5가지 기준을 제시하였다.

2) 기준

① 소비자 특성(개인적 속성)

인구 통계적 변수	· 성별, 연령, 가족의 규모, 가족수명주기 등
사회 · 경제적 변수	· 수입, 교육 수준, 사회계층 등
심리 분석적 (심리 생태적, 사이코그래픽) 변수	· 사람의 행동, 개성, 삶의 방식에 따른 시장 세분화 · 라이프스타일, 사회적 계층, 개성 등
지리적 변수	· 비용이 적게 들고 비교적 쉬운 방법 · 거주 지역, 인구수, 기후, 인구 밀도 등

② 소비자 반응(행동적 변수)

추구편익 변수	· 한 가지 서비스에 대해 소비자들이 근본적으로 추구하는 편익은 서로 다를 수 있다는 가정 하에서 시장 세분화 · 의류시장 : 신분 상징성, 유행성, 실용성, 경제성 등을 추구하는 집단으로 세분화
사용량 변수	· 다량, 중량, 소량, 비사용자 집단으로 구분 가능 · 서비스 사용 정도 또는 유형에 따라 세분화 가능
촉진반응 변수	· 기업의 특정 촉진 활동에 대한 소비자들의 반응을 기초로 시장 세분화 · 반응은 기업 광고, 판매 촉진, 진열, 전시 등에 대한 소비자 반응 의미
충성도 변수	· 충성도 : 소비자가 꾸준히 특정 제품, 서비스를 구입하는 일관성의 정도 · 구분 : 완고한 충성자, 점잖은 충성자, 가변적 충성자, 전환자
서비스 변수	· 서비스 구성 요소와 서비스 수준 차원에서 차별화는 개별 세분시장에 적합한 서비스 패키지 설계에 유용한 기회 제공 가능

3) 방법

소비재 시장	지리적 기준	국가, 도시·농촌, 기후 등
	인구 통계학적 기준	나이, 성별, 직업, 종교, 교육 수준, 소득, 국적, 사회계층 등
	구매 행동 기준	브랜드 애호도, 사용량, 사용 빈도, 가격 민감도, 구매 시 중요 변수
	심리학적 기준	태도, 역할, 라이프스타일, 개성, 성격
산업재 시장	인구통계적 기준	산업 규모, 산업 종류, 기업 규모, 기술, 입지 등
	운영적 기준	고객 능력, 채용기술, 사용자와 비사용자의 지위 등
	구매 습관적 기준	구매 기준, 권한 구조, 구매 기능 조직 등
	상황적 기준	구매 규모, 구매의 긴급도, 특수 용도성 등
	개인적 특성	충성도, 위험에 대한 태도, 구매자와 판매자의 유사성 등

(3) STP 분석 - 표적시장 선정(Targeting) ★★★

1) 개념

서비스 제공자가 세분시장의 매력도를 분석하여 자신의 마케팅 믹스를 개발하여 집중하려는 경쟁력 있는 시장을 말한다.

2) 코틀러(Kottler)의 시장 세분화 요건 ★★★

측정 가능성	각 세분시장의 규모, 구매력 등이 측정 가능해야 함
실질성	세분 시장이 충분히 크거나 수익성과 가치가 보장되어야 함
접근 가능성	적절한 수단을 통해 세분시장 고객에게 서비스를 제공할 수 있어야 함
실행 가능성	기업은 고객 욕구에 부합하는 효과적 마케팅 프로그램 계획 및 실행 능력을 가지고 있어야 함
동질성	세분 시장 내에서 소비자 욕구가 동질적이고 비슷한 성향을 가지고 있어야 함
차별적 반응	하나의 마케팅 믹스 전략에 세분 시장이 각각 다르게 반응이 나타나야 함

3) 시장 세분화 유형 ★★★

① 전체시장 도달전략

단일제품 전체 시장 전략	시장을 하나의 통합체로 간주하고 단일 제품으로 단일 마케팅을 하는 전략
다수 제품 전체 시장 전략	모든 제품을 표적으로 하여 각 부문에 적합한 제품과 마케팅을 하는 전략

② 부분시장 도달전략

단일시장 집중전략	단일 제품으로 단일 세부 시장에 집중하는 전략 기업 자원이나 능력이 제한되었을 경우 적합하여 소비자 욕구가 변화하거나 경쟁자 진입하면 위험한 전략
제품 전문화 전략	다양한 세분 시장에 단일제품으로만 마케팅하는 전략 현재 제품을 대체할 수 있는 혁신 기술이 개발되었을 경우 위험한 전략
시장 전문화 전략	특정 집단 고객의 욕구를 만족시키기 위해 다양한 제품을 판매하는 전략
선택적 전문화 전략	여러 세분 시장 중 기업 목표에 적합한 세분 시장에 적합한 제품을 판매하는 전략 각 시장마다 다른 제품이 판매되기 때문에 시너지가 낮고 큰 마케팅 비용이 들어감

4) 표적 시장에 적합한 마케팅

① 무차별화 전략(매스 마케팅)

   ㉠ 시장을 동질적인 집단으로 보고 가장 규모가 큰 세분시장을 표적으로 하여 불특정 다수를 대상으로 하나의 마케팅 믹스 프로그램을 선전하거나 판매를 촉진하는 전략으로 차이보다 공통점에 초점을 둔다.

   ㉡ 하나의 제품으로 전체 시장을 추구하고 대량 유통 및 광고에 의존하여 다수의 구매자에게 마케팅을 전개한다.

   ㉢ 시장 조사 비용, 단일 서비스로 인한 연구 개발 및 관리비, 재고비, 수송비, 광고비, 판촉비가 절감되어 규모의 경제를 달성할 수 있다.

   ㉣ 같은 시장에서 여러 기업들이 동일 전략을 구사하면 경쟁이 심해지기 때문에 수익 확보가 어려워지고, 성공 가능성이 낮아질 수 있다.

   ㉤ 해당 전략의 목표는 제품 및 서비스가 소비자에게 우월한 이미지를 갖도록 하는 것이다.

② 시장 차별화 전략

   ㉠ 세분시장 매력도 및 기업의 목표와 재원을 고려하여 세분시장을 평가한 후 각각의 세분시장에 대하여 다른 프로그램을 설계하는 방식이다.

   ㉡ 여러 서비스를 다양한 가격, 다양한 형태로 제공 가능하며, 복수의 유통 경로 및 다양한 판매 촉진을 실시하기 때문에 많은 고객을 확보하여 매출 상승효과를 가져온다.

ⓒ 세분시장별로 다른 서비스를 제공하기 때문에 관리비, 촉진비 등 비용이 증가한다.

ⓔ 여러 세분시장들에 동시 투자 가능한 대기업에 적절한 포지셔닝 방법이다.

ⓜ 높은 매출 및 이익을 가져오기 때문에 다수 기업들이 구사하는 전략이다.

③ 집중화 전략

　　ⓐ 여러 세분시장들 중 자사에게 가장 큰 경쟁 우위를 제공하는 하나 혹은 몇 개의 세분시장을 선택 후 시장 점유율을 확보하는 전략이다.

　　ⓑ 소수의 작은 시장에 높은 시장 점유율을 달성하기 위한 전략으로 기업 자원이 한정되어 있을 때 사용한다.

　　ⓒ 시장 내 정밀한 소비자 욕구, 성격 분석이 가능하므로 최적의 마케팅 믹스를 개발 후 시장에 집중하여 매출액 증대를 도모할 수 있다.

　　ⓔ 전문화를 통해 고객 욕구 충족이 가능하므로 강력한 세분시장에서의 시장점유율을 획득할 수 있다.

　　ⓜ 비용이 적게 들고 규모의 경제를 누리지 못하기 때문에 자원이 부족한 중소기업에 맞는 전략이다.

　　ⓗ 소비자의 기호나 구매 패턴이 변하거나 경쟁사가 진입하는 등의 불확실한 시장 위험성이 존재하기 때문에 기업은 높은 위험을 감수해야 한다.

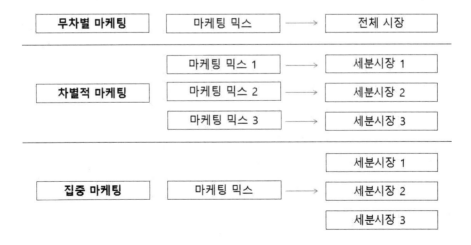

5) 표적 시장 선정 시 고려사항

기업 자원	제한적 기업자원: 집중화 마케팅 적합
제품의 동일성	생필품: 무차별적 마케팅 적합 내구재: 차별적 마케팅 또는 집중적 마케팅 적합
제품 수명 주기	신제품을 시장에 도입: 무차별적 마케팅 또는 집중화 마케팅 성숙기 제품:차별적 마케팅 적합
시장의 동일성	비슷한 소비자의 취향, 구매량: 무차별적 마케팅 적합 다양한 소비자 욕구: 차별적 또는 집중화 마케팅 적합
경쟁사의 마케팅 전략	무차별 마케팅 전략을 수행하는 경쟁사: 차별화 또는 집중화 마케팅 접합

(4) STP 분석 - 포지셔닝(Positioning) ★★★

1) 개념

① 잠재 고객의 마음 속에 남기를 원하는 기업 또는 제품 이미지를 선택하여 어떤 행동을 취하는 것을 말한다.
② 소비자들이 경쟁 제품을 어떻게 인지하고 있느냐가 제품, 서비스의 포지셔닝이다.
③ 고객의 마음 속에 경쟁기업의 상품, 서비스와 다른 자사의 경쟁적 우위를 찾아 개발, 커뮤니케이션하는 것이다.
④ 알 리스와 잭 트라우트(Al Ries&Jack Trout)는 상품에 대한 총체적 개념으로 경쟁사와 비교되는 상품 가격, 규모, 형태를 의미하며 상품 이미지, 소비자의 지각 등에 관한 의미를 확대하여 경쟁사에 대하여 상품이 가지는 주관적이 속성이라고 하였다.

2) 중요성

① 조직, 서비스, 표적시장에 적합한 차별화 전략을 이용하는 것으로 주관적(이미지, 커뮤니케이션 등) 기준 또는 객관적 기준(제품, 과정, 인적 자원, 서비스 등)을 둘 수 있다.
② 제품과 서비스를 차별화시키는 것과 밀접한 연관이 있으며, 신규 브랜드 론칭 또는 기존 브랜드 재포지셔닝 등 모두 사용 가능하다.
③ 서비스 경쟁으로 인한 무분별한 광고 등으로 혼란스러운 시장 상황에서 포지셔닝은 매우 중요하다.
④ 기업의 현재 위치 파악, 향후 방향 설정, 목표 달성을 위한 방법 등의 답을 찾을 때 사용 가능한 전략적 도구이다.

⑤ 틈새시장의 기회를 발견할 수 있고, 신규 서비스 개발 및 서비스의 재설계 등의 기여가 가능하다.

⑥ 경쟁사에 대응할 수 있는 다른 마케팅 믹스를 결정하며 경쟁사 진입과 모방으로부터 자사를 보호하고 시장 기회를 확인해준다.

3) 원칙

① 목표 고객의 마음 속에 하나의 포지션을 가져야 한다.
② 위치는 단순하고 일관된 메시지를 제공해야 한다.
③ 위치는 경쟁사와 자사의 구별이 가능해야 한다.
④ 자사의 노력을 집중시켜야 한다.

4) 과정

① 포지셔닝 수준 결정
　㉠ 산업 일반 포지셔닝
　㉡ 조직체 포지셔닝
　㉢ 서비스 계열 포지셔닝
　㉣ 개별 서비스 포지셔닝
② 세분시장의 주요 속성 규명
　㉠ 서비스 사용 목적
　㉡ 서비스 사용 시기
　㉢ 서비스 구매 의사 결정 단위
③ 포지셔닝 맵 작성
　㉠ 포지셔닝 맵 위에 기업 위치를 잡아야 한다.
　㉡ 포지셔닝 맵을 통해 자사와 경쟁 서비스 위치 파악이 가능하다.
　㉢ 전체 시장 및 각 하위 세분시장별로 상세한 포지셔닝 맵 작성이 가능하다.
　㉣ 틈새시장을 찾거나 자사 제품, 서비스를 재포지셔닝 할 수 있다.
　㉤ 마케팅 믹스의 효과 측정 및 경쟁 강도 파악이 가능하다.
④ 포지셔닝 대안의 선택 및 실행
　㉠ 현 위치의 강화 전략
　㉡ 선점되지 않은 틈새시장 공략

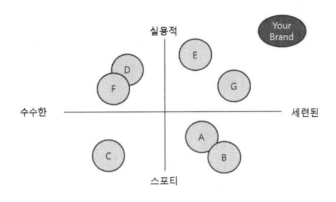

[포지셔닝 맵]

5) 유형 (서비스 포지셔닝의 일반적 방법)★★★

제품(서비스) 속성	여러 속성 중 세분 시장 구성원들이 중요시하는 일부 속성을 의미 기업에서 가장 많이 사용하는 방법으로 기업이 잘 할 수 있는 것에 대해 초점을 맞추는 방법
서비스 이용자	서비스, 제품을 사용자 특정 계층에 맞게 포지셔닝 함
가격/품질	가격 대 품질 관계에 초점을 맞추는 전략
경쟁자	자신의 경쟁사와 비교하여 포지셔닝을 하는 방법이다.
제품 계층 (서비스 등급)	같은 제품일지라도 서비스 등급을 달리하여 포지셔닝하는 방법이다. 패스트푸드점 vs 레스토랑
서비스 용도	제공되는 서비스가 어떻게 사용되고 적용되는지에 초점을 맞춤

(5) 고객 분석

1) 고객심리의 응용 ★★★

유인 효과 (Attraction Effect)	·기업의 주력 브랜드가 있을 경우 상대적으로 열등한 신규 브랜드를 출시하여 주력 브랜드의 선택 확률을 높이는 효과 ·기존 제품에 비해 열등한 신규 대안, 미끼 대안, 유인 대안이 등장하게 되면 기존 대안의 선택 확률이 증가할 수 있음
부분적 리스트 제시 효과 (Part-list Cunning Effect)	·소비자는 제시된 이외의 것은 잘 생각하지 못하므로 다른 브랜드가 소비자의 고려 대상 제품군에 들어가는 것을 원척 봉쇄하는 전략 ·예시) Avis의 No.2 전략 : 1, 2위의 맞대결을 벌이겠다는 메시지를 전달하여 다른 회사 브랜드를 사전 차단

타협 효과 (Compromise Effect)	· 소비자는 상품, 서비스 구입 시 위험 지각을 가지고 있는데 고가는 실패 시의 위험이 크고, 저가는 실패 확률이 높으므로 최고가와 최저가의 중간에서 타협 · 여러 가격대의 제품을 출시할 경우 주력 브랜드를 중간 정도로 측정하는 것이 안전
희소성의 원리 (Principle of Scarcity)	· 인간의 욕망은 무한하지만 이를 충족시킬 재화, 용역은 유한하다는 원리 · 모든 것을 가질 수 없으므로 더 큰 만족을 얻을 수 있는 재화나 서비스를 선택
베블런 효과 (Veblen Effect)	· 제품의 가격이 상승함에도 수요가 오히려 증가하는 현상 · 상류층 소비자들의 소비 형태 · 예시) 명품 구매
바넘 효과 (Barnum Effect)	· 일반적이고 누구에게나 일어날 수 있는 평범한 현상에 대해 자신을 두고 하는 이야기라고 생각하는 심리 상태 · 예시) 혈액형, 토정비결

2) 관여도 ★★

① 정의

어떤 대상에 대한 관련성 또는 중요성을 지각하는 정도를 말한다.

② 특징

㉠ 관심 강도, 흥미 정도, 개인적 중요도 등에 따라 고관여와 저관여로 구분할 수 있다.

㉡ 관여되는 상황에 따라 늘 관심 있는 제품에 대해 장기적으로 관여하는 지속적 관여와 특별한 상황에 발생하는 상황적 관여로 나눌 수 있다.

㉢ 관여 수준은 제품과 소비자의 특성, 사용 상황, 마케팅 커뮤니케이션 등에 의해 달라진다.

㉣ 고가 제품일 경우 관여도는 커지고 저가 제품일 경우 관여도는 작아진다.

㉤ 관여도가 높을 경우, 소비자들은 제품 정보 습득에 능동적, 적극적이며 구매 의사 결정에 심사숙고한다.

㉥ 관여도가 낮을 경우, 소비자들은 제품 정보 습득에 소극적, 수동적이며 기억된 반복 정보(광고 등)를 바탕으로 구매를 결정한다.

③ 관여도의 결정요인 ★★★

㉠ 개인적 요인:동일 제품일지라도 개인마다 관여도가 다르다. 개인의 취미, 흥미, 소득 등에 따라 다르게 나타난다.

ⓛ 제품요인 : 지각된 위험의 유형은 다음과 같다.

신체적 위험 (Physical risk)	구매 상품에 안정성이 결여되어 사용자의 건강에 대한 위해 가능성이 있는 위험
심리적 위험 (Psychological risk)	구입한 상품이 자아 이미지에 부정적 영향을 미칠 가능성
사회적 위험 (Social risk)	상품에 대한 결함이 있을 경우 구매한 자신에 대한 타인의 평가를 의식함으로서 구매자가 지각하게 되는 위험
재무적 위험 (Financial risk)	제품 구매를 위해 지불한 가격만큼 가치가 있는지에 대한 여부 (수선 비용, 대체 비용 등)
시간적 위험 (Time-loss risk)	불만족할 경우 만족할만한 다른 제품이나 서비스를 선택했을 경우에 대한 기회 비용
성능 위험 (Performance risk)	구입한 상품이 기대만큼 성능을 발휘하지 못하는 위험

ⓒ 상황적 요인: 소비자의 관여도는 상황에 따라 달라진다.

ⓔ 마케팅 요인: 광고, 이벤트, 판촉 등에 영향을 받는다.

④ 관여도 유형

ⓙ 고관여도: 높은 관심, 높은 위험 자각, 높은 가격, 복잡한 특성

ⓛ 저관여도: 낮은 관심, 낮은 위험 자각

3) 고객분석기법 ★★

① RFM 분석법

ⓙ 구매시점(Recency), 구매빈도(Frequency), 구매금액(Monetary Value)의 세 가지 요소를 통해 고객 등급을 분석하는 방법이다.

ⓛ 각 요소별 점수를 바탕으로 고객의 가치를 평가하기 때문에 고객 가치에 따라 다른 마케팅 계획 및 구매 촉진 전략을 수립한다.

② AIO 분석법

ⓙ 활동(Activities), 관심((Interests), 의견(Opinions) 등으로 파악하는 라이프스타일 측정 방법이다.

ⓛ 라이프스타일 조사 시 인구 통계적 변수(소득, 가족생활 패턴, 교육 수준 등)를 포함시키면 더 유리한 정보 습득이 가능하다.

③ 고객 평생 가치(CLV : Customer Lifetime Value)

ⓙ 매출액이 아니라 이익을 나타낸다.

ⓛ 한 시점에서 고객과 기업 간의 장기적 가치를 나타낸다.

ⓒ 한 명의 고객이 평균적으로 기업에 기여하는 미래 수익의 현재 가치를 나타

냄다.
② 고객이 평생에 걸친 구매의 총합을 고려한 것을 나타낸다.
③ 한 명의 고객이 특정 기업의 서비스를 처음 구매하는 시점으로부터 마지막으로 구매할 것으로 예상되는 시점까지의 누적액 평가를 나타낸다.

2. 고객 경험 관리(CEM : Customer Experience Management)

(1) 고객 경험 관리의 개념

1) 정의

① 제품, 서비스에 대한 고객 경험을 체계적으로 관리하는 프로세스
② 고객 제품 탐색, 구매, 사용 단계의 모든 과정에 대한 분석, 개선을 통해 긍정적 고객 경험을 창출 하는 것
③ 기업과 직접적, 간접적으로 접촉하여 소비자가 갖게 되는 내적, 주관적 반응
④ CEM은 고객들이 기업 또는 기업 상품과 서비스에 갖고 있는 감정에 관심을 두지만 CRM은고객 특성, 소득, 구매성향 등 고객 정보에 관심

(2) 슈미트(Schmitt)의 고객 경험

1) 고객 경험 유형

감각적 경험	오감을 통해 소비자가 원하는 경험을 창출해 내는 활동 기업 또는 브랜드 아이덴터티를 생성,유지하는데 강력한 도구
감성적 경험	브랜드 관련 긍정적 감정 및 즐거움 같은 강한 감정까지 영향을 주는 경험
인지적 경험	창조적 인지력, 문제 해결 경험을 제공하는 활동
행동적 경험	육체적 경험, 라이프 스타일 ,상호작용에 영향을 주는 것을 목표로 하는 경험
관계적 경험	개인적 경험 증가 및 이상적 자아와 타인을 연결시켜줌으로서 고객의 자기 향상 욕구를 자극하는 활동

2) 고객 경험 제공 수단

커뮤니케이션	기업의 내부 외부 커뮤니케이션 수단
시각적, 언어적 아이덴터티	감각, 인지, 행동, 관계 브랜드를 창조하기 위한 이름, 로고,디자인 등
공동 브랜딩	이벤트 마케팅, 제휴, 라이센싱, PPL, 스폰서 등
제품 외형	제품 디자인, 포장, 제품 진열, 판매 시점 광고물에 사용되는 브랜드 외형
공간적 환경	경험 제공 수단 중 가장 포괄적 형태를 나타냄
웹사이트의 상호작용 능력	경험을 제공할 수 있는 이상적 장소
인적 요소	가장 강력한 경험적 수단이 됨

3) 고객 경험 관리의 효과

① 고객 유지 비용 및 영업비용 감소
② 판매 수익 및 고객 1인당 매출 증가
③ 고객 유치 및 가격 프리미엄 제공

(2) 고객 경험 관리(CEM : Customer Experience Management) ★★

1) 중요성

① 고객은 제품 특징이나 편익만으로 소비하지 않고, 브랜드가 제공한 독특한 생활 양식 또는 제품을 통한 총체적 경험 소비에 대한 욕구가 더욱 증가하고 있다.
② 최근 경험의 질이 기업 성과를 좌우하기 때문에 많은 기업들이 제품, 서비스 측 면이 아닌 경험 판매를 위해 노력한다.
③ CEM(고객 경험 관리)은 CRM(고객 관계 관리)에 대한 보완책으로의 활용도가 높다.

2) 고객 경험 관리(CEM)의 성공 프로세스

제1단계 고객 경험 과정 해부	·고객의 경험 세계의 3차원(제품과 서비스 자체, 커뮤니케이션, 사람) 의 철저한 이해를 바탕으로 구매 전 과정에서 고객 접점을 파악하여 타깃 고객의 경험 요소를 명확히 정의해야 한다.
제2단계 차별적 경험 디자인	·고객 만족, 불만족 요인 파악 후 경험 우선 순위를 바탕으로 경쟁사 대비 차별화된 경험, 즉 USE(Unique Selling Experience)를 창조해야 한다.

제3단계 고객의 피드백 반영	· 고객 평가 피드백을 적극적으로 반영하여 공감대를 이끌어내야 한다. 이러한 고객 참여를 통해 독특한 판매 경험에 대한 실효성과 매력도 가 증대된다.
제4단계 일관되고 통합된 경험 제공	· 다양한 접점을 통해 고객에게 일관되고 통합된 경험이 제공되도록 기업은 경험의 질을 종합적으로 관리하고, 고객 가치를 높이는 데 활 용하여야 한다.

3) CRM vs CEM

CRM	CEM
기업 목표 초점 마케팅 및 교차판매 목적 고객 정보 수집 및 분석	기업에 대한 고객 경험 향상을 위해 시스템, 기술, 단순화된 프로세스 활용
내부지향적, 운영지향적	고객 중심적
기업이 고객에 대해 파악한 것을 찾아 활용	고객이 기업에 대해 생각하고 느끼는 것을 파악
판매시점 데이터, 웹사이트 클릭 자료, 자동화된 세일즈 추적 모니터링	설문, 관찰, 타깃 고객 조사, 고객의 소리 등 모니터링
교차 판매를 유도하는 후행 성격	고객 기대와 경험 간 차이가 있는 곳에 제품, 서비스를 위치시켜 판매하는 선행적 성격

○ 번 슈미트(Schmitt) 교수의 고객 경험 관리 5단계 ★

· 1단계 : 고객 경험 분석
· 2단계 : 고객의 경험적 기반 확립
· 3단계 : 상표 경험 디자인
· 4단계 : 고객 상호 접촉 구축
· 5단계 : 끊임없는 혁신

3. 고객 가치 대인 전략

(1) 고객 가치의 개념

1) 정의 ★

제품을 구매하거나 서비스 이용시 고객이 지불해야 할 비용에 비해 얻게 되는 혜택의 정도

제품 사용 전 고객 가치	· 고객이 제품 구매 전, 기대하는 예측적 성격의 가치
제품 사용 후 고객 가치	· 사용 후에 느끼는 과정 지향적 가치(경험, 통합, 분류, 사회화 등)
명시적 고객 가치	· 소비자가 제품, 서비스의 유형적 품질에 대해 공유하고 있는 가치
묵시적 고객 가치	· 독특한 무형적 개인 가치
고객 관점의 고객 가치	· 고객 지각 가치 또는 고객 전달가치로 기업이 제시하는 가치로부터 얻는 편익에 소요된 비용을 차감한 결과에 대해 고객이 지각하는 것 · 고객지각가치는 개별고객에 따라 다르고, 경쟁기업의 가치제언과 비교한 것이므로 상대적인 개념 임
기업 관점의 고객 가치	· 평생고객가치(lifetime customer value)로 장기적 관점에서 특정고객이 제품이나 서비스에 대하여 얼마만큼 지불할 수 있느냐를 측정하는 것

2) 자이다믈(Zeithaml)의 고객 가치

① 낮은 가격 (낮은 가격의 제품)

② 내가 지불한 비용에 대해 얻는 것 (효용, 편리함 등)

③ 내가 지불한 비용에 대해 얻는 품질 (품질의 가치)

④ 내가 지불한 비용에 대해 원하는 것 (적은 비용 대비 최대 효과)

3) 고객가치 측정

① 고객 가치 지수(CVI)=투입된 요소(Price) 대비 획득된 효용(Utility)의 크기를 측정한다.

② 고객이 무엇에 더 가치를 두는지 알 수 있어 전략적 의사 결정이 가능하다.

③ 고객이 물건 구매 시와 사용시 어떤 요소에 가치두는지 파악 가능하다.

④ 소비자의 획득 편익과 비용의 가치 측면에서 측정되는 것이다.

⑤ 소비자 경험 품질은 반드시 상대적 비용이 존재하며 소비자는 편익과 비용을 상쇄하여 만족과 불만족을 느끼게 된다.

⑥ 측정 단계

제1단계	고객 니즈 수집, 분석
제2단계	고객 가치 요소 발굴
제3단계	고객 가치 요소 활용 리서치 진행
4단계	고객가치 측정 모델에 의해 현재 가치 수준 측정 및 핵심 가치 추출
5단계	고객 가치 컨셉 도출
6단계	고객 가치 향상을 위한 전략 과제 도출

(2) 고객 가치 구성

1) 스위니와 수타르(Sweeney & Soutar)

감성 가치	제품에서 제공받는 느낌 또는 정서적 측면에서 파생되는 가치
기능적 가치	시간 절약에서 오는 비용 절감에 의한 가치
사회적 가치	사회적 개념을 증대시키는 제품 능력에서 파생된 가치
품질	지각된 품질과 기대 및 성과 차이에서 파생된 가치

2) 파라수라만과 그루얼(Parssuraman & Grewal) ★

상환 가치	거래 이후 오랫동안 지속되는 가치
거래 가치	거래를 통한 즐거움 등의 감정적 가치
획득 가치	금전적 비용 투자를 통해 얻는 가치
사용 가치	제품이나 서비스의 유용성, 효용성에 대한 가치

3) 세스, 뉴먼, 그로스 (Sheth, Newman, Gross)

기능 가치	제품 품질, 기능, 가격 등의 실용성 또는 물리적 기능
사회 가치	제품 소비하는 사회계층과 관련
정서 가치	제품 소비에 의한 긍정적, 부정적 감정 유발
상황 가치	제품 소비의 특정 상황
인식 가치	제품 소비를 자극하는 호기심 등

(3) 고객 가치의 특성 요소 ★

주관성	고객이 인식하고 느끼는 것으로 동일 제품이더라도 고객 평가 기준은 다르다.
상황성	특정 상황으로부터 영향을 받으므로 어떤 상황에서 변화 정도는 고객 가치 판단에 영향을 미친다
다차원	고객의 느낌과 제품 품질, 서비스 품질, 가격 요인에서 가치는 영향을 미친다.
동적성	개인마다 다르고 동일 고객일지라도 시간에 따라 가치가 다르다.

(4) 고객이 추구하는 가치의 유형(칼 알브레히트)

① 기본 가치와 기대 가치는 업계 진입 티켓으로 사업 시작을 위해 완벽하게 갖추고 있어야 한다.
② 소망 가치와 예상 외 가치는 경쟁에서 이기기 위한 가치로 소망 가치와 예상 외 가치를 어떻게 차별화되게 제공하느냐가 사업의 생존과 성패를 결정짓는다.
③ 기업이 경쟁력을 가지기 위해서는 고객의 다양한 추구 가치에 능동적으로 대응할 수 있어야 한다.

제1단계 기본 가치	·고객이 기업을 찾는 1차적인 가치로 상품, 서비스가 제공될 때 기본적으로 갖추고 있어야 할 절대적 가치이다. ·예시) 상품 : 완벽한 품질
제2단계 기대 가치	·고객이 당연히 기대하고 제공될 것이라고 믿고 있는 가치로 기업의 모든 절차와 시스템이 편리하기를 원하는 것이며, 제공되지 않으면 불만족 요인이 된다. ·예시) 비행기 : 정시 출발, 도착
제3단계 소망 가치	·반드시 제공될 것을 기대하지는 않지만 마음 속에서 원하고 있었던 가치이다. ·예시) 보험 상품 가입 : 선물 제공
4단계 미지 가치, 예상 외 가치	·고객의 기대나 소망의 수준을 넘어 제공되는 것으로 고객에게 감동과 기쁨을 주는 것으로 고객 만족을 넘어 고객 감동을 실현하는 가치이다. ·예시) 카센터 방문 : 겨울철 월동 장비 무료 제공

(5) 대인(Personalization) 전략 ★

1) 개념

① 고객 니즈를 바탕으로 고객 개인의 특성, 기호에 맞는 정보를 제공하여 기업의 비즈니스적인 가치를 증대시키는 활동이다.

② 커뮤니티를 통해 획득한 다양한 정보를 활용하여 고객 니즈 파악 및 고객 관심 영역과 특성에 따라 기업 내부의 프로세스와 정보를 효율적으로 처리하여 고객 만족도를 증대시키는 시스템이다.

2) 목적

고객과의 지속적 커뮤니케이션을 통한 관계 구축으로 고객 서비스 만족을 높이기 위한 것이다.

3) '고객 점유'와 '고객과의 대화'

고객 점유 (Share of Customer)	· '시장 점유(Share of Market)'와 대비되는 말로 각 고객들의 욕구와 니즈 파악 후 고객을 만족시켜 지속적인 구매 유도를 하는 것이다.
고객과의 대화	· 고객과의 대화를 통해 고객의 욕구와 니즈를 정확하게 파악할 수 있고, 향후 변화를 예측할 수 있으며, 이에 맞는 상품과 서비스 제공 및 개발도 가능하다.

4) 기대 효과

① 차별화 서비스 제공을 통해 고객 충성도를 높일 수 있다.
② 기존 고객의 수익성을 고려하여 우량 고객의 추출이 가능하다.
③ 우량 고객들의 구전 효과로 신규 고객을 확보할 수 있다.
④ 마케팅 역량을 집중하여 비용 감소, 매출 증대 효과를 가져 온다.
⑤ 상품, 서비스의 지속적인 개선, 고객 로열티 증가, 고객 구분, 마케팅 비용 감소 등 경쟁력을 강화시킨다.

4. CS 성과 향상 전략 스킬

(1) 성과 관리의 이해

① 기대하는 성과 수준 대비 달성 실적을 체계적으로 관리함으로써 조직의 기대 목표를 달성하는 것을 목적으로 하는 경영관리 체계를 말한다.
② 구성원들이 주어진 성과 목표를 달성할 수 있도록 피드백과 역량 개발의 기회를 주면서 동기를 높여 능동적으로 직무를 수행하도록 자극하는 관리 방법이다.
③ 경영 전략을 바탕으로 조직의 연간 목표를 설정하고, 부서 또는 팀 단위의 목표 설정 후 개인별 목표까지 관리하는 방법이다.

(2) 성과 관리의 기본적 내용

① 목표와 전략에 기반한 사업계획과 업무관리
② 성과 정보의 광범위한 활용
③ 성과에 대한 종합적이며 다양한 평가
④ 결과에 초첨을 둔 성과 평가와 관리
⑤ 관리 수단과 요소에 대한 자율권 확대

(3) 성과 관리의 효과 ★

① 목표 지향성 강화
② 직원과의 커뮤니케이션 강화
③ 개인 역량 개발
④ 공감대 형성을 통한 실행력 제고
⑤ Incentive System과의 연계

Chapter 02 출제 예상 문제

1. 다음 중 린 쇼스텍이 제시한 서비스 청사진의 위험 요소에 해당하는 것은?

> 가. 편향된 해석　　나. 지나친 단순화　　다. 서비스 계획 수립의 모호성
> 라. 주관성　　　　 마. 불완전성　　　 바. 기술적 오류

① 가나다　　　　　　　　　　② 가라마바
③ 가나라마　　　　　　　　　④ 나라마바
⑤ 다라마바

2. 고객지향 개념이며 기업의 목표 달성 여부를 소비자의 욕구 파악 및 만족을 위한 활동을 경쟁자보다 효율적으로 추구하는데 의미를 두는 마케팅 개념은?

① Marketing Concept　　　　② IMC
③ Purchase Concept　　　　 ④ Production Concept
⑤ Product Concept

3. SWOT 분석 전략 중 조직 외부의 기회를 활용하여 조직 내부의 강점을 최대화하는 전략은?

① ST 전략　　　　　　　　　② SO 전략
③ WO 전략　　　　　　　　　④ WT 전략
⑤ SW 전략

4. 세분 시장 유형과 관련해 다음에 해당하는 부분시장 도달 전략은?

> ┤ 보 기 ├
> 다양한 세분 시장에 단일제품으로만 마케팅을 하는 유형
> 현재 제품을 대체할 수 있는 혁신 기술이 개발되었을 경우 위험한 전략

① 단일시장 집중전략　　　　② 제품 전문화 전략
③ 시장 전문화 전략　　　　 ④ 선택적 전문화 전략
⑤ 다수제품 전체시장 전략

5. 코틀러(Kottler)가 제시한 시장 세분화의 요건 중 실질성에 대한 설명에 해당하는 것은?

① 각 세분시장의 규모, 구매력 등이 측정 가능해야 함
② 세분 시장이 충분히 크거나 수익성과 가치가 보장되어야 함
③ 적절한 수단을 통해 세분시장 고객에게 서비스를 제공할 수 있어야 함
④ 기업은 고객 욕구에 부합하는 효과적 마케팅 프로그램 계획 및 실행 능력을 가지고 있어야 함
⑤ 세분 시장 내에서 소비자 욕구가 동질적이고 비슷한 성향을 가지고 있어야 함

6. 서비스 과정이나 결과에 대하여 서비스를 경험한 고객이 좋지 못한 감정을 서비스 실패라고 주장한 학자는?

① 레너드(Leonard)   ② 빌(Bell), 젬케(Zemke)
③ 윈(Weun)   ④ 존슨턴(Johnston)
⑤ 해스켓(Haskette), 새서(Sasser), 하트(Hart)

7. 브래디와 코로닌이 제시한 애프터서비스의 품질 차원 중 물리적 환경 품질에 해당하는 것은?

① 전문성   ② 기술
③ 편의성   ④ 행동 및 태도
⑤ 처리시간

8. 레빗(Levitt)이 제시한 3가지 제품 차원 중 다음과 같이 말한 제품에 해당하는 것은?

> 소비자는 4분의 1인치짜리 드릴을 사고 싶어 하는 것이 아니라
> 4분의 1인치 구멍을 원한다.

① 핵심 제품   ② 실체 제품
③ 확장 제품   ④ 잠재적 제품
⑤ 기대 제품

9. 부오리(Vuori)의 의료 서비스 품질 요소가 아닌 것은?

① 효율　　　　　　　　　　　② 효과
③ 적합성　　　　　　　　　　④ 의학적, 기술적 수준
⑤ 지속성

10. 그렌루스(Granroos)의 6가지 품질 구성 요소 중 다음 설명에 해당하는 것은?

> 전문적인 방안을 이용해서 서비스 공급자, 종사원, 운영체계, 물리적 자원들이 자신
> 들의 문제를 해결하는데 필요한 지식과 기술을 가지고 있다고 고객들이 인식하는 것

① 전문성과 기술　　　　　　② 태도와 행동
③ 접근성과 융통성　　　　　④ 신뢰성과 믿음
⑤ 서비스 회복

11. '카노(kano)'의 품질 모형 요소 중 다음 내용에 가까운 요소는?

━━━━━━━┃보 기┃━━━━━━━
A: 자동차 운전하는데 타이어 공기압 경고등이 계속 떠.
B: 타이어 공기압 경고장치가 의무화되서 자동차 옵션에 기본적으로 설치되어 있어.

① 매력적 품질 요소　　　　　② 일원적 품질 요소
③ 당연적 품질 요소　　　　　④ 무관심 품질 요소
⑤ 역품질 요소

12. 다음 중 서비스 산업의 품질이 낮은 이유가 아닌 것은?

① 효율성, 생산성 강조　　　　② 부족한 프로의식
③ 셀프 서비스　　　　　　　④ 서비스 제공 실수
⑤ 높은 수준의 고객

13. 자료 수집 방법 중 '문헌 연구법'에 대한 설명으로 틀린 것은?

① 기존 연구 동향을 알 수 있음

② 시간과 비용 절약

③ 정보 수집 용이

④ 기존 연구 기록, 통계 자료 활용 자료하는 수집하는 방법

⑤ 문헌 해석 시 연구자의 편견이 개입될 가능성이 전혀 없음

14. 마이클 J. 스펜돌리니의 기업 경쟁력을 위해 벤치마킹을 하는 이유로 틀린 것은?

① 시장 변화 예측 가능　　② 새로운 아이디어 도출

③ 조직이 추구하는 목표 선정 도움　④ 자신의 경쟁력 및 서비스 향상 방법 파악

⑤ 기능적 목적 사용

15. 다음의 사례에 해당하는 용어로 올바른 것은?

> 업계의 새로운 트렌드를 위해 인절미 같은 전통 식재료를 음료와 케익에 담아 현대적으로 재해석한 디저트를 만들어 기성세대와 신세대에 대한 긍정적 반응을 이끌어내는 마케팅

① 서비스 마케팅　　② 뉴트로 마케팅

③ 인플루언서 마케팅　　④ 빈티지 마케팅

⑤ 고객만족 마케팅

16. 서비스 가격 전략 중 두 개 이상의 서비스를 할인용 가격에 패키지로 구매할 수 있으면서 개별적으로도 구매할 수 있도록 가격을 책정하는 전략은?

① 순수 묶음 가격 전략　　② 혼합 묶음 가격 전략

③ 비 묶음 가격 전략　　④ 확대 묶음 가격 전략

⑤ 취소 묶음 가격 전략

17. 마케팅 조사 기법 중 정량 조사기법을 적용해야 하는 경우로 틀린 것은?

① 시장 세분화, 목표 시장 선정이 필요한 경우
② 가설 검증을 통한 확정적 결론 획득이 필요한 경우
③ 소비자 특성 별 니즈 구조와 차이가 필요한 경우
④ 바람직한 콘셉, 용기, 상표명을 선정할 경우
⑤ 가설의 질적 검증이 필요한 경우

18. 표적시장 선정과 관련 시장차별화 전략에 대한 설명으로 틀린 것은?

① 여러 서비스를 다양한 가격, 다양한 형태로 제공 가능하다.
② 여러 세분시장들에 동시 투자 가능한 대기업에 적절한 포지셔닝 방법이다.
③ 세분시장 매력도 및 기업의 목표와 재원을 고려하여 세분시장을 평가한 후 각각
의 세분시장에 대하여 다른 프로그램을 설계하는 방식이다
④ 각 세분시장별로 적합한 전략수립을 위해 차별적 광고를 제작하기 때문에 많은
비용을 절감할 수 있다.
⑤ 복수의 유통 경로 및 다양한 판매 촉진을 실시하기 때문에 많은 고객을 확보하여
매출 상승효과를 가져온다.

19. 다음 중 성과관리의 기본적인 내용으로 거리가 먼 것은?

① 성과정보의 광범위한 활용
② 관리수단과 요소에 대한 자율권 확대
③ 과정 측면에 중점을 둔 성과 평가와 관리
④ 목표와 전략에 기반한 사업계획과 업무관리
⑤ 성과에 대한 종합적이고 다양한 평가

20. 다음 중 틈새시장에 대한 설명으로 틀린 것은?

① 기업의 환경 속에서 자사의 최적의 위치를 추구하는 전략이다.
② 하나의 세분화된 시장을 더 작은 하위 시장으로 나누어 시장의 빈틈을 공략하여
시장 점유율을 유지시키는 판매 전략이다.
③ 대규모 시장에 적합한 보편적 상품성을 유지하면서도 특정한 계층이 선호할 수
있도록 특화된 상품성을 동시에 만족해야 한다.

④ 남이 미처 알지 못하는 시장 또는 남이 알고 있더라도 아직 공략이 제대로 되지 않는 시장에서 시장 세분화를 거쳐 틈새를 공략하는 것을 말한다.
⑤ 타 기업에서 손대지 않는 잠재성이 있는 시장으로 경쟁 기업이 진입하기 전까지 독점을 유지 가능성이 높다.

21. 서비스 청사진을 통해 얻을 수 있는 정보에 대한 설명 중 ( )안에 들어갈 내용으로 옳은 것은?

> 서비스 시스템 내에 존재하는 중요한 관리 포인트인 실패(가능) 포인트, ( ) 포인트, 결정 포인트를 알 수 있다.

① 고객만족 포인트
② 대기 포인트
③ 결정 포인트
④ 고객행동 포인트
⑤ 의사촉진 포인트

22. 서비스 수익 체인 구성 중 외부 표적시장을 의미하는 요소가 아닌 것은?

① 업무 의사 결정권
② 매력도
③ 재구매
④ 고객 유지
⑤ 애호가

23. 정성조사에서 활용할 수 있는 질문으로 틀린 것은?

① 당신의 직무에 필요한 역량 중 가장 중요한 것은 무엇인가?
② CS리더스 관리사 자격증을 취득하는 이유는 무엇인가?
③ 학원 등록을 위해 지불한 비용은 얼마인가?
④ 이 자격증의 가장 큰 이점은 무엇인가?
⑤ 우리 기업 광고 중 가장 기억에 남는 이미지는 무엇인가?

24. 서비스 패러독스 발생원인 중 기술의 복잡화에 대한 설명으로 옳은 것은?

① 직원의 자율적 재량이나 인간적 서비스가 결여되게 만들어 서비스의 빈곤이라는 인식을 낳게 된다.

② 차별화를 추구해야 하는 서비스에서도 획일적 서비스를 제공하게 된다면 유연하지 못한 경직된 서비스를 제공하게 되어 서비스의 핵심인 개별성을 상실하게 된다.

③ 효율성만을 강조하면 인간을 기계의 부속품처럼 취급하게 되어 인간성 무시 현상이 나타나게 된다.

④ 근처에서 A/S를 받지 못하는 상황이 발생하거나 오래 기다려야 하는 상황이 발생할 수 있다.

⑤ 인력 확보가 어려워져 충분한 교육 없이 채용하여 문제 발생 시 대처 능력을 갖추지 못하게 되는 경우가 있다.

25. 서비스 품질 측정이 어려운 이유로 틀린 것은?

① 고객은 서비스 프로세스의 일부이자 변화의 중요한 요인이기 때문에 고객을 대상으로 하는 서비스 품질 연구 및 측정에 어려움이 있다.

② 서비스는 무형성, 비분리성, 이질성, 동시성의 특성을 갖고 있어서 고객과 함께 자원이 이동할 경우, 고객이 자원의 흐름을 관찰할 수 있기 때문에 객관성이 낮다.

③ 서비스 품질 측정을 위해서는 고객 데이터 수집이 필요한데 시간과 비용이 많이 들고, 회수율도 낮다.

④ 서비스 품질은 서비스 결과뿐만 아니라 과정에 대한 평가이므로 서비스 전달이 완료되기 이전에는 품질 검증이 어렵다.

⑤ 서비스 품질은 객관화 하여 측정하기 쉽다.

26. 카노(Kano)의 품질모형 그래프에서 다음 네모칸에 들어가는 요소는?

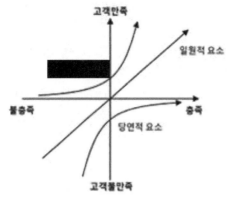

① 매력적 품질 요소   ② 무관심 품질 요소
③ 역품질 요소   ④ 서비스 품질 요소
⑤ 정품질 요소

27. 품질향상을 위한 내부마케팅 요소 중 다음 설명과 맞는 것은?

> 임금 이외의 수단을 통해 종업원의 노동력을 유지, 발전 시켜 능력을 최대로 발휘하게 하여 생산성 향상을 도모하는 제도로 종업원의 신체적, 정신적, 경제적, 문화적 생활 향상을 목적으로 하는 제도의 총칭을 말한다.

① 복리후생제도   ② 내부커뮤니케이션
③ 교육제도   ④ 권한 위임 제도
⑤ 평가 제도

28. 칸(Kahn)의 역할 모호성의 발생 원인으로 거리가 먼 것은?

① 상호독립성을 교란하는 간헐적 인사 이동
② 사회구조적 요구에 의한 빈번한 기술의 변화
③ 조직의 투입정보에 제한을 가하는 관리 관행
④ 구성원들에게 새로운 요구를 하는 조직 환경의 변화
⑤ 개인의 이해 영역을 초과하는 조직의 규모 및 복합성

29. 충성도 사다리 모델 중 타사 제품을 구매하지 않고 제품을 반복 구매하여 상품에 대해 친숙해진 고객유형은?

① 잠재고객   ② 신규고객
③ 반복구매고객   ④ 단골고객
⑤ 옹호고객

30. E-서비스 품질의 4가지 핵심 차원 중 다음 내용을 뜻하는 것은?

> 약속한 시간에 정확하게 배송을 해준다.

① 성취이행성   ② 효율성
③ 신뢰성   ④ 보안성
⑤ 보상성

Chapter 02 CS 전략론

1	③	2	①	3	②	4	②	5	②	6	⑤	7	③	8	①	9	⑤	10	①
11	③	12	⑤	13	⑤	14	⑤	15	②	16	②	17	⑤	18	④	19	③	20	③
21	②	22	①	23	③	24	④	25	⑤	26	①	27	①	28	①	29	④	30	①

1. ③
린 쇼스택은 지나친 단순화, 불완전성, 주관성, 편향된 해석이 서비스 프로세스 설계의 위험요소라고 지적하였다.

2. ①
Marketing Concept (고객 지향적 마케팅)에 대한 설명이다.

3. ②
SO 전략에 대한 설명이다.

4. ②
특정 제품 영역에서 강력한 명성을 얻을 수 있지만 현재 기술을 완전히 대체할 수 있는 혁신적인 기술이 개발되었을 경우 위험한 마케팅 전략이다.
① 단일 제품으로 단일 세부 시장에 집중하는 전략
③ 특정 집단 고객의 욕구를 만족시키기 위해 다양한 제품을 판매하는 전략
④ 여러 세분 시장 중 기업 목표에 적합한 세분 시장에 적합한 제품을 판매하는 전략
⑤ 모든 제품을 표적으로 하여 각 부문에 적합한 제품과 마케팅을 하는 전략

5. ②
① 측정 가능성
③ 접근 가능성
④ 실행 가능성
⑤ 동질성

6. ⑤
① 레너드(Leonard) :책임이 분명한 과실로 인해 초래된 서비스 과정이나 결과에 대한 과실을 말한다.
② 빌(Bell), 젬케(Zemke):고객 기대 이하로 떨어지는 서비스 결과를 경험하는 것을 말한다.
③ 윈(Weun): 서비스 접점에서의 열악한 경험은 고객불만을 야기한다.
④ 존슨턴(Johnston): 책임 소재와 무관하게 서비스 과정 또는 결과가 무엇인가 잘못된 것을 말한다.

7. ③
① ②은 결과 품질 측면, ④⑤은 상호 작용 품질 측면에 해당된다.

8. ①
핵심제품은 사용으로 욕구 충족을 얻을 수 있는 제품으로 제품이 주는 근본적 혜택. 기본적 욕구를 충족시킬 수 있는 특성의 제품을 말한다.

9. ⑤
지속성은 마이어의 의료서비스 품질 요소이다.

10. ①
그렌루스(Granroos)의 6가지 품질 구성 요소는 이 외에도 평판과 신용이 있다.
② 고객과 접촉하는 종업원들이 친절하고 자발적으로 고객에게 관심을 기울이고 문제를 해결한다고 고객이 느끼는 것
③ 서비스 공급자, 서비스 기관의 위치, 종업원, 운영체계 등이 서비스 받기 쉬운 위치에 있고, 설계 운영되며 고객의 기대와 수요에 따라 융통성 있게 조절될 수 있다고 고객이 느끼는 것
④ 무슨 일이 있어도 서비스 공급자와 운영체계 등이 약속을 잘 지키고, 고객을 최우선으로 고려하여 서비스를 이행할 것이라고 고객이 알고 있는 것
⑤ 서비스 실패나 예상치 못한 일이 발생하였더라도 능동적으로 즉각 바로 잡으려고 노력하고 해결 대안을 찾아내려 한다고 고객이 느끼는 것

11. ③
최소한 마땅히 있을 것이라고 생각되는 기본적인 품질요소는 당연적 품질 요소이다.

12. ⑤
높은 수준의 고객은 해당되지 않는다.

13. ⑤
연구자의 편견이 개입될 가능성이 있다.

14. ⑤
벤치마킹은 전략적 목적으로 사용되어 여러 분야의 정보를 수집한 후 이를 실행하는데 아주 유용한 도구로 사용된다.

15. ②
뉴트로 마케팅은 새로움과 복고를 합친 마케팅을 뜻한다.

16. ②
혼합묶음 가격전략에 대한 설명이다.

17. ⑤
정성조사 기법에 대한 설명이다.

18. ④
세분시장별로 다른 서비스를 제공하기 때문에 관리비, 촉진비 등 비용이 증가한다.

19. ③
결과측면이다.

20. ③
소규모 시장에 대한 특화 상품을 가지고 새로운 시장 영역을 만드는 전략이다.

21. ②

22. ①
업무 의사 결정권은 내부 품질 요소이다.

23. ③
정량조사질문에 해당한다.

24. ④
① 서비스의 표준화(기계화) ② 서비스의 동질화(메뉴얼화) ③ 서비스의 인간성 상실 ⑤ 종업원 확보의 악순환에 대한 내용이다.

25. ⑤
서비스 품질의 개념이 고객의 지각과 관련되기 때문에 주관적이고 객관화하여 측정하기 어렵다.

26. ①
매력적 품질 요소는 고객 기대 이상으로 만족을 초과하여 주는 품질요소를 말한다.

27. ①
복리후생제도와 관련된 설명이다.

28. ①
재조직화를 수반하는 조직의 빠른 성장이 발생 원인이다.

29. ④
고객 충성도 사다리 모델은 잠재고객, 가망고객, 신규고객, 반복구매고객, 단골고객, 옹호고객이다.

30. ①
약속한 날짜에 제대로 배달을 해주고, 적정 소요기간 내에 주문 품목을 배달해주는 핵심차원은 성취이행성이다.

Chapter 03
고객 관리 실무론

고객 관리 실무론은 총 25문항으로 CS 실무(50%), 고객 관리(30%)와 컴퓨터 활용(20%)의 비율로 출제된다.

CS 실무(50%)	전화 서비스, 고객 상담, 예절과 에티켓, 비즈니스 응대
고객 관리(30%)	고객 감동, 고객 만족(소비자기본법, 개인정보보호법), 고품위 서비스
컴퓨터 활용(20%)	프리젠테이션, 인터넷 활용

앞에서 배운 두 과목이 이론적인 부분이라면, 고객 관리 실무론은 말 그대로 실제의 현장 실무를 파악하는 과목이다. 고객 관리 실무론이 다른 과목에 비하여 상대적으로 쉽게 출제되기 때문에 이 과목에서 고득점을 받을 수 있도록 노력해야 한다.

전화 서비스

 핵심 출제 포인트

· 전화의 특징, 전화의 3대 원칙, 전화 응대 예절에 대해 명확히 이해합니다.
· 다양한 사례별 호칭 사용법을 익히고 실생활에서도 활용할 수 있도록 합니다.
· 콜센터의 발전단계, 인바운드 및 아웃바운드 상담기법, 스크립트, 콜센터 모니터링 종류, 콜센터 조직 문화와 관련된 개념을 정확히 숙지합니다.

1. 상황별 전화 응대

(1) 전화 응대의 중요성 ★

1) 중요한 커뮤니케이션 수단

전화는 고객과 기업을 연결하는 중요한 커뮤니케이션 수단으로 매우 중요한 역할을 한다.

2) 기업의 이미지 결정

고객과 소통하는 첫 번째 커뮤니케이션이므로 기업 전체의 이미지와 서비스의 수준을 나타낼 수 있다. 따라서 전화 응대를 하는 직원 전체가 기업의 대표라는 생각을 가지고 친절하게 응대해야 한다.

(2) 전화 응대의 특성 ★★

1) 목소리만의 커뮤니케이션

① 비대면 커뮤니케이션으로 감정 및 의사 전달이 어려워 오해의 소지가 많이 발생된다.
② 상대방의 표정, 태도, 주변 환경을 알기 어렵기 때문에 통화 전 통화 가능 여부를 확인하고, 통화가 길어질 경우 양해 멘트를 한다.
③ 정확하고, 천천히 밝게, 적당한 음성으로 말해야 한다.

2) 비용 발생

① 통화는 최대한 간결하게 해야 한다.
② 항상 메모지와 자료를 곁에 두고 자료를 찾는 데 시간이 걸리지 않게 해야 한다.
③ 통화 시간이 좀 걸릴 경우, 전화를 일단 끊은 다음 상담원이 다시 걸어야 한다.

3) 증거 확인 어려움

① 통화만으로는 증거를 남기기 어려우므로 반드시 메모를 한다.
② 대화를 할 때는 용건 확인이나 복창은 반드시 해줌으로써 서로 오해가 발생되지 않도록 한다.

4) 예약 불가능

① 전화를 하는 사람은 상대방이 전화를 받을 수 있는 상황인지 살펴야 한다.
② 전화를 받는 사람은 자신의 상황을 알리고 통화 약속을 한다.
③ 회의 중이나 업무 등 전화 통화가 불가능할 상황일 경우, 지금 통화가 어렵다는 의사를 전달하고, 다시 걸 수 있도록 양해 멘트를 한다.
④ 자신이 바쁜 상황일지라도 목소리로는 표현하지 않도록 감정 조절을 한다.

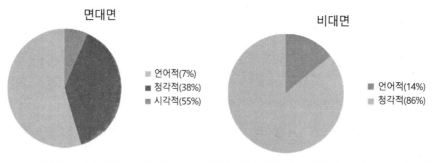

참고

○ **알버트 메러비안의 커뮤니케이션 전달 정도** ★★★

면대면
- 언어적(7%)
- 청각적(38%)
- 시각적(55%)

비대면
- 언어적(14%)
- 청각적(86%)

① 메러비안(Mehrabian)은 일상생활의 의사소통에서 55%의 시각적 요소, 38%의 청각적 요소, 7%의 말의 내용에 의해 상대방의 이미지를 결정한다고 하였다.
② 시각적 요소 : 표정, 복장, 제스처 등
③ 청각적 요소 : 음성, 음색, 억양, 음의 고저, 말씨, 어간 등
④ 언어적 요소 : 말의 내용

(3) 전화 응대의 기본 자세 ★★

1) 의사 소통에 주의

① 음성의 높낮이
  ㉠ 음성 자체가 너무 낮으면 듣는 사람이 지루해질 수 있으므로 활발하고 생기 있는 목소리로 대화한다.
  ㉡ 너무 사무적인 느낌을 주기보다는 듣기에 편안하고 안정감 있는 억양을 선택해서 연습한다.

② 크기
  ㉠ 적당한 크기로 전화 응대를 한다.
  ㉡ 전화기에서 4~5cm 거리를 두고, 1m 정도 떨어져 있는 사람과 이야기할 때의 음성으로 대화한다.

③ 말하는 속도
  ㉠ 고객의 말하는 속도에 따라 조절을 하면 배려 받고 있다는 느낌을 줄 수 있다.
  ㉡ 전화 응대 구성 요소에서 최상의 도구로 고객의 이야기에 보조를 맞추면서 서로 일치감을 갖게 만들 수 있다.

④ 올바른 어법, 어휘, 발음
  ㉠ 너무 심한 사투리, 비속어, 유행어 사용은 자제한다.
  ㉡ 항상 명확한 발음 연습을 할 수 있도록 한다.

⑤ 어조
  ㉠ 전화 커뮤니케이션에서는 14%만이 언어에 의해 전달되고, 86%는 어조를 통해 첫 이미지가 전달된다.
  ㉡ 상대방이 호감을 느낄 수 있도록 긍정적인 어조로 기쁨, 친근감을 표현한다.

⑥ 경청
  ㉠ 의사소통을 잘 하기 위해서는 상대방의 말을 잘 듣는 것이 우선이다.
  ㉡ 고객의 말을 끝까지 경청하지 않고 중간에 끊어 버린다거나 미리 판단하는 것은 자제하고 항상 고객의 말을 끝까지 듣는다.

2) 기본적 태도

① 바쁜 시간은 피하도록 한다.
② 자신의 감정을 목소리에 나타내지 않는다.
③ 고객과 언쟁을 피하고 말대꾸 하지 않는다.
④ 전화를 먼저 끊지 않는다.

⑤ 수화기를 소리나게 끊지 않는다.

⑥ 불필요한 긴 통화는 하지 않는다.

⑦ 사적인 대화는 하지 않는다.

(4) 전화 응대의 3요소 ★★★

신속	· 전화벨이 3번 이상 울리지 않도록 신속하게 받는다. · 불필요한 말은 반복하지 않고 간결하게 통화한다. · 요청 받은 문제사항들은 빠르게 처리한다.
정확	· 정확한 지식을 가지고 문의사항에 대해 바르게 안내한다. · 메모하는 습관을 기르고 중요한 사항은 반복/확인한다. · 전문용어는 최대한 자제한다. · 정확한 어조, 음성, 발음, 속도로 말한다.
친절	· 따뜻하고 밝은 인사말로 고객에 대한 배려가 느껴질 수 있도록 한다. · 호칭, 직함, 기타 단어 선택에 유의한다. · 고객의 언성이 높아질 경우, 언쟁을 피할 수 있도록 한다. · 상대를 차별하지 않고 경어를 쓴다.

(5) 기본 전화 매너

1) 전화 받을 때의 매너 ★★

① 전화벨이 3번 울리기 전에 왼손으로 수화기를 신속하게 든다.

② 인사 및 소속과 이름을 밝힌다.

③ 상대방을 확인한 후 인사한다.

④ 용건을 들으며 메모한다.

⑤ 통화 내용을 요약, 복창한다.

⑥ 끝맺음 인사를 한 후 수화기를 조용히 내려놓는다.

2) 전화 걸 때의 매너 ★★

① 전화 걸기 전 준비

　　㉠ 상황 예측 : T.P.O를 미리 고려한다.

　　㉡ 상대방 확인 : 상대방의 전화번호, 소속, 성명 등을 정확히 확인한다.

　　㉢ 용건 정리 : 5W 1H로 미리 정리한다.

　　㉣ 서류 준비 : 관련 서류 및 자료를 미리 준비한다.

참고

○ T.P.O

Time(시간), Place(장소), Occasion(상황)

○ 5W 1H(육하원칙)

When(언제), Who(누가), Where(어디서), What(무엇을), Why(왜), How(어떻게)

○ 333기법

전화는 3번 울리기 전에 받고, 전화 내용은 3분 이내로 하며, 상대방이 끊은 후 3초 후에 수화기를 내려놓는다.

② 전화 걸기

　　㉠ 왼손으로 전화를 들고 오른손으로 메모 준비를 한다.

　　㉡ 발신음을 확인하고 전화번호를 정확히 누른다.

　　㉢ 상대방이 전화를 받으면 상대를 확인 후 자신(인사, 소속, 이름)을 밝힌다.

　　㉣ 용건은 간결하고 정확하게 전달한다.

　　㉤ 용건이 끝나면 상대방에게 내용이 잘 전달되었는지 확인한다.

　　㉥ 마무리 인사를 한 후 수화기를 내려놓는다.

　　　전화를 거는 쪽에서 먼저 전화를 끊는 것이 원칙이므로 조용히 수화기를 내려 놓는다. 하지만 통화를 한 상대가 높은 지위, 연장자, 고객인 경우 상대방이 전화기를 먼저 끊은 것을 확인한 후 수화기를 내려놓는다.

　　㉦ 상대방과 연결이 안되었을 경우 메모 및 전화번호 전달 등의 후속 조치를 취한다.

3) 전화응대 시 유의 사항　★★★

① 플러스화법을 사용하거나 말씨와 억양에 유의한다.

② 고객의 욕구를 충족시키지 못했을 때는 최선을 다해서 차선책 또는 대안을 제시해야 한다.

③ 명령형, 지시형 보다 의뢰형이나 권유형을 사용한다.

④ 상대방의 말을 가로채거나 혼자서만 말하지 않도록 주의해야 한다.

⑤ 고객이 이해하기 어려운 전문용어는 최대한 자제한다.

⑥ 강조할 부분이나 쉬어야 할 부분은 구분하여 또박또박 말한다.

⑦ 도중에 끊어지면 전화를 먼저 건 쪽에서 다시 건다.

⑧ 부정적인 말은 우회적으로 표현하고, 긍정형으로 표현한다.

⑨ 일시, 장소, 숫자, 금액 등 중요한 내용은 반복하여 확인한다.

2. 바람직한 경어 사용법

(1) 인간관계 강화를 위한 대화 ★

1) 풍부한 화제

상대방과의 대화를 위해 풍부한 화제를 가지고 있는 것이 좋은데 이를 위해 평소 일상 생활에서 관찰력, 사고력, 문제의식을 강화할 수 있도록 해야 한다.

2) 공통 화제

상대방에게 흥미를 줄 수 있는 공통 화제를 통해 상대방과의 즐거운 대화를 할 수 있다.

공통 화제	여행, 고향, 계절, 날씨, 할 일, 동료, 아는 사람, 가족, 가정, 뉴스, 건강, 취미, 연애, 결혼 등
피해야 할 화제	연봉, 종교, 정치 등

(2) 적절한 경어 ★

① 존경어(존칭어)

　㉠ 상대방을 높이는 말로 상대방에 대한 경의를 나타내는 말이다. 화제 중 등장 인물, 그 사람의 소지품이나 행동에 대해 사용한다.

　㉡ 예시) ~씨, 여사, 귀하, 부장님께서 가십니다, 선생님께서 말씀하셨습니다. 등

② 겸양어

　㉠ 말하는 사람의 입장을 낮추고 상대방을 높여주는 말이다.

　㉡ 예시) 저희들, 제가, 뵙다, 드리다, 여쭙다 등

③ 공손어(정중어)

　㉠ 상대방에게 정중한 마음을 표현할 때, 말하는 상대방에 대해 직접 경의를 표현하는 것이다.

　㉡ 예시) 안녕하십니까? 말씀해 주십시오. 나중에 전화 드리겠습니다. 등

(3) 적절한 호칭 ★

1) 직장

① 상급자

과장님	직속 상급자는 직급 명칭에 '님'을 붙인다.
영업부 과장님	다른 부서 상급자는 직책/직급 명칭에 '님'을 붙인다.
O 과장님	직속도 아니고 직책이 없이 직급만 있는 경우, 성을 붙이고 과장님이라고 한다.

② 하급자

대리	같은 직급의 사람이 여럿이 아닌 경우 직속 하급자는 직급명만 부른다.
영업부 대리	직속 하급자나 타 부서 하급자에 같은 직급명의 경우는 직책명과 직급명을 부른다.
O 대리	직책 없이 직급만 있는 하급자는 '성'을 붙여준다.
OO 씨	직책도 없고 직급도 없을 때, '성'과 이름 뒤에 씨를 붙인다.
O 군, OO 양	나이가 10살 이상 아래이며, 미혼인 남녀 하급자에게는 성이나 이름 뒤에 양 또는 군을 붙인다.

③ 동료/동급

OO 대리님	자신보다 나이가 많으면 직급에 '님'을 붙인다.
선생님	자신보다 나이가 10살 이상 위
선배님	자신보다 나이가 10년 이내 위
OO 씨, 형	같은 또래인데 친숙한 사이면 '성' 또는 이름 뒤에 '씨'나 '형'을 붙인다.
O 군, OO 양	나이가 10년 이상 아래이며 미혼 또는 미성년자는 군, 양이라고 부른다.

○ **틀리기 쉬운 호칭**

· 문서 상에는 상사의 존칭을 생략한다.
  예시) 회장님 지시(X), 회장 지시(O)

· 상사에 대한 존칭은 호칭에만 사용한다.
  예시) 회장님 실(X), 회장실(O)

· 높여야 할 대상이지만 듣는 이가 더 높을 때 압존법을 사용한다.
  예시) 할머니, 어머니가 아직 안 오셨습니다. (X)
                        안 왔습니다. (O)

· 아버지 이름을 다른 사람에게 말할 때에는 성 뒤에 '자'를 쓰지 않는다.
  예시) "저희 아버지는 O(성) O자 O자 쓰십니다.",
      "저희 아버지 함자는 O(성) O자 O자입니다."

○ **서양인의 호칭과 경칭** ★★

· Miss: 미혼 여성의 이름 앞에 붙임
· Mister(mr.)남성에게 붙이는 경칭
· Mistress(Mrs)결혼한 부인의 이름 앞에 붙이는 경칭
· Esquire(ESQ)영국에서 님, 씨, 귀하 의 의미로 Mr. 보다 더 심오한 존경의 뜻을 담은 경칭
· Excellency: 외교관에 대한 경칭
· Majesty: 왕족에게 붙이는 경칭
· Sir: 상대방에게 경의를 나타내는 칭호
· Dr.: 수련과정을 거친 전문 직업인이나 인문과학분야의 박사학위 취득자에게 사용
· The Honorable: 귀족이나 주요 공직자에게 쓰이는 경칭

(4) 수명과 보고

1) 수명

① '명령을 받는다'라는 뜻이다.

② 상사가 부를 때는 자신이 하고 있는 일이 있더라도 바로 "예"라고 밝게 대답한다.
   즉시 응답할 수 없을 때는 주위 동료가 "OOO씨는 통화 중입니다."라고 알리고,
   용무가 끝나는 대로 상사를 찾는다.

③ 메모지와 필기구를 준비하고 상사의 말을 경청하면서 듣는다.

④ 자신이 이해한 내용이 맞는지 요약 복창한다.

⑤ 직속 상사가 아닌 다른 팀 소속의 상사가 지시할 경우 그 내용을 직속 상사에게 보고하고 지시를 구하는 것이 바른 태도이다.

2) 보고 ★★

① 지시한 상사에게 반드시 보고한다.
② 즉시 6하 원칙에 의거하여 보고한다.
③ 사실을 토대로 간결하게 보고한다.
④ 필요 시 대안을 마련한다.
⑤ 모든 자료를 준비하여 보고한다.
⑥ 상사가 바쁠 때는 양해를 구하고 타이밍을 맞춰 보고한다.
⑦ 기한 및 시간을 지킨다.
⑧ 결과부터 먼저 말하고 경과, 절차 순으로 간결하게 보고한다.

3) 보고의 원칙 ★★★

① 필요성의 원칙 : 보고의 필요성을 제시한다.
② 적시성의 원칙 : 보고 기한을 지킨다.
③ 간결성의 원칙 : 결과, 경과, 절차 순으로 간결하게 보고 한다.
④ 정확성의 원칙 : 정확하게 보고한다.
⑤ 완전성의 원칙 : 필요시 중간보고는 반드시 하고 완전하게 보고한다.
⑥ 유효성의 원칙 : 신뢰성이 있는 보고를 한다.

참고

○ **중간 보고는 언제 하나요?** ★
· 상황이 변경되었을 때
· 처리기간이 오래 소요될 때
· 차상위 상사와 상사의 지시가 상충될 때
· 실수를 저질렀을 때

3. 콜센터 운영 사이클

(1) 이해

1) 등장 배경

① 인터넷과 기술이 발전함에 따라 오프라인만으로 고객을 응대하기에는 한계가 있고 다양한 채널(전화, 이메일, SMS, 팩스 등)을 통해 고객에게 신속하게 응대할 필요성이 생기게 되었다.

② 그 중 쉽게 이용 가능하고 기업과 고객 관계 관리를 위한 핵심 컨택 채널로 콜센터가 부각되었다.

③ 최근 고객 만족 서비스 제공은 필수이고, 업 셀링과 크로스 셀링 등 수익성 향상을 위한 채널로 콜센터를 많이 활용하고 있다.

○ 업 셀링과 클로스 셀링

· 업 셀링이란?

가격을 높여 판매하여 객 단가를 높여서 궁극적으로는 수익성을 향상시키는 세일즈

· 크로스 셀링이란?

교차 판매라고 하며 세트 구성 등 묶음 판매를 통하여 객 단가를 높여서 궁극적으로 수익성을 향상시키는 방법

2) 정의 ★

① 콜센터는 고객의 전화를 단순히 받는 곳이라고 알려졌으나 최근에는 정보 제공, 기업 이미지 제고, 마케팅, 고객 서비스 등과 관련된 가치를 창조해내는 장소를 의미한다.

② 고객의 니즈를 정확히 파악해 적절한 때에 고객이 원하는 제품, 서비스를 제공하는 이익 창출의 창구 역할 및 고객을 확보, 유지, 관리하는 역할을 한다.

③ 고객 대상으로 전화 응대를 함과 동시에 이메일, SMS, 팩스, 우편, 채팅 등의 채널을 총괄하여 다양한 서비스를 제공하는 'One-Stop, One-Call' 서비스 센터이다.

④ 통신 기술, 원투원 마케팅 기법의 발달 및 오프라인 조직의 축소, 효율성을 추구하는 고객의 증가에 따라 고객 관계 관리를 총괄하는 CRM 센터로 진화하고 있다.

3) 역할 ★★

① 고객 정보 획득(고객 니즈 파악)
② 시장 조사(신상품 홍보 등)
③ 기업 이미지 제고(고객 서비스 제공)
④ 고객 관리(신규 고객 확보, 기존 고객 관계 강화)
⑤ 마케팅 활동(전화, 우편, 이메일 등 다양한 매체 활용)

4) 역할 변화

① 거래 보조 수단 → 세일즈 수단
② 고객 서비스 수단 → 고객 의견 조사 수단
③ 고객 불만 창구 → 텔레마케팅 수단
④ 비용 센터 → 이익 센터

(2) 콜센터 운영방법

1) 장비 구성 방법에 따른 운영

① CTI (Computer Telephony Integration) 콜센터
  ㉠ CTI는 전화 업무와 컴퓨터 업무를 하나로 처리할 수 있는 지능형 통합 전산 기술로 콜과 데이터 관리를 동시에 할 수 있게 되어 인바운드와 아웃바운드의 기능 통합이 이루어지게 되었다.
  ㉡ PC를 통해 자동/재다이얼, 영상회의, 자료 전송, 음성 사서함, 자동 정보 제공 등의 효율적 시스템 사용이 가능하며 음성뿐만 아니라 통합 메시지, 네트워크 팩스까지 다양하게 활용되고 있다.
② VOIP(Voice Over Internet Protocal)
  고객들이 시내전화 요금만으로 인터넷 환경에서 시외 전화 서비스를 받는 장점을 가진 패킷 교환 통신 시스템으로서 네트워크 전송이 가능하다는 장점이 있다.

2) 조직 구성원에 따른 운영

아웃소싱	운영에 따른 리스크 방지 및 전문성 고려한 외부 전문 콜센터 운영업체에서 조달하는 방식
제휴형	콜센터 장점과 전문성을 가진 업체와의 제휴를 통해 시스템, 업무 노하우, 인력 결합 또는 공유하는 방식
인바운드	고객 요구와 불만 사항을 처리하거나 의문점, 궁금증을 확인해주는 방식
직할	기업 내부 조직원들이 고객 정보, 지속적 업무 진행, 고객 관리 질을 지속적으로 향상시키기 위해 직접적으로 운영하는 방식

(3) 콜센터 상담 기법 ★★★

1) 인바운드 상담 기법

① 정의 : 고객으로부터 전화가 와서 상담하는 것으로 기업 고객 상담실의 전화 상담이 대표적인 예이다.

② 역할 : 상품 수주, 상품 개발 및 서비스 개선을 위한 고객 의견 청취, 고객 불만이나 문제 해결 등의 역할을 한다.

③ 장점 : 시간/노력/비용 절감, 소비자 접촉 용이, 경제적 판촉 매체, 다양한 내용(판매, 정보, 교환, 자료수집, 고객 만족도 조사, 불평처리 등) 처리, 소비자 상담의 효과적 수단으로 활용 가능하다.

2) 아웃바운드 상담 기법

① 정의 : 콜센터에서 기존 고객 또는 가망 고객에게 전화를 거는 것으로 제품, 서비스 상 문제점을 서비스 차원에서 확인하는 것이 대표적인 예이다.

② 역할 : 기업체 주관으로 제품 및 서비스에 대한 불만사항 등을 조사하여 마케팅 전략에 활용하고 시장 조사, 자사와 경쟁사의 정보 수집, 소비자 요구 사항을 듣는다.

③ 장점 : 적은 비용을 통한 판매 확대, 효과적인 시장 정보(시장 수요 조사, 반응 조사, 소비자 선호도 등) 수집, 고객 서비스 향상, 서비스 질 개선, 향상된 고객 관리(상품 구입 활성화, 대금 및 연체금 회수, 고객 기념일 축하, 고객 취향 분석 후 상품 및 서비스 제공), 기업 이미지 향상을 위한 정보 제공 서비스(상품 정보, 회원 정보, 이벤트 및 행사 안내 정보 등) 등이 가능하다.

참고

○ 인바운드 상담 기법 vs 아웃바운드 상담 기법

구분	인바운드	아웃바운드
대상	기존 고객	기존 고객 가망 고객
업무	고객 서비스 위주 클레임 처리 정보 제공	판매 활동 위주 구매 후 사후 관리 정보 제공 구매 예측 조사
성격	수동적	적극적

○ 인바운드 vs 아웃바운드 비교 ★★★

구분	인바운드	아웃바운드
판매 활동	상품 및 재고 문의 상품 수주	신상품 홍보 및 상품 구입 권유 직접 판매 또는 판매 지원 (부가 서비스 가입 촉진, 판촉활동) 반복 구매 유도
고객 서비스	문의 클레임 제기 및 독촉 A/S 접수 정보 제공	서비스 및 감사 전화 정보 제공 (요금 관리 안내) 해피콜(확인 전화 및 사후 관리)
시장 조사	소비자 의견 수집 구매 성향, 상품 관련 의견 조사	소비자 의견 수집 및 구매 예측 조사 앙케이트 콜 및 광고 효과 측정 고객 만족도 및 시장 조사
고객 관리	고객 정보 및 리스트 관리 구매 통계 관리	주소, 전화번호 확인 및 갱신 휴면고객 활성화 재테크 정보 이탈고객 방지

(4) 콜센터 운영의 4요소 ★

1) 전략 및 포지셔닝

① 핵심 전략은 대주제, 전략 과제는 방법론이라고 할 수 있는데 비전 달성을 위한 기본적 목표를 구체적으로 설정하는 것이다.

② 실제 업무 담당하고 있는 상담원을 포함하여 모든 구성원이 전략의 중심에 서야 하며, 모든 데이터와 정보의 생산자는 콜센터 구성원이므로 이들 중심으로 전략이 수립되어야 한다.

③ 예를 들어, 고객 감동 실현, 콜센터 조직의 핵심 역량 강화, 고객 만족도 제고, 콜센터 시스템 선진화, 효율적 운영을 통한 생산성 향상, 콜 원가 경쟁력 확보 등 비전을 달성하기 위한 구체적 전략을 제시해야 한다.

2) 조직 문화 및 인력 관리

① 콜센터의 경우, 이직률이 상당히 높은 편으로 이직은 여러 형태로 상담원들의 정서적 동요에 직접적 영향을 미친다. 따라서 콜센터 구성원에 대한 체계적이고 효율적인 운영이 지원되어야 한다.

② 체계적이고 효율적인 구성원 운영과 보조적 수단(CTI, WFMS, PMS 등)이 조화를 이루는 콜센터는 고객 만족도 향상과 수익 창출이 가능하다.

3) 프로세스 및 작업 환경

① 콜센터의 비전과 전략을 달성하기 위해 효과적, 효율적인 내부 프로세스를 구축해야 한다.

② 예를 들어 고객 만족을 목표로 한다면 이를 위한 업무 절차를 재정의하고, 다양한 업무 처리 방식을 고민해야 한다.

4) 정보 시스템 및 기술

① 인터넷 기술의 발달로 인해 다양한 기능의 콜센터 시스템이 등장했고, 효율적이고 체계적인 생산성 관리가 이루어지는 계기가 되었다.

② 콜센터는 단순 응대를 넘어서 기업에 수익을 주는 이익 센터로 변화하기 시작했으므로 전문적이고 체계적 운영은 필수적이다.

참고

○ **콜센터 조직 문화** ★★★

· 철새 둥지: 근무조건의 변화, 급여 차이, 업무 난이도에 대한 적응 실패, 복리후생 문제 등으로 인한 심리와 태도 변화로 인해 더 나은 콜센터로 이직하는 현상

· 콜센터 심리 공황: 상담원 기피, 집단 이탈 등 운영 효율 저하를 초래해 콜센터 관리자 역시도 자신의 역할에 대한 한계를 느껴 콜센터 조직 와해를 빚게 되는 현상

· 콜센터 바이러스: 특정한 사람에게만 알려준 정보가 대부분의 상담원들에게 재빠르게 전파되는 현상. 공식적으로 발표하지 않았는데도 좋지 않은 소문이나 근무조건 변경 등의 내용이 콜센터 조직내에 금방 확산되는 현상.

○ **콜센터 문화에 영향을 미치는 요소**

개인적 요소	적응도, 직업관, 사명감, 근무만족도, 자발적 노력, 전문가를 위한 도전
사회적 요소	직업의 매력도, 직업의 인식정도, 행정당국의 제도적 지원
기업적 요소	인간적, 관리적, 물리적 요소
커뮤니케이션 요소	고객 개개인의 특성 및 상황, 고객과의 대화 태도

(5) 콜센터 모니터링 유형 ★★

1) Silent 모니터링

① 정의 : 모니터링 수행자, 책임자 또는 QAA는 다른 장소에서 실시간으로 상담원 의 콜 청취가 가능하고, QAA는 상담 품질 등을 확인하기 위해 상담원이 콜을 처리하는 동안의 키보드 활동도 모니터할 수 있다.

② 장, 단점

장점	· 콜의 무작위 추출로 우수콜 청취가 가능하다. · 모니터링 사실을 모르므로 상담사의 자연스러운 행동이 가능하다. · 모니터링 장소의 제약이 없다.
단점	· 즉각적인 피드백이 어렵다. · 모니터링 하는 사람이 콜이 오길 기다려야 하므로 시간 관리가 비효율적이다. · 녹음되지 않는 콜은 재생될 수 없어 중요 정보를 놓치기 쉽다. · 누군가 지켜보고 있는 '빅브라더'의 두려움이 있다.

2) 콜 리코딩(Call Recording)

상담원 모르게 무작위로 추출한 상담 내용을 녹음하여 상담원과 QAA가 평가 결과를 공유하는 모니터링이다.

3) 콜 테이핑(Call Taping)

① 콜 샘플을 무작위로 선택하여 듣고 상담원 자신이 성과를 평가하는 모니터링이다.
② 장, 단점

장점	· 상담원 자신의 객관적 콜 청취가 가능하다. · 성과와 피드백의 즉각적인 연결이 가능하다. · 대기 시간을 줄일 수 있다. · 모니터 기간을 계획하여 유연하게 컨트롤할 수 있다.
단점	· 즉각적 피드백이 어렵다 · 피드백이 지연될 수 있다.

3) Side-By-Side 모니터링

① 정의 : QAA가 상담원 옆에 앉아 콜 상담 내용을 경청하고 모니터링 한다.
② 장, 단점

장점	· 즉각적 피드백 및 코칭을 통한 상담원의 즉각적인 행동 교정이 가능하다. · 상담원의 시스템, 자료, 보조품 등의 적정 사용 여부를 확인할 수 있다. · 신입사원에 대한 상호적 관계와 지원 환경을 제공한다. · 상담원과 QAA 관계를 강화한다.
단점	· 직접적인 관찰에 대한 상담원의 부담감으로 성과에 부정적 영향을 줄 수 있다. · 평상시 상담원의 행동을 발견하기 어려울 수 있다. · QAA의 많은 시간이 소비된다.

4) 동료 모니터링(Peer Monitoring)

① 정의 : 콜센터 상담원이 동료의 콜을 모니터링 하고 동료 성과에 피드백을 한다.

② 장, 단점

장점	· 거부감이나 두려움이 감소될 수 있다. · 권한 부여와 직무 강화의 좋은 환경을 지원한다. · 상담원이 모니터링 책임을 수행하므로 관리자의 시간이 절약될 수 있다.
단점	· 평가를 위한 우수 수행자의 신중한 선별이 필요하다. · 평가 상담원은 피드백 방법에 대한 훈련이 필요하다. · 우수 수행자들의 고객 응대 시간이 감소된다. · 평가 상담원에 대한 인정 및 보상 시스템 병행이 필요하다.

5) 미스터리 콜(Mystery Call)

① 정의 : 고객 역할을 수행하는 지정된 미스터리 쇼퍼가 상담원의 콜을 모니터링 하는 것이다.

② 장, 단점

장점	· 무작위 선출된 콜이 좋은 샘플이 될 수 있다. · 모니터링 사실을 모르기 때문에 상담원은 자연스러운 상담 수행이 가능하다. · 모니터링 관련 소요 시간 감소가 가능하다.
단점	· 즉각적인 피드백이 불가능하다. · 평가 결과에 대한 의사소통 및 이해의 오류가 발생한다. · 미스터리 쇼퍼의 신중한 선출 및 훈련이 필요하고, 이에 따른 시간과 비용이 증가된다.

6) 실시간 모니터링 및 랜덤콜

① 상담원들의 전반적인 경향을 파악하기 위해 실시간 모니터링이 이루어진다.
② 실시간 모니터링 후 직접 코칭 또는 그룹 관리자의 피드백 및 공유를 실시한다.

7) 합동 모니터링

① 평가자(QAA)간의 공유회의를 통해 평가 항목에 따른 차이 파악 후 그 차이를 최소화하기 위한 과정으로 콜 평가의 기준을 마련하여 평가 및 코칭하는 것이다.
② 주관적 평가를 피하고 명확하고 객관적인 채점 기준안이 마련되는 것이 바람직하다.
③ 여러명의 QAA가 평가할 경우, 콜 평가 기준이 동일할 수 있도록 꾸준한 합동 모니터링이 실시되어야 한다.

4. 매뉴얼 작성 체계

(1) 스크립트의 이해 ★★★

1) 정의

① 텔레마케터의 고객 응대를 위한 대화 대본이며, 기본 매뉴얼이다.
② 도입, 상담 진행, 마무리 감사 등의 구성을 통해 텔레마케터의 상담, 설득 역량 향상을 위해 사용한다.
③ 텔레마케터가 고객과의 자연스러운 대화를 할 수 있도록 미리 작성된 것이다.
④ 인바운드는 Q&A에 의존하고, 아웃바운드는 스크립트를 작성하여 활용한다.

2) 역할

① 효과적인 고객과의 실제 상황 대응이 가능하다.
② 텔레마케터의 고객 상담 관리의 지침으로 활용된다.
③ 고객 응대로 인한 수시 수정 및 활용이 가능하다.
④ 대화의 윤활유 역할을 한다.

3) 목적

① 고객의 문의 내용에 대한 상담원의 각기 다른 응대를 예방하고 상담 내용에 대한 일관성을 가질 수 있다.
② 제한된 시간 내에 고객 상담 업무를 효과적으로 수행함으로써 생산성을 향상시킬 수 있다.
③ 반복 훈련을 통해 상담원의 체계적이고 계획적인 상담 능력을 기를 수 있다.
④ 상담원의 상담 능력 차이를 좁히고 일관성 있는 서비스를 수행함으로써 상담 능력을 표준화, 상향 평준화 할 수 있다.
⑤ 표준화된 업무 매뉴얼로 상담 후 결과값 트레킹을 통해 정확한 효과 측정이 가능하다.

(2) 스크립트 작성 ★★

1) 작성 원칙

① 스크립트 작성은 구어체, 즉 말하는 것처럼 작성되어야 한다.
② 일방적인 입장이 아니라 고객, 기업, 상담원의 입장을 모두 고려하여 작성해야 한다.
③ 사전에 역할 연기를 통해 상담원이 실전에 활용할 수 있도록 숙지되어야 한다.

○ 인스크립트 작성의 5C 법칙 ★

구분	내용
Clear	전문 용어가 아닌 이해하기 쉽게 작성한다.
Concise	간단 명료하게 작성한다.
Convincing	논리적으로 작성한다.
Conversational	실제 말하듯이 작성한다.
Customer-oriented	고객 중심으로 작성한다.

2) 유의 사항

① 상품 혜택과 신뢰감 제공 등 고객에게 이익이 될 수 있도록 구성한다.

② 2~3분 내에 통화가 완료되도록 간단히 구성한다.

③ 적절하게 수정, 보완할 수 있도록 한다.

④ 일관된 내용으로 논리적으로 구성한다.

⑤ 과장하지 않고 사실 중심으로 구성한다.

(3) 스크립트의 종류와 구성 원리 ★★

1) 종류

구분	내용
차트식	응답되는 내용을 '예/아니오'의 방식으로 나누고 이에 따라 설명이 뒤따르도록 작성하는 유형
회화식	상대방과 대화하면서 진행하는 유형

2) 구성 원리

구분	인바운드	아웃바운드
도입	· 첫인사 · 자기소개 · 고객 확인(본인 여부 확인)	· 첫인사 · 자기소개 · 고객 확인(본인 여부 확인) · 목적 전달 및 양해멘트 · 부재 시 대응

상담	· 고객 니즈 파악 · 정보 제공 및 문제 해결 (접수 처리, 클레임, 예약 접수) · 동의와 재확인 (상담 및 처리 내용 재확인)	· 정보 수집 및 니즈 파악 · 상품, 서비스 제안 · 반론 극복(혜택 강조, 재권유)
종료	· 추가 문의 사항 확인 · 감사 표시 / 끝인사	· 의사 결정 내용 확인 · 지속적 거래와 소개 부탁 · 감사 표시 / 끝인사

① 도입 단계 시 첫인사가 끝나면 다음 단계로 회사 및 상담원을 소개한다

② 고객에 대한 정보를 토대로 상황에 맞는 상품을 제안하거나 고객에 맞는 정보를 제공해주는 것이 상담의 주요 포인트이다.

③ 통화의 상대방이 본인이 맞는지 반드시 확인하고 난 이후 계속 상담을 진행해야 한다.

④ 상품에 대한 직접적 설명보다 고객에 대한 서비스를 강조하여 접근하는 것이 유리하다

⑤ 고객의 반론이 있을 경우 이에 대비한 자료를 미리 준비하여 극복한다.

5. TMR 성과 관리

(1) 콜센터 성과 관리의 이해

1) 정의 ★

① 성과관리는 Plan(기획) - Do(실행) - See(관찰) - Revise(재고)의 싸이클을 반복한다. PDCA(Plan-Do-Check-Action) 또는 PDS(Plan-Doo-See) 싸이클이라고도 한다.

② 콜센터 운영 전략에 따라 운영이 제대로 되었는지 측정할 수 있는 관리 지표를 통해 그 결과를 통해 지속적인 개선 활동을 시행하고, 보다 나은 결과를 만들어 내도록 하는 과정이다.

③ 평가 자체의 목적보다는 지속적인 개선을 통한 발전을 궁극적인 목적으로 삼는 것이 바람직하다.

2) 목적

① 상담원 업무 수행 능력 향상을 위해 지속적, 개별적으로 지도, 강화, 교정하는 활동
② 부진 상담원의 경우 상담 능력 개선을 위한 코칭 실시
③ 문제 발견 및 처리하는 능력 개발, 자신감 향상 및 유지
④ 사전 목표 설정과 실현을 위한 전략 및 사업 계획 준비
⑤ 결과에 초점을 둔 성과 관리 및 성과 정보의 광범위한 활용 가능
⑥ 관리 수단에 대한 자율권 확대 및 기관의 운영 실태 파악 가능

3) 중요성 ★★

① 콜센터 운영의 가장 기본이다.
② 콜센터는 기업의 중요한 전략적 조직이며 많은 인력과 비용이 투입되므로 성과 관리를 통한 개선 시 다른 조직에 비해 효과가 크다.
③ 데이터가 많기 때문에 이를 관리하지 않으면 통제 불가능하다.
④ 성과관리를 통해 구성원 평가, 보상, 동기부여 할 수 있다.
⑤ 객관적 결과를 통해 상부와 근거 있는 커뮤니케이션을 할 수 있다.
⑥ 콜센터 운영의 현 상태 파악을 통해 개선 포인트를 찾아 지속적인 발전을 하기 위함이다.

4) 성과 관리 모니터링 방법

QC (Quality Control)	잘못된 점을 찾아 개선해 주는 것
PI (Performance Improvement)	잘된 점을 찾아 칭찬해 주는 것

5) 성과 관리 보고 프로세스

성과 관리 전략 수립 → 측정 지표 설정 → 측정 및 분석 → 평가 및 보상 → 프로세스 개선

6) 모니터링 기본 프로세스

목표 설정	정성적/ 정량적 목표
평가 척도 구성	평가자 간 상호 일치도 검증 후 합동 모니터링 실시
실행 평가 및 분석	현상 파악 및 개선안 도출
상담원 피드백	상담원에 대한 피드백 실시

(2) 콜센터 성과 관리 전략

1) 콜센터 성과 관리 전략 수립

① 성과 관리를 위해서는 자사에 맞는 운영 및 성과 관리 전략 수립이 우선시 되어야 한다.

② 콜센터의 운영 목적, 목표 수준을 정의 내린 뒤에 목표 달성을 위한 핵심 성과 지표(KPI)를 선정하고 성과 지표를 측정, 분석, 보고하는 프로세스를 설계해야 한다.

③ 전사 경영 전략 및 목표와 연계되는 범위 내에서 콜센터 전략을 수립하는 것이 좋다.

④ 콜센터 성과 관리 전략 수립 후에는 이를 달성하기 위한 콜센터 전체, 팀, 개인 단위로 세분화하여 지표를 설정한다.

⑤ 성과 지표에 대한 목표 설정 시에는 벤치마킹 또는 고객 설문 조사를 활용할 수 있다. 기업마다 전략 및 고객 기대가 다르므로 표준 또는 최선의 실행을 따를 필요는 없다.

ㅇ **성과관리 목표 설정 원칙**

주기적 검토, 행동 계획 포함, 상황에 따른 변화, 개인 목표는 조직 목표와 연결 되어야 함

ㅇ **콜센터 목표 예시**

전사 경영 목표	콜센터 목표
운영 비용의 최소화를 통한 비용 절감	서비스 자동화 시행
고객 요구 사항에 맞는 서비스 제공	CRM을 위한 데이터 수집 및 개인화된 상담 활동
서비스 수준 향상을 통한 고객 만족도 향상	고객 접근성 향상 및 상담 품질 향상을 위한 교육 및 모니터링 시행

2) 콜센터 성과 지표의 분류

① 측정 방법에 따른 성과 지표

외부 측정 지표 (External Performance Metrics)	·콜센터 외부 고객에 의해 결정되는 성과 지표 ·예시) 고객 만족도(CSI) 등
내부 측정 지표 (Internal Performance Metrics)	·콜센터 내부에서 측정되는 지표

② 지표 특성에 따른 성과 지표

서비스 지표 (Service Metrics)	정의	·콜센터의 고객 응대 수용 능력 및 응대 속도에 관련된 지표
	예시	·서비스 수준과 응답시간 : 서비스 수준 - 목표 시간에 최초 응대가 이루어진 콜 비율 ·응대율과 포기율 : 응대 콜/총인입 콜 ·불통률 : 고객 전화를 받지 못한 콜 비율 ·평균 응답 속도 : 상담사가 최초 응대하는 시간의 평균 ·평균 대기 시간 : 상담 신청부터 상담사가 연결될 때까지의 시간 합/상담사 신청 콜 수
품질 지표 (Quality Metrics)	정의	·고객 응대 품질 수준에 관련된 지표
	예시	·고객 만족도 : 콜센터 서비스에 대한 고객들의 만족도를 측정한 지표 ·첫 번째 통화 해결율 : 전체 통화 중에서 고객이 동일한 문제 해결을 위해 더 이상 컨택할 필요가 없는 콜 비율 ·에러율 : 상담과정에서 발생긴 오류로 인해 재작업해야 하는 비율
효율성 지표 (Efficiency Metrics)	정의	·상담사의 업무 비중 또는 콜 당 투입 시간 등 효율에 관련된 지표
	예시	·예측 적중률 : 예측한 콜량과 실제 발생된 콜량의 비율 ·스케줄 준수 : 근무시간 내에 주어진 스케줄 준수 여부를 측정하는 지표 ·업무 점유율 : 콜 응대 준비 시간 중 실제 고객과 통화를 처리하는데 투입된 시간 비율 ·평균 처리 시간 : 평균 통화 시간 + 평균 후 처리 시간 ·평균 통화 시간(ATT: average talk time) : 콜 당 상담사와의 평균 통화 시간 ·평균 후 처리 시간(Average Wrap Up Time) : 상담 후 콜 관련 상담 내용을 정리하는 데 걸리는 시간 ·시간 당 콜수 : 상담자 1인당 1시간 처리하는 평균 콜 수

기타 관리 지표	정의	·콜센터 활동으로 인한 비즈니스 성과를 측정하기 위한 지표
	예시	·콜당 비용 : 한 콜을 처리하기 위해 투입되는 비용 ·콜당 가치 : 콜센터 생성가치/총 처리 콜 수 ·전환율 : 콜을 통해 목적한 결과를 달성하는 비율 ·이직율 : 재직 인원 대비 일정 기간 동안 이직한 직원 비율

③ 측정, 평가 대상에 따른 성과 지표

상담사 성과 지표	상담사 성과 측정 ÷ 평가 지표
팀 성과 지표	팀 성과 측정 ÷ 평가 지표
센터 성과 지표	센터 성과 측정 ÷ 평가 지표

3) 앤톤(Anton)의 콜센터 성과지표

인바운드 성과지표	80%의 콜에 대한 응대 속도, 평균 응대 속도, 평균 통화 시간, 평균 통화후처리 시간, 평균 포기율, 평균 대기시간, 첫통화 해결율, 불통률, 상담원 착석율
아웃바운드 성과지표	콜당 비용 판매건당 비용, 시간당 판매량, 평균 판매가치 아웃바운드에 의한 판매비율, 시간당 접촉횟수, 1인당 연간 평균 매출, 1교대당 평균 매출

제2절　고객상담

 핵심 출제 포인트

· 다양한 고객 응대 화법과 관련된 개념은 이해와 동시에 암기가 필요한 부분입니다.
· 고객 유형별 응대 방법을 구분하여 이해합니다.
· 고객 불만 관리의 중요성, 불만 고객 응대의 기본 원칙, 클레임과 컴플레인의 비교, 고객의 소리(VOC)와 관련된 개념은 이해와 동시에 암기가 필요한 부분입니다.
· 안내법과 손님 맞이 방법은 시험뿐만 아니라 실생활에서도 유용하게 활용될 수 있기 때문에 정확히 숙지하도록 합니다.
· 감정노동 및 코칭의 역할, 효과, 스킬 등의 개념을 명확히 이해합니다.

1. 상황별 인사말

(1) 효과적인 커뮤니케이션

1) 명확한 목표 설정

① 전달하고자 하는 내용과 명확한 목표 설정이 필요하다.
② 명확한 이해를 위한 시각적 자료를 준비한다.

2) 커뮤니케이션 수단의 활용

① 언어적 수단과 비언어적 수단이 일치될 수 있도록 한다.
② 상대방이 이해하기 쉬운 언어를 사용한다.
③ 상대방이 받아들일 수 있게 직접적으로 의사를 표현한다.

3) 피드백 활용

① 전달자는 자신의 메시지가 잘 전달되고 있는지 확인한다.
② 비언어적 수단을 활용하여 전달 메시지를 관찰한다.

4) 공감대 형성

① 외형적 의미와 내면적 의미까지 알고 이해하고 있다는 것을 상대방에게 전달한다.
② 상대방의 말하는 톤, 속도, 움직이는 리듬 등을 같이 조절하여 조화를 이룬다.

5) 부드럽고 명확한 전달

① 정확한 발음, 적당한 속도와 크기로 말 끝을 흐리지 말고 자신있게 말한다.
② 숫자를 즐겨 사용하고 정보 전달 시 구체적이고 명확하게 말한다.

(2) 고객 응대 화법 ★

1) 공손한 언어

평소 쓰는 언어가 아닌 상대에 따른 호칭과 경어, 공손한 언어를 사용한다.

2) 고객 입장

자신의 이익보다 고객의 이익과 입장을 중심으로 서비스 정신에 입각한 대화를 한다.

3) 쉬운 언어

고객이 이해하기 쉬운 언어로 대화한다.

4) 예의

정성스러운 마음과 태도로 고객 응대에 예의를 갖춘다.

5) 정확한 표현

명확한 요점을 정확한 발음, 속도, 크기로 말한다.

6) 감정 전달

대화를 할 때 표정, 손짓, 몸짓 등의 감정을 담아 전달한다.

(3) 고객 설득 화법 ★

1) 고객파악

고객의 특성이나 의도를 정확하게 파악한다.

2) 경청

고객의 말에 경청한다.

3) 수준 고려

고객의 수준에 맞는 표현을 한다.

4) 칭찬

고객의 장점 등을 칭찬하여 호감을 산다.

5) 아이컨택

고객 응대 시 올바른 시선 접촉을 한다.

6) 반복설명

판매 제품의 브랜드명, 회사명을 반복적으로 설명하여 고객이 친숙함을 느낄 수 있도록 한다. (반복 연호의 원리)

7) 긍정 표현

부정적 표현보다 긍정적인 표현을 사용한다. (Yes But 화법)

(4) 경청 스킬 ★★★

1) 효과적인 경청을 위한 방안

① 고객에게 주의를 집중한다.
② 고객에 대한 편견을 갖지 않는다.
③ 고객에게 계속적인 반응을 보이는 것이 옳다
④ 정확한 이해를 위해 고객이 말한 것을 복창한다.
⑤ 주요 요점은 머릿속으로 잘 숙지하고 기록한다.

2) 경청 기법

7:3 원리	고객은 7마디 말하고, 직원은 3마디 말한다.
1,2,3 화법	자신은 1번 말하고, 상대방은 2번 말하게 하며, 3번 맞장구 친다.
B.M.W 기법	· Body(자세) - 표정, 눈빛, 자세, 움직임 등을 상대에게 집중한다. · Mood(분위기) - 말투, 음정, 음색, 말의 속도, 음의 고저 등을 고려한다. · Word(말의 내용) - 상대방의 말을 재확인하고, 상대방이 원하는 것을 집중하여 듣는다.
적극적 경청	전달자 중심으로 감각, 태도, 신념, 감정 등을 듣는다.
질문하며 경청	대화 중 내용을 명확하게 이해하기 위해 질문을 통해 확인한다.

(5) 말하기 스킬 ★★★

화법	설명	예시
쿠션 화법	상대방이 불쾌감을 덜 느끼게 하면서 적극적으로 처리해 주겠다는 감정과 의사를 전달하는 표현 방법	· 실례합니다만, 죄송합니다만, 번거로우시겠지만, 바쁘시겠지만
신뢰 화법	말 어미의 선택에 따라 상대방에게 신뢰감을 줄 수 있는 대화법 정중한 화법 70%, 부드러운 화법을 30% 사용하는 것이 바람직함	· 정중한 화법 : ~입니다. ~입니까? (다까체) · 부드러운 화법 : ~예요, ~죠. (요죠체)
청유형, 의뢰형 화법 (레이어드)	명령조의 말보다 의뢰나 질문형으로 바꾸어 상대방의 의견을 구하는 화법	· ~ 좀 해주시겠습니까? · 기다려 주시겠습니까?
맞장구 화법	상대방이 하는 이야기를 귀담아 들어주고 반응해주는 화법	· 가벼운 맞장구 : 저런, 그렇군요. · 동의 맞장구 : 정말 그렇겠군요, 예~ 그렇습니까? 과연 · 정리 맞장구 : 그 말씀은 ~라는 것이지요? · 재촉 맞장구 : 그래서 어떻게 되었습니까? · 몸짓 맞장구 : 눈맞춤, 갸우뚱, 고개 끄덕이기
긍정 화법	부정적 표현보다 긍정형으로 바꾸어 표현하는 화법	· 부정형 : 오래 기다리게 해서 죄송합니다. · 긍정형 : 오래 기다려 주서서 감사합니다.
아론슨 화법	긍정적 내용과 부정적 내용을 함께 말해야 할 경우, 부정적인 것을 먼저 긍정적인 것을 나중에 이야기 하는 화법	· 이 제품의 가격은 비싸지만, 품질은 매우 좋습니다.
나 전달법 (I-Message)	대화의 주체가 네가 아닌 내가 되어 전달하는 화법	· 너 전달법 : 넌 일을 왜 빨리 처리 못하니? · 나 전달법 : 일 처리가 자꾸 늦어서 나는 걱정이구나.
개방적 화법	'예, 아니오'의 대답이 가능한 폐쇄적 질문 대신 개방적 질문을 사용하는 화법	· 개방형 질문 : 오늘 하루 어떠셨나요?
선택형 화법 (폐쇄형 화법)	고객의 니즈에 초점을 맞추어야 할 경우 '예, 아니오'의 대답이 가능한 질문의 화법	· 폐쇄형 질문 : 오늘 하루 행복하셨습니까?
플러스 화법	문장 끝에 말을 덧붙여 상대방의 기분을 상하게 하지 않는 화법 플러스 문장은 상대방으로 하여	· 오랜만이네요. (X) · 그동안 안녕하셨죠? 얼굴이 더 좋아지셨네요. (O)

	금 친근감을 느끼게 하는 문장 또는 도움이 되는 문장	
간접 화법	직접적으로 이야기 하지 않고 간접적으로 이야기하는 화법	· 여기서 기다리시면 안 됩니다. (X) · 대기 장소는 우측에 있습니다. (O)
Yes, but 화법	상대방의 말에 일단 긍정을 표현하는 화법	· 당신의 말도 일리가 있지만 내가 알고 있는 사실은 이렇습니다.
부메랑 화법	고객이 트집을 잡을 때 그 트집이 바로 나의 장점이라고 주장하여 돌아오게 하는 화법	· 고객 : 가격이 너무 비싸요. · 직원 : 가격이 비싼 것이 이 제품의 특징이죠.
산울림 화법	고객이 한 말을 반복하여 이해와 공감을 얻으며, 고객이 거절하는 말을 그대로 솔직하게 받아주는 데 포인트가 있는 화법	· 고객 : 요금 수납하러 왔어요. · 직원 : 아, 요금 수납 말씀이세요?

(6) 고객 불만 유형 ★★★

심리적 불만	서비스나 제품 성능이나 기능보다 개인 존중, 자아실현, 사회적 수용 측면의 불만
균형 불만	고객 필요와 욕구를 충족시켰더라도 고객 기대 수준보다 낮을 경우 나타나는 불만
효용 불만	경제적 측면의 개념 고객이 제품, 서비스를 사용한 후 고객 욕구를 충족시키지 못했을 경우 발생하는 불만
상황적 불만	상황적 조건, 시간(Time), 장소(Place), 목적(Occasion)에 따른 불만

(7) 상황에 따른 고객 불만 심리

정보적 상황	카달로그, 인터넷 게시판, 상품 설명서 등 정보제공에 대한 불만
물리적 상황	인테리어, 매장 위치 및 입지 조건 ,설비, 재질에 대한 불만
감각적 상황	오감으로 느낄 수 있는 색조, 청결함, 소음, 음악 종류 등에 대한 불만
금전적 상황	지불수단, 결제조건, 금전적 혜택, 멤버십 유무에 따른 금전 부담에 대한 불만
인적 상황	접객 태도, 종업원 복장, 상담 태도, 대화 정도에 대한 불만
시간적 상황	고객 상담시간, 매장 운영시간, 지연 시간 등에 대한 불만
제공적 상황	제공하는 주체의 핵심 역할에 대해 갖는 불만
절차적 상황	물건구입 절차, 회원가입 절차 등의 불만

(8) 데이(Day)와 랜던(Landon)의 불만에 대한 소비자 반응 ★★★

사적 반응	가족, 친구에게 부정적 구전 또는 경고 또는 구매에 관한 중지 결정을 포함하는 반응을 의미
공적 반응	환불, 보상 등의 반환 요구 또는 손해배상 청구, 소송제기 등의 법률적 대응, 소비자 문제 기관 및 단체에 고발 및 불매운동, 판매직원에게 불평 원인 요구, 정부기관 또는 공정거래위원회에 고발 등을 포함하는 반응을 의미

2. 고객 불만 관리

(1) 중요성 ★★

① 고객 불만은 실제보다 더 과장되게 전해지기 때문에 잠재 고객의 상실로 이어지게 된다.

② 고객은 불만을 기업에 통보하지 않는 경우가 많기 때문에 기업은 기존 고객뿐만 아니라 잠재 고객까지 잃을 수 있다.

(2) 원인 ★★

① 제품 자체, 서비스, 고객 자신의 문제에 의해 발생되는데 제품과 서비스의 문제는 개선 가능성이 있다.

② 고객 이탈 사유 1위는 직원의 불친절한 응대, 규정 강조, 업무처리 미숙, 타 부서의 책임 회피 등 접점 서비스의 문제로 인해 고객 불만이 가장 많은 것으로 나타났다. (미국 품질관리학회의 조사)

③ 고객 불만 발생 시 문제 해결을 잘 할 경우, 고객 만족도 및 고객 충성도 향상의 기회가 될 수 있다.

(3) 성공 포인트 ★★

① 고객 서비스에 대한 오만 버리기
기업이 생각하는 제품과 서비스의 수준과 실제 고객 인지 수준 간에 큰 차이가 존재한다.

② 고객 불만 관리 시스템 도입
사전 고객 불만 원인 분석, 대응 방안 수립, 개선 사항 모니터링을 위한 시스템 체계 구축이 필요하다.

③ 고객 만족도와 직원 보상 연계

현장 접점 직원을 철저히 교육시키고, 고객 만족도와 직원 보상을 연계한다.

④ MOT(Moment Of Truth) 관리

직원과 고객이 처음 만나는 '15초' 동안의 고객 응대 태도에 의해 기업 이미지가 결정되기 때문에 MOT를 잘 관리해야 한다.

⑤ 기대 수준 이상의 고객 감동 서비스 제공

사소한 아이디어 또는 경쟁사가 제공하지 않는 서비스 제공을 통해 고객에게 감동 서비스를 제공한다.

[출처 : LG경제연구원, 주간경제 918호(2007. 1. 5)]

(4) 씽(Singh)의 불평 고객 유형 ★★★

1) 수동적 불평자(Passives)

① 소극적으로 불평하는 사람 : 어떤 조치를 취할 가능성이 가장 적은 고객이다.

② 제품, 서비스 제공자에게 어떤 것도 말하지 않고 타인에게도 부정적 구전을 하지 않는다.

③ 불평 결과가 투입 시간과 노력 대비 보상을 해주지 못할 것이라는 효율성에 대해 의구심을 가진다.

④ 화내는 불평자, 행동 불평자 등 다른 유형의 불만 고객보다 해당 기업을 떠날 가능성이 가장 낮다.

2) 표현 불평자(Voicers)

① 불평을 표현 하는 사람 : 제품, 서비스 제공자에게 적극적으로 불평하는 고객이다.

② 제품, 서비스 제공자에게 최고의 고객으로 전환될 수 있는 고객 유형이다.

③ 기업에게 두 번째 기회를 주고 불평한 결과가 긍정적일 것이라 믿는다.

④ 수동적 불평자와 마찬가지로 화내는 불평자, 행동 불평자보다 해당 기업을 떠날 가능성이 낮다.

3) 화내는 불평자(Irates)

① 화내면서 불평하는 사람 : 친구, 친척들에게 부정적 구전을 하고 다른 기업으로의 전환 의도가 높은 고객이다.

② 제품, 서비스 제공자에게 불평하는 수준은 평균 수준이다.

③ 제3자에게 불평하지는 않는데 그 이유는 불평해 보아도 들어주지 않는다는 소외의식을 가지고 있기 때문이다.

④ 기업에게 두 번째 기회를 주지 않기 때문에 사전에 불만 사항이 발생하지 않도
록 관심을 가지고 서비스해야 한다.

4) 행동 불평자(Activists)

① 행동으로 불평하는 사람 : 모든 상황에서 평균 이상의 불평 성향을 갖는 고객이다.
② 제품, 서비스 제공자는 물론이고 다른 사람들, 제3자에게 불평을 하는 고객으로
다른 유형의 고객들보다 더 높은 소외의식을 가지고 있다.
③ 행동으로 표현하는 불평의 결과가 긍정적인 의미를 가지고 온다고 믿기 때문에
행동에 대한 의도를 잘 파악하지 않으면 극단적 위험을 초래할 가능성이 있다.
④ 극단적인 상황에서 테러고객으로 발전할 가능성이 있으므로 서비스 전문가의
즉각적 해결이 필요하다.

3. 고객 불만 처리 원칙

(1) 고객 불만 응대의 5가지 원칙 ★★★

1) 피뢰침의 원칙

① 나를 조직의 피뢰침으로 생각하여 불만 고객을 맞이하여 몸으로 흡수하고 회사,
제도에 반영한 후 땅 속으로 흘려 보내 회사와 조직은 상처를 입지 않아야 한다.
② 고객은 나에게 개인적인 감정이 있어서 불만을 표출하는 것이 아니라, 일처리에
대한 불만과 복잡한 규정, 제도에 대해 항의하는 것이라는 관점을 가져야 한다.

2) 책임공감의 원칙

① 직원은 조직의 일원으로서 나와 다른 사람의 일 처리 결과에 대한 고객 불만에
대해 책임을 같이 져야만 한다.
② 고객에게는 누가 담당자인지가 중요한 것이 아니라, 자신의 문제를 해결해 줄
수 있는 것이 중요하다.

3) 감정통제의 원칙

① 서비스 전문가는 사람과의 만남에서 오는 부담감을 극복하고 자신의 감정을 통
제할 수 있어야 한다.
② 타인에게 끌려 가는 것이 아니라 자신의 감정을 지켜 나갈 수 있어야 한다.

4) 언어절제의 원칙

① 말을 많이 한다고 해서 나의 마음이 고객에게 제대로 전달되는 것은 아니므로 고객보다 말을 많이 하지 않도록 한다.
② 고객의 말을 많이 들어주는 것은 고객과 좋은 관계를 형성할 수 있고 고객 문제를 빨리 해결할 수 있다.

5) 역지사지의 원칙

① 고객은 회사 규정과 업무 처리 절차를 모르기 때문에 고객을 이해하기 위해서 반드시 고객 입장에서 문제를 바라봐야 한다.
② 고객은 자신에게 관심을 가져주는 사람에게 관심을 갖기 때문에 고객에게 관심을 보이는 것이 중요하다.

> **✓📝 참고**
>
> ○ **불만고객 처리 프로세스** ★★★
> · 제 1원칙: 공정성 유지 · 제 2원칙: 효과적 대응
> · 제 3원칙: 고객 프라이버시 보장 · 제 4원칙: 체계적 관리

(2) 불만 고객 응대 단계 ★★

1단계	경청	· 선입견을 버리고 불평의 모든 면을 듣는다. · 중요사항은 메모하고 고객 불만을 신속히 접수한다. · 고객과 언쟁하지 않고 겸허하고 공손한 자세로 끝까지 듣는다.
2단계	원인 분석	· 중심 문제를 파악한다. · 전례와 비교하고 회사 방침을 조사한다. · 권한 내 처리 여부, 속답 여부를 검토한다.
3단계	해결책 모색	· 회사 방침 일치 여부를 재검토한다. · 권한 외 경우는 이관하나 이에 대한 충분한 설명 및 연락을 취한다.
4단계	해결책 전달, 처리	· 친절히 설명하고 납득시킨다. · 권한 외 경우는 과정을 충분히 설명한다. · 문제 해결을 위해 최대한 노력하고 있음을 보인다.
5단계	결과 검토	· 처리 후 그 결과를 검토하고 권한 외 경우 해결책 내용과 상대방 반응을 대조하여 검토한다. · 처리 후 다른 영향을 검토한다. · 이력을 데이터화하고 기록 관리한다.

(3) MTP 기법 ★

구분	의미	예시
M(Man)	사람을 바꾼다.	담당직원 → 책임자
T(Time)	시간을 바꾼다.	즉각적 해결 방안 제시 → 생각할 시간 제공
P(Place)	장소를 바꾼다.	매장 → 소비자 상담실

(4) 다양한 고객 특성에 따른 불만 고객 응대

1) A그룹(권위형, 과시형, 추진형)

① 특징
  ㉠ 결단력이 있고, 완고하고 엄격하며, 능률적이다.
  ㉡ 남의 얘기를 경청하는 것에 소홀하다.
② 응대 요령
  ㉠ 요점만 제시한다.
  ㉡ 결정은 본인 스스로 내리게 한다.

2) B그룹(표현형, 신경질형, 짜증형)

① 특징
  ㉠ 충동적, 열성적, 사교적이다.
  ㉡ 수다스럽고, 세밀하게 숙고해야 할 내용에는 싫증을 낸다.
② 응대 요령
  ㉠ 무조건 경청한다.
  ㉡ 흥미를 잃지 않도록 주의한다.

3) C그룹(친화형, 매너형, 우유부단형)

① 특징
  ㉠ 수동적, 우유부단, 내향적, 우호적이다.
  ㉡ 평소에는 화가 나도 말을 잘 하지 않지만, 불만을 제기하면 끝까지 해결을 본다.
② 응대 요령
  ㉠ 반박하지 않도록 주의한다.
  ㉡ 편안하고 친근감있게 대한다.

4) D그룹(이성형, 분석형, 전문가형)

① 특징

　㉠ 신중, 비판적, 고집이 세다.

　㉡ 경청하고 상황을 철저히 분석한다.

② 응대 요령

　㉠ 시간적 여유를 가지고 응대한다.

　㉡ 자료를 제시하고 애매한 일반화는 피하도록 한다.

4. 클레임과 컴플레인 분석

(1) 컴플레인의 이해 ★

1) 정의

① 사전적 의미는 '불평하다', '투덜거리다', '불만을 털어 놓다' 등이다.

② 고객이 상품 구매 과정 또는 구매 상품에 관해 품질, 서비스, 불량 등의 객관적 문제점에 대해 불만을 제기하는 것이다.

2) 의의

① 상품 결함 또는 문제점을 조기 파악하여 문제가 확산되기 전에 신속히 해결할 수 있는 기회를 제공한다.

② 불만족한 고객은 그 경험을 제3자에게 이야기하고 싶어 하는 심리를 가지고 있으므로 직접 기업 또는 직원에게 불평하도록 요구하면 부정적인 구전 효과를 최소화할 수 있다.

③ 침묵하는 고객은 기업을 떠나버리지만, 컴플레인 고객은 회복할 수 있는 기회를 제공해준다.

④ 기업 또는 판매자 측에 서비스 품질 향상을 위한 정보를 제공하여 기업의 서비스 개선에 중요한 자료로 활용할 수 있다.

⑤ 컴플레인을 잘 처리해 주면 고객은 만족하여 고객 관계가 강화되고 지속적인 구매 고객이 될 가능성이 높다.

참고

○ 컴플레인 vs 클레임 ★★

컴플레인	클레임
· 객관적, 주관적 : 고객이 상품을 구매하는 과정 또는 구매한 상품에 관하여 불만 제기하는 것으로 매장 내에서 종종 발생하는 사항 · 감정적 : 고객의 불만, 오해, 편견을 풀어주는 일	· 객관적 : 제기할 수 있는 객관적인 문제점에 대한 고객의 지적으로 상대방의 잘못에 대한 시정요구로 컴플레인에서 비롯됨 · 합리적, 사실적 : 클레임이 처리되지 않을 경우 물질적, 정신적 보상 해결이 필요

3) 발생 원인 ★★★

① 판매자 측 원인

상품 불만	· 상품 하자, 상품 가격, A/S, 상품 구색, 상품 품질, 광고 상품과 다름
시설물 불만	· 매장 환경, 고객 편의 시설
제도 불만	· 거래 조건, 프로세스 및 시스템
직원 접객 불만	· 무성의한 고객 응대 태도, 판매 담당자의 고객에 대한 인식 부족, 제품 지식의 결여, 무리한 판매 권유, 일 처리의 미숙, 단기간 이해 집착
기타	· 매장 내 분실 사고

② 고객 측 원인

    ㉠ 지나친 기대와 기억착오

    ㉡ 상품 지식, 취급 부주의로 인한 하자 발생

    ㉢ 고객 변심으로 인한 교환, 환불 요구

    ㉣ 할인 구실 및 거래 중단을 위한 고의

    ㉤ 고객이 왕이라는 고압적 태도와 감정적 반발

    ㉥ 독단적 해석, 성급한 결론, 지나친 오해

    ㉦ 제품, 브랜드, 매장, 기업 등에 대한 고객의 잘못된 지식

(2) 클레임과 컴플레인의 원칙 ★

우선 사과의 원칙	사과부터 정중히 하여야 한다.
우선 파악의 원칙	원인을 먼저 파악하여야 한다.
신속 해결의 원칙	가능한 빠른 시간 내에 해결해야 한다.
비논쟁의 원칙	오히려 문제를 키울 수 있으므로 고객과 논쟁을 하지 말아야 한다.

 참고

○ 칼 알브레히트의 서비스 칠거지악 -고객을 화나게 하는 7가지 태도★★★
· 칼 알브레히트는 조직 외부에 양질의 서비스를 제공하려면 먼저 조직 내부에 양질의 서비스를 제공할 수 있는 체제를 구축하여야 한다고 주장하였다.
· 서비스업에서 공통적으로 발견되는 종업원의 응대 태도 불량을 '서비스 칠거지악'이라고 하였다.
- 무관심 : 나와는 아무 관계도 없다는 듯한 태도
　　　　 예) 고객에 대한 책임감과 조직에 대한 소속감이 없는 직원의 경우에 나타나는 태도
- 무시 : 고객의 요구를 못 본 척하고 별 것 아니라는 식으로 대하는 태도
- 냉담 : 고객에게 적대감, 퉁명스러움, 친근하지 못함, 조급함을 표시하는 것
- 거만: 고객에게 생색 내고 무시하고 투정을 부린다는 식으로 대하는 건방진 태도.
　　　 예) 의사나 전문가에게 많이 나타남
- 경직화 : 따뜻함이나 인간성을 느낄 수 없는 기계적인 응대 태도
- 규정 제일 : 예외를 인정하지 않고 조직 내부 규정을 앞세우는 것
- 발뺌 : 담당 업무가 아니라는 태도로 다른 곳으로 책임을 돌리는 것

5. 감정노동

(1) 러셀 혹실드(Hochschild)

1) 정의

　1983년 미국의 사회학자인 앨리 러셀 혹실드(Hochschild)는 노동자의 업무 일환으로 자신의 감정을 외면해야 한다면 감정노동을 수행하고 있다고 하였다.

2) 감정노동의 유형 ★★★

혹실드는 감정노동을 표면행위와 내면(심층)행위로 구분하였다.

표면 행위	- 자신의 감정을 외면한 채 조직의 강요에 의해 나타낼 수 밖에 없는 목소리, 억양, 얼굴표정 등을 지어야 하는 것 - 스스로의 의지와 상관없이 서비스 표준에 맞추어 표현해야 하는 행위 - 내면의 감정 상태를 변화시키지 않고 조직의 감정규칙을 겉으로 표현하는 행위
내면 행위	- 자신 내면의 감정 상태를 기업에서 원하는 기준에 맞게 조정하도록 스스로 자신의 감정 상태와 표면을 일치시키는 적극적인 행위

(2) 알리시아 그랜디(Alicia Grandy)

혹실드와 유사 맥락에서 감정노동을 조직 목표를 달성하기 위해 느낌, 감정표현을 통제하는 과정으로 정의하였다.

(3) 애쉬포스와 험프리(Ashforth & Humphrey)

1) 정의

① 감정보다 행위 자체에 중점을 두어야 한다고 가정하고 감정노동을 상황에 적합한 감정을 표현하는 행위라고 하였다.
② 감정노동을 인상관리의 한 유형으로 보고 표현 규범에 동조하는 행위로 이해하였다.

2) 유형

① 혹실드가 제시한 표면행위, 심층행위 뿐 아니라 진심행위가 있다고 주장하였다.
② 진심행위는 인위적 노력에 의해서가 아닌 자연발생적으로 수행하는 것을 의미한다.

(4) 감정 노동으로 인한 직무 스트레스 대처법 ★★★

일과 나와의 분리	나는 지금 연극을 하고 있어 잠시 일 때문에 다른 사람이 된거라고 생각한다.
적응하기	현재 상황을 그냥 받아들이고 긍정적 해석을 하려고 노력한다.
분노 조절 훈련	고객이 집에서 무슨 일이 있어 화를 낸 것이지 나를 무시하려고 그런 말을 한 것은 아니라고 생각한다. 가장 좋은 것이 이완호흡으로 눈을 감고 3~4회 정도 깊고 크게 숨을 들이마신 뒤 천천히 내쉬도록 한다.

혼잣말	이 상황에서 꼭 내가 화를 내야 하는지, 그만큼 중요한 일인지, 화내봐야 나만 손해라는 생각을 한다.
생각 멈추기	속으로 그만이라는 소리를 지른 뒤 백지장처럼 고객을 지운다.

6. Coaching

(1) 이해

1) 개념 ★

① 개인과 조직의 잠재 능력을 개발하고 조직 성과를 향상하기 위한 지속적 상호과정(파트너십)이다.

② 빠르게 변화하는 사화에서 스스로 생각하고 움직이는 인재 양성을 위해 코칭은 매우 중요한 관리 방법 중 하나이다.

③ 관리자에게 직원의 능력을 함양하고 촉진시키기 위해 직원을 격려하고 학습시키기 위한 새로운 관리 역량(코칭 스킬)이 요구되고 있다.

2) 정의 ★

① 개인 잠재력 실현을 위한 학습과 성장 관점
   ㉠ 구성원의 성과를 최대화하기 위해 개인의 잠재 능력을 깨운다.
   ㉡ 조직과 관련된 업무를 위해 학습하는 것을 도와준다.
   ㉢ 개인과 조직의 목표를 달성할 수 있도록 지원한다.

② 목표 및 업무 달성 등의 목적 중심 관점
   ㉠ 조직원이 최대의 성과를 달성하도록 영향력을 발휘한다.
   ㉡ 조직 목표 달성을 위해 개인 학습을 촉진한다.

③ 코칭 일련의 과정과 상사와 직원 간의 관계 중시 관점
   ㉠ 개인과 팀이 과거 성과를 능가하도록 권한을 위임하여 파트너 관계를 형성한다.
   ㉡ 업무 관련 직무나 경험에 노출시켜 학습 기회와 피드백을 제공함으로써 개인능력, 업무 성과를 향상시킨다.

3) 이점 ★★★

① 업무 수행성과에 직접적으로 관련되어 있다.

② 인재 양성과 직원 개발을 위해 효과적인 방법이다.

③ 코치와 학습자의 동시 성장이 가능하다.

④ 코칭 질문과 피드백을 통해 상하간의 커뮤니케이션 능력을 향상시킨다.

⑤ 일대일로 지도하므로 교육 효과가 높다.

4) 단점

① 시간이 많이 소요되고 노동집약적이다.

② 코치 능력에 의해 성패가 좌우된다.

③ 매일 진행되는 코칭은 학습자에게 부담이 된다.

④ 코치와 학습자의 계약 관계는 성과에 지장을 줄 가능성이 있다.

(2) 코치의 역할 ★

1) 후원자(Sponsor)

직원들의 개인적 성장, 경력 상 목표 달성을 위해 도움되는 업무가 무엇인지 결정하는 것을 도와주는 사람이다.

2) 멘토(Mentor)

어떤 분야에서 존경받는 조언자, 기업의 정치적 역학관계의 대처 방법 및 영향력을 행사하여 파워 형성 방법을 알고 있는 사람이다.

3) 평가자(Appraiser)

특정 상황에서 직원 성과를 관찰하여 적절한 피드백 또는 지원을 하기로 약속한 사람이다.

4) 역할모델(Role Model)

맡은 바를 행동으로 보여주는 역할을 수행하며 직원들의 기업문화에 적합한 리더십 유형을 보여주는 사람이다.

5) 교사(Teacher)

직원들이 자신의 업무를 효과적으로 수행할 수 있도록 업무상 비전, 전략, 서비스 및 제품, 고객 등에 관한 정보를 제공하는 사람이다.

(3) 코칭 스킬 ★★

질문 스킬	부하의 가능성을 끌어내기 위해 특정 질문은 확대 질문, 과거 질문은 미래 질문, 부정 질문은 긍정 질문으로 바꾸어 질문하는 것이다.
경청 스킬	1단계(귀로 듣기), 2단계(입으로 듣기), 3단계(마음으로 듣기) 의 경청 스킬이 필요하다.
직관 스킬	상사의 직관을 활용하여 코칭하는 기술로 상사는 생각하지 않고, 예측하지 않고, 리드하지 않는다.
자기관리 스킬	상사는 자기 자신의 머리, 마음, 몸, 시간 관리를 스스로 할 수 있어야 한다.
확인 스킬	부하의 중요한 사항을 확인하는 기술로 미래, 현재, 과거를 확인한다.

(4) 코칭 프로세스-GROW 모델 ★★★

1) 1단계 : 목표 설정(Goal)

구성원 스스로 목표 설정을 할 수 있도록 이끌어 주고 목표 및 방향을 명확히 제시해 준다.

2) 2단계 : 현실 파악(Reality)

구성원의 수행 사례에 대해 청취하여 현실을 구체적으로 파악한다.

3) 3단계: 대안 탐색(Options)

문제를 해결하기 위한 다양한 대안을 탐색한다.

4) 4단계: 실천의지 확인 (Will)

구성원 스스로 실행 과정, 실천, 개선점을 도출할 수 있도록 이끌어낸다.

○ iCAN 전략 모형 ★★★
정형화 - 상황파악-실행 계획 수립 -양육 지원

(5) 코칭과 카운슬링 ★

1) 코칭 vs 카운슬링

코칭	카운슬링
· 부하의 성장 가능성, 잠재력에 초점	· 부하의 과거에 초점
· 주도적	· 수동적
· 대등한 파트너십 관계	· 상하 관계
· 목표 달성	· 문제 해결
· 미래 지향적	· 과거 지향적

2) 카운슬링이 필요한 시기

① 조직이 재구성되거나 경영환경에 따른 인사상의 불이익이 있을 때
② 업무에 불만이 있거나 새로운 업무에 실망한 팀원이 있을 때
③ 개인적 문제를 가진 팀원이 다른 사람 실적에 영향을 미칠 때
④ 업무 수행 기술 또는 능력에 불안을 느끼는 팀원이 있을 때
⑤ 동료와 사이에 갈등을 겪고 있는 팀원이 있을 때

3) 코칭이 필요한 시기

① 해결해야 하는 문제가 발생했을 때
② 조직, 부서 목표, 비즈니스 상황이 변화되어 조치를 취해야 할 때
③ 문제 팀원 또는 최고의 실적을 내길 원하는 팀원이 있을 때
④ 신입 직원에 대한 적응 지도 훈련이 필요할 때
⑤ 평균 이하 또는 중간 정도의 실력을 보이거나 업무에 대한 자신감 개발이 필요한 팀원이 있을 때
⑥ 교육, 훈련 후 추가 지도가 필요할 때

핵심 출제 포인트

· 매너에 대해 이해합니다.
· 이미지의 기본 개념, 이미지 메이킹 방법, 인사 매너 및 전통 예절 등을 충분히 이해하여 숙지한다면 상식적인 측면에서 쉽게 문제를 풀 수 있습니다.
· 이미지 형성과 관련한 다양한 효과를 정확히 이해합니다.

1. 매너의 이해

(1) 개념

1) 어원

① 'Manusarius'라는 라틴어에서 유래되었다.
② Manusarius는 Manus(Hand : 행동, 습관)와 Arius(Way : 방식, 방법)의 복합어로 사람이 가진 독특한 행동과 습관, 태도의 표출을 뜻한다.

2) 속성 ★

① 상대에게 배려 받는다는 느낌이 전해지도록 마음과 행동을 다하는 것이다.
② 사람마다 갖고 있는 독특한 행동 방식이다.
③ 에티켓이 좀 더 상대를 배려하는 행동으로 표출된 것이다.
④ 대인적 속성, 자의적 속성, 습관의 표출, 이미지와 연계 등의 속성을 갖는다.

(2) 구성 요소

① 상식 : 사람들이 알고 있거나 알아야 하는 지식의 범위 내에서 이루어진다.
② 친절 : 상대방을 존중하는 마음을 외적으로 표현하는 것이다.
③ 논리 : 매너의 기준은 합당한 이유가 존재한다.

○ 매너 vs 에티켓

구분	매너	에티켓
의미	개인의 행동, 좋은 습관	꼭 지켜야 할 예절
판단기준	주관적	객관적
표현	매너가 좋다/나쁘다	에티켓이 있다/없다
공통점	상대방을 존중하고 배려하는 마음	

2. 이미지의 이해

(1) 개념

1) 어원

① '모방하다'라는 의미를 지닌 라틴어 'Imago'와 'Imitari'에서 유래하였다.
② 명사형 'imitation'으로 파생되었다.

2) 정의 ★

① 이미지는 '어떤 대상에서 연상되는 단어, 감정, 생각, 느낌'을 의미한다.
② '어떤 대상의 외적 형태를 인위적으로 모방하거나 재현하는 것'이라는 의미를 포함하기도 한다. 자신의 노력으로 이미지는 얼마든지 만들 수 있다.
③ 상대방의 주관적 경험과 심리 상황 등 여러 요인에 의해 다르게 형성되는 상이다.

3) 속성

다양성	모든 대상에는 나름의 이미지가 있게 마련이다. 사람들 역시 저마다의 이미지를 갖고 있을 뿐만 아니라, 수많은 만남을 통해 상대의 이미지를 새기며 살아간다.
복합성	어떤 관점으로 어떤 면을 보느냐에 따라서 다르게 작용하고 경험 등이 작용하여 형성되는 것이다.
주관성	이미지는 같은 대상에 대해 저마다 다르게 느껴질 수 있는 것이다. 즉 다양한 속성이 통합된 것이지만 내면적인 요소인 성격이나 취향 또한 변수로 작용한다.
대표성	이미지는 실체의 한 부분이지만 대표성이 있다는 점에서 중요한 의미를 갖는다.

(2) 이미지 메이킹

1) 개념 ★

① 타인에게 보여지는 자신의 이미지를 T(Time), P(Place), O(Occassion)에 맞게 연출하는 것이다.
② 개인이 추구하는 목표 달성을 위해 자기 이미지를 통합적으로 관리하는 행위이다.
③ 외적 이미지를 강화하여 내적 이미지를 끌어내는 시너지 효과를 준다.
④ 내적 이미지와 외적 이미지를 최상의 모습으로 만드는 것이다.
⑤ 이미지 메이킹으로 열등감 극복 및 자신감 제고를 통해 자아 존중감 및 대인 관계 능력이 향상되는 효과가 있다.

2) 이미지의 분류★

외적 이미지	외면적으로 드러나는 이미지를 말한다. 예시) 용모, 복장, 피부, 표정, 메이크업, 인상, 얼굴, 체형, 패션
내적 이미지	눈으로 볼 수 없는 정신적 형상을 말한다. 예시) 신념, 감정, 생각, 가치관, 동기, 욕구, 심성, 인성, 자신감 등
사회적 이미지	자신이 속한 사회 환경과 문화를 반영하는 것으로 특정 사회 속에서 대인 상호 교류를 통해 형성되는 이미지를 말한다. 예시) 리더십, 행동, 매너, 에티켓, 태도, 자세, 사회적 지위, 커리어 등

3) 이미지 형성 요인

생활 가치	초기에 형성된 것으로 오랜 시간동안 안정적으로 유지 됨
경험과 배경	개인의 경험 뿐 및 타인의 경험도 이미지 형성에 영향을 미침
욕구	만족 또는 불만족에 영향을 미침

(3) 이미지 형성 및 관리

1) 이미지 형성 과정 ★★★

지각과정	인간이 환경에 대해 의미를 부여하는 과정으로 주관적이며 선택적으로 이루어져 동일한 대상에 대해 다른 이미지를 부여한다.
사고과정	과거와 관련된 기억과 현재의 지각이라는 투입요소가 혼합되어 개인의 이미지를 형성한다.

감정과정	지각과 사고 이전의 감정에 반응하는 과정으로 감정적 반응은 확장 효과를 가져 온다.

○ **내현 성격 이론(Implicit personality theory)** ★★★

개인이 타인과의 경험, 관습, 문화적 요인, 독서, 간접 경험 등으로 타인을 판단, 평가하는 틀을 만든다는 것을 의미한다.
개인은 살아가면서 타인이 어떠할 것이라고 생각하는 관념, 틀을 가지고 있으며 타인의 특성이 어떠할 것이라고 여긴다.

○ **다니엘 부어스틴(Daniel Boorstin)의 이미지 속성** ★★★

다니엘 부어스틴은 이미지는 특정 사건에 대한 진실한 측면을 보여주기보다 조작되고 단편적 측면을 강조한다는 가관념이라고 주장하였다.
이미지 속성을 인위적, 믿을 수 있는 것, 수동적, 두드러진 것, 단순화, 모호한 것으로 6가지 를 제시했다.

2) 남성의 이미지 메이킹

헤어	유행에 민감한 머리, 과도한 염색, 파마 머리, 긴 머리는 피한다. 헤어 제품을 활용해 잔머리를 고정하여 머리가 흩날리지 않도록 한다. 이마를 드러내는 스타일이 자신감있게 보인다. 옆머리는 귀를 덮지 않으며, 뒷머리는 셔츠 깃에 닿지 않도록 하여 깔끔한 인상을 주도록 한다.
슈트 (자켓, 바지)	· 단추 : 항상 단추를 채울 수 있도록 하고, 2버튼인 경우 윗단추, 3버튼인 경우는 위 2개나 가운데 단추를 채운다. · 컬러 : 검은색, 감색, 회색, 베이지색 등이 기본이다. · 사이즈 : 타이트한 것보다 자신의 체형에 맞는 옷을 선택하여 단정한 느낌을 준다. · 바지 길이 : 짧은 것은 피하고, 구두 등을 살짝 덮고 양말이 보이지 않는 정도가 좋다.
셔츠	· 컬러 : 흰색이 기본이며 반팔과 속옷 착용은 피하도록 한다. · 길이 : 깃과 소매가 슈트보다 1.5cm 정도 드러나는 길이가 좋다. · 사이즈 : 넥 밴드가 너무 조이는 셔츠, 품이 너무 넓은 셔츠는 피한다.
넥타이	· 컬러 : 슈트와 같은 계열이 무난하다. · 길이 : 끝이 벨트 버클 길이에 오도록 하는 것이 좋다. · 스타일 : 모임의 성격, 역할에 따라 변화를 주어 연출한다. 넥타이가 조끼 밑으로 나오면 안된다.

악세서리 (구두, 벨트, 양말)	·컬러 : 구두, 벨트 양말은 같은 계열의 색이 무난하고, 양말은 정장바지 색보다 짙은 색이 좋다. ·벨트와 서스펜더는 함께 착용하지 않도록 한다. ·구두는 항상 깨끗한 상태를 유지한다. ·화려한 액세서리(안경, 시계)는 피한다.

3) 여성의 이미지 메이킹

메이크업	·정장 차림에 메이크업을 하지 않으면 실례이다. ·립스틱이나 매니큐어의 색은 빨간색이나 어두운 색은 피한다. ·공공장소에서 메이크업을 고치는 것은 실례이므로 화장실이나 개인 공간 을 이용한다. ·너무 진한 메이크업은 피하고 밝고 자연스러운 메이크업을 하도록 한다.
헤어	·청결함과 단정함은 기본이다. ·긴 머리는 묶어 단정하고 활동하기 편하게 하고, 짧은 머리는 귀 뒤로 넘 겨 깔끔한 인상을 줄 수 있도록 한다. ·화려한 색의 염색이나, 과도한 파마 머리는 피하도록 한다. ·이마를 드러내고 밝은 표정을 연출하여 깔끔한 인상을 줄 수 있도록 한다.
복장	·정장이 기본이며, 편안하며 세련미를 살릴 수 있도록 한다. ·컬러 : 검은색, 회색, 베이지색, 감색, 파스텔톤 등이 기본이다. ·사이즈 : 타이트한 옷, 노출이 심한 옷보다 자신의 체형에 맞는 옷을 선 택하여 단정한 느낌을 준다. ·디자인 : 투피스 착용을 선호하며, 치마는 적당한 폭의 'A'라인 또는 'H'라 인이 좋다.
블라우스	·속옷이 보이는 블라우스나 속옷이 밖으로 나오지 않도록 한다. ·디자인 : 화려하고 레이스가 많거나 노출이 많은 디자인은 서비스맨의 복 장으로 부적합하므로 심플한 셔츠나 리본 칼라가 무난하다.
스타킹	·컬러 : 피부색에 가까운 살색이 기본이나 옷과 어울리는 회색, 검은색 착 용은 괜찮다. ·디자인 : 무늬가 있는 요란한 디자인은 피하도록 한다. ·손상에 대비해 예비용을 준비한다.
액세서리 (구두, 핸드백, 액세서리)	·구두 : 앞보다는 뒤가 트인 구두가 좋으며, 앞 트임 구두의 경우 발톱 관 리를 잘 할 수 있도록 한다. ·핸드백 : 정장, 구두와 어울리는 색과 스타일을 선택하고, 소지품을 잘 정 리해서 가지고 다닐 수 있도록 한다. ·액세서리 : 너무 화려한 것은 피하고 심플한 디자인을 착용한다. ·향수 : 강한 향은 피하고, 은은한 향을 소량으로 뿌린다.

(4) 첫인상

1) 개념 ★

① 처음 이미지는 나중에 전체 인상을 판단하는 데 영향을 주는 것으로 다른 사람에게 비추어지는 자신의 모습을 의미한다.

② 처음 만난지 3~7초 내에 결정된다.

③ 한 번 결정된 인상을 바꾸는 데는 많은 시간과 노력이 들기 때문에 첫인상 관리는 매우 중요하다.

2) 특징 ★★

신속성	첫인상 전달 시간은 아주 짧은 순간에 순간적으로 각인된다.
일회성	처음 전달되고 각인된 정보는 평생 기억에 남고 변화하지 않는다.
일방성	개인의 내면이나 성향을 확인하지 않고 보이는 모습만을 통해 평가하는 사람의 판단과 가치관에 따라 일방적으로 인식되고 형성된다.
연관성	개인의 연상을 통해 형성되기 때문에 불확실하고 실제 인물과 다른 사람을 떠올리거나 평소 머릿속에 인지된 정보와 혼동해 첫인상이 될 수 있다. 따라서 자신이 타인에게 어떻게 보여지는가에 대해 신경을 써야 한다.

3) 첫인상 법칙

일관성 오류	상대방에 대해 한번 판단을 내리면 그 판단을 지속하려는 욕구
인지적 구두쇠 이론	상대를 판단할 때 노력을 덜 들이면서 결론에 이르려고 하는 이론
부정성 법칙	부정적 정보가 긍정적 정보보다 인상 형성에 강력하게 작용하는 것
콘크리트 법칙	첫인상은 콘트리트처럼 쉽게 굳어져 버리므로 쉽게 바꾸는 것은 어렵다는 것
초두효과	초기 정보가 나중 정보보다 인상 형성에 더 큰 비중을 차지하는 것
맥락효과	처음 내린 판단과 이후 정보들에 대한 판단은 맥을 잇게 된다는 것
빈발효과	첫인상이 나빠도 자꾸 보면 인상이 달라지는 것

4) 대인매력요인

친숙성, 호혜성, 상보성, 보상성, 유사성, 근접성, 매력성, 상호성

4. 인사 매너

(1) 개념

1) 의미

① 인사는 인간관계의 시작이자 끝이며, 가장 기본적인 예의이다.
② 인사는 상대방의 마음의 문을 여는 열쇠이며 상대방에 대한 존경심의 표현이다.
③ 인사는 자신의 인격, 교양, 이미지를 나타내는 것이다.
④ 인사는 서비스맨의 기본이며 고객 봉사 정신의 표현이다.
⑤ 인사는 '사람 인(人)'과 '일 사(事)' 또는 '섬길 사(仕)'로 이루어진 단어로 '사람이 할 일'로 '상대방을 섬기는 마음'으로 해야 한다는 뜻이다.

2) 기본 자세 ★★

표정	밝고 부드러우며 미소를 띤 표정을 짓는다.
시선	상대방의 눈 또는 미간을 부드럽게 바라본다.
턱	턱은 내밀지 말고 자연스럽게 당긴다.
어깨	힘을 빼고 자연스럽게 내린다.
가슴, 허리, 무릎, 등	일직선으로 자연스럽게 곧게 편다.
입	자연스럽게 다문다.
손	남자는 주먹을 가볍게 쥐며 바지 옆선으로 붙이고, 여자는 오른손을 왼손 위로 배꼽 바로 아래에 공수 자세를 취한다.
발	발 뒤꿈치를 붙이고, 남자는 30도, 여자는 15도 정도 앞쪽을 살짝 벌린다.

3) 시기 ★

① 인사하려는 대상과 방향이 다를 때는 일반적으로 30보 이내에서 마주칠 경우 인사한다.
② 인사 대상과 방향이 마주칠 때는 6보 앞에서 인사한다.
③ 측면에서 만나거나 갑자기 의외의 상황에서 만날 때는 즉시 인사한다.
④ 화장실이나 사우나 안에서는 인사말은 생략하고 목례로 대신한다.
⑤ 외부 인사와 함께 있는 상사를 복도에서 만났을 때는 가던 길을 멈추고 정중히 인사한다.
⑥ 상사 한 사람을 복도에서 마주칠 때는 가던 길을 멈추지 않고 한쪽으로 비켜 인사한다.
⑦ 계단에서 마주칠 때는 상대방과 같은 위치로 빠르게 이동하여 정중히 인사한다.

4) 순서 ★

① 인사 전, 후 상대방을 바라본다.
② 정중하게 허리를 굽히고, 등과 목은 일적선이 되도록 한다.
③ 턱은 앞으로 나오지 않게 하고, 엉덩이는 뒤로 빠지지 않게 한다.
④ 고객를 숙인 상태에서 금방 고개를 들지 않고 0.5~1초간 잠시 멈춘다.
⑤ 상체를 숙일 때보다 2초 정도 늦게(한 박자 천천히) 고개를 든다.
⑥ 상대방의 눈을 바라보면서 미소를 지으며 적당한 인사말을 한다.

5) 종류 ★★★

종류	방법	상황
목례 (눈으로 예의를 표하는 인사)	상체를 숙이지 않고 가볍게 머리만 5도 정도 숙여서 인사	· 실내나 복도에서 2번 이상 만난 경우 · 낯선 사람과 마주친 경우 · 양손에 짐을 들고 있는 경우 · 통화 중일 경우

약례
(가벼운 인사)
	3m 앞을 보고
	허리를 15도 정도
	앞으로 숙여 인사
		· 실내나 통로, 엘리베이터 등 협소한 공간에서
		  마주친 경우
		· 화장실과 같은 개인적 공간에서 마주친 경우
		· 손님, 상사를 2번 이상 만난 경우
		· 동료, 손아랫사람에게 인사하는 경우
		· 상사가 주재하는 회의, 면담, 대화의 시작과 끝
		  에 인사할 경우

보통례 (보통 인사)	1~2m 앞을 보고 허리를 30도 정도 앞으로 숙여 인사	· 인사 중 가장 많이 하는 인사로 상대에 대한 정식 인사임 · 손님, 상사에게 하는 인사 · 상사에게 보고 또는 지시 받을 경우 · 처음 만나 인사하는 경우
정중례 (정중한 인사)	1.5m 앞을 보고 허리를 45도 정도 앞으로 숙여 인사	· 인사 중 가장 정중한 인사임 · 감사 또는 사과해야 할 경우 · 면접, 공식석상에서 인사할 경우 · 각종 행사, 예식, 국빈을 맞이할 경우 · VIP고객, CEO에게 인사할 경우

5. 전통예절

(1) 절 ★★★

1) 절의 종류

① 작은 절

남성	여성
· 무릎을 꿇고 앉는다. · 앉을 때 오른발이 왼쪽발 위로 온다. · 왼손이 위, 오른손이 아래에 오도록 놓는다. · 머리를 15도 정도로 숙인다.	· 오른쪽 무릎을 세워서 앉는다. · 양손은 가지런히 모아 옆에 놓고 머리를 15도 정도 숙인다.

② 평절(앉은 절)

남성	여성
· 무릎을 꿇고 앉는다. · 오른쪽 발이 왼쪽 발 위로 오게 한다. · 두 손바닥이 닿는 자세에서 30도 정도 공손히 절을 한다.	· 공수한 손을 풀어 내린 다음 왼쪽 무릎을 먼저 꿇고 오른쪽 무릎을 가지런히 꿇은 다음 엉덩이를 깊이 내려 앉는다. · 몸을 앞으로 30도 정도 숙이면서 손끝을 무릎 선과 나란히 바닥에 댄다. · 잠깐 머물렀다가 윗몸을 일으키며 두 손바닥을 바닥에 떼고 오른쪽 무릎을 먼저 세우고 일어난다. · 두발을 모으고 공수한 다음 가볍게 목례한다.

③ 큰절

남성	여성
· 왼손이 위로 가게 공수를 하고 선다. · 공수한 손을 눈높이까지 올리고 내리면서 허리를 굽혀 공수한 손을 바닥에 짚는다. · 왼쪽 무릎을 먼저 꿇고 오른쪽 무릎을 꿇어 엉덩이를 깊이 앉는다. · 팔꿈치를 바닥에 붙이고 이마를 공수한 손등 가까이에 댄다. 이때 엉덩이가 들리면 안된다. · 공손함이 드러나도록 잠시 머물러 있다가 머리를 들며 팔꿈치를 펴고 오른쪽 무릎을 세워 공수한 손을 바닥에서 떼어 오른쪽 무릎 위를 짚고 일어난다. · 공수한 손을 눈높이 까지 올렸다가 내린 후 목례를 한다.	· 공수한 손을 들어 어깨 높이까지 올리고 시선은 손등으로 향한다. · 왼쪽 무릎을 먼저꿇고 오른쪽 무릎을 꿇은 후 엉덩이를 내려 앉는다. · 몸을 45도 정도 굽히고 잠시 멈추었다가 일으킨다.

2) 절의 대상 ★★★

① 작은절(초례, 반절) : 윗어른이 아랫사람의 절에 대해 답배시에 한다.
② 보통절(행례, 평절): 항렬이 같은 사람, 관직 품계가 같을 경우에 한다.
③ 큰절(진례) : 절을 해도 답배를 하지 않아도 되는 높은 어른에게나 의식 행사에서 한다.
④ 매우 큰절(배례): 관, 혼, 상, 제, 수연, 고희 시에 한다.

3) 절의 횟수 ★★★

① 남성 vs 여성

남성	여성
· 최소 한 번을 한다.	·최소 두 번을 한다

② 산 사람에게는 기본 횟수만 한다.
③ 죽은 사람, 의식 행사에서 기본 횟수의 배를 한다.

(2) 공수 ★★

1) 의의

① 공수(拱手)라는 단어는 두 손을 마주 잡아 공경의 뜻을 나타낸다.
② 의식 행사나 어른 앞에서 공손한 자세를 취할 때 반드시 공수를 하는 것이 예의이다.
③ 성별(남, 여) 및 행사(평상시, 흉사시) 성격에 맞게 해야 한다.

2) 기본 동작

① 두 손의 손가락을 가지런히 붙여서 편 다음 앞으로 모아 포갠다.
② 엄지손가락은 엇갈려 깍지를 끼고 네 손가락을 모아 포갠다.
③ 아래에 있는 네 손가락은 가지런히 펴고, 위에 있는 손의 네 손가락은 아래에 있는 새끼손가락 쪽을 지긋이 쥔다.

3) 공수법

구분	남자	여자
평상시 (평상시, 제사를 지낼 경우)	왼손이 위	오른손이 위
흉사시 (초상집, 영결식, 상중인 사람에게 인사할 경우)	오른손이 위	왼손이 위

4) 손의 위치

① 손은 자연스럽게 내려 엄지가 배꼽에 닿도록 한다.

② 소매가 긴 예복을 입었을 때 팔이 수평이 되도록 해야 옷 소매가 펴져서 보기에 좋다.

③ 앉을 때 남자는 공수한 손을 두 다리의 중앙이나 아랫배 부위의 중앙, 여자는 오른쪽 다리 또는 세운 무릎 위에 놓는다.

④ 여자가 짧은 치마를 입었을 경우 공수한 손을 두 다리 중앙에 놓거나 치마 위를 지그시 누른다.

 참고

○ **남좌여우(男左女右) - 평상시의 공수법**

· 왼쪽은 동쪽이고, 동쪽은 양을 의미하기 때문에 생명의 원천을 나타내는 남자는 왼쪽손을 위로 한다.

· 오른쪽은 서쪽이고, 서쪽은 음을 의미하기 때문에 서(西)를 나타내는 여자는 오른손을 위로 한다.

[남자]   [여자]

○ **제사는 흉사일까요?**

· 조상의 제사는 자손이 조상을 받들어 모시는 것이기 때문에 길(吉)한 일로 여겨진다. 따라서 흉사시의 공수를 하지 않도록 주의한다.

핵심 출제 포인트

· 비지니스 매너는 실생활에서도 반드시 필요한 부분이므로 반드시 숙지하여 활용하도록 합니다.

1. 비즈니스 매너

(1) 소개 매너

1) 중요성

① 인간관계를 형성하고 서로를 이어주는 사교의 시작으로 비즈니스에서 매우 중요하다.

② 첫만남에서 첫인상과 느낌은 매우 중요한 역할을 하므로 올바른 소개 매너는 기본이라고 할 수 있다.

2) 소개 순서 ★★

① 손윗사람에게 손아랫사람을 소개한다.

② 지위가 높은 사람에게 지위가 낮은 사람을 소개한다.

③ 연장자에게 연소자를 소개한다.

④ 선배에게 후배를 소개한다.

⑤ 여성에게 남성을 소개한다.

⑥ 기혼자에게 미혼자를 소개한다.

⑦ 손님에게 집안사람을 소개한다.

⑧ 고객(외부인)에게 회사 동료를 소개한다.

⑨ 기혼 여성에게 남성을 소개한다. (단, 왕, 대통령, 왕족, 성직자일 경우 예외)

3) 소개 방법 ★

① 소개 시 : 모두 일어서는 것이 원칙이다.

② 소개 후 : 남성간에 악수 교환, 이성간에 여성은 목례한다.

③ 결혼 리셉션, 댄스파티 등 대형파티 : 자연스러운 대화를 통해 자기를 소개한다.

④ 이름을 정확히 못 들었을 경우 : 제3자에게 확인한다.

⑤ 파티 주최자 : 초청자의 이름, 직업, 지위를 기억하고 소개한다.

⑥ 초면인 경우 : 예술, 시사뉴스, 스포츠, 여행 등의 화제를 선택한다.

⑦ 인원이 적은 파티 : 소개 받은 모든 사람들에게 작별 인사를 한다.

⑧ 대형파티 : 소개받은 사람들에게 작은 소리로 작별 인사를 한다.

참고

○ **소개 방법 시 주의 사항**

· 성직자, 연장자, 지위가 높은 사람을 소개 받을 때는 남녀 모두 일어나는 것이 원칙이지만, 환자나 노령자일 경우는 예외이다.

· 나이가 많은 여성이나 앉아 있던 여성은 앉은 채 소개 받아도 무방하나 파티의 호스티스인 경우는 일어난다.

· 연장자가 악수를 청하기 전에 먼저 손을 내밀어서는 안 된다.

· 연장자가 악수 대신 간단한 인사를 하면 연소자는 이에 따르도록 한다.

· 초면 소개에 있어 정치, 종교, 지역색, 금전 관련 화제는 금기 사항이다.

· 한 사람을 여러 사람에게 소개할 경우, 한 사람을 여러 사람에게 먼저 소개 후 여러 사람을 한 사람에게 소개하도록 한다.

· 많은 사람이 모인 자리에서의 소개는 호스트가 자신을 먼저 소개하고 자연스러운 방향으로 자기 소개를 하도록 리드한다.

(2) 명함 매너

1) 유래 ★

① 고대 중국에서 지인 집을 방문할 때 상대방이 부재중이면 대나무를 깎아 자신의 이름을 적어 남기는 관습에서 기원하였다.

② 루이 14세 때 생겨나 루이 15세 때 현재와 같은 인쇄 모양의 명함을 사교상의 목적으로 사용하였다.

③ 독일 역시 16세기경부터 작은 종이에 소속과 이름을 적어 사용하였다.

④ 서양에서는 사교용 명함과 업무용 명함을 구분해서 사용하고, 비즈니스의 경우 외에는 초면에 명함을 내밀지 않는다.

⑤ 사교용 명함에는 성명과 주소만 기입하고 초대를 받고 감사 표시와 참석 여부를 표시하는 방문 카드로 사용하며 선물, 꽃, 소개장을 보낼 때 사용한다.

⑥ 동양에서는 자신을 알리는 수단으로 활용하는 경우가 많다.

2) 중요성

① 상대에게 자신의 정보를 알리고 증명하는 역할을 하는 자신의 소개서이자 첫 인상이다.
② 비즈니스의 경우 명함은 여유있게 만날 사람의 3배수를 준비할 수 있도록 한다.
③ 명함을 소중히 다루는 것은 상대방에 대한 경의의 표현이므로 받은 명함은 쉽게 찾아볼 수 있도록 명함꽂이 수첩 등에 잘 정리해 둔다.
④ 명함을 받은 후 날짜, 만난 장소, 간단한 용건 등을 뒷면에 메모해 이후에 참고할 수 있도록 한다.

3) 명함 전달 순서

① 아랫사람이 윗사람에게 먼저 전달한다.
② 소개받은 사람부터 먼저 전달한다.
③ 방문한 곳에서는 상대방보다 먼저 전달한다.

4) 명함 줄 때의 매너 ★★

① 선 자세로 교환하고 테이블 위에 놓고 손으로 미는 것은 예의에 어긋난다.
② 정중하게 인사 후 회사명, 이름을 밝히고 두 손으로 건넨다.
③ 명함 동시 교환은 부득이한 경우가 아니면 실례이다. 가능하면 먼저 두 손으로 받은 다음 자신의 명함을 건넨다.
④ 윗사람과 함께 명함을 건넬 경우 윗사람이 건넨 다음 건넨다.
⑤ 상대방이 두 사람 이상일 경우 직급이 높은 사람에게 먼저 건넨다.

5) 명함 받을 때의 매너 ★★

① 명함을 받으면 반드시 자신의 명함을 준다.
② 보고 읽기 어려운 영어나 한자는 그 자리에서 바로 확인한다.
③ 다시 한 번 상대방의 부서, 직위, 성명 등을 확인한다.
④ 명함을 받은 즉시 명함꽂이에 꽂거나 아무 곳에 방치, 낙서하는 것은 실례이다.
⑤ 일어선 채로 두 손으로 받고 명함 받은 손이 허리 아래로 내려가지 않도록 한다.

6) 명함 매너 유의 사항 ★★

① 훼손된 명함이나 지저분한 명함은 건네지 않는다.
② 명함을 거꾸로 건네지 않는다.

③ 인사와 자기소개 없이 명함만 건네지 않는다.

④ 명함을 찾는 데 상대를 오래 기다리지 않게 한다.

7) 우리나라의 명함의 구성요소 ★★★

① 사각형 순 백지에 깔끔하게 인쇄하는 것이 기본이다.

② 남녀 성별에 따라 별도의 명함 크기와 모양에 차이를 두지 않는 것이 일반적이다.

③ 주로 많이 사용되는 명함의 규격은 90mm * 50mm이다.

④ 이름과 직함은 물론 직장 주소와 휴대전화 및 직장 전화번호, 팩스 번호를 각각 기입하여 제작하는 것이 일반적이다.

⑤ 이메일 주소는 이름 머리글자와 성을 조합하여 만드는 것이 일반적이다.

(3) 악수 매너

1) 의미

① 상호간 친근한 정을 표현하는 것으로 관계 형성을 위한 중요한 행위이다.

② 서양에서는 악수를 사양하는 것은 실례로 간주하므로 바른 자세와 표정으로 악수하는 것이 중요하다.

③ 손에 무기를 지니지 않음을 보여줌으로써 화해와 평화의 제스처라는 유래가 있다.

④ 친근감을 표시하며 마음의 문을 여는 의미가 있으므로 미소를 띠며 마음에서 우러나오는 태도를 취해야 한다.

2) 순서 ★★

① 손윗사람이 손아랫사람에게 먼저 악수한다.

② 여성이 남성에게 먼저 악수한다.

③ 기혼자가 미혼자에게 먼저 악수한다.

④ 선배가 후배에게 먼저 악수한다.

⑤ 상급자가 하급자에게 먼저 악수한다.

⑥ 왕, 대통령, 왕족, 성직자는 예외이다.

⑦ 남성은 반드시 일어서는 것이 예의이며, 여성은 앉은 채로 악수를 받아도 된다.

3) 방법 ★★

① 오른손으로 하는 것이 원칙이다. (단, 부상이나 장애가 있을 경우 왼손으로 함)

② 남성은 반드시 일어서서, 여성은 앉아서 해도 무방하다.

③ 적당한 악력, 적당한 높이로 흔든다.

④ 여성의 경우, 먼저 악수를 청하는 것이 에티켓이며 장갑은 벗지 않아도 된다. (단, 청소용, 승마용 장갑은 제외)

⑤ 악수를 하며 절을 하거나 두 손으로 감쌀 필요는 없다.

⑥ 당당한 자세로 허리를 곧게 펴고 악수한다. (왕, 대통령 예외)

⑦ 오른손에 가방을 들고 있었다면 왼손으로 바꿔 들고 악수한다.

⑧ 상대방의 눈을 보고 미소 띤 얼굴로 '눈-손-눈(3점법)'의 순으로 시선을 본다.

참고

○ **악수의 5대 원칙** ★★★
· 미소(Smile), 눈맞춤(Eye-Contact), 리듬(Rhythm), 적당한 힘(Power), 적당한 거리(Distance)

○ **악수 시 유의 사항**
· 손가락 장난은 하지 않는다.
· 손을 너무 세게 쥐거나 힘이 없는 악수(Dead Fish Hand Shaking)는 하지 않는다.
· 다른 손을 주머니에 넣고 악수하지 않는다.

2. 손님맞이 방법

(1) 손님맞이의 중요성 ★

① 좋은 인상 : 기업의 첫인상을 결정하는 것은 고객이 처음 만나는 직원이다.

② 거래 호전 : 직원의 품격있는 매너는 비즈니스에서 좋은 인상을 주어 거래를 호전시킨다.

③ 회사 성과 : 거래가 호전되면 회사의 성과에 영향을 준다.

(2) 손님 맞이의 기본

자세	가슴을 펴고 머리, 목, 등이 일직선이 되도록 하여 능동적인 자세를 취한다.
표정	반가움이 나타날 수 있도록 밝고 자연스러운 표정 연출을 한다.
시선	고객과 눈을 맞추고 다른 곳에 시선을 오래 두지 않도록 한다.
대화	정확하고 부드러운 말씨로 응대하고 적절한 호칭, 경어를 사용한다.
복장	깔끔하고 준비된 복장으로 자신감을 표현한다.

(3) 손님맞이 방법

① 방문객 맞이 시 하던 일을 멈추고 즉시 일어나 공손히 인사한다.

② 방문객의 이름과 용건을 확인하여 능동적으로 돕고자 하는 마음을 전달한다.

③ 선약이 된 방문객은 인사를 한 후 약속대로 안내하고, 중요한 고객은 해당 부서에 미리 알린다.

④ 선약이 되지 않은 방문객은 고객의 용건 확인 후 보고하고 신속히 안내한다. 중요한 고객은 신속하게 상사에게 연락 후 지시를 기다리고, 면회 거절을 해야 할 경우 침착한 태도로 정중하게 거절한다.

⑤ 만나고자 하는 사람이 부재중일 경우, 미안한 마음을 전달하고 면담 가능 시간이나 상황 등의 정보를 전달한다.

⑥ 방문객을 기다리게 할 경우, 양해를 구하고 자리를 내어 앉아 기다릴 수 있도록 돕고 기다리는 시간이 지루하지 않도록 음료 제공 또는 책자, 신문, 잡지 등의 볼거리를 제공한다.

⑦ 방문객이 짐이 있거나 몸이 불편한 경우, 신속하게 도움을 주고 자리에 앉아 편안한 상태가 되도록 한다.

 참고

○ **화난 손님 응대 방법**

· 화가 난 손님을 바로 상사에게 연결하지 않기
· 손님 입장에서 화가 난 이유 이해하기
· 손님 이야기를 충분히 들어 주기
· 문제를 해결할 수 있는 책임자에게 의뢰하기

3. 안내법과 손님맞이 방법

(1) 안내 매너

1) 방문객 안내 ★★

① 방문객보다 두서너 걸음 앞에서 안내를 한다.

② 방문객에게 등을 보이지 않고 30도 정도 대각선 방향에서 안내한다.

③ 안내 시선은 고개와 함께 움직이고 어깨를 펴고 등을 굽히지 않는다.

④ 팔은 45도 정도 위치로 들고 손가락은 가지런히 펴며 엄지손가락을 벌리지 않고 손바닥을 위쪽으로 해서 안내한다.

⑤ 복잡한 곳이나 모퉁이에서 구두로 미리 안내하여 손님이 당황하지 않도록 한다.

⑥ 손님과 보조를 맞추어 가끔 뒤돌아 보면서 손님이 따라오는 정도를 확인한다.

2) 복도 안내 ★

① 방문객보다 두서너 걸음 앞에서 안내를 한다.

② 지나다니는 사람을 고려하여 한 방향으로 안내한다.

③ 모퉁이를 돌 때는 구두로 미리 안내 후 손으로 방향을 안내하는데 이때 손가락 사이가 벌어지지 않도록 주의한다.

3) 계단 안내 ★

① 계단을 오를 경우는 방문객이 앞서 가도록 하며, 내려갈 때는 방문객보다 안내자가 앞서서 내려간다.

② 스커트 차림의 여성을 안내할 경우 계단을 오를 경우 남성이 먼저, 내려올 경우 여성이 먼저 내려간다.

③ 계단에 난간이 있을 경우 방문객이 난간의 손잡이를 잡도록 배려한다.

④ 나란히 걸을 경우 방문객이나 연장자가 오른쪽에 서도록 한다.

⑤ 연장자, 상급자가 중앙에 서도록 한다.

4) 에스컬레이터 안내 ★

① 방문객을 먼저 타게 하고 안내자가 뒤따르도록 한다.

② 안전에 유의하며 손잡이를 잡도록 배려한다.

5) 엘리베이터 안내 ★★

① 타기 전 미리 가는 층을 알려준다.

② 승무원이 있을 때는 방문객보다 나중에 타고, 내릴 때는 방문객보다 먼저 내린다.

③ 승무원이 없을 때는 버튼 조작을 위해 방문객보다 먼저 타고, 내릴 때는 방문객보다 나중에 내린다.

④ 목적지를 잘 알고 있는 상사나 여성과 동행할 때는 상사나 여성이 먼저 타고 내린다.

⑤ 휴대폰을 사용하거나 큰 소리로 떠들어서는 안 된다.
⑥ 엘리베이터 안이 복잡한 경우 버튼 앞에 선 사람에게 "○층 부탁합니다."라고 정
   중히 부탁한다.

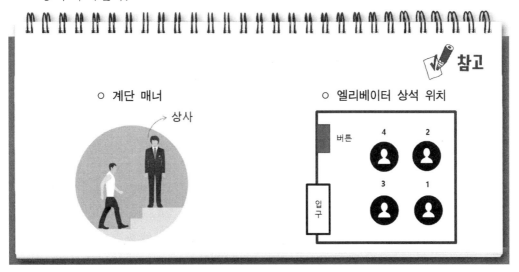

○ 계단 매너 ← 상사

○ 엘리베이터 상석 위치

6) 문에서 안내 ★

① 문이 당겨서 열리는 문 : 손잡이를 잡고 열어 방문객이 먼저 안으로 들어가도록
   안내한다.
② 문이 밀어서 열리는 문 : 안내자가 먼저 문을 열고 들어가서 방문객이 안으로
   들어오도록 안내한다.
③ 미닫이 문 : 들어가고 나올 때 모두 안내자가 문을 열고, 방문객이 먼저 들어가
   고 나오게 안내한다.
④ 회전문 : 먼저 방문객을 들어가게 하고, 안내자는 뒤에서 회전문을 밀어주며 들
   어간다.

7) 응접실 안내 ★

① 방문객이 응접실에 도착하면 "이 곳입니다"라고 말하고 들어간다.
② 방문객의 직위, 중요도에 따라 상석의 위치를 파악한 후 안내한다.

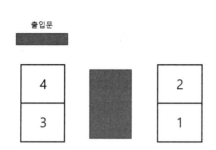

○ **응접실 상석 위치**

· 상석 : 가장 편하고 쾌적하게 여길 수 있는 곳
· 일반적인 상석의 기준 : 입구에서 먼 곳, 경치가 좋은 곳, 그림이 보이는 곳, 비좁지 않고 넉넉한 곳, 소음이 적은 곳, 상사의 자리가 정해져 있는 경우 상사와 가까운 자리나 오른 편, 응접세트인 경우 긴 의자의 깊숙한 곳

8) 교통수단 안내 ★★

① 승용차
 ㉠ 운전사가 있는 경우 : 뒷줄 운전사와 대각선 좌석이 상석, 운전사 옆 좌석이 말석
 ㉡ 운전사가 없는 경우 : 운전사 옆좌석이 상석, 뒷줄 가운데가 말석
② 열차
 ㉠ 상석 : 열차 진행 방향으로 밖을 볼 수 있는 창가 좌석
 ㉡ 차석 : 상석을 마주보는 좌석
 ㉢ 말석 : 통로 쪽 좌석
③ 비행기
 ㉠ 상석 : 비행기 밖을 볼 수 있는 창가 좌석
 ㉡ 차석 : 통로 쪽 좌석
 ㉢ 말석 : 가운데 불편한 좌석

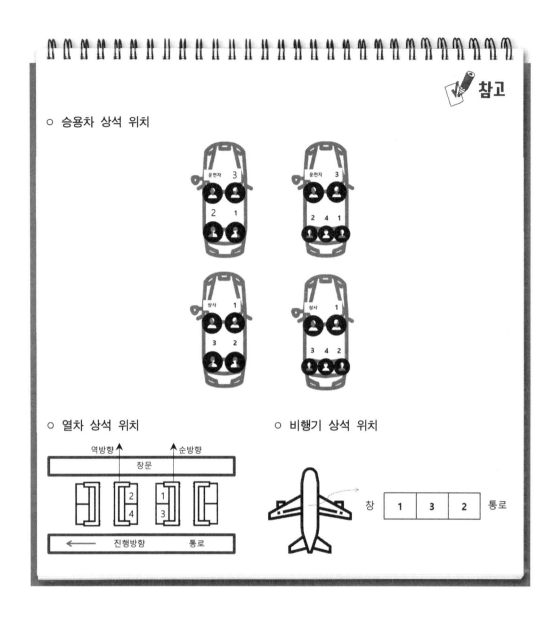

참고

○ 승용차 상석 위치

○ 열차 상석 위치

○ 비행기 상석 위치

4. 접객 자세와 지시 동작

(1) 접객 자세

1) 서있는 자세

① 등, 허리와 가슴을 펴서 일직선이 되게 한다.

② 표정은 밝게 하고 시선은 상대방의 얼굴을 보고 턱은 살짝 당긴다.

③ 여성은 오른손을 위로, 남성은 왼손을 위로 한다.

④ 발꿈치는 붙이고 발은 30°정도 V자로 벌린다.
⑤ 몸이 기울어지지 않도록 몸의 균형을 유지한다.

2) 걷는 자세

① 등과 가슴을 곧게 펴고 어깨는 수평으로 유지하며 어깨의 힘을 뺀다.
② 무릎을 곧게 펴고 배에 힘을 주어 중심을 허리에 둔다.
③ 손은 가볍게 주먹을 쥐고 팔은 적당히 흔든다.
④ 발뒤꿈치 → 발바닥 → 발끝의 순서로 지면에 닿게 걷고 착지한 발의 무릎은 편다.
⑤ 밝은 표정으로 활기차게 걷는다.
⑥ 무릎 부분이 스치는 느낌이 들고 벌어지지 않도록 일직선으로 걷는다.

3) 앉은 자세

① 의자 왼편에 서 있다가 의자 등을 오른손으로 잡아 당겨 확인 후 앉는다.
② 왼발을 앞으로 내딛고 체중을 의자 쪽으로 옮긴 후 의자 앞으로 오른쪽 발을 내딛어 왼발을 오른쪽 발로 옮겨 붙이고 앉는다.
③ 여자는 오른쪽으로 치마 뒤를 정리하여 앉고, 두 손은 무릎 위에 놓고 무릎을 붙여 한쪽 방향으로 모은다.
④ 남자는 두 손을 무릎 위에 놓고 다리를 약간 벌려 앉는다.
⑤ 등과 등받이 사이는 주먹 하나가 들어갈 정도록 간격을 두고 되도록 깊숙이 앉는다.
⑥ 고개는 반듯하게 하고 턱은 당기고, 입은 다물며, 몸 전체의 힘을 빼고 표정은 편안히 한다.

(2) 지시 동작

1) 방향 안내 자세

① 미소 띤 밝은 표정과 상냥한 음성으로 안내의 말을 한다.
② 삼점법 : 상대방과 눈을 맞추고 가리키는 방향을 손과 함께 본 후 다시 상대방의 눈을 본다.
③ 손가락을 붙이고, 손목이 꺾이지 않게 한다.
④ 손바닥이나 손등이 정면으로 보이지 않게 45도 각도로 눕혀 가리킨다.
⑤ 오른쪽을 가리킬 때는 오른손, 왼쪽을 가리킬 때는 왼손을 사용한다.

⑥ 상대의 입장에서 정확하게 안내하고 바른 방향을 향하는지 지켜보는 여유를 가
진다.

2) 물건 수수 자세

① 물건을 건넬 때는 가슴과 허리 사이의 위치에서 주고 받는다.
② 양손으로 건네고 받는 것이 좋지만 작은 물건일 경우 한 손을 다른 손으로 받
쳐 공손히 건넨다.
③ 받는 사람 입장에서 글자 방향이 상대방을 향하도록 하고, 펜이나 가위 등은 바
로 사용할 수 있는 방향으로 건넨다.

○ 에드워드 홀의 공간적 영역 ★★★
· 친밀한 거리 : 0~45cm
  연인이나 친구, 부모에게 안겨 있는 어린 아이와 같은 친밀감이 느껴지는 거리
· 개인적 거리 : 45cm~2m
  근접영역(45cm~1m) : 각종 파티에서 편안하게 이야기할 수 있고 파트너와 쉽게 접촉 가
                    능한 거리
  원접영역(1m~2m) : 접촉 없이 비교적 사적인 이야기를 주고받는 거리
· 사회적 거리 : 2m~6m
  근접영역(2m~3.5m) : 서비스맨이 고객과 대면 업무를 할 때 이용하는 거리
  원접영역(3.5m~6m) : 공식적 사업이나 사회적 상호 작용에 주로 사용하는 거리로 동료들
                    간의 일상적 이야기를 나눌 때나 개방적 사무실 환경에서 작업할
                    때 유용
· 대중적 거리 : 6m~10m
  근접영역(6m) : 교실 수업 같이 원접영역보다 상대적으로 비공식적 모임에서 사용되는
              거리
  원접영역(10m) : 정치가나 명사들의 연설에서 많이 사용하는 거리

5. 비즈니스 네티켓

(1) 개념

1) 정의

① 네트워크(Network)와 에티켓(Etiquette)의 합성어로 네티즌들이 네트워크를 사용하면서 지키고 갖추어야 할 예의범절이다.
② 가상공간도 넓은 의미에서는 사회의 일부분이기 때문에 실제 사회생활과 마찬가지로 가상공간에서의 에티켓이 필요하다.

2) 네티켓의 기본 원칙 ★

① 다른 사람의 시간과 사생활을 존중한다.
② 전문적인 지식을 공유하고 자신의 권력을 남용하지 않는다.
③ 토론을 할 때는 감정을 절제하고 다른 사람의 실수를 용서한다.
④ 실제 생활과 똑같은 기준과 행동을 준수하고, 접속한 곳의 성격과 문화에 따라 행동한다.

(2) 네티즌 윤리 강령 ★

1) 기본 정신

① 인터넷 공간의 주체는 인간이다.
② 인터넷 공간은 공동체의 열린 공간이다.
③ 인터넷 공간의 모든 사용자는 평등하다.
④ 항상 네티즌 스스로 올바르게 사용하고 행동해야 한다.

2) 행동 강령

① 인권, 타인 사생활, 타인 정보, 개인 정보, 지적 재산권을 보호하고 존중한다.
② 건전한 정보만 취급하고 바이러스 유포, 해킹 등 불법적 행동을 하지 않는다.
③ 가급적 실명과 바른 언어를 사용하고 비속어나 욕설을 자제한다.
④ 사이버 공간에 대한 자율적 감시, 비판 활동에 적극 참여하고 건전한 네티즌 문화를 조성한다.

(3) 커뮤니티 관련 네티켓 ★

1) 이메일 네티넷

① 용건은 쉽고 간단히 보낸다.
② 용량이 큰 파일은 반드시 압축하여 최소한의 크기로 첨부한다.
③ 수신자의 주소는 정확히 확인 후 발송한다.
④ 첨부파일은 꼭 필요한 경우에만 발송한다.
⑤ 내용을 쉽게 알 수 있도록 간단한 제목을 쓴다.
⑥ 서두에 발신인을 정확히 밝힌다.
⑦ 욕설 등의 메일은 발송하지 않는다.
⑧ 수신 후 24시간 이내에 빠르게 회신한다.

2) 자료실 네티켓

① 불법파일과 음란물은 올리지 않는다.
② 항상 업로드와 다운로드 전 바이러스 체크를 한다.
③ 파일은 압축해서 용량을 줄인다.
④ 자료 제공자는 이름을 정확히 밝힌다.
⑤ 유익한 자료를 받으면 올린 사람에게 감사 메일을 보낸다.

3) 게시판 네티켓

① 내용은 짧고 명확하게 쓴다.
② 내용에 알맞는 제목을 붙인다.
③ 사실과 다른 내용과 타인을 비난하는 글은 올리지 않는다.
④ 동일한 글을 여러 번 올리지 않고 태그 사용을 자제한다.
⑤ 문법에 맞는 표현과 바른 맞춤법을 사용한다.

4) 채팅 및 SNS 네티켓

① 입장과 종료 시 인사를 하고 상대방 호칭은 '~님'을 사용한다.
② 주제에 맞는 대화를 하고 상대방에게 불쾌감을 주는 불건전한 대화는 하지 않는다.
③ 바른 언어와 상대방을 존중하고 배려하는 언어를 사용한다.
④ 사이버 공간에서도 진실을 이야기하고 인터넷 상의 대화 상대를 함부로 만나지 않는다.

⑤ 정치, 종교, 금전 등의 민감한 이슈로 논쟁하는 것을 삼가고 다른 의견을 존중
한다.

6. 이문화 이해

(1) 글로벌 매너의 중요성

1) 세계화 및 국제화

세계경제는 세계화와 국제화가 진행되고 있기 때문에 세계 여러 나라의 다양한 방
식을 인정하고 이해하는 것은 글로벌 매너의 출발점이다.

2) 원만한 인간관계의 기초

다국적 문화와 사회가 되면서 기본적인 매너는 서로를 배려하기 위한 노력이며 원
만한 인간관계를 위한 기초가 되기 때문에 세련된 글로벌 비즈니스 매너의 습득이
필요하다.

3) 민간외교

국제 비즈니스 매너는 국가를 대신하는 민간외교이며, 이문화를 이해하고 비즈니스
상에서 유연함을 발휘한다면 글로벌 인재로 거듭날 수 있다.

(2) 국가별 비즈니스 매너

태국	불교국가로 불상, 승려 신성시 사찰 출입시 반바지 차림 자제 머리를 신성시 하기 때문에 다른 사람의 머리를 함부로 만져서는 안됨
말레이시아, 인도네시아	머리를 신성시 하기 때문에 다른 사람의 머리를 함부로 만져서는 안됨 남에게 물건을 건네거나 받을 때 오른손을 사용 돼지고기와 술을 찾으면 안됨
중동	남에게 물건을 건네거나 받을 때 오른손을 사용 돼지고기와 술을 찾으면 안됨 말없이 상대방 손을 다정히 잡는 행위는 우정과 존경의 표시
홍콩	시계는 죽음의 상징이므로 시계 선물 금지

중국	자기가 사용한 젓가락으로 음식을 집어 주는 것을 아무렇지 않게 생각함
	청색과 백색은 장례식 색깔이기 때문에 사용 자제
	박쥐는 행운을 전해 주는 동물
멕시코	인디언들은 사진 찍으면 혼을 빼간다고 생각하므로 촬영할 때 신중
미국	인종 문제를 화제로 올리는 것은 피해야 함
	말없이 상대방 손을 다정히 잡는 행위는 동성애의 의미
아랍	구두 밑창을 보이는 것은 불쾌감의 표시
유럽	엄지손가락을 코 끝에 대면 남을 비웃는 의미
인도	소를 신성시하기 때문에 쇠고기를 먹지 않음
일본	밥그릇은 왼손으로 들고 먹고 젓가락만 사용하며 개인 그릇에 덜어 먹음
	짝으로 된 것이 행운을 준다고 믿기 때문에 짝으로 된 세트 선물을 준비하는 것이 좋음

7. 국제 비즈니스 에티켓

(1) 레스토랑 매너 ★★

1) 기본 매너

① 좋은 자리를 확보하기 위해 반드시 사전에 충분한 시간을 두고 예약한다. 예약할 때는 예약자 이름, 연락처, 이용 일시, 인원, 식사 목적을 미리 알려준다.

② 정장 복장 착용을 원칙으로 하며 입장 전 화장실에 가서 손을 씻고 복장을 단정히 한 후 입장한다.

③ 입장 시 남성은 여성을 앞세우며 입구에서 예약자명을 밝히고 종업원의 지시를 받는다.

④ 종업원이 가장 먼저 의자를 권하는 곳이 상석이므로 일행 중 가장 직위가 높은 사람, 연장자, 여성이 착석할 수 있도록 한다.

2) 식사 중 매너

① 식사에서 모든 행동은 주빈을 중심으로 이루어지도록 하고 메뉴를 정할 때는 손님이 먼저 정하도록 한다.

② 식탁에 음식이 떨어졌을 때에는 당황하지 말고 음식을 집어 접시 한쪽 위에 둔다.

③ 식사 중 기침을 할 경우, 냅킨 대신 손 또는 손수건을 사용하여 입을 가린다.

④ 상대의 식사 속도에 맞추어 식사하고, 음식은 조금씩 먹으며 원활한 대화를 한다.

⑤ 빵은 손으로 집어 먹기 때문에 손으로 귀, 코, 머리 등을 만지지 않고, 큰 소리
  나 크게 웃는 것은 피하도록 한다.
⑥ 식사 중 다리를 포개거나 트림, 소리내어 음식을 씹는 것, 이쑤시개를 사용하는
  것은 예의에 어긋난다.

3) 식사 후 매너

① 식사 후 냅킨을 접어 테이블 위에 올려 놓는다.
② 식사 후 냅킨을 의자 위에 놓지 않도록 주의한다.

4) 계산 방법

① 계산은 적당한 때에 앉아서 하고 남성이 하는 것이 원칙이다.
② 여성이 초대한 식사일 경우, 남성에게 돈을 미리 건네 대신하게 한다.
③ 팁은 계산을 마치고 영수증을 받을 때 지불하고 식사 금액의 약 10~25%를 지
  불한다.

5) 테이블 매너 ★★

① 기본 매너
  ㉠ 서비스 요청 시 웨이터 시선을 기다렸다가 가볍게 손짓으로 신호를 보내고
    큰소리로 부르거나 손뼉을 치는 것은 실례이다.
  ㉡ 본인이 먹은 접시 위치를 움직이거나 포개어 놓는 것은 삼가한다.
  ㉢ 여성은 화장을 할 때 화장실을 이용한다.
  ㉣ 식사 중 흡연은 하지 않는다.
② 냅킨 사용법
  ㉠ 냅킨은 주빈이 먼저 들면 함께 들어 무릎 위에 두고 목에 두르지 않으며, 입
    을 닦거나 핑거볼 사용 후 물기를 닦을 때 사용한다.
  ㉡ 식사 중 냅킨이 바닥에 떨어진 경우 스스로 줍지 않고 웨이터를 불러 새 것
    을 요청하여 사용한다.
  ㉢ 식사 중 악수할 경우, 음식을 삼킨 후 냅킨을 왼손으로 들고 일어나 악수한다.
  ㉣ 식사 중 자리를 비울 때는 의자 뒤쪽에 냅킨을 걸고 의자 왼쪽으로 일어난다.
③ 나이프, 포크 사용법
  ㉠ 중앙 접시를 중심으로 오른쪽에 나이프, 왼쪽에 포크가 놓인다. 나이프는 오
    른손, 포크는 왼손으로 잡는다.
  ㉡ 나이프와 포크는 각 3개씩 놓이며 바깥쪽부터 코스에 따라 순서대로 사용한다.

ⓒ 나이프 날은 자기 쪽, 포크는 등을 위쪽으로 향하게 하고 접시와 부딪쳐 소리를 내지 않도록 한다.

ⓔ 식사 중에는 포크와 나이프를 접시 위에 八자 모양으로, 식사 종료 후에는 접시 중앙의 오른쪽에 포크와 나이프를 비스듬히 나란히 놓는다.

ⓜ 나이프에 음식이 묻었을 경우, 입에 가져가는 일은 예의에 어긋나므로 가급적 삼가는 것이 좋다.

ⓗ 나이프나 포크가 떨어졌을 때는 본인이 줍지 말고 웨이터를 불러 가져가도록 한다.

○ **포크와 나이프의 위치(식사 중과 완료)**

[식사 중]

[식사 후]

④ 핑거볼 사용법

  ㉠ 손가락 끝을 담근 후 냅킨으로 닦는다.

  ㉡ 손으로 먹는 음식이 나올 때 제공되며 레몬을 띄워 나온다.

⑤ 와인잔과 물잔 사용법

  ㉠ 왼쪽에서 오른쪽으로 식전주, 와인잔, 물잔이 일자형으로 나오므로 바깥쪽에 놓인 잔부터 사용한다.

  ㉡ 와인잔이 먼저 놓일 경우 와인이 식욕을 돋우기 때문이므로 식사 중 물은 자제하는 것이 좋다.

(2) 비즈니스 상담 에티켓

1) 방문 약속

① 방문 목적을 자세하게 설명하고 시간을 충분히 가지고 상담할 수 있도록 부탁한다.

② 상담 장소는 가능하면 상대방의 사무실에서 진행하고 약속한 시간을 엄수한다.
(약속 시간 10분 전 도착)
③ 상담일자 약속은 전화나 팩스로 하고, 약속 장소가 현지이면 최소한 1주일 전, 하루 전에 재확인한다.

2) 상담 준비

① 현지에 도착해 방문할 회사의 위치, 시간을 사전에 재확인한다.
② 회사 위치는 지도를 통해 미리 알아두고 숙소에서의 소요시간을 확인한다.
③ 상담 전 필요 준비물(명함, 소개자료 등)을 재확인하고 정확한 목적과 주제를 요약, 정리한다.
④ 예상 질문에 대한 답을 미리 준비해 실제 상담 시 잘 대처할 수 있도록 한다.

3) 상담 시

① small talk로 분위기를 부드럽게 한 후 상담을 시작하고 목표를 정확히 정하고 상담을 진행한다.
② 상대방의 말 도중에 끼어들지 않고 은어를 사용하지 않는다.
③ 상대방의 말에 경청하고 자신의 의사를 정확히 표현한다.
④ 상담 마무리 시에는 요점을 요약 후 문서로 작성하여 공유한다.

제5절　소비자기본법

 핵심 출제 포인트

· 최신 법령을 암기해야 하는 부분이고 용어가 매우 어려우므로 여러 번 읽고 숙지하는 것이 반드시 필요합니다.
· 밑줄로 따로 표시한 부분은 반드시 암기하고, 특히 조직구성과 관련된 부분은 이미지화하여 기억하도록 합시다.

1. 소비자기본법 총칙(제1장)

[시행 2019. 7. 1.] [법률 제16178호, 2018. 12. 31., 일부개정]

(1) 목적(제1조)

이 법은 소비자의 권익을 증진하기 위하여 소비자의 권리와 책무, 국가·지방자치단체 및 사업자의 책무, 소비자단체의 역할 및 자유시장경제에서 소비자와 사업자 사이의 관계를 규정함과 아울러 소비자정책의 종합적 추진을 위한 기본적인 사항을 규정함으로써 소비생활의 향상과 국민경제의 발전에 이바지함을 목적으로 한다.

(2) 정의(제2조) ★★★

1) "소비자"라 함은 사업자가 제공하는 물품 또는 용역(시설물을 포함한다. 이하 같다)을 소비생활을 위하여 사용(이용을 포함한다. 이하 같다)하는 자 또는 생산활동을 위하여 사용하는 자로서 대통령령이 정하는 자를 말한다.

2) "사업자"라 함은 물품을 제조(가공 또는 포장을 포함한다. 이하 같다)·수입·판매하거나 용역을 제공하는 자를 말한다.

3) "소비자단체"라 함은 소비자의 권익을 증진하기 위하여 소비자가 조직한 단체를 말한다.

4) "사업자단체"라 함은 2 이상의 사업자가 공동의 이익을 증진할 목적으로 조직한 단체를 말한다.

2. 소비자의 권리와 책무(제2장)

(1) 소비자의 기본적 권리 : 소비자의 8대 권리(제4조) ★★★

1) 물품 또는 용역(이하 "물품 등"이라 한다)으로 인한 생명·신체 또는 재산에 대한 위해로부터 보호받을 권리
2) 물품 등을 선택함에 있어서 필요한 지식 및 정보를 제공받을 권리
3) 물품 등을 사용함에 있어서 거래상대방·구입장소·가격 및 거래조건 등을 자유로이 선택할 권리
4) 소비생활에 영향을 주는 국가 및 지방자치단체의 정책과 사업자의 사업활동 등에 대하여 의견을 반영시킬 권리
5) 물품 등의 사용으로 인하여 입은 피해에 대하여 신속·공정한 절차에 따라 적절한 보상을 받을 권리
6) 합리적인 소비생활을 위하여 필요한 교육을 받을 권리
7) 소비자 스스로의 권익을 증진하기 위하여 단체를 조직하고 이를 통하여 활동할 수 있는 권리
8) 안전하고 쾌적한 소비생활 환경에서 소비할 권리

(2) 소비자의 책무(제5조) ★★

1) 소비자는 사업자 등과 더불어 자유시장경제를 구성하는 주체임을 인식하여 물품 등을 올바르게 선택하고, 제4조의 규정에 따른 소비자의 기본적 권리를 정당하게 행사하여야 한다.
2) 소비자는 스스로의 권익을 증진하기 위하여 필요한 지식과 정보를 습득하도록 노력하여야 한다.
3) 소비자는 자주적이고 합리적인 행동과 자원절약적이고 환경친화적인 소비생활을 함으로써 소비생활의 향상과 국민경제의 발전에 적극적인 역할을 다하여야 한다.

3. 국가·지방자치단체의 책무(제3장) ★★

(1) 국가 및 지방자치단체의 책무(제6조)

1) 관계 법령 및 조례의 제정 및 개정·폐지
2) 필요한 행정조직의 정비 및 운영 개선
3) 필요한 시책의 수립 및 실시
4) 소비자의 건전하고 자주적인 조직활동의 지원·육성

(2) 지방행정조직에 대한 지원(제7조)

국가는 지방자치단체의 소비자권익과 관련된 행정조직의 설치·운영 등에 관하여 대통령령이 정하는 바에 따라 필요한 지원을 할 수 있다.

(3) 위해의 방지(제8조)

1) 국가는 사업자가 소비자에게 제공하는 물품 등으로 인한 소비자의 생명·신체 또는 재산에 대한 위해를 방지하기 위하여 다음 각 호의 사항에 관하여 사업자가 지켜야 할 기준을 정하여야 한다.
   ① 물품 등의 성분·함량·구조 등 안전에 관한 중요한 사항
   ② 물품 등을 사용할 때의 지시사항이나 경고 등 표시할 내용과 방법
   ③ 그 밖에 위해방지를 위하여 필요하다고 인정되는 사항
2) 중앙행정기관의 장은 제1항의 규정에 따라 국가가 정한 기준을 사업자가 준수하는지 여부를 정기적으로 시험·검사 또는 조사하여야 한다.

(4) 계량 및 규격의 적정화(제9조)

1) 국가 및 지방자치단체는 소비자가 사업자와의 거래에 있어서 계량으로 인하여 손해를 입지 아니하도록 물품 등의 계량에 관하여 필요한 시책을 강구하여야 한다.
2) 국가 및 지방자치단체는 물품 등의 품질개선 및 소비생활의 향상을 위하여 물품 등의 규격을 정하고 이를 보급하기 위한 시책을 강구하여야 한다.

(5) 표시의 기준(제10조)★★★

1) 국가는 소비자가 사업자와의 거래에 있어서 표시나 포장 등으로 인하여 물품 등을 잘못 선택하거나 사용하지 아니하도록 물품 등에 대하여 다음 각 호의 사항에 관한 표시기준을 정하여야 한다.
   ① 상품명·용도·성분·재질·성능·규격·가격·용량·허가번호 및 용역의 내용
   ② 물품등을 제조·수입 또는 판매하거나 제공한 사업자의 명칭(주소 및 전화번호를 포함한다) 및 물품의 원산지
   ③ 사용방법, 사용·보관할 때의 주의사항 및 경고사항
   ④ 제조연월일, 품질보증기간 또는 식품이나 의약품 등 유통과정에서 변질되기 쉬운 물품은 그 유효기간
   ⑤ 표시의 크기·위치 및 방법

⑥ 물품 등에 따른 불만이나 소비자피해가 있는 경우의 처리기구(주소 및 전화
번호를 포함한다) 및 처리방법

⑦ 「장애인차별금지 및 권리구제 등에 관한 법률」 제20조에 따른 시각장애인을
위한 표시방법

2) 국가는 소비자가 사업자와의 거래에 있어서 표시나 포장 등으로 인하여 물품 등
을 잘못 선택하거나 사용하지 아니하도록 사업자가 제1항 각 호의 사항을 변경
하는 경우 그 변경 전후 사항을 표시하도록 기준을 정할 수 있다.

(6) 광고의 기준(제11조)

1) 용도 · 성분 · 성능 · 규격 또는 원산지 등을 광고하는 때에 허가 또는 공인된 내
용만으로 광고를 제한할 필요가 있거나 특정내용을 소비자에게 반드시 알릴 필
요가 있는 경우

2) 소비자가 오해할 우려가 있는 특정용어 또는 특정표현의 사용을 제한할 필요가
있는 경우

3) 광고의 매체 또는 시간대에 대하여 제한이 필요한 경우

(7) 거래의 적정화(제12조)

1) 국가는 사업자의 불공정한 거래조건이나 거래방법으로 인하여 소비자가 부당한
피해를 입지 아니하도록 필요한 시책을 수립 · 실시하여야 한다.

2) 국가는 소비자의 합리적인 선택을 방해하고 소비자에게 손해를 끼칠 우려가 있
다고 인정되는 사업자의 부당한 행위를 지정 · 고시할 수 있다.

3) 국가 및 지방자치단체는 약관에 따른 거래 및 방문판매 · 다단계판매 · 할부판
매 · 통신판매 · 전자거래 등 특수한 형태의 거래에 대하여는 소비자의 권익을
위하여 필요한 시책을 강구하여야 한다.

(8) 소비자에의 정보 제공(제13조)

1) 국가 및 지방자치단체는 소비자의 기본적인 권리가 실현될 수 있도록 소비자의
권익과 관련된 주요시책 및 주요결정사항을 소비자에게 알려야 한다.

2) 국가 및 지방자치단체는 소비자가 물품 등을 합리적으로 선택할 수 있도록 하기
위하여 물품등의 거래조건 · 거래방법 · 품질 · 안전성 및 환경성 등에 관련되는
사업자의 정보가 소비자에게 제공될 수 있도록 필요한 시책을 강구하여야 한다.

(9) 소비자의 능력 향상(제14조)

1) 국가 및 지방자치단체는 소비자의 올바른 권리행사를 이끌고, 물품 등과 관련된 판단능력을 높이며, 소비자가 자신의 선택에 책임을 지는 소비생활을 할 수 있도록 필요한 교육을 하여야 한다.
2) 국가 및 지방자치단체는 경제 및 사회의 발전에 따라 소비자의 능력 향상을 위한 프로그램을 개발하여야 한다.
3) 국가 및 지방자치단체는 소비자교육과 학교교육·평생교육을 연계하여 교육적 효과를 높이기 위한 시책을 수립·시행하여야 한다.
4) 국가 및 지방자치단체는 소비자의 능력을 효과적으로 향상시키기 위한 방법으로 「방송법」에 따른 방송사업을 할 수 있다.
5) 제1항의 규정에 따른 소비자교육의 방법 등에 관하여 필요한 사항은 대통령령으로 정한다.

(10) 개인정보의 보호(제15조)

1) 국가 및 지방자치단체는 소비자가 사업자와의 거래에서 개인정보의 분실·도난·누출·변조 또는 훼손으로 인하여 부당한 피해를 입지 아니하도록 필요한 시책을 강구하여야 한다.
2) 국가는 제1항의 규정에 따라 소비자의 개인정보를 보호하기 위한 기준을 정하여야 한다.

(11) 소비자분쟁의 해결(제16조)

1) 국가 및 지방자치단체는 소비자의 불만이나 피해가 신속·공정하게 처리될 수 있도록 관련기구의 설치 등 필요한 조치를 강구하여야 한다.
2) 국가는 소비자와 사업자 사이에 발생하는 분쟁을 원활하게 해결하기 위하여 대통령령이 정하는 바에 따라 소비자분쟁해결기준을 제정할 수 있다.
3) 제2항의 규정에 따른 소비자분쟁해결기준은 분쟁당사자 사이에 분쟁해결방법에 관한 별도의 의사표시가 없는 경우에 한하여 분쟁해결을 위한 합의 또는 권고의 기준이 된다.

(12) 시험·검사시설의 설치 등(제17조)

1) 국가 및 지방자치단체는 물품등의 규격·품질 및 안전성 등에 관하여 시험·검사 또는 조사를 실시할 수 있는 기구와 시설을 갖추어야 한다.

2) 국가·지방자치단체 또는 소비자나 소비자단체는 필요하다고 인정되는 때 또는 소비자의 요청이 있는 때에는 제1항의 규정에 따라 설치된 시험·검사기관이나 제33조의 규정에 따른 한국소비자원(이하 "한국소비자원"이라 한다)에 시험·검사 또는 조사를 의뢰하여 시험 등을 실시할 수 있다.

3) 국가 및 지방자치단체는 제2항의 규정에 따라 시험 등을 실시한 경우에는 그 결과를 공표하고 소비자의 권익을 위하여 필요한 조치를 취하여야 한다.

4) 국가 및 지방자치단체는 소비자단체가 물품 등의 규격·품질 또는 안전성 등에 관하여 시험·검사를 실시할 수 있는 시설을 갖출 수 있도록 지원할 수 있다.

5) 국가 및 지방자치단체는 제8조·제10조 내지 제13조 또는 제15조의 규정에 따라 기준을 정하거나 소비자의 권익과 관련된 시책을 수립하기 위하여 필요한 경우에는 한국소비자원, 국립 또는 공립의 시험·검사기관 등 대통령령이 정하는 기관에 조사·연구를 의뢰할 수 있다.

4. 사업자의 책무(제3장) ★★

(1) 소비자권익 증진시책에 대한 협력 등(제18조)

1) 사업자는 국가 및 지방자치단체의 소비자권익 증진시책에 적극 협력하여야 한다.

2) 사업자는 소비자단체 및 한국소비자원의 소비자 권익증진과 관련된 업무의 추진에 필요한 자료 및 정보제공 요청에 적극 협력하여야 한다.

3) 사업자는 안전하고 쾌적한 소비생활 환경을 조성하기 위하여 물품 등을 제공함에 있어서 환경친화적인 기술의 개발과 자원의 재활용을 위하여 노력하여야 한다.

4) 사업자는 소비자의 생명·신체 또는 재산 보호를 위한 국가·지방자치단체 및 한국소비자원의 조사 및 위해방지 조치에 적극 협력하여야 한다. 〈신설 2018. 12. 31.〉

(2) 사업자의 책무(제19조)

1) 사업자는 물품 등으로 인하여 소비자에게 생명·신체 또는 재산에 대한 위해가 발생하지 아니하도록 필요한 조치를 강구하여야 한다.

2) 사업자는 물품 등을 공급함에 있어서 소비자의 합리적인 선택이나 이익을 침해할 우려가 있는 거래조건이나 거래방법을 사용하여서는 아니 된다.

3) 사업자는 소비자에게 물품 등에 대한 정보를 성실하고 정확하게 제공하여야 한다.

4) 사업자는 소비자의 개인정보가 분실·도난·누출·변조 또는 훼손되지 아니하도록 그 개인정보를 성실하게 취급하여야 한다.

5) 사업자는 물품등의 하자로 인한 소비자의 불만이나 피해를 해결하거나 보상하여 야 하며, 채무불이행 등으로 인한 소비자의 손해를 배상하여야 한다.

(3) 소비자의 권익증진 관련기준의 준수(제20조)

1) 사업자는 제8조제1항의 규정에 따라 국가가 정한 기준에 위반되는 물품등을 제조·수입·판매하거나 제공하여서는 아니 된다.
2) 사업자는 제10조의 규정에 따라 국가가 정한 표시기준을 위반하여서는 아니 된다.
3) 사업자는 제11조의 규정에 따라 국가가 정한 광고기준을 위반하여서는 아니 된다.
4) 사업자는 제12조제2항의 규정에 따라 국가가 지정·고시한 행위를 하여서는 아니 된다.
5) 사업자는 제15조제2항의 규정에 따라 국가가 정한 개인정보의 보호기준을 위반하여서는 아니 된다.

(4) <u>소비자중심경영의 인증(제20조의2)</u> ★★★

1) 공정거래위원회는 물품의 제조·수입·판매 또는 용역의 제공의 모든 과정이 소비자 중심으로 이루어지는 경영(이하 "소비자중심경영"이라 한다)을 하는 사업자에 대하여 소비자중심경영에 대한 인증(이하 "소비자중심경영인증"이라 한다)을 할 수 있다.
2) 소비자중심경영인증을 받으려는 사업자는 대통령령으로 정하는 바에 따라 공정거래위원회에 신청하여야 한다.
3) 소비자중심경영인증을 받은 사업자는 대통령령으로 정하는 바에 따라 그 인증의 표시를 할 수 있다.
4) 소비자중심경영인증의 유효기간은 그 인증을 받은 날부터 3년으로 한다.
5) 공정거래위원회는 소비자중심경영을 활성화하기 위하여 대통령령으로 정하는 바에 따라 소비자중심경영인증을 받은 기업에 대하여 포상 또는 지원 등을 할 수 있다.
6) 공정거래위원회는 소비자중심경영인증을 신청하는 사업자에 대하여 대통령령으로 정하는 바에 따라 그 인증의 심사에 소요되는 비용을 부담하게 할 수 있다.
[본조신설 2017. 10. 31.]

(5) 소비자중심경영인증기관의 지정 등(제20조의4)

1) 공정거래위원회는 소비자중심경영에 관하여 전문성이 있는 기관 또는 단체를 대통령령으로 정하는 바에 따라 소비자중심경영인증기관(이하 "인증기관"이라 한

다)으로 지정하여 소비자중심경영인증에 관한 업무(이하 "인증업무"라 한다)를 수행하게 할 수 있다.

2) 인증업무를 수행하는 인증기관의 임직원은 「형법」 제129조부터 제132조까지의 규정을 적용할 때에는 공무원으로 본다.

3) 공정거래위원회는 인증기관이 다음 각 호의 어느 하나에 해당하는 경우에는 인증기관의 지정을 취소하거나 1년 이내의 기간을 정하여 업무의 정지를 명할 수 있다. 다만, 제1호 또는 제5호에 해당하면 그 지정을 취소하여야 한다.

1. 거짓이나 부정한 방법으로 지정을 받은 경우
2. 업무정지명령을 위반하여 그 정지기간 중 인증업무를 행한 경우
3. 고의 또는 중대한 과실로 제20조의2제7항에 따른 소비자중심경영인증의 기준 및 절차를 위반한 경우
4. 정당한 사유 없이 인증업무를 거부한 경우
5. 파산 또는 폐업한 경우
6. 그 밖에 휴업 또는 부도 등으로 인하여 인증업무를 수행하기 어려운 경우[본조신설 2017. 10. 31.]

(6) 소비자중심경영인증의 취소(제20조의4)

1) 공정거래위원회는 소비자중심경영인증을 받은 사업자가 다음 각 호의 어느 하나에 해당하면 그 인증을 취소할 수 있다. 다만, 제1호에 해당하면 그 인증을 취소하여야 한다.

1. 거짓이나 부정한 방법으로 소비자중심경영인증을 받은 경우
2. 제20조의2제7항에 따른 소비자중심경영인증의 기준에 적합하지 아니하게 된 경우
3. 소비자중심경영인증을 받은 후에 소비자의 생명·신체 또는 재산의 보호 등에 관한 법률로서 대통령령으로 정하는 법률을 위반하여 관계 중앙행정기관으로부터 시정명령 등 대통령령으로 정하는 조치를 받은 경우

② 공정거래위원회는 제1항제1호 또는 제3호에 따라 소비자중심경영인증이 취소된 사업자에 대하여 그 인증이 취소된 날부터 3년 이내의 범위에서 대통령령으로 정하는 기간 동안에는 소비자중심경영인증을 하여서는 아니 된다.[본조신설 2017. 10. 31.]

5. 소비자 정책의 추진체계(제4장)

(1) <u>소비자 정책의 수립, 기본 계획의 수립 등(제21조)</u> ★★★

1) 공정거래위원회는 제23조의 규정에 따른 소비자정책위원회의 심의·의결을 거쳐 <u>소비자정책에 관한 기본계획(이하 "기본계획"이라 한다)을 3년마다 수립하여야 한다.</u>

2) 기본계획에는 다음 각 호의 사항이 포함되어야 한다.

① 소비자정책과 관련된 경제·사회 환경의 변화

② 소비자정책의 기본방향

③ <u>다음 각 목의 사항이 포함된 소비자정책의 목표</u>

㉠ <u>소비자안전의 강화</u>

㉡ <u>소비자와 사업자 사이의 거래의 공정화 및 적정화</u>

㉢ <u>소비자교육 및 정보제공의 촉진</u>

㉣ <u>소비자피해의 원활한 구제</u>

㉤ <u>국제소비자문제에 대한 대응</u>

㉥ <u>그 밖에 소비자의 권익과 관련된 주요한 사항</u>

㉦ <u>소비자정책의 추진과 관련된 재원의 조달방법</u>

㉧ <u>어린이 위해방지를 위한 연령별 안전기준의 작성</u>

㉨ <u>그 밖에 소비자정책의 수립과 추진에 필요한 사항</u>

3) 공정거래위원회는 제23조의 규정에 따른 소비자정책위원회의 심의·의결을 거쳐 기본계획을 변경할 수 있다.

4) 기본계획의 수립·변경 절차 등에 관하여 필요한 사항은 대통령령으로 정한다.

(2) 시행계획의 수립(제22조)

1) 관계 중앙행정기관의 장은 기본계획에 따라 매년 10월 31일까지 소관 업무에 관하여 다음 연도의 소비자정책에 관한 시행계획(이하 "중앙행정기관별시행계획"이라 한다)을 수립하여야 한다.

2) 특별시장·광역시장·특별자치시장·도지사 또는 특별자치도지사(이하 "시·도지사"라 한다)는 기본계획과 중앙행정기관별시행계획에 따라 매년 11월 30일까지 소비자정책에 관한 다음 연도의 시·도별시행계획(이하 "시·도별시행계획"이라 한다)을 수립하여야 한다.

3) 공정거래위원회는 매년 12월 31일까지 중앙행정기관별시행계획 및 시·도별시행계획을 취합·조정하여 제23조의 규정에 따른 소비자정책위원회의 심의·의결을

거쳐 종합적인 시행계획(이하 "종합시행계획"이라 한다)을 수립하여야 한다.

4) 관계 중앙행정기관의 장 및 시·도지사는 종합시행계획이 실효성 있게 추진될 수 있도록 매년 소요비용에 대한 예산편성 등 필요한 재정조치를 강구하여야 한다.

5) 종합시행계획의 수립 및 그 집행실적의 평가 등에 관하여 필요한 사항은 대통령령으로 정한다.

(3) 소비자정책위원회의 설치(제23조) ★★

소비자의 권익증진 및 소비생활의 향상에 관한 기본적인 정책을 심의·의결하기 위하여 공정거래위원회에 소비자정책위원회(이하 "정책위원회"라 한다)를 둔다.

(4) 정책위원회의 구성(제24조) ★★

1) 정책위원회는 위원장 2명을 포함한 25명 이내의 위원으로 구성한다. 〈개정 2017. 10. 31.〉

2) 위원장은 국무총리와 소비자문제에 관하여 학식과 경험이 풍부한 자 중에서 대통령이 위촉하는 자가 된다.

3) 위원은 관계 중앙행정기관의 장 및 제38조의 규정에 따른 한국소비자원의 원장(이하 "원장"이라 한다)과 다음 각 호의 어느 하나에 해당하는 자 중에서 국무총리가 위촉하는 자가 된다.

  1. 소비자문제에 관한 학식과 경험이 풍부한 자

  2. 제29조의 규정에 따라 등록한 소비자단체(이하 "등록소비자단체"라 한다) 및 대통령령이 정하는 경제단체에서 추천하는 소비자대표 및 경제계대표

4) 제2항의 규정에 따른 위촉위원장 및 제3항의 규정에 따른 위촉위원의 임기는 3년으로 한다.

5) 정책위원회의 효율적 운영 및 지원을 위하여 정책위원회에 간사위원 1명을 두며, 간사위원은 공정거래위원회위원장이 된다. 〈개정 2017. 10. 31.〉

6) 국무총리는 제3항 각 호의 위촉위원이 다음 각 호의 어느 하나에 해당하는 경우에는 해당 위원을 해촉(解囑)할 수 있다. 〈신설 2017. 10. 31.〉

  1. 심신장애로 인하여 직무를 수행할 수 없게 된 경우

  2. 직무와 관련된 비위사실이 있는 경우

  3. 직무태만, 품위손상, 그 밖의 사유로 인하여 위원으로 적합하지 아니하다고 인정되는 경우

  4. 위원 스스로 직무를 수행하는 것이 곤란하다고 의사를 밝히는 경우

7) 정책위원회의 사무를 처리하기 위하여 공정거래위원회에 사무국을 두고, 그 조직·구성 및 운영 등에 필요한 사항은 대통령령으로 정한다. 〈신설 2017. 10. 31.〉

(5) 정책 위원회의 기능(제25조)

1) 정책위원회는 다음 각 호의 사항을 심의·의결한다.
① 기본계획 및 종합시행계획
② 소비자정책의 종합적 추진에 관한 사항
③ 소비자정책의 평가 및 제도개선·권고 등에 관한 사항
④ 그 밖에 위원장이 소비자의 권익증진 및 소비생활의 향상을 위하여 토의에 부치는 사항
2) 정책위원회는 소비자의 기본적인 권리를 제한하거나 제한할 우려가 있다고 평가한 법령·고시·예규·조례 등에 대하여 중앙행정기관의 장 및 지방자치단체의 장에게 법령의 개선 등 필요한 조치를 권고할 수 있다.
3) 정책위원회는 제2항에 따른 법령의 개선 등 필요한 조치를 권고하기 전에 중앙행정기관의 장 및 지방자치단체의 장에게 미리 의견을 제출할 기회를 주어야 한다.
4) 중앙행정기관의 장 및 지방자치단체의 장은 제2항에 따른 권고를 받은 날부터 3개월 내에 필요한 조치의 이행계획을 수립하여 정책위원회에 통보하여야 한다.
5) 정책위원회는 제4항에 따라 통보받은 이행계획을 검토하여 그 결과를 공표할 수 있다.
6) 정책위원회는 업무를 효율적으로 수행하기 위하여 정책위원회에 실무위원회와 분야별 전문위원회를 둘 수 있다.
7) 이 법에 규정한 것 외에 정책위원회·실무위원회 및 전문위원회의 조직과 운영에 관하여 필요한 사항은 대통령령으로 정한다.

(6) 긴급대응 등(제25조의2)

1) 위원장은 다음 각 호에 해당한다고 인정하는 경우에는 긴급회의를 소집할 수 있다.
1. 사업자가 제공하는 물품등으로 인하여 소비자의 생명 또는 신체에 대통령령으로 정하는 위해가 발생하였거나 발생할 우려가 있는 경우
2. 제1호에 따른 위해의 발생 또는 확산을 방지하기 위하여 복수의 중앙행정기관에 의한 종합적인 대책 마련이 필요한 경우
2) 긴급회의는 위원장, 간사위원 및 위원장이 종합적인 대책의 수립과 관계된다고

인정하는 중앙행정기관의 장으로 구성한다.

3) 긴급회의는 제1항에 따른 위해의 발생 및 확산을 방지하기 위한 종합대책을 마련할 수 있다.

4) 중앙행정기관의 장은 제3항에 따라 마련된 종합대책에 필요한 세부계획을 즉시 수립하고, 해당 세부계획의 이행 상황 및 결과를 정책위원회에 보고하여야 한다.

5) 중앙행정기관의 장 및 지방자치단체의 장은 제1항의 요건에 해당한다고 인정되는 위해가 신고 또는 보고되거나 이러한 위해를 인지한 경우에는 즉시 정책위원회에 해당 내용을 통보하여야 한다.

6) 정책위원회는 제3항에 따른 종합대책을 마련하기 위하여 필요한 경우에는 중앙행정기관 및 그 소속기관, 「공공기관의 운영에 관한 법률」 제4조에 따른 공공기관에 자료를 요청하거나 피해의 발생원인·범위 등의 조사·분석·검사를 요청할 수 있다.

7) 제1항부터 제6항까지 규정한 사항 외에 긴급회의의 운영, 종합대책 수립에 따른 중앙행정기관의 이행에 대한 점검 및 결과 공표 등 필요한 사항은 대통령령으로 정한다. [본조신설 2017. 10. 31.]

(6) 의견청취(제26조)

1) 정책위원회는 제25조제1항 각 호의 사항을 심의하기 위하여 필요한 경우에는 소비자문제에 관하여 전문지식이 있는 자, 소비자 또는 관계사업자의 의견을 들을 수 있다.

2) 공정거래위원회는 소비자권익증진, 정책위원회의 운영 등을 위하여 필요한 경우 중앙행정기관의 장 및 지방자치단체의 장 등 관계 행정기관에 의견제시 및 자료제출을 요청할 수 있다.

6. 국제협력(제4장, 제3절)

(1) 국제협력(제27조)

1) 국가는 소비자문제의 국제화에 대응하기 위하여 국가 사이의 상호협력방안을 마련하는 등 필요한 대책을 강구하여야 한다.

2) 공정거래위원회는 관계 중앙행정기관의 장과 협의하여 국제적인 소비자문제에 대응하기 위한 정보의 공유, 국제협력창구 또는 협의체의 구성·운영 등 관련 시책을 수립·시행하여야 한다.

3) 제2항의 규정에 따른 관련 시책의 수립 등에 관하여 필요한 사항은 대통령령으로 정한다.

7. 소비자 단체(제5장)

(1) 소비자단체의 업무(제28조) ★★★

1) 소비자단체는 다음 각 호의 업무를 행한다.
   ① 국가 및 지방자치단체의 소비자의 권익과 관련된 시책에 대한 건의
   ② 물품 등의 규격·품질·안전성·환경성에 관한 시험·검사 및 가격 등을 포함한 거래조건이나 거래방법에 관한 조사·분석
   ③ 소비자문제에 관한 조사·연구
   ④ 소비자의 교육
   ⑤ 소비자의 불만 및 피해를 처리하기 위한 상담·정보제공 및 당사자 사이의 합의의 권고

2) 소비자단체는 제1항제2호의 규정에 따른 조사·분석 등의 결과를 공표할 수 있다. 다만, 공표되는 사항 중 물품 등의 품질·성능 및 성분 등에 관한 시험·검사로서 전문적인 인력과 설비를 필요로 하는 시험·검사인 경우에는 대통령령이 정하는 시험·검사기관의 시험·검사를 거친 후 공표하여야 한다.

3) 소비자단체는 제78조의 규정에 따라 자료 및 정보의 제공을 요청하였음에도 사업자 또는 사업자단체가 정당한 사유 없이 이를 거부·방해·기피하거나 거짓으로 제출한 경우에는 그 사업자 또는 사업자단체의 이름(상호 그 밖의 명칭을 포함한다), 거부 등의 사실과 사유를 「신문 등의 진흥에 관한 법률」에 따른 일반일간신문에 게재할 수 있다.

4) 소비자단체는 업무상 알게 된 정보를 소비자의 권익을 증진하기 위한 목적이 아닌 용도에 사용하여서는 아니 된다.

5) 소비자단체는 사업자 또는 사업자단체로부터 제공받은 자료 및 정보를 소비자의 권익을 증진하기 위한 목적이 아닌 용도로 사용함으로써 사업자 또는 사업자단체에 손해를 끼친 때에는 그 손해에 대하여 배상할 책임을 진다.

(2) 소비자단체의 등록(제29조)

1) 다음 각 호의 요건을 모두 갖춘 소비자단체는 대통령령이 정하는 바에 따라 공정거래위원회 또는 지방자치단체에 등록할 수 있다.
   ① 제28조제1항제2호 및 제5호의 업무를 수행할 것

② 물품 및 용역에 대하여 전반적인 소비자문제를 취급할 것

③ 대통령령이 정하는 설비와 인력을 갖출 것

④ 「비영리민간단체 지원법」 제2조 각 호의 요건을 모두 갖출 것

2) 공정거래위원회 또는 지방자치단체의 장은 제1항의 규정에 따라 등록을 신청한 소비자단체가 제1항 각 호의 요건을 갖추었는지 여부를 심사하여 등록 여부를 결정하여야 한다.

(3) 등록의 취소(제30조)

1) 공정거래위원회 또는 지방자치단체의 장은 소비자단체가 거짓 그 밖의 부정한 방법으로 제29조의 규정에 따른 등록을 한 경우에는 등록을 취소하여야 한다.

2) 공정거래위원회 또는 지방자치단체의 장은 등록소비자단체가 제29조제1항 각 호의 요건을 갖추지 못하게 된 경우에는 3월 이내에 보완을 하도록 명할 수 있고, 그 기간이 경과하여도 요건을 갖추지 못하는 경우에는 등록을 취소할 수 있다.

(4) 자율적 분쟁조정(제31조)

1) 제29조의 규정에 따라 공정거래위원회에 등록한 소비자단체의 협의체는 제28조 제1항제5호의 규정에 따른 소비자의 불만 및 피해를 처리하기 위하여 자율적 분쟁조정을 할 수 있다. 다만, 다른 법률의 규정에 따라 설치된 전문성이 요구 되는 분야의 분쟁조정기구로서 대통령령이 정하는 기구에서 관장하는 사항에 대하여는 그러하지 아니하다.

2) 제1항의 규정에 따른 자율적 분쟁조정은 당사자가 이를 수락한 경우에는 당사자 사이에 자율적 분쟁조정의 내용과 동일한 합의가 성립된 것으로 본다.

3) 제1항 본문의 규정에 따른 소비자단체의 협의체 구성 및 분쟁조정의 절차 등에 관하여 필요한 사항은 대통령령으로 정한다.

(5) 보조금의 지급(제32조)

국가 또는 지방자치단체는 등록소비자단체의 건전한 육성·발전을 위하여 필요하 다고 인정될 때에는 보조금을 지급할 수 있다.

8. 한국 소비자원(제6장)

(1) 한국소비자원 – 설립(제33조)

1) 소비자권익 증진시책의 효과적인 추진을 위하여 한국소비자원을 설립한다.

2) 한국소비자원은 법인으로 한다.

3) 한국소비자원은 공정거래위원회의 승인을 얻어 필요한 곳에 그 지부를 설치할 수 있다.

4) 한국소비자원은 그 주된 사무소의 소재지에서 설립등기를 함으로써 성립한다.

(2) 한국소비자원 - 업무(제35조) ★★★

1) 한국소비자원의 업무는 다음 각 호와 같다. 〈개정 2020. 5. 19.〉

   1. 소비자의 권익과 관련된 제도와 정책의 연구 및 건의

   2. 소비자의 권익증진을 위하여 필요한 경우 물품등의 규격·품질·안전성·환경성에 관한 시험·검사 및 가격 등을 포함한 거래조건이나 거래방법에 대한 조사·분석

   3. 소비자의 권익증진·안전 및 소비생활의 향상을 위한 정보의 수집·제공 및 국제협력

   4. 소비자의 권익증진·안전 및 능력개발과 관련된 교육·홍보 및 방송사업

   5. 소비자의 불만처리 및 피해구제

   6. 소비자의 권익증진 및 소비생활의 합리화를 위한 종합적인 조사·연구

   7. 국가 또는 지방자치단체가 소비자의 권익증진과 관련하여 의뢰한 조사 등의 업무

   8. 「독점규제 및 공정거래에 관한 법률」 제51조의3제6항에 따라 공정거래위원회로부터 위탁받은 동의의결의 이행관리

   9. 그 밖에 소비자의 권익증진 및 안전에 관한 업무

2) 한국소비자원이 제1항제5호의 규정에 따른 업무를 수행함에 있어서 다음 각 호의 사항은 그 처리대상에서 제외한다.

   1. 국가 또는 지방자치단체가 제공한 물품등으로 인하여 발생한 피해구제. 다만, 대통령령으로 정하는 물품등에 관하여는 그러하지 아니하다.

   2. 그 밖에 다른 법률의 규정에 따라 설치된 전문성이 요구되는 분야의 분쟁조정기구에 신청된 피해구제 등으로서 대통령령이 정하는 피해구제

3) 한국소비자원은 업무수행 과정에서 취득한 사실 중 소비자의 권익증진, 소비자피해의 확산 방지, 물품등의 품질향상 그 밖에 소비생활의 향상을 위하여 필요하다고 인정되는 사실은 이를 공표하여야 한다. 다만, 사업자 또는 사업자단체의 영업비밀을 보호할 필요가 있다고 인정되거나 공익상 필요하다고 인정되는 때에는 그러하지 아니하다.

4) 원장은 제1항제2호 및 제5호의 업무를 수행함에 있어서 다수의 피해가 우려되

는 등 긴급하다고 인정되는 때에는 사업자로부터 필요한 최소한의 시료를 수거할 수 있다. 이 경우 그 사업자는 정당한 사유가 없는 한 이에 따라야 한다. 〈신설 2018. 12. 31.〉

5) 원장은 제4항 전단에 따라 시료를 수거한 경우 특별한 사정이 없으면 시료 수거일로부터 30일 이내에 공정거래위원회 및 관계 중앙행정기관의 장에게 그 시료 수거 사실과 결과를 보고하여야 한다. 〈신설 2018. 12. 31.〉

[시행일 : 2021. 5. 20.] 제35조

(3) 한국소비자원 - 시험 · 검사의 의뢰(제36조)

1) 원장은 제35조제1항제2호 및 제5호의 업무를 수행함에 있어서 필요하다고 인정되는 때에는 국립 또는 공립의 시험 · 검사기관에 물품등에 대한 시험 · 검사를 의뢰할 수 있다.

2) 제1항의 규정에 따른 의뢰를 받은 기관은 특별한 사유가 없는 한 우선하여 이에 응하여야 한다.

(4) 한국소비자원 - 유사명칭의 사용금지(제37조)

이 법에 따른 한국소비자원이 아닌 자는 한국소비자원 또는 이와 유사한 한국소비자보호원 등의 명칭을 사용하여서는 아니 된다.

(5) 임원 및 이사회 - 임원 및 임기(제38조)

1) 한국소비자원에 원장 · 부원장 및 제51조의 규정에 따른 소비자안전센터의 소장(이하 "소장"이라 한다) 각 1인을 포함한 10인 이내의 이사와 감사 1인을 둔다.

2) 원장 · 부원장 · 소장 및 대통령령이 정하는 이사는 상임으로 하고 그 밖의 임원은 비상임으로 한다.

3) 원장은 「공공기관의 운영에 관한 법률」 제29조에 따른 임원추천위원회(이하 이 조에서 "임원추천위원회"라 한다)가 복수로 추천한 사람 중에서 공정거래위원회 위원장의 제청으로 대통령이 임명한다.

4) 부원장, 소장 및 상임이사는 원장이 임명한다.

5) 비상임이사는 임원추천위원회가 복수로 추천한 사람 중에서 공정거래위원회 위원장이 임명한다.

6) 감사는 임원추천위원회가 복수로 추천하여 「공공기관의 운영에 관한 법률」 제8조에 따른 공공기관운영위원회의 심의 · 의결을 거친 사람 중에서 기획재정부장관의 제청으로 대통령이 임명한다.

7) 원장의 임기는 <u>3년</u>으로 하고, 부원장, 소장, 이사 및 감사의 임기는 <u>2년</u>으로 한다.

(6) <u>임원 및 이사회 – 임원의 직무(제39조)</u>

1) 원장은 한국소비자원을 대표하고 한국소비자원의 업무를 총괄한다.
2) 부원장은 원장을 보좌하며, 원장이 부득이한 사유로 직무를 수행할 수 없는 경우에 그 직무를 대행한다.
3) 소장은 원장의 지휘를 받아 제51조제1항의 규정에 따라 설치되는 소비자안전센터의 업무를 총괄하며, 원장·부원장 및 소장이 아닌 이사는 정관이 정하는 바에 따라 한국소비자원의 업무를 분장한다.
4) 원장·부원장이 모두 부득이한 사유로 직무를 수행할 수 없는 때에는 상임이사·비상임이사의 순으로 정관이 정하는 순서에 따라 그 직무를 대행한다.
5) 감사는 한국소비자원의 업무 및 회계를 감사한다.

(7) 임원 및 이사회 – 이사회(제40조)

1) 한국소비자원의 업무와 운영에 관한 중요사항을 심의·의결하기 위하여 한국소비자원에 이사회를 둔다.
2) 이사회는 원장·부원장·소장 그 밖의 이사로 구성한다.
3) 원장은 이사회를 소집하고 이사회의 의장이 된다.
4) 감사는 이사회에 출석하여 의견을 진술할 수 있다.

(8) 회계, 감독 등 – 재원(제41조)

한국소비자원의 설립·시설·운영 및 업무에 필요한 경비는 다음 각 호의 재원으로 충당한다.
　　① 국가 및 지방자치단체의 출연금
　　② 그 밖에 한국소비자원의 운영에 따른 수입금

(9) 회계, 감독 등 – 감독(제42조)

1) <u>공정거래위원회</u>는 한국소비자원(제51조의 규정에 따른 소비자안전센터를 포함한다. 이하 이 절에서 같다)을 지도·감독하고, 필요하다고 인정되는 때에는 한국소비자원에 대하여 그 사업에 관한 지시 또는 명령을 할 수 있다.
2) 한국소비자원은 매년 업무계획서와 예산서를 작성하여 공정거래위원회의 승인을 얻어야 하며, 매년 결산보고서와 이에 대한 감사의 의견서를 작성하여 공정거래위원회에 보고하여야 한다. 이 경우 그 절차 등에 관하여는 <u>대통령령</u>으로 정한다.

3) 공정거래위원회는 필요하다고 인정되는 때에는 한국소비자원에 대하여 그 업무·회계 및 재산에 관한 사항을 보고하게 하거나 감사할 수 있다.

(10) 회계, 감독 등 - 벌칙 적용에서의 공무원 의제(제43조)

한국소비자원의 임원, 제60조의 규정에 따른 소비자분쟁조정위원회의 위원 및 대통령령이 정하는 직원은 「형법」 제129조 내지 제132조를 적용할 때에는 이를 공무원으로 본다.

(11) 회계, 감독 등 - 준용(제44조)

한국소비자원에 관하여 이 법 및 「공공기관의 운영에 관한 법률」에 규정하지 아니한 사항에 관하여는 「민법」 중 재단법인에 관한 규정을 준용한다.

9. 소비자 안전(제7장)

(1) 총칙 - 취약계층의 보호(제45조)

1) 국가 및 지방자치단체는 어린이·노약자·장애인 및 결혼이민자(「재한외국인 처우 기본법」 제2조제3호에 따른 결혼이민자를 말한다. 이하 같다) 등 안전취약계층에 대하여 우선적으로 보호시책을 강구하여야 한다.
2) 사업자는 어린이·노약자·장애인 및 결혼이민자 등 안전취약계층에 대하여 물품등을 판매·광고 또는 제공하는 경우에는 그 취약계층에게 위해가 발생하지 아니하도록 제19조제1항의 규정에 따른 조치와 더불어 필요한 예방조치를 취하여야 한다.

(2) 총칙 - 시정 요청(제46조) ★★

공정거래위원회 또는 시·도지사는 사업자가 제공한 물품등으로 인하여 소비자에게 위해발생이 우려되는 경우에는 관계중앙행정기관의 장에게 다음 각 호의 조치를 요청할 수 있다.
1) 사업자가 다른 법령에서 정한 안전조치를 취하지 아니하는 경우에는 그 법령의 규정에 따른 조치
2) 다른 법령에서 안전기준이나 규격을 정하고 있지 아니하는 경우에는 다음 각 목의 조치
   ① 제49조의 규정에 따른 수거·파기 등의 권고
   ② 제50조의 규정에 따른 수거·파기 등의 명령

③ 제86조제1항제1호의 규정에 따른 과태료 처분

④ 그 밖에 물품등에 대한 위해방지대책의 강구

(3) <u>소비자 안전 조치- 결함 정보의 보고 의무(제47조)</u> ★

1) 사업자는 다음 각 호의 어느 하나에 해당하는 경우에는 제조·수입·판매 또는 제공한 물품등의 결함을 소관 중앙행정기관의 장에게 보고(전자적 보고를 포함한다. 이하 같다)하여야 한다. 다만, 제2호에 해당하는 경우로서 사업자가 제48조에 따라 해당 물품등의 수거·파기·수리·교환·환급 또는 제조·수입·판매·제공의 금지 및 그 밖의 필요한 조치(이하 이 조에서 "수거·파기등"이라 한다)를 한 경우에는 그러하지 아니하다. 〈개정 2017. 10. 31.〉

   1. 제조·수입·판매 또는 제공한 물품등에 소비자의 생명·신체 또는 재산에 위해를 끼치거나 끼칠 우려가 있는 제조·설계 또는 표시 등의 중대한 결함이 있다는 사실을 알게 된 경우

   2. 제조·수입·판매 또는 제공한 물품등과 동일한 물품등에 대하여 외국에서 결함이 발견되어 사업자가 다음 각 목의 어느 하나에 해당하는 조치를 한 경우 또는 외국의 다른 사업자가 해당 조치를 한 사실을 알게 된 경우

     가. 외국 정부로부터 수거·파기등의 권고 또는 명령을 받고 한 수거·파기등

     나. 자발적으로 한 수거·파기등

2) 제1항의 규정에 따른 보고를 받은 중앙행정기관의 장은 사업자가 보고한 결함의 내용에 관하여 제17조의 규정에 따른 시험·검사기관 또는 한국소비자원 등에 시험·검사를 의뢰하고, 시험·검사의 결과 그 물품등이 제49조 또는 제50조의 요건에 해당하는 경우에는 사업자에게 각각에 해당하는 규정에 따른 필요한 조치를 취하여야 한다.

3) 제1항의 규정에 따라 결함의 내용을 보고하여야 할 사업자는 다음 각 호와 같다.

   1. 물품등을 제조·수입 또는 제공하는 자

   2. 물품에 성명·상호 그 밖에 식별 가능한 기호 등을 부착함으로써 자신을 제조자로 표시한 자

   3. 「유통산업발전법」 제2조제3호의 규정에 따른 대규모점포 중 대통령령이 정하는 대규모점포를 설치하여 운영하는 자

   4. 그 밖에 소비자의 생명·신체 및 재산에 위해를 끼치거나 끼칠 우려가 있는 물품등을 제조·수입·판매 또는 제공하는 자로서 대통령령이 정하는 자

4) 제1항의 규정에 따라 사업자가 보고하여야 할 중대한 결함의 범위, 보고기한 및 보고절차 등에 관하여 필요한 사항은 대통령령으로 정한다.

(4) 소비자 안전 조치 – 물품 등의 자진 수거(제48조)

사업자는 소비자에게 제공한 물품 등의 결함으로 인하여 소비자의 생명·신체 또는 재산에 위해를 끼치거나 끼칠 우려가 있는 경우에는 대통령령이 정하는 바에 따라 당해 물품 등의 수거·파기·수리·교환·환급 또는 제조·수입·판매·제공의 금지 그 밖의 필요한 조치를 취하여야 한다.

(5) 소비자 안전 조치 – 수거·파기 등의 권고(제49조)

1) 중앙행정기관의 장은 사업자가 제공한 물품등의 결함으로 인하여 소비자의 생명·신체 또는 재산에 위해를 끼치거나 끼칠 우려가 있다고 인정되는 경우에는 그 사업자에 대하여 당해 물품등의 수거·파기·수리·교환·환급 또는 제조·수입·판매·제공의 금지 그 밖의 필요한 조치를 권고할 수 있다.
2) 제1항의 규정에 따른 권고를 받은 사업자는 그 권고의 수락 여부를 소관 중앙행정기관의 장에게 통지하여야 한다.
3) 사업자는 제1항의 규정에 따른 권고를 수락한 경우에는 제48조의 규정에 따른 조치를 취하여야 한다.
4) 중앙행정기관의 장은 제1항의 규정에 따른 권고를 받은 사업자가 정당한 사유 없이 그 권고를 따르지 아니하는 때에는 사업자가 권고를 받은 사실을 공표할 수 있다.
5) 제1항 내지 제4항의 규정에 따른 권고, 권고의 수락 및 공표의 절차에 관하여 필요한 사항은 대통령령으로 정한다.

(6) 소비자 안전 조치– 수거·파기 등의 명령(제50조)

1) 중앙행정기관의 장은 사업자가 제공한 물품등의 결함으로 인하여 소비자의 생명·신체 또는 재산에 위해를 끼치거나 끼칠 우려가 있다고 인정되는 경우에는 대통령령이 정하는 절차에 따라 그 물품등의 수거·파기·수리·교환·환급을 명하거나 제조·수입·판매 또는 제공의 금지를 명할 수 있고, 그 물품등과 관련된 시설의 개수(改修) 그 밖의 필요한 조치를 명할 수 있다. 다만, 소비자의 생명·신체 또는 재산에 긴급하고 현저한 위해를 끼치거나 끼칠 우려가 있다고 인정되는 경우로서 그 위해의 발생 또는 확산을 방지하기 위하여 불가피하다고 인정되는 경우에는 그 절차를 생략할 수 있다.
2) 중앙행정기관의 장은 사업자가 제1항의 규정에 따른 명령에 따르지 아니하는 경우에는 대통령령이 정하는 바에 따라 직접 그 물품등의 수거·파기 또는 제공금지 등 필요한 조치를 취할 수 있다.

3) 중앙행정기관의 장은 사업자에게 제1항에 따른 명령을 하는 경우 그 사실을 공표할 수 있다. 〈신설 2017. 10. 31.〉

4) 제3항에 따른 공표방법 등 공표에 관하여 필요한 사항은 대통령령으로 정한다. 〈신설 2017. 10. 31.〉

(7) 소비자안전센터의 설치(제51조)

1) 소비자안전시책을 지원하기 위하여 한국소비자원에 <u>소비자안전센터</u>를 둔다.

2) 소비자안전센터에 <u>소장 1인</u>을 두고, 그 조직에 관한 사항은 정관으로 정한다.

3) 소비자안전센터의 업무는 다음 각 호와 같다.
   ① 제52조의 규정에 따른 위해정보의 수집 및 처리
   ② 소비자안전을 확보하기 위한 조사 및 연구
   ③ 소비자안전과 관련된 교육 및 홍보
   ④ 위해 물품 등에 대한 시정 건의
   ⑤ 소비자안전에 관한 국제협력
   ⑥ 그 밖에 소비자안전에 관한 업무

(8) 위해정보의 수집 및 처리(제52조)

1) 소비자안전센터는 물품등으로 인하여 소비자의 생명·신체 또는 재산에 위해가 발생하였거나 발생할 우려가 있는 사안에 대한 정보(이하 "위해정보"라 한다)를 수집할 수 있다.

2) 소장은 제1항의 규정에 따라 수집한 위해정보를 분석하여 그 결과를 원장에게 보고하여야 하고, 원장은 위해정보의 분석결과에 따라 필요한 경우에는 다음 각 호의 조치를 할 수 있다.
   1. 위해방지 및 사고예방을 위한 소비자안전경보의 발령
   2. 물품등의 안전성에 관한 사실의 공표
   3. 위해 물품등을 제공하는 사업자에 대한 시정 권고
   4. 국가 또는 지방자치단체에의 시정조치·제도개선 건의
   5. 그 밖에 소비자안전을 확보하기 위하여 필요한 조치로서 대통령령이 정하는 사항

3) 원장은 제2항제3호에 따라 시정 권고를 받은 사업자에게 수락 여부 및 다음 각 호의 사항을 포함한 이행 결과 등의 제출을 요청할 수 있다. 이 경우 사업자는 특별한 사유가 없으면 이에 따라야 한다. 〈신설 2018. 3. 13.〉
   1. 시정 권고에 따른 이행 내용과 실적

2. 시정 권고를 이행하지 못한 물품등에 대한 조치계획

3. 위해의 재발방지를 위한 대책

4) 원장은 물품등으로 인하여 소비자의 생명·신체 또는 재산에 위해가 발생하거나 발생할 우려가 높다고 판단되는 경우로서 사업자가 제2항제3호에 따른 시정 권고를 이행하지 않는 경우에는 공정거래위원회에 제46조제1항에 따른 시정요청을 해 줄 것을 건의할 수 있다. 〈신설 2018. 3. 13.〉

5) 제1항 및 제2항의 규정에 따라 위해정보를 수집·처리하는 자는 물품등의 위해성이 판명되어 공표되기 전까지 사업자명·상품명·피해정도·사건경위에 관한 사항을 누설하여서는 아니 된다. 〈개정 2018. 3. 13.〉

6) 공정거래위원회는 소비자안전센터가 위해정보를 효율적으로 수집할 수 있도록 하기 위하여 필요한 경우에는 행정기관·병원·학교·소비자단체 등을 위해정보 제출기관으로 지정·운영할 수 있다. 〈개정 2008. 2. 29., 2018. 3. 13.〉

7) 제1항 및 제2항의 규정에 따른 위해정보의 수집 및 처리 등에 관하여 필요한 사항은 대통령령으로 정한다. 〈개정 2018. 3. 13.〉

10. 소비자 분쟁의 해결(제8장)

(1) 사업자의 불만 처리 - 소비자상담기구의 설치·운영(제53조)

1) 사업자 및 사업자단체는 소비자로부터 제기되는 의견이나 불만 등을 기업경영에 반영하고, 소비자의 피해를 신속하게 처리하기 위한 기구(이하 "소비자상담기구"라 한다)의 설치·운영에 적극 노력하여야 한다.

2) 사업자 및 사업자단체는 소비자의 불만 또는 피해의 상담을 위하여 「국가기술자격법」에 따른 관련 자격이 있는 자 등 전담직원을 고용·배치하도록 적극 노력하여야 한다.

(2) 사업자의 불만 처리 - 소비자상담기구의 설치 권장(제54조)

1) 중앙행정기관의 장 또는 시·도지사는 사업자 또는 사업자단체에게 소비자상담기구의 설치·운영을 권장하거나 그 설치·운영에 필요한 지원을 할 수 있다.

2) 공정거래위원회는 소비자상담기구의 설치·운영에 관한 권장기준을 정하여 고시할 수 있다.

(3) 한국소비자원의 피해구제 - 피해구제의 신청(제55조) ★★

1) 소비자는 물품 등의 사용으로 인한 피해의 구제를 한국소비자원에 신청할 수 있다.

2) 국가·지방자치단체 또는 소비자단체는 소비자로부터 피해구제의 신청을 받은 때에는 한국소비자원에 그 처리를 의뢰할 수 있다.

3) 사업자는 소비자로부터 피해구제의 신청을 받은 때에는 다음 각 호의 어느 하나에 해당하는 경우에 한하여 한국소비자원에 그 처리를 의뢰할 수 있다.

   ① 소비자로부터 피해구제의 신청을 받은 날부터 30일이 경과하여도 합의에 이르지 못하는 경우

   ② 한국소비자원에 피해구제의 처리를 의뢰하기로 소비자와 합의한 경우

   ③ 그 밖에 한국소비자원의 피해구제의 처리가 필요한 경우로서 대통령령이 정하는 사유에 해당하는 경우

4) 원장은 제1항의 규정에 따른 피해구제의 신청(제2항 및 제3항의 규정에 따른 피해구제의 의뢰를 포함한다. 이하 이 절에서 같다)을 받은 경우 그 내용이 한국소비자원에서 처리하는 것이 부적합하다고 판단되는 때에는 신청인에게 그 사유를 통보하고 그 사건의 처리를 중지할 수 있다.

(4) 한국소비자원의 피해구제 – 위법사실의 통보(제56조)

원장은 피해구제신청사건을 처리함에 있어서 당사자 또는 관계인이 법령을 위반한 것으로 판단되는 때에는 관계기관에 이를 통보하고 적절한 조치를 의뢰하여야 한다. 다만, 다음 각 호의 경우에는 그러하지 아니하다.

   ① 피해구제신청사건의 당사자가 피해보상에 관한 합의를 하고 법령위반행위를 시정한 경우

   ② 관계기관에서 위법사실을 이미 인지하여 조사하고 있는 경우

(5) 한국소비자원의 피해구제 – 합의 권고(제57조)

원장은 피해구제신청의 당사자에 대하여 피해보상에 관한 합의를 권고할 수 있다.

(6) 한국소비자원의 피해구제 – 처리 기간(제58조) ★

원장은 제55조제1항 내지 제3항의 규정에 따라 피해구제의 신청을 받은 날부터 30일 이내에 제57조의 규정에 따른 합의가 이루어지지 아니하는 때에는 지체 없이 제60조의 규정에 따른 소비자분쟁조정위원회에 분쟁조정을 신청하여야 한다. 다만, 피해의 원인규명 등에 상당한 시일이 요구되는 피해구제신청사건으로서 대통령령이 정하는 사건에 대하여는 60일 이내의 범위에서 처리기간을 연장할 수 있다.

(7) 한국소비자원의 피해구제 – 피해구제절차의 중지(제59조)

1) 한국소비자원의 피해구제 처리절차 중에 법원에 소를 제기한 당사자는 그 사실을 한국소비자원에 통보하여야 한다.

2) 한국소비자원은 당사자의 소제기 사실을 알게 된 때에는 지체 없이 피해구제절차를 중지하고, 당사자에게 이를 통지하여야 한다.

(8) 소비자분쟁의 조정 – 소비자분쟁조정위원회의 설치(제60조) ★★

1) 소비자와 사업자 사이에 발생한 분쟁을 조정하기 위하여 한국소비자원에 소비자분쟁조정위원회(이하 "조정위원회"라 한다)를 둔다.

2) 조정위원회는 다음 각 호의 사항을 심의·의결한다.
   ① 소비자분쟁에 대한 조정결정
   ② 조정위원회의 의사(議事)에 관한 규칙의 제정 및 개정·폐지
   ③ 그 밖에 조정위원회의 위원장이 토의에 부치는 사항

3) 조정위원회의 운영 및 조정절차 등에 관하여 필요한 사항은 대통령령으로 정한다.

(9) 소비자분쟁의 조정 – 조정위원회의 구성(제61조) ★★★

1) 조정위원회는 위원장 1명을 포함한 150명 이내의 위원으로 구성하며, 위원장을 포함한 5명은 상임으로 하고, 나머지는 비상임으로 한다. 〈개정 2017. 10. 31.〉

2) 위원은 다음 각 호의 어느 하나에 해당하는 자 중에서 대통령령이 정하는 바에 따라 원장의 제청에 의하여 공정거래위원회위원장이 임명 또는 위촉한다.
   1. 대학이나 공인된 연구기관에서 부교수 이상 또는 이에 상당하는 직에 있거나 있었던 자로서 소비자권익 관련분야를 전공한 자
   2. 4급 이상의 공무원 또는 이에 상당하는 공공기관의 직에 있거나 있었던 자로서 소비자권익과 관련된 업무에 실무경험이 있는 자
   3. 판사·검사 또는 변호사의 자격이 있는 자
   4. 소비자단체의 임원의 직에 있거나 있었던 자
   5. 사업자 또는 사업자단체의 임원의 직에 있거나 있었던 자
   6. 그 밖에 소비자권익과 관련된 업무에 관한 학식과 경험이 풍부한 자

3) 위원장은 상임위원 중에서 공정거래위원회위원장이 임명한다.

4) 위원장이 부득이한 사유로 직무를 수행할 수 없는 때에는 위원장이 아닌 상임위원이 위원장의 직무를 대행하고, 위원장이 아닌 상임위원이 부득이한 사유로 위원장의 직무를 대행할 수 없는 때에는 공정거래위원회위원장이 지정하는 위원이 그 직무를 대행한다.

5) <u>위원의 임기는 3년</u>으로 하며, <u>연임</u>할 수 있다.

6) 조정위원회의 업무를 효율적으로 수행하기 위하여 조정위원회에 분야별 전문위원회를 둘 수 있다.

7) 제6항의 규정에 따른 전문위원회의 구성 및 운영에 관하여 필요한 사항은 <u>대통령령</u>으로 정한다.

(10) 소비자분쟁의 조정 – 위원의 신분 보장(제62조)

조정위원회의 위원은 다음 각 호의 어느 하나에 해당하는 경우를 제외하고는 그의 의사와 다르게 면직되지 아니한다.

    ① 자격정지 이상의 형을 선고받은 경우

    ② 신체상·정신상 또는 그 밖의 사유로 직무를 수행할 수 없는 경우

(11) 소비자분쟁의 조정 – 조정위원회의 회의(제63조)

1) 조정위원회의 회의는 다음 각 호에 따라 구분한다.

    ① <u>분쟁조정회의</u>: 위원장, 상임위원과 위원장이 회의마다 지명하는 <u>5명 이상 9명 이하</u>의 위원으로 구성하는 회의

    ② <u>조정부</u>: 위원장 또는 상임위원과 위원장이 회의마다 지명하는 <u>2명 이상 4명 이하</u>의 위원으로 구성하는 회의

2) 조정위원회의 회의는 다음 각 호의 구분에 따라 주재한다.

    ① <u>분쟁조정회의: 위원장</u>

    ② <u>조정부: 위원장 또는 상임위원</u>

3) 조정위원회의 회의는 위원 과반수 출석과 출석위원 과반수의 찬성으로 의결한다. 이 경우 조정위원회의 회의에는 소비자 및 사업자를 대표하는 위원이 각 1명 이상 균등하게 포함되어야 한다.

(12) 소비자분쟁의 조정 – 분쟁조정회의와 조정부의 관장사항(제63조의 2)

1) 분쟁조정회의는 다음 각 호의 사항을 심의·의결한다.

    ① 제60조제2항제1호에 따른 소비자분쟁 중 대통령령으로 정하는 금액 이상의 소비자분쟁에 대한 조정

    ② 제60조제2항제2호에 따른 조정위원회의 의사에 관한 규칙의 제정 및 개정·폐지

    ③ 제68조제1항에 따라 조정위원회에 의뢰 또는 신청된 분쟁조정

    ④ 조정부가 분쟁조정회의에서 처리하도록 결정한 사항

2) 조정부는 제1항 각 호의 사항 외의 사항을 심의·의결한다.

(13) 소비자분쟁의 조정 - 위원의 제척·기피·회피(제64조)

1) 조정위원회의 위원은 다음 각 호의 어느 하나에 해당하는 경우에는 제58조 또
   는 제65조제1항의 규정에 따라 조정위원회에 신청된 그 분쟁조정사건(이하 이
   조에서 "사건"이라 한다)의 심의·의결에서 제척된다.
   ① 위원 또는 그 배우자나 배우자이었던 자가 그 사건의 당사자가 되거나 그
      사건에 관하여 공동의 권리자 또는 의무자의 관계에 있는 경우
   ② 위원이 그 사건의 당사자와 친족관계에 있거나 있었던 경우
   ③ 위원이 그 사건에 관하여 증언이나 감정을 한 경우
   ④ 위원이 그 사건에 관하여 당사자의 대리인으로서 관여하거나 관여하였던 경우
2) 당사자는 위원에게 심의·의결의 공정을 기대하기 어려운 사정이 있는 경우에는
   원장에게 기피신청을 할 수 있다. 이 경우 원장은 기피신청에 대하여 조정위원
   회의 의결을 거치지 아니하고 결정한다.
3) 위원이 제1항 또는 제2항의 사유에 해당하는 경우에는 스스로 그 사건의 심
   의·의결에서 회피할 수 있다.

(14) 소비자분쟁의 조정 - 분쟁조정(제65조) ★★★

1) 소비자와 사업자 사이에 발생한 분쟁에 관하여 제16조제1항의 규정에 따라 설
   치된 기구에서 소비자분쟁이 해결되지 아니하거나 제28조제1항제5호의 규정에
   따른 합의권고에 따른 합의가 이루어지지 아니한 경우 당사자나 그 기구 또는
   단체의 장은 조정위원회에 분쟁조정을 신청할 수 있다.
2) 조정위원회는 제58조 또는 제1항의 규정에 따라 분쟁조정을 신청받은 경우에는
   대통령령이 정하는 바에 따라 지체 없이 분쟁조정절차를 개시하여야 한다.
3) 조정위원회는 제2항의 규정에 따른 분쟁조정을 위하여 필요한 경우에는 제61조
   제6항의 규정에 따른 전문위원회에 자문할 수 있다.
4) 조정위원회는 제2항의 규정에 따른 분쟁조정절차에 앞서 이해관계인·소비자단
   체 또는 관계기관의 의견을 들을 수 있다.
5) 제59조의 규정은 분쟁조정절차의 중지에 관하여 이를 준용한다.
   1. 조정위원회는 제58조 또는 제65조제1항의 규정에 따라 분쟁조정을 신청받은
      때에는 그 신청을 받은 날부터 30일 이내에 그 분쟁조정을 마쳐야 한다.
   2. 조정위원회는 제1항의 규정에 불구하고 정당한 사유가 있는 경우로서 30일
      이내에 그 분쟁조정을 마칠 수 없는 때에는 그 기간을 연장할 수 있다. 이

경우 그 사유와 기한을 명시하여 당사자 및 그 대리인에게 통지하여야 한다. 〈개정 2017. 10. 31.〉

(16) <u>소비자분쟁의 조정 - 분쟁조정의 효력(제67조)</u> ★

1) 조정위원회의 위원장은 제66조의 규정에 따라 분쟁조정을 마친 때에는 지체 없이 당사자에게 그 분쟁조정의 내용을 통지하여야 한다.

2) 제1항의 규정에 따른 통지를 받은 당사자는 그 통지를 받은 날부터 15일 이내에 분쟁조정의 내용에 대한 수락 여부를 조정위원회에 통보하여야 한다. 이 경우 15일 이내에 의사표시가 없는 때에는 수락한 것으로 본다.

3) 제2항의 규정에 따라 당사자가 분쟁조정의 내용을 수락하거나 수락한 것으로 보는 경우 조정위원회는 조정조서를 작성하고, 조정위원회의 위원장 및 각 당사자가 기명날인하거나 서명하여야 한다. 다만, 수락한 것으로 보는 경우에는 각 당사자의 기명날인 또는 서명을 생략할 수 있다. 〈개정 2018. 6. 12.〉

4) 제2항의 규정에 따라 당사자가 분쟁조정의 내용을 수락하거나 수락한 것으로 보는 때에는 그 분쟁조정의 내용은 재판상 화해와 동일한 효력을 갖는다.

(17) 소비자분쟁의 조정 - 분쟁조정의 특례(제68조)

1) 제65조제1항의 규정에 불구하고, 국가 · 지방자치단체 · 한국소비자원 · 소비자단체 · 소비자 또는 사업자는 소비자의 피해가 다수의 소비자에게 같거나 비슷한 유형으로 발생하는 경우로서 대통령령이 정하는 사건에 대하여는 조정위원회에 일괄적인 분쟁조정(이하 "집단분쟁조정"이라 한다)을 의뢰 또는 신청할 수 있다. 〈개정 2016. 3. 29.〉

2) 제1항의 규정에 따라 집단분쟁조정을 의뢰받거나 신청받은 조정위원회는 다음 각 호의 어느 하나에 해당하는 사건을 제외하고는 조정위원회의 의결로써 의뢰받거나 신청받은 날부터 60일 이내에 제4항부터 제7항까지의 규정에 따른 집단분쟁조정의 절차를 개시하여야 한다. 이 경우 조정위원회는 대통령령이 정하는 기간동안 그 절차의 개시를 공고하여야 한다. 〈개정 2011. 5. 19., 2018. 6. 12.〉

   1. 제1항의 요건을 갖추지 못한 사건

   2. 기존의 집단분쟁조정결정이 있는 사건으로서 개시의결을 반복할 필요가 없다고 인정되는 사건

   3. 신청인의 신청내용이 이유가 없다고 명백하게 인정되는 사건

3) 제2항에도 불구하고 조정위원회는 다음 각 호의 어느 하나에 해당하는 사건에

대하여는 제2항에 따른 개시결정기간 내에 조정위원회의 의결로써 집단분쟁조정 절차개시의 결정을 보류할 수 있다. 이 경우 그 사유와 기한을 명시하여 의뢰 또는 신청한 자에게 통지하여야 하고, 그 보류기간은 제2항에 따른 개시결정기간이 경과한 날부터 60일을 넘을 수 없다. 〈신설 2018. 6. 12.〉

1. 피해의 원인규명에 시험, 검사 또는 조사가 필요한 사건
2. 피해의 원인규명을 위하여 제68조의2에 따른 대표당사자가 집단분쟁조정 절차개시 결정의 보류를 신청하는 사건

4) 조정위원회는 집단분쟁조정의 당사자가 아닌 소비자 또는 사업자로부터 그 분쟁조정의 당사자에 추가로 포함될 수 있도록 하는 신청을 받을 수 있다. 〈개정 2018. 6. 12.〉

5) 조정위원회는 사업자가 조정위원회의 집단분쟁조정의 내용을 수락한 경우에는 집단분쟁조정의 당사자가 아닌 자로서 피해를 입은 소비자에 대한 보상계획서를 작성하여 조정위원회에 제출하도록 권고할 수 있다.

6) 제65조제5항의 규정에 불구하고 조정위원회는 집단분쟁조정의 당사자인 다수의 소비자 중 일부의 소비자가 법원에 소를 제기한 경우에는 그 절차를 중지하지 아니하고, 소를 제기한 일부의 소비자를 그 절차에서 제외한다.

7) 제66조제1항에도 불구하고 집단분쟁조정은 제2항에 따른 공고가 종료된 날의 다음 날부터 30일 이내에 마쳐야 한다. 다만, 정당한 사유가 있는 경우로서 해당 기간 내에 분쟁조정을 마칠 수 없는 때에는 2회에 한하여 각각 30일의 범위에서 그 기간을 연장할 수 있으며, 이 경우 그 사유와 기한을 구체적으로 밝혀 당사자 및 그 대리인에게 통지하여야 한다. 〈개정 2011. 5. 19., 2017. 10. 31.〉

8) 집단분쟁조정의 절차 등에 관하여 필요한 사항은 대통령령으로 정한다.

(18) 소비자 단체소송 - 단체소송의 대상(제70조)

다음 각 호의 어느 하나에 해당하는 단체는 사업자가 제20조의 규정을 위반하여 소비자의 생명·신체 또는 재산에 대한 권익을 직접적으로 침해하고 그 침해가 계속되는 경우 법원에 소비자권익침해행위의 금지·중지를 구하는 소송(이하 "단체소송"이라 한다)을 제기할 수 있다.

① 제29조의 규정에 따라 공정거래위원회에 등록한 소비자단체로서 다음 각 목의 요건을 모두 갖춘 단체

㉠ 정관에 따라 상시적으로 소비자의 권익증진을 주된 목적으로 하는 단체일 것

ⓛ 단체의 정회원수가 1천명 이상일 것

ⓒ 제29조의 규정에 따른 등록 후 3년이 경과하였을 것

② 제33조에 따라 설립된 한국소비자원

③ 「상공회의소법」에 따른 대한상공회의소, 「중소기업협동조합법」에 따른 중소기업협동조합중앙회 및 전국 단위의 경제단체로서 대통령령이 정하는 단체

④ 「비영리민간단체 지원법」 제2조의 규정에 따른 비영리민간단체로서 다음 각 목의 요건을 모두 갖춘 단체

ⓐ 법률상 또는 사실상 동일한 침해를 입은 50인 이상의 소비자로부터 단체소송의 제기를 요청받을 것

ⓛ 정관에 소비자의 권익증진을 단체의 목적으로 명시한 후 최근 3년 이상 이를 위한 활동실적이 있을 것

ⓒ 단체의 상시 구성원수가 5천명 이상일 것

ⓓ 중앙행정기관에 등록되어 있을 것

(19) 소비자 단체소송 – 전속관할(제71조)

1) 단체소송의 소는 피고의 주된 사무소 또는 영업소가 있는 곳, 주된 사무소나 영업소가 없는 경우에는 주된 업무담당자의 주소가 있는 곳의 지방법원 본원 합의부의 관할에 전속한다.

2) 제1항의 규정을 외국사업자에 적용하는 경우 대한민국에 있는 이들의 주된 사무소·영업소 또는 업무담당자의 주소에 따라 정한다.

(20) 소비자 단체소송 – 소송대리인의 선임(제72조)

단체소송의 원고는 변호사를 소송대리인으로 선임하여야 한다.

(21) 소비자 단체소송 – 소송허가신청(제73조)

1) 단체소송을 제기하는 단체는 소장과 함께 다음 각 호의 사항을 기재한 소송허가신청서를 법원에 제출하여야 한다.

① 원고 및 그 소송대리인

② 피고

③ 금지·중지를 구하는 사업자의 소비자권익 침해행위의 범위

2) 제1항의 규정에 따른 소송허가신청서에는 다음 각 호의 자료를 첨부하여야 한다.

① 소제기단체가 제70조 각 호의 어느 하나에 해당하는 요건을 갖추고 있음을 소명하는 자료

② 소제기단체가 제74조제1항제3호의 규정에 따라 요청한 서면 및 이에 대한 사업자의 의견서. 다만, 동호에서 정하는 기간 내에 사업자의 응답이 없을 경우에는 사업자의 의견서를 생략할 수 있다.

(22) 소비자 단체소송 - 소송허가요건(제74조)

1) 법원은 다음 각 호의 요건을 모두 갖춘 경우에 한하여 결정으로 단체소송을 허가한다.
   ① 물품등의 사용으로 인하여 소비자의 생명·신체 또는 재산에 피해가 발생하거나 발생할 우려가 있는 등 다수 소비자의 권익보호 및 피해예방을 위한 공익상의 필요가 있을 것
   ② 제73조의 규정에 따른 소송허가신청서의 기재사항에 흠결이 없을 것
   ③ 소제기단체가 사업자에게 소비자권익 침해행위를 금지·중지할 것을 서면으로 요청한 후 14일이 경과하였을 것
2) 단체소송을 허가하거나 불허가하는 결정에 대하여는 즉시항고할 수 있다.

11. 조사 절차(제9장)

(1) 검사와 자료제출(제77조)

1) 중앙행정기관의 장은 다음 각 호의 어느 하나에 해당하는 경우에는 대통령령이 정하는 바에 따라 소속공무원으로 하여금 사업자의 물품·시설 및 제조공정 그 밖의 물건의 검사 또는 필요한 최소한의 시료수거를 하게 하거나 그 사업자에게 그 업무에 관한 보고 또는 관계 물품·서류 등의 제출을 명할 수 있다. 〈개정 2018. 12. 31.〉
   1. 제8조제2항의 규정에 따라 국가가 정한 기준을 사업자가 준수하는지 여부를 시험·검사 또는 조사하기 위하여 필요한 경우
   2. 제13조의 규정에 따라 소비자에게 정보제공을 하기 위하여 필요한 경우
   3. 제16조제1항의 규정에 따라 소비자의 불만 및 피해를 처리하기 위하여 필요한 경우
   4. 이 법의 위반 여부를 확인하기 위하여 필요한 경우
2) 제1항의 규정에 따른 시료수거는 무상으로 할 수 있다. 〈신설 2018. 12. 31.〉
3) 중앙행정기관의 장은 물품등의 안전성을 의심할 만한 정당한 이유가 있는 경우로서 대통령령이 정하는 사유가 있는 때에는 소속 공무원으로 하여금 사업자의 영업장소, 제조장소, 창고 등 저장소, 사무소 그 밖의 이와 유사한 장소에 출입하여 제1항의 규정에 따른 검사 등을 할 수 있다. 〈개정 2018. 12. 31.〉

4) 제1항 또는 제2항의 규정에 따라 검사 등을 하는 공무원은 그 권한을 나타
내는 증표를 지니고 이를 관계인에게 내보여야 한다. 〈개정 2018. 12. 31.〉

5) 이 법에 따른 직무에 종사하는 공무원은 제1항 또는 제2항의 규정에 따른
검사나 제출된 물품 또는 서류 등으로 알게 된 내용을 이 법의 시행을 위한
목적 아닌 용도로 사용하여서는 아니 된다. 〈개정 2018. 12. 31.〉

6) 중앙행정기관의 장은 소관 소비자권익 증진시책을 추진하기 위하여 필요한
경우에는 원장에게 소비자피해에 관한 정보 및 각종 실태조사 결과 등 소비
자의 권익과 관련된 정보의 제공을 요청할 수 있다. 〈개정 2018. 12. 31.〉
[제목개정 2018. 12. 31.]

(2) 자료 및 정보제공 요청 등(제78조)

1) <u>소비자단체 및 한국소비자원</u>은 그 업무를 추진함에 있어서 필요한 자료 및 정보
의 제공을 사업자 또는 사업자단체에 요청할 수 있다. 이 경우 그 사업자 또는
사업자단체는 정당한 사유가 없는 한 이에 응하여야 한다.

2) 제1항의 규정에 따라 자료 및 정보의 제공을 요청하는 소비자단체 및 한국소비
자원은 그 자료 및 정보의 사용목적·사용절차 등을 미리 사업자 또는 사업자단
체에 알려야 한다.

3) 제1항의 규정에 따라 소비자단체가 자료 및 정보를 요청하는 때에는 제79조의
규정에 따른 소비자정보요청협의회의 협의·조정을 미리 거쳐야 한다.

4) 제1항의 규정에 따라 자료 및 정보를 요청할 수 있는 소비자단체의 요건과 자료
및 정보의 범위 등에 관한 사항은 대통령령으로 정한다.

5) 제1항 내지 제4항의 규정에 따라 사업자 또는 사업자단체로부터 소비자단체에
제공된 자료 및 정보는 미리 사업자 또는 사업자단체에 알린 사용목적이 아닌
용도 및 사용절차가 아닌 방법으로 사용하여서는 아니 된다.

(3) 소비자정보요청협의회(제79조)

1) 제78조제1항의 규정에 따른 소비자단체의 자료 및 정보의 제공요청과 관련한
다음 각 호의 사항을 협의·조정하기 위하여 한국소비자원에 소비자정보요청협
의회(이하 "협의회"라 한다)를 둔다.
① 소비자단체가 요청하는 자료 및 정보의 범위·사용목적·사용절차에 관한
사항
② 그 밖에 대통령령이 정하는 사항

2) 협의회의 구성과 운영 그 밖에 필요한 사항은 대통령령으로 정한다.

12. 보칙(제10장)

(1) 시정조치(제80조)

1) 중앙행정기관의 장은 사업자가 제20조의 규정을 위반하는 행위를 한 경우에는 그 사업자에게 그 행위의 중지 등 시정에 필요한 조치를 명할 수 있다.
2) 중앙행정기관의 장은 사업자에게 제1항의 규정에 따라 시정명령을 받은 사실을 공표하도록 명할 수 있다.

(2) 시정조치의 요청(제81조)

1) 국가 및 지방자치단체는 사업자가 제20조의 규정을 위반하는지 여부를 판단하기 위하여 필요한 경우에는 등록소비자단체 또는 한국소비자원에 조사를 의뢰할 수 있다.
2) 공정거래위원회는 사업자가 제20조의 규정을 위반하는 행위를 한 사실을 알게 된 때에는 그 물품등을 주관하는 중앙행정기관의 장에게 위반행위의 시정에 필요한 적절한 조치를 요청할 수 있다.

(3) 청문(제82조)

중앙행정기관의 장은 제30조·제50조 또는 제80조의 규정에 따른 명령 등의 조치를 하고자 하는 경우에는 청문을 실시하여야 한다. 다만, 제50조제1항 단서의 경우에는 그러하지 아니하다.

(4) 권한의 위임·위탁(제83조)

1) 공정거래위원회는 종합지원시스템을 통하여 소비자 피해의 예방 및 구제를 위한 사무를 수행하기 위하여 불가피한 경우 「개인정보 보호법」 제23조에 따른 건강에 관한 정보(의료분쟁조정과 관련된 정보에 한정한다. 이하 같다)나 같은 법 제24조에 따른 고유식별정보가 포함된 자료를 처리할 수 있다.
2) 제16조의2제7항에 따라 종합지원시스템 운영의 전부 또는 일부를 위탁받은 자는 소비자 피해의 예방 및 구제를 위한 사무를 수행하기 위하여 불가피한 경우 당사자의 동의를 얻어 「개인정보 보호법」 제23조에 따른 건강에 관한 정보나 같은 법 제24조에 따른 고유식별정보가 포함된 자료를 처리할 수 있다.
3) 제1항 및 제2항에 따라 「개인정보 보호법」 제23조에 따른 건강에 관한 정보나 같은 법 제24조에 따른 고유식별정보가 포함된 자료를 처리할 때에는 해당 정보를 「개인정보 보호법」에 따라 보호하여야 한다. [본조신설 2018. 3. 13.]

13. 벌칙(제11장)

(1) 벌칙(제84조)

1) 다음 각 호의 어느 하나에 해당하는 자는 3년 이하의 징역 또는 5천만원 이하의 벌금에 처한다. 〈개정 2018. 12. 31.〉

   1. 제50조 또는 제80조의 규정에 따른 명령을 위반한 자

   2. 제77조제5항(제83조제3항의 규정에 따라 준용되는 경우를 포함한다)의 규정을 위반하여 검사 등으로 알게 된 내용을 이 법의 시행을 위한 목적이 아닌 용도로 사용한 자

   3. 제78조제5항의 규정을 위반하여 제공된 자료 및 정보를 사용목적이 아닌 용도 또는 사용절차가 아닌 방법으로 사용한 자

2) 제52조제5항을 위반하여 위해정보에 관한 사항을 누설한 자는 1년 이하의 징역 또는 3천만원 이하의 벌금에 처한다. 〈개정 2018. 3. 13.〉

3) 제1항의 경우에 징역형과 벌금형은 이를 병과(併科)할 수 있다.

(2) 양벌규정(제85조)

법인의 대표자나 법인 또는 개인의 대리인, 사용인, 그 밖의 종업원이 그 법인 또는 개인의 업무에 관하여 제84조의 위반행위를 하면 그 행위자를 벌하는 외에 그 법인 또는 개인에게도 해당 조문의 벌금형을 과(科)한다. 다만, 법인 또는 개인이 그 위반행위를 방지하기 위하여 해당 업무에 관하여 상당한 주의와 감독을 게을리하지 아니한 경우에는 그러하지 아니하다.

(3) 과태료(제86조)

1) 다음 각 호의 어느 하나에 해당하는 자는 3천만원 이하의 과태료에 처한다.

   ① 제20조의 규정을 위반한 자

   ② 제37조의 규정을 위반하여 동일 또는 유사명칭을 사용한 자

   ③ 제47조제1항의 규정을 위반하여 물품등의 중대한 결함의 내용을 보고하지 아니하거나 허위로 보고한 자

   ④ 제77조제1항 또는 제2항의 규정에 따른 검사·출입을 거부·방해·기피한 자, 업무에 관한 보고를 하지 아니하거나 허위로 보고한 자 또는 관계 물품·서류 등을 제출하지 아니하거나 허위로 제출한 자

2) 제1항의 규정에 따른 과태료는 대통령령으로 정하는 바에 따라 중앙행정기관의 장 또는 시·도지사가 부과·징수한다.

핵심 출제 포인트

· 와이블(Weible)의 개인정보 유형을 이해합니다.
· 소비자기본법과 마찬가지로 최신 법령을 암기해야 하는 부분이고 용어가 매우 어려우므로 여러 번 읽고 숙지하는 것이 반드시 필요합니다.
· 밑줄로 따로 표시한 부분은 반드시 암기하고, 특히 조직구성과 관련된 부분은 이미지화하여 기억하도록 합시다.

1. 와이블(Weible)의 개인정보 유형 ★★★

일반정보	이름, 주민등록번호, 운전면허정보, 주소, 전화번호, 생년월일, 출생지, 성별, 국적
가족정보	부모 및 배우자의 이름 및 직업, 부양가족의 이름, 가족의 출생지, 생년월일, 주민등록번호, 직업
교육 및 훈련 정보	최종학력, 학교성적, 자격증 및 면허증, 이수 훈련 프로그램, 동아리 활동, 상벌사항 및 출석사항, 성격 보고
병역 정보	군번, 계급, 제대유형, 부대, 특기
부동산 정보	소유 주택 및 토지, 자동차, 상점 및 건물
동산정보	보유현금, 저축현황, 현금카드, 주식,채권 및 유가증권, 예술품
소득정보	봉급액, 봉급경력, 보너스, 기타소득, 이자소득, 사업소득
기타 수익정보	보험 가입현황, 수익자, 투자프로그램, 퇴직프로그램, 휴가 및 병가
신용정보	대부 잔액 및 지불사항, 저당, 신용카드, 미납액, 압류 통보
고용정보	고용주, 회사주소, 상사 이름, 직무수행평가기록, 훈련 및 출근 기록, 상벌 기록, 직무 태도
법적정보	전과기록, 교통위반 기록, 파산 및 담보기록, 구속기록, 이혼기록, 납세기록
의료정보	가족병력기록, 과거 의료기록, 정신질환 기록, 신체 장애, 혈액형
조직정보	노조 및 종교단체, 정당 가입
습관, 취미 정보	흡연, 음주량, 여가활동, 도박성향

2. 개인정보보호법

[시행 2020. 8. 5.] [법률 제16930호, 2020. 2. 4., 일부개정]

1. 총칙(제1장)

(1) 목적(제1조)

이 법은 개인정보의 처리 및 보호에 관한 사항을 정함으로써 개인의 자유와 권리를 보호하고, 나아가 개인의 존엄과 가치를 구현함을 목적으로 한다.

(2) 정의(제2조) ★

이 법에서 사용하는 용어의 뜻은 다음과 같다. 〈개정 2014. 3. 24., 2020. 2. 4.〉

1. "개인정보"란 살아 있는 개인에 관한 정보로서 다음 각 목의 어느 하나에 해당하는 정보를 말한다.
   가. 성명, 주민등록번호 및 영상 등을 통하여 개인을 알아볼 수 있는 정보
   나. 해당 정보만으로는 특정 개인을 알아볼 수 없더라도 다른 정보와 쉽게 결합하여 알아볼 수 있는 정보. 이 경우 쉽게 결합할 수 있는지 여부는 다른 정보의 입수 가능성 등 개인을 알아보는 데 소요되는 시간, 비용, 기술 등을 합리적으로 고려하여야 한다.
   다. 가목 또는 나목을 제1호의2에 따라 가명처리함으로써 원래의 상태로 복원하기 위한 추가 정보의 사용·결합 없이는 특정 개인을 알아볼 수 없는 정보(이하 "가명정보"라 한다)

1의2. "가명처리"란 개인정보의 일부를 삭제하거나 일부 또는 전부를 대체하는 등의 방법으로 추가 정보가 없이는 특정 개인을 알아볼 수 없도록 처리하는 것을 말한다.

2. "처리"란 개인정보의 수집, 생성, 연계, 연동, 기록, 저장, 보유, 가공, 편집, 검색, 출력, 정정(訂正), 복구, 이용, 제공, 공개, 파기(破棄), 그 밖에 이와 유사한 행위를 말한다.

3. "정보주체"란 처리되는 정보에 의하여 알아볼 수 있는 사람으로서 그 정보의 주체가 되는 사람을 말한다.

4. "개인정보파일"이란 개인정보를 쉽게 검색할 수 있도록 일정한 규칙에 따라 체계적으로 배열하거나 구성한 개인정보의 집합물(集合物)을 말한다.

5. "개인정보처리자"란 업무를 목적으로 개인정보파일을 운용하기 위하여 스스로 또는 다른 사람을 통하여 개인정보를 처리하는 공공기관, 법인, 단체 및 개인

등을 말한다.

6. "공공기관"이란 다음 각 목의 기관을 말한다.

　가. 국회, 법원, 헌법재판소, 중앙선거관리위원회의 행정사무를 처리하는 기관, 중앙행정기관(대통령 소속 기관과 국무총리 소속 기관을 포함한다) 및 그 소속 기관, 지방자치단체

　나. 그 밖의 국가기관 및 공공단체 중 대통령령으로 정하는 기관

7. "영상정보처리기기"란 일정한 공간에 지속적으로 설치되어 사람 또는 사물의 영상 등을 촬영하거나 이를 유·무선망을 통하여 전송하는 장치로서 대통령령으로 정하는 장치를 말한다.

8. "과학적 연구"란 기술의 개발과 실증, 기초연구, 응용연구 및 민간 투자 연구 등 과학적 방법을 적용하는 연구를 말한다.

(3) 개인정보 보호 원칙(제3조) ★★★

1) 개인정보처리자는 개인정보의 처리 목적을 명확하게 하여야 하고 그 목적에 필요한 범위에서 최소한의 개인정보만을 적법하고 정당하게 수집하여야 한다.

2) 개인정보처리자는 개인정보의 처리 목적에 필요한 범위에서 적합하게 개인정보를 처리하여야 하며, 그 목적 외의 용도로 활용하여서는 아니 된다.

3) 개인정보처리자는 개인정보의 처리 목적에 필요한 범위에서 개인정보의 정확성, 완전성 및 최신성이 보장되도록 하여야 한다.

4) 개인정보처리자는 개인정보의 처리 방법 및 종류 등에 따라 정보주체의 권리가 침해받을 가능성과 그 위험 정도를 고려하여 개인정보를 안전하게 관리하여야 한다.

5) 개인정보처리자는 개인정보 처리방침 등 개인정보의 처리에 관한 사항을 공개하여야 하며, 열람청구권 등 정보주체의 권리를 보장하여야 한다.

6) 개인정보처리자는 정보주체의 사생활 침해를 최소화하는 방법으로 개인정보를 처리하여야 한다.

7) 개인정보처리자는 개인정보를 익명 또는 가명으로 처리하여도 개인정보 수집목적을 달성할 수 있는 경우 익명처리가 가능한 경우에는 익명에 의하여, 익명처리로 목적을 달성할 수 없는 경우에는 가명에 의하여 처리될 수 있도록 하여야 한다. 〈개정 2020. 2. 4.〉

8) 개인정보처리자는 이 법 및 관계 법령에서 규정하고 있는 책임과 의무를 준수하고 실천함으로써 정보주체의 신뢰를 얻기 위하여 노력하여야 한다.

(4) <u>정보주체의 권리(제4조)</u> ★★

1) 개인정보의 처리에 관한 정보를 제공받을 권리
2) 개인정보의 처리에 관한 동의 여부, 동의 범위 등을 선택하고 결정할 권리
3) 개인정보의 처리 여부를 확인하고 개인정보에 대하여 열람(사본의 발급을 포함한다. 이하 같다)을 요구할 권리
4) 개인정보의 처리 정지, 정정·삭제 및 파기를 요구할 권리
5) 개인정보의 처리로 인하여 발생한 피해를 신속하고 공정한 절차에 따라 구제받을 권리

(5) <u>국가 등의 책무(제5조)</u> ★

1) 국가와 지방자치단체는 개인정보의 목적 외 수집, 오용·남용 및 무분별한 감시·추적 등에 따른 폐해를 방지하여 인간의 존엄과 개인의 사생활 보호를 도모하기 위한 시책을 강구하여야 한다.
2) 국가와 지방자치단체는 제4조에 따른 정보주체의 권리를 보호하기 위하여 법령의 개선 등 필요한 시책을 마련하여야 한다.
3) 국가와 지방자치단체는 개인정보의 처리에 관한 불합리한 사회적 관행을 개선하기 위하여 개인정보처리자의 자율적인 개인정보 보호활동을 존중하고 촉진·지원하여야 한다.
4) 국가와 지방자치단체는 개인정보의 처리에 관한 법령 또는 조례를 제정하거나 개정하는 경우에는 이 법의 목적에 부합되도록 하여야 한다.

(6) 다른 법률과의 관계(제6조)

개인정보 보호에 관하여는 다른 법률에 특별한 규정이 있는 경우를 제외하고는 이 법에서 정하는 바에 따른다.

2. 개인정보 보호정책의 수립(제2장)

(1) <u>개인정보보호 위원회(제7조)</u> ★★★

1) <u>개인정보 보호에 관한 사무를 독립적으로 수행하기 위하여 국무총리 소속으로 개인정보 보호위원회(이하 "보호위원회"라 한다)를 둔다.</u> 〈개정 2020. 2. 4.〉
2) 보호위원회는 「정부조직법」 제2조에 따른 중앙행정기관으로 본다. 다만, 다음 각 호의 사항에 대하여는 「정부조직법」 제18조를 적용하지 아니한다. 〈개정 2020. 2. 4.〉

1. 제7조의8제3호 및 제4호의 사무

2. 제7조의9제1항의 심의·의결 사항 중 제1호에 해당하는 사항

3) 삭제 〈2020. 2. 4.〉

(2) <u>보호위원회의 구성 등(제7조의2)</u> ★★★

1) <u>보호위원회는 상임위원 2명(위원장 1명, 부위원장 1명)을 포함한 9명의 위원으로 구성한다.</u>

2) 보호위원회의 위원은 개인정보 보호에 관한 경력과 전문지식이 풍부한 다음 각 호의 사람 중에서 위원장과 부위원장은 국무총리의 제청으로, 그 외 위원 중 2명은 위원장의 제청으로, 2명은 대통령이 소속되거나 소속되었던 정당의 교섭단체 추천으로, 3명은 그 외의 교섭단체 추천으로 <u>대통령이 임명 또는 위촉한다.</u>

   1. 개인정보 보호 업무를 담당하는 3급 이상 공무원(고위공무원단에 속하는 공무원을 포함한다)의 직에 있거나 있었던 사람

   2. 판사·검사·변호사의 직에 10년 이상 있거나 있었던 사람

   3. 공공기관 또는 단체(개인정보처리자로 구성된 단체를 포함한다)에 3년 이상 임원으로 재직하였거나 이들 기관 또는 단체로부터 추천받은 사람으로서 개인정보 보호 업무를 3년 이상 담당하였던 사람

   4. 개인정보 관련 분야에 전문지식이 있고 「고등교육법」 제2조제1호에 따른 학교에서 부교수 이상으로 5년 이상 재직하고 있거나 재직하였던 사람

3) <u>위원장과 부위원장은 정무직 공무원으로 임명한다.</u>

4) 위원장, 부위원장, 제7조의13에 따른 사무처의 장은 「정부조직법」 제10조에도 불구하고 정부위원이 된다.[본조신설 2020. 2. 4.]

(3) 위원장(제7조의3)

1) 위원장은 보호위원회를 대표하고, 보호위원회의 회의를 주재하며, 소관 사무를 총괄한다.

2) 위원장이 부득이한 사유로 직무를 수행할 수 없을 때에는 부위원장이 그 직무를 대행하고, 위원장·부위원장이 모두 부득이한 사유로 직무를 수행할 수 없을 때에는 위원회가 미리 정하는 위원이 위원장의 직무를 대행한다.

3) 위원장은 국회에 출석하여 보호위원회의 소관 사무에 관하여 의견을 진술할 수 있으며, 국회에서 요구하면 출석하여 보고하거나 답변하여야 한다.

4) 위원장은 국무회의에 출석하여 발언할 수 있으며, 그 소관 사무에 관하여 국무총리에게 의안 제출을 건의할 수 있다.[본조신설 2020. 2. 4.]

(4) 위원의 임기(제7조의4) ★★★

1) <u>위원의 임기는 3년으로 하되, 한 차례만 연임할 수 있다.</u>

2) <u>위원이 궐위된 때에는 지체 없이 새로운 위원을 임명 또는 위촉하여야 한다. 이 경우 후임으로 임명 또는 위촉된 위원의 임기는 새로이 개시된다.</u>

[본조신설 2020. 2. 4.]

(5) 위원의 신분보장(제7조의5)

1) 위원은 다음 각 호의 어느 하나에 해당하는 경우를 제외하고는 그 의사에 반하여 면직 또는 해촉되지 아니한다.

　　1. 장기간 심신장애로 인하여 직무를 수행할 수 없게 된 경우

　　2. 제7조의7의 결격사유에 해당하는 경우

　　3. 이 법 또는 그 밖의 다른 법률에 따른 직무상의 의무를 위반한 경우

2) 위원은 법률과 양심에 따라 독립적으로 직무를 수행한다. [본조신설 2020. 2. 4.]

(6) 겸직금지 등 (제7조의6)

1) 위원은 재직 중 다음 각 호의 직(職)을 겸하거나 직무와 관련된 영리업무에 종사하여서는 아니 된다.

　　1. 국회의원 또는 지방의회의원

　　2. 국가공무원 또는 지방공무원

　　3. 그 밖에 대통령령으로 정하는 직

2) 제1항에 따른 영리업무에 관한 사항은 대통령령으로 정한다.

3) 위원은 정치활동에 관여할 수 없다.[본조신설 2020. 2. 4.]

(7) 결격사유(제7조의7)

1) 다음 각 호의 어느 하나에 해당하는 사람은 위원이 될 수 없다.

　　1. 대한민국 국민이 아닌 사람

　　2. 「국가공무원법」 제33조 각 호의 어느 하나에 해당하는 사람

　　3. 「정당법」 제22조에 따른 당원

2) 위원이 제1항 각 호의 어느 하나에 해당하게 된 때에는 그 직에서 당연 퇴직한다. 다만, 「국가공무원법」 제33조제2호는 파산선고를 받은 사람으로서 「채무자 회생 및 파산에 관한 법률」에 따라 신청기한 내에 면책신청을 하지 아니하였거나 면책불허가 결정 또는 면책 취소가 확정된 경우만 해당하고, 같은 법 제33조

제5호는 「형법」 제129조부터 제132조까지, 「성폭력범죄의 처벌 등에 관한 특례법」 제2조, 「아동·청소년의 성보호에 관한 법률」 제2조제2호 및 직무와 관련하여 「형법」 제355조 또는 제356조에 규정된 죄를 범한 사람으로서 금고 이상의 형의 선고유예를 받은 경우만 해당한다. [본조신설 2020. 2. 4.]

(8) 보호위원회의 소관 사무(제7조의8)

보호위원회는 다음 각 호의 소관 사무를 수행한다.
1. 개인정보의 보호와 관련된 법령의 개선에 관한 사항
2. 개인정보 보호와 관련된 정책·제도·계획 수립·집행에 관한 사항
3. 정보주체의 권리침해에 대한 조사 및 이에 따른 처분에 관한 사항
4. 개인정보의 처리와 관련한 고충처리·권리구제 및 개인정보에 관한 분쟁의 조정
5. 개인정보 보호를 위한 국제기구 및 외국의 개인정보 보호기구와의 교류·협력
6. 개인정보 보호에 관한 법령·정책·제도·실태 등의 조사·연구, 교육 및 홍보에 관한 사항
7. 개인정보 보호에 관한 기술개발의 지원·보급 및 전문인력의 양성에 관한 사항
8. 이 법 및 다른 법령에 따라 보호위원회의 사무로 규정된 사항[본조신설 2020. 2. 4.]

(9) 보호위원회의 심의·의결 사항 등(제7조의9)

1) 보호위원회는 다음 각 호의 사항을 심의·의결한다.
1. 제8조의2에 따른 개인정보 침해요인 평가에 관한 사항
2. 제9조에 따른 기본계획 및 제10조에 따른 시행계획에 관한 사항
3. 개인정보 보호와 관련된 정책, 제도 및 법령의 개선에 관한 사항
4. 개인정보의 처리에 관한 공공기관 간의 의견조정에 관한 사항
5. 개인정보 보호에 관한 법령의 해석·운용에 관한 사항
6. 제18조제2항제5호에 따른 개인정보의 이용·제공에 관한 사항
7. 제33조제3항에 따른 영향평가 결과에 관한 사항
8. 제28조의6, 제34조의2, 제39조의15에 따른 과징금 부과에 관한 사항
9. 제61조에 따른 의견제시 및 개선권고에 관한 사항
10. 제64조에 따른 시정조치 등에 관한 사항
11. 제65조에 따른 고발 및 징계권고에 관한 사항
12. 제66조에 따른 처리 결과의 공표에 관한 사항

13. 제75조에 따른 과태료 부과에 관한 사항

14. 소관 법령 및 보호위원회 규칙의 제정·개정 및 폐지에 관한 사항

15. 개인정보 보호와 관련하여 보호위원회의 위원장 또는 위원 2명 이상이 회의에 부치는 사항

16. 그 밖에 이 법 또는 다른 법령에 따라 보호위원회가 심의·의결하는 사항

2) 보호위원회는 제1항 각 호의 사항을 심의·의결하기 위하여 필요한 경우 다음각 호의 조치를 할 수 있다.

1. 관계 공무원, 개인정보 보호에 관한 전문 지식이 있는 사람이나 시민사회단체 및 관련 사업자로부터의 의견 청취

2. 관계 기관 등에 대한 자료제출이나 사실조회 요구

3) 제2항제2호에 따른 요구를 받은 관계 기관 등은 특별한 사정이 없으면 이에 따라야 한다.

4) 보호위원회는 제1항제3호의 사항을 심의·의결한 경우에는 관계 기관에 그 개선을 권고할 수 있다.

5) 보호위원회는 제4항에 따른 권고 내용의 이행 여부를 점검할 수 있다.

[본조신설 2020. 2. 4.]

(10) 회의(제7조의10)

1) 보호위원회의 회의는 위원장이 필요하다고 인정하거나 재적위원 4분의 1 이상의 요구가 있는 경우에 위원장이 소집한다.

2) 위원장 또는 2명 이상의 위원은 보호위원회에 의안을 제의할 수 있다.

3) 보호위원회의 회의는 재적위원 과반수의 출석으로 개의하고, 출석위원 과반수의 찬성으로 의결한다.[본조신설 2020. 2. 4.]

(11) 위원의 제척·기피·회피(제7조의11)

1) 위원은 다음 각 호의 어느 하나에 해당하는 경우에는 심의·의결에서 제척된다.

1. 위원 또는 그 배우자나 배우자였던 자가 해당 사안의 당사자가 되거나 그 사건에 관하여 공동의 권리자 또는 의무자의 관계에 있는 경우

2. 위원이 해당 사안의 당사자와 친족이거나 친족이었던 경우

3. 위원이 해당 사안에 관하여 증언, 감정, 법률자문을 한 경우

4. 위원이 해당 사안에 관하여 당사자의 대리인으로서 관여하거나 관여하였던 경우

5. 위원이나 위원이 속한 공공기관·법인 또는 단체 등이 조언 등 지원을 하고

있는 자와 이해관계가 있는 경우

2) 위원에게 심의·의결의 공정을 기대하기 어려운 사정이 있는 경우 당사자는 기피 신청을 할 수 있고, 보호위원회는 의결로 이를 결정한다.

3) 위원이 제1항 또는 제2항의 사유가 있는 경우에는 해당 사안에 대하여 회피할 수 있다.[본조신설 2020. 2. 4.]

(12) 소위원회(제7조의12)

1) 보호위원회는 효율적인 업무 수행을 위하여 개인정보 침해 정도가 경미하거나 유사·반복되는 사항 등을 심의·의결할 소위원회를 둘 수 있다.

2) 소위원회는 3명의 위원으로 구성한다.

3) 소위원회가 제1항에 따라 심의·의결한 것은 보호위원회가 심의·의결한 것으로 본다.

4) 소위원회의 회의는 구성위원 전원의 출석과 출석위원 전원의 찬성으로 의결한다. [본조신설 2020. 2. 4.]

(13) 사무처(제7조의13)

보호위원회의 사무를 처리하기 위하여 보호위원회에 사무처를 두며, 이 법에 규정된 것 외에 보호위원회의 조직에 관한 사항은 대통령령으로 정한다.
[본조신설 2020. 2. 4.]

(14) 운영 등(제7조의14)

이 법과 다른 법령에 규정된 것 외에 보호위원회의 운영 등에 필요한 사항은 보호위원회의 규칙으로 정한다.[본조신설 2020. 2. 4.]

(15) 제8조 삭제 〈2020. 2. 4.〉

(16) 개인정보 침해요인 평가(제8조의2)

1) 중앙행정기관의 장은 소관 법령의 제정 또는 개정을 통하여 개인정보 처리를 수반하는 정책이나 제도를 도입·변경하는 경우에는 보호위원회에 개인정보 침해요인 평가를 요청하여야 한다.

2) 보호위원회가 제1항에 따른 요청을 받은 때에는 해당 법령의 개인정보 침해요인을 분석·검토하여 그 법령의 소관기관의 장에게 그 개선을 위하여 필요한 사항을 권고할 수 있다.

3) 제1항에 따른 개인정보 침해요인 평가의 절차와 방법에 관하여 필요한 사항은 대통령령으로 정한다.

(3) 기본계획(제9조) ★

1) 보호위원회는 개인정보의 보호와 정보주체의 권익 보장을 위하여 3년마다 개인정보 보호 기본계획(이하 "기본계획"이라 한다)을 관계 중앙행정기관의 장과 협의하여 수립한다.

2) 기본계획에는 다음 각 호의 사항이 포함되어야 한다.
① 개인정보 보호의 기본목표와 추진방향
② 개인정보 보호와 관련된 제도 및 법령의 개선
③ 개인정보 침해 방지를 위한 대책
④ 개인정보 보호 자율규제의 활성화
⑤ 개인정보 보호 교육·홍보의 활성화
⑥ 개인정보 보호를 위한 전문인력의 양성
⑦ 그 밖에 개인정보 보호를 위하여 필요한 사항

3) 국회, 법원, 헌법재판소, 중앙선거관리위원회는 해당 기관(그 소속 기관을 포함한다)의 개인정보 보호를 위한 기본계획을 수립·시행할 수 있다.

(4) 시행계획(제10조)

1) 중앙행정기관의 장은 기본계획에 따라 매년 개인정보 보호를 위한 시행계획을 작성하여 보호위원회에 제출하고, 보호위원회의 심의·의결을 거쳐 시행하여야 한다.

2) 시행계획의 수립·시행에 필요한 사항은 대통령령으로 정한다.

(5) 자료제출 요구 등(제11조)

1) 보호위원회는 기본계획을 효율적으로 수립하기 위하여 개인정보처리자, 관계 중앙행정기관의 장, 지방자치단체의 장 및 관계 기관·단체 등에 개인정보처리자의 법규 준수 현황과 개인정보 관리 실태 등에 관한 자료의 제출이나 의견의 진술 등을 요구할 수 있다.

2) 행정자치부장관은 개인정보 보호 정책 추진, 성과평가 등을 위하여 필요한 경우 개인정보처리자, 관계 중앙행정기관의 장, 지방자치단체의 장 및 관계 기관·단체 등을 대상으로 개인정보관리 수준 및 실태파악 등을 위한 조사를 실시할 수 있다.

3) 중앙행정기관의 장은 시행계획을 효율적으로 수립·추진하기 위하여 소관 분야

의 개인정보처리자에게 제1항에 따른 자료제출 등을 요구할 수 있다.

4) 제1항부터 제3항까지에 따른 자료제출 등을 요구받은 자는 특별한 사정이 없으면 이에 따라야 한다.

5) 제1항부터 제3항까지에 따른 자료제출 등의 범위와 방법 등 필요한 사항은 대통령령으로 정한다.

(6) 개인정보 보호지침(제12조)

1) 보호위원회는 개인정보의 처리에 관한 기준, 개인정보 침해의 유형 및 예방조치 등에 관한 표준 개인정보 보호지침(이하 "표준지침"이라 한다)을 정하여 개인정보처리자에게 그 준수를 권장할 수 있다. 〈개정 2013. 3. 23., 2014. 11. 19., 2017. 7. 26., 2020. 2. 4.〉

2) 중앙행정기관의 장은 표준지침에 따라 소관 분야의 개인정보 처리와 관련한 개인정보 보호지침을 정하여 개인정보처리자에게 그 준수를 권장할 수 있다.

3) 국회, 법원, 헌법재판소 및 중앙선거관리위원회는 해당 기관(그 소속 기관을 포함한다)의 개인정보 보호지침을 정하여 시행할 수 있다.

(7) 자율규제의 촉진 및 지원(제13조)

보호위원회는 개인정보처리자의 자율적인 개인정보 보호활동을 촉진하고 지원하기 위하여 다음 각 호의 필요한 시책을 마련하여야 한다. 〈개정 2013. 3. 23., 2014. 11. 19., 2017. 7. 26., 2020. 2. 4.〉

1. 개인정보 보호에 관한 교육·홍보
2. 개인정보 보호와 관련된 기관·단체의 육성 및 지원
3. 개인정보 보호 인증마크의 도입·시행 지원
4. 개인정보처리자의 자율적인 규약의 제정·시행 지원
5. 그 밖에 개인정보처리자의 자율적 개인정보 보호활동을 지원하기 위하여 필요한 사항

(8) 국제협력(제14조)

1) 정부는 국제적 환경에서의 개인정보 보호 수준을 향상시키기 위하여 필요한 시책을 마련하여야 한다.

2) 정부는 개인정보 국외 이전으로 인하여 정보주체의 권리가 침해되지 아니하도록 관련 시책을 마련하여야 한다.

3. 개인정보의 처리(제3장)

(1) 개인정보의 수집, 이용(제15조) ★★

1) 개인정보처리자는 다음 각 호의 어느 하나에 해당하는 경우에는 개인정보를 수집할 수 있으며 그 수집 목적의 범위에서 이용할 수 있다.

　1. 정보주체의 동의를 받은 경우

　2. 법률에 특별한 규정이 있거나 법령상 의무를 준수하기 위하여 불가피한 경우

　3. 공공기관이 법령 등에서 정하는 소관 업무의 수행을 위하여 불가피한 경우

　4. 정보주체와의 계약의 체결 및 이행을 위하여 불가피하게 필요한 경우

　5. 정보주체 또는 그 법정대리인이 의사표시를 할 수 없는 상태에 있거나 주소 불명 등으로 사전 동의를 받을 수 없는 경우로서 명백히 정보주체 또는 제3자의 급박한 생명, 신체, 재산의 이익을 위하여 필요하다고 인정되는 경우

　6. 개인정보처리자의 정당한 이익을 달성하기 위하여 필요한 경우로서 명백하게 정보주체의 권리보다 우선하는 경우. 이 경우 개인정보처리자의 정당한 이익과 상당한 관련이 있고 합리적인 범위를 초과하지 아니하는 경우에 한한다.

2) 개인정보처리자는 제1항제1호에 따른 동의를 받을 때에는 다음 각 호의 사항을 정보주체에게 알려야 한다. 다음 각 호의 어느 하나의 사항을 변경하는 경우에도 이를 알리고 동의를 받아야 한다.

　1. 개인정보의 수집·이용 목적

　2. 수집하려는 개인정보의 항목

　3. 개인정보의 보유 및 이용 기간

　4. 동의를 거부할 권리가 있다는 사실 및 동의 거부에 따른 불이익이 있는 경우에는 그 불이익의 내용

3) 개인정보처리자는 당초 수집 목적과 합리적으로 관련된 범위에서 정보주체에게 불이익이 발생하는지 여부, 암호화 등 안전성 확보에 필요한 조치를 하였는지 여부 등을 고려하여 대통령령으로 정하는 바에 따라 정보주체의 동의 없이 개인정보를 이용할 수 있다. 〈신설 2020. 2. 4.〉

(2) 개인정보의 수집 제한(제16조) ★

1) 개인정보처리자는 제15조제1항 각 호의 어느 하나에 해당하여 개인정보를 수집하는 경우에는 그 목적에 필요한 최소한의 개인정보를 수집하여야 한다. 이 경우 최소한의 개인정보 수집이라는 입증책임은 개인정보처리자가 부담한다.

2) 개인정보처리자는 정보주체의 동의를 받아 개인정보를 수집하는 경우 필요한 최

소한의 정보 외의 개인정보 수집에는 동의하지 아니할 수 있다는 사실을 구체적으로 알리고 개인정보를 수집하여야 한다. 〈신설 2013.8.6.〉

3) 개인정보처리자는 정보주체가 필요한 최소한의 정보 외의 개인정보 수집에 동의하지 아니한다는 이유로 정보주체에게 재화 또는 서비스의 제공을 거부하여서는 아니 된다.

(3) 개인정보의 제공(제17조)

1) 개인정보처리자는 다음 각 호의 어느 하나에 해당되는 경우에는 정보주체의 개인정보를 제3자에게 제공(공유를 포함한다. 이하 같다)할 수 있다. 〈개정 2020. 2. 4.〉

  1. 정보주체의 동의를 받은 경우

  2. 제15조제1항제2호 · 제3호 · 제5호 및 제39조의3제2항제2호 · 제3호에 따라 개인정보를 수집한 목적 범위에서 개인정보를 제공하는 경우

2) 개인정보처리자는 제1항제1호에 따른 동의를 받을 때에는 다음 각 호의 사항을 정보주체에게 알려야 한다. 다음 각 호의 어느 하나의 사항을 변경하는 경우에도 이를 알리고 동의를 받아야 한다.

  1. 개인정보를 제공받는 자

  2. 개인정보를 제공받는 자의 개인정보 이용 목적

  3. 제공하는 개인정보의 항목

  4. 개인정보를 제공받는 자의 개인정보 보유 및 이용 기간

  5. 동의를 거부할 권리가 있다는 사실 및 동의 거부에 따른 불이익이 있는 경우에는 그 불이익의 내용

3) 개인정보처리자가 개인정보를 국외의 제3자에게 제공할 때에는 제2항 각 호에 따른 사항을 정보주체에게 알리고 동의를 받아야 하며, 이 법을 위반하는 내용으로 개인정보의 국외 이전에 관한 계약을 체결하여서는 아니 된다.

4) 개인정보처리자는 당초 수집 목적과 합리적으로 관련된 범위에서 정보주체에게 불이익이 발생하는지 여부, 암호화 등 안전성 확보에 필요한 조치를 하였는지 여부 등을 고려하여 대통령령으로 정하는 바에 따라 정보주체의 동의 없이 개인정보를 제공할 수 있다. 〈신설 2020. 2. 4.〉

(4) 개인정보의 목적 외 이용 · 제공 제한(제18조) ★★★

1) 개인정보처리자는 개인정보를 제15조제1항 및 제39조의3제1항 및 제2항에 따른 범위를 초과하여 이용하거나 제17조제1항 및 제3항에 따른 범위를 초과하여 제

3자에게 제공하여서는 아니 된다. 〈개정 2020. 2. 4.〉

2) 제1항에도 불구하고 개인정보처리자는 다음 각 호의 어느 하나에 해당하는 경우에는 정보주체 또는 제3자의 이익을 부당하게 침해할 우려가 있을 때를 제외하고는 개인정보를 목적 외의 용도로 이용하거나 이를 제3자에게 제공할 수 있다. 다만, 이용자(「정보통신망 이용촉진 및 정보보호 등에 관한 법률」제2조제1항제4호에 해당하는 자를 말한다. 이하 같다)의 개인정보를 처리하는 정보통신서비스 제공자(「정보통신망 이용촉진 및 정보보호 등에 관한 법률」제2조제1항제3호에 해당하는 자를 말한다. 이하 같다)의 경우 제1호·제2호의 경우로 한정하고, 제5호부터 제9호까지의 경우는 공공기관의 경우로 한정한다. 〈개정 2020. 2. 4.〉

1. 정보주체로부터 별도의 동의를 받은 경우

2. 다른 법률에 특별한 규정이 있는 경우

3. 정보주체 또는 그 법정대리인이 의사표시를 할 수 없는 상태에 있거나 주소 불명 등으로 사전 동의를 받을 수 없는 경우로서 명백히 정보주체 또는 제3자의 급박한 생명, 신체, 재산의 이익을 위하여 필요하다고 인정되는 경우

4. 삭제 〈2020. 2. 4.〉

5. 개인정보를 목적 외의 용도로 이용하거나 이를 제3자에게 제공하지 아니하면 다른 법률에서 정하는 소관 업무를 수행할 수 없는 경우로서 보호위원회의 심의·의결을 거친 경우

6. 조약, 그 밖의 국제협정의 이행을 위하여 외국정부 또는 국제기구에 제공하기 위하여 필요한 경우

7. 범죄의 수사와 공소의 제기 및 유지를 위하여 필요한 경우

8. 법원의 재판업무 수행을 위하여 필요한 경우

9. 형(刑) 및 감호, 보호처분의 집행을 위하여 필요한 경우

3) 개인정보처리자는 제2항제1호에 따른 동의를 받을 때에는 다음 각 호의 사항을 정보주체에게 알려야 한다. 다음 각 호의 어느 하나의 사항을 변경하는 경우에도 이를 알리고 동의를 받아야 한다.

1. 개인정보를 제공받는 자

2. 개인정보의 이용 목적(제공 시에는 제공받는 자의 이용 목적을 말한다)

3. 이용 또는 제공하는 개인정보의 항목

4. 개인정보의 보유 및 이용 기간(제공 시에는 제공받는 자의 보유 및 이용 기간을 말한다)

5. 동의를 거부할 권리가 있다는 사실 및 동의 거부에 따른 불이익이 있는 경우

에는 그 불이익의 내용

4) 공공기관은 제2항제2호부터 제6호까지, 제8호 및 제9호에 따라 개인정보를 목적 외의 용도로 이용하거나 이를 제3자에게 제공하는 경우에는 그 이용 또는 제공의 법적 근거, 목적 및 범위 등에 관하여 필요한 사항을 보호위원회가 고시로 정하는 바에 따라 관보 또는 인터넷 홈페이지 등에 게재하여야 한다. 〈개정 2013. 3. 23., 2014. 11. 19., 2017. 7. 26., 2020. 2. 4.〉

5) 개인정보처리자는 제2항 각 호의 어느 하나의 경우에 해당하여 개인정보를 목적 외의 용도로 제3자에게 제공하는 경우에는 개인정보를 제공받는 자에게 이용 목적, 이용 방법, 그 밖에 필요한 사항에 대하여 제한을 하거나, 개인정보의 안전성 확보를 위하여 필요한 조치를 마련하도록 요청하여야 한다. 이 경우 요청을 받은 자는 개인정보의 안전성 확보를 위하여 필요한 조치를 하여야 한다.

(5) 개인정보를 제공받은 자의 이용 · 제공 제한(제19조)

개인정보처리자로부터 개인정보를 제공받은 자는 다음 각 호의 어느 하나에 해당하는 경우를 제외하고는 개인정보를 제공받은 목적 외의 용도로 이용하거나 이를 제3자에게 제공하여서는 아니 된다.

1) 정보주체로부터 별도의 동의를 받은 경우
2) 다른 법률에 특별한 규정이 있는 경우

(6) 정보주체 이외로부터 수집한 개인정보의 수집 출처 등 고지(제20조)

1) 개인정보처리자가 정보주체 이외로부터 수집한 개인정보를 처리하는 때에는 정보주체의 요구가 있으면 즉시 다음 각 호의 모든 사항을 정보주체에게 알려야 한다.
   ① 개인정보의 수집 출처
   ② 개인정보의 처리 목적
   ③ 제37조에 따른 개인정보 처리의 정지를 요구할 권리가 있다는 사실

2) 제1항에도 불구하고 처리하는 개인정보의 종류 · 규모, 종업원 수 및 매출액 규모 등을 고려하여 대통령령으로 정하는 기준에 해당하는 개인정보처리자가 제17조제1항제1호에 따라 정보주체 이외로부터 개인정보를 수집하여 처리하는 때에는 제1항 각 호의 모든 사항을 정보주체에게 알려야 한다. 다만, 개인정보처리자가 수집한 정보에 연락처 등 정보주체에게 알릴 수 있는 개인정보가 포함되지 아니한 경우에는 그러하지 아니하다.

3) 제2항 본문에 따라 알리는 경우 정보주체에게 알리는 시기 · 방법 및 절차 등 필

요한 사항은 대통령령으로 정한다.

4) 제1항과 제2항 본문은 다음 각 호의 어느 하나에 해당하는 경우에는 적용하지 아니한다. 다만, 이 법에 따른 정보주체의 권리보다 명백히 우선하는 경우에 한한다.

① 고지를 요구하는 대상이 되는 개인정보가 제32조제2항 각 호의 어느 하나에 해당하는 개인정보파일에 포함되어 있는 경우

② 고지로 인하여 다른 사람의 생명·신체를 해할 우려가 있거나 다른 사람의 재산과 그 밖의 이익을 부당하게 침해할 우려가 있는 경우

(7) 개인정보의 파기(제21조) ★★

1) 개인정보처리자는 보유기간의 경과, 개인정보의 처리 목적 달성 등 그 개인정보가 불필요하게 되었을 때에는 지체 없이 그 개인정보를 파기하여야 한다. 다만, 다른 법령에 따라 보존하여야 하는 경우에는 그러하지 아니하다.

2) 개인정보처리자가 제1항에 따라 개인정보를 파기할 때에는 복구 또는 재생되지 아니하도록 조치하여야 한다.

3) 개인정보처리자가 제1항 단서에 따라 개인정보를 파기하지 아니하고 보존하여야 하는 경우에는 해당 개인정보 또는 개인정보파일을 다른 개인정보와 분리하여서 저장·관리하여야 한다.

4) 개인정보의 파기방법 및 절차 등에 필요한 사항은 대통령령으로 정한다.

(8) 동의를 받는 방법(제22조) ★★

1) 개인정보처리자는 이 법에 따른 개인정보의 처리에 대하여 정보주체(제6항에 따른 법정대리인을 포함한다. 이하 이 조에서 같다)의 동의를 받을 때에는 각각의 동의 사항을 구분하여 정보주체가 이를 명확하게 인지할 수 있도록 알리고 각각 동의를 받아야 한다. 〈개정 2017. 4. 18.〉

2) 개인정보처리자는 제1항의 동의를 서면(「전자문서 및 전자거래 기본법」 제2조 제1호에 따른 전자문서를 포함한다)으로 받을 때에는 개인정보의 수집·이용 목적, 수집·이용하려는 개인정보의 항목 등 대통령령으로 정하는 중요한 내용을 보호위원회가 고시로 정하는 방법에 따라 명확히 표시하여 알아보기 쉽게 하여야 한다. 〈신설 2017. 4. 18., 2017. 7. 26., 2020. 2. 4.〉

3) 개인정보처리자는 제15조제1항제1호, 제17조제1항제1호, 제23조제1항제1호 및 제24조제1항제1호에 따라 개인정보의 처리에 대하여 정보주체의 동의를 받을 때에는 정보주체와의 계약 체결 등을 위하여 정보주체의 동의 없이 처리할 수

있는 개인정보와 정보주체의 동의가 필요한 개인정보를 구분하여야 한다. 이 경우 동의 없이 처리할 수 있는 개인정보라는 입증책임은 개인정보처리자가 부담한다. 〈개정 2016. 3. 29., 2017. 4. 18.〉

4) 개인정보처리자는 정보주체에게 재화나 서비스를 홍보하거나 판매를 권유하기 위하여 개인정보의 처리에 대한 동의를 받으려는 때에는 정보주체가 이를 명확하게 인지할 수 있도록 알리고 동의를 받아야 한다. 〈개정 2017. 4. 18.〉

5) 개인정보처리자는 정보주체가 제3항에 따라 선택적으로 동의할 수 있는 사항을 동의하지 아니하거나 제4항 및 제18조제2항제1호에 따른 동의를 하지 아니한다는 이유로 정보주체에게 재화 또는 서비스의 제공을 거부하여서는 아니 된다. 〈개정 2017. 4. 18.〉

6) 개인정보처리자는 만 14세 미만 아동의 개인정보를 처리하기 위하여 이 법에 따른 동의를 받아야 할 때에는 그 법정대리인의 동의를 받아야 한다. 이 경우 법정대리인의 동의를 받기 위하여 필요한 최소한의 정보는 법정대리인의 동의 없이 해당 아동으로부터 직접 수집할 수 있다. 〈개정 2017. 4. 18.〉

7) 제1항부터 제6항까지에서 규정한 사항 외에 정보주체의 동의를 받는 세부적인 방법 및 제6항에 따른 최소한의 정보의 내용에 관하여 필요한 사항은 개인정보의 수집매체 등을 고려하여 대통령령으로 정한다. 〈개정 2017. 4. 18.〉

4. 개인정보의 처리 제한(제3장)

(1) 민감정보의 처리 제한(제23조) ★

1) 개인정보처리자는 사상 · 신념, 노동조합 · 정당의 가입 · 탈퇴, 정치적 견해, 건강, 성생활 등에 관한 정보, 그 밖에 정보주체의 사생활을 현저히 침해할 우려가 있는 개인정보로서 대통령령으로 정하는 정보(이하 "민감정보"라 한다)를 처리하여서는 아니 된다. 다만, 다음 각 호의 어느 하나에 해당하는 경우에는 그러하지 아니하다.

① 정보주체에게 제15조제2항 각 호 또는 제17조제2항 각 호의 사항을 알리고 다른 개인정보의 처리에 대한 동의와 별도로 동의를 받은 경우

② 법령에서 민감정보의 처리를 요구하거나 허용하는 경우

2) 개인정보처리자가 제1항 각 호에 따라 민감정보를 처리하는 경우에는 그 민감정보가 분실 · 도난 · 유출 · 위조 · 변조 또는 훼손되지 아니하도록 제29조에 따른 안전성 확보에 필요한 조치를 하여야 한다.

(2) 고유식별정보의 처리 제한(제24조)

1) 개인정보처리자는 다음 각 호의 경우를 제외하고는 법령에 따라 개인을 고유하게 구별하기 위하여 부여된 식별정보로서 대통령령으로 정하는 정보(이하 "고유식별정보"라 한다)를 처리할 수 없다.

    1. 정보주체에게 제15조제2항 각 호 또는 제17조제2항 각 호의 사항을 알리고 다른 개인정보의 처리에 대한 동의와 별도로 동의를 받은 경우

    2. 법령에서 구체적으로 고유식별정보의 처리를 요구하거나 허용하는 경우

2) 삭제 〈2013. 8. 6.〉

3) 개인정보처리자가 제1항 각 호에 따라 고유식별정보를 처리하는 경우에는 그 고유식별정보가 분실·도난·유출·위조·변조 또는 훼손되지 아니하도록 대통령령으로 정하는 바에 따라 암호화 등 안전성 확보에 필요한 조치를 하여야 한다. 〈개정 2015. 7. 24.〉

4) 보호위원회는 처리하는 개인정보의 종류·규모, 종업원 수 및 매출액 규모 등을 고려하여 대통령령으로 정하는 기준에 해당하는 개인정보처리자가 제3항에 따라 안전성 확보에 필요한 조치를 하였는지에 관하여 대통령령으로 정하는 바에 따라 정기적으로 조사하여야 한다. 〈신설 2016. 3. 29., 2017. 7. 26., 2020. 2. 4.〉

5) 보호위원회는 대통령령으로 정하는 전문기관으로 하여금 제4항에 따른 조사를 수행하게 할 수 있다. 〈신설 2016. 3. 29., 2017. 7. 26., 2020. 2. 4.〉

(3) 주민등록번호의 처리 제한(제24조의2)

1) 제24조제1항에도 불구하고 개인정보처리자는 다음 각 호의 어느 하나에 해당하는 경우를 제외하고는 주민등록번호를 처리할 수 없다. 〈개정 2016. 3. 29., 2017. 7. 26., 2020. 2. 4.〉

    1. 법률·대통령령·국회규칙·대법원규칙·헌법재판소규칙·중앙선거관리위원회규칙 및 감사원규칙에서 구체적으로 주민등록번호의 처리를 요구하거나 허용한 경우

    2. 정보주체 또는 제3자의 급박한 생명, 신체, 재산의 이익을 위하여 명백히 필요하다고 인정되는 경우

    3. 제1호 및 제2호에 준하여 주민등록번호 처리가 불가피한 경우로서 보호위원회가 고시로 정하는 경우

2) 개인정보처리자는 제24조제3항에도 불구하고 주민등록번호가 분실·도난·유출·위조·변조 또는 훼손되지 아니하도록 암호화 조치를 통하여 안전하게 보관하여야 한다. 이 경우 암호화 적용 대상 및 대상별 적용 시기 등에 관하여

필요한 사항은 개인정보의 처리 규모와 유출 시 영향 등을 고려하여 대통령령으로 정한다. 〈신설 2014. 3. 24., 2015. 7. 24.〉

3) 개인정보처리자는 제1항 각 호에 따라 주민등록번호를 처리하는 경우에도 정보주체가 인터넷 홈페이지를 통하여 회원으로 가입하는 단계에서는 주민등록번호를 사용하지 아니하고도 회원으로 가입할 수 있는 방법을 제공하여야 한다. 〈개정 2014. 3. 24.〉

4) 보호위원회는 개인정보처리자가 제3항에 따른 방법을 제공할 수 있도록 관계 법령의 정비, 계획의 수립, 필요한 시설 및 시스템의 구축 등 제반 조치를 마련·지원할 수 있다. 〈개정 2014. 3. 24., 2017. 7. 26., 2020. 2. 4.〉

(4) 영상정보처리기기의 설치·운영 제한(제25조) ★★

1) 누구든지 다음 각 호의 경우를 제외하고는 공개된 장소에 영상정보처리기기를 설치·운영하여서는 아니 된다.
   ① 법령에서 구체적으로 허용하고 있는 경우
   ② 범죄의 예방 및 수사를 위하여 필요한 경우
   ③ 시설안전 및 화재 예방을 위하여 필요한 경우
   ④ 교통단속을 위하여 필요한 경우
   ⑤ 교통정보의 수집·분석 및 제공을 위하여 필요한 경우

2) 누구든지 불특정 다수가 이용하는 목욕실, 화장실, 발한실(發汗室), 탈의실 등 개인의 사생활을 현저히 침해할 우려가 있는 장소의 내부를 볼 수 있도록 영상정보처리기기를 설치·운영하여서는 아니 된다. 다만, 교도소, 정신보건 시설 등 법령에 근거하여 사람을 구금하거나 보호하는 시설로서 대통령령으로 정하는 시설에 대하여는 그러하지 아니하다.

3) 제1항 각 호에 따라 영상정보처리기기를 설치·운영하려는 공공기관의 장과 제2항 단서에 따라 영상정보처리기기를 설치·운영하려는 자는 공청회·설명회의 개최 등 대통령령으로 정하는 절차를 거쳐 관계 전문가 및 이해관계인의 의견을 수렴하여야 한다.

4) 제1항 각 호에 따라 영상정보처리기기를 설치·운영하는 자(이하 "영상정보처리기기운영자"라 한다)는 정보주체가 쉽게 인식할 수 있도록 다음 각 호의 사항이 포함된 안내판을 설치하는 등 필요한 조치를 하여야 한다. 다만, 「군사기지 및 군사시설 보호법」 제2조제2호에 따른 군사시설, 「통합방위법」 제2조제13호에 따른 국가중요시설, 그 밖에 대통령령으로 정하는 시설에 대하여는 그러하지 아니하다.

① 설치 목적 및 장소

② 촬영 범위 및 시간

③ 관리책임자 성명 및 연락처

④ 그 밖에 대통령령으로 정하는 사항

5) 영상정보처리기기운영자는 영상정보처리기기의 설치 목적과 다른 목적으로 영상정보처리기기를 임의로 조작하거나 다른 곳을 비춰서는 아니 되며, 녹음기능은 사용할 수 없다.

6) 영상정보처리기기운영자는 개인정보가 분실·도난·유출·위조·변조 또는 훼손되지 아니하도록 제29조에 따라 안전성 확보에 필요한 조치를 하여야 한다. 〈개정 2015.7.24.〉

7) 영상정보처리기기운영자는 대통령령으로 정하는 바에 따라 영상정보처리기기 운영·관리 방침을 마련하여야 한다. 이 경우 제30조에 따른 개인정보 처리방침을 정하지 아니할 수 있다.

8) 영상정보처리기기운영자는 영상정보처리기기의 설치·운영에 관한 사무를 위탁할 수 있다. 다만, 공공기관이 영상정보처리기기 설치·운영에 관한 사무를 위탁하는 경우에는 대통령령으로 정하는 절차 및 요건에 따라야 한다.

(5) 업무위탁에 따른 개인정보의 처리 제한(제26조) ★

1) 개인정보처리자가 제3자에게 개인정보의 처리 업무를 위탁하는 경우에는 다음 각 호의 내용이 포함된 문서에 의하여야 한다.

① 위탁업무 수행 목적 외 개인정보의 처리 금지에 관한 사항

② 개인정보의 기술적·관리적 보호조치에 관한 사항

③ 그 밖에 개인정보의 안전한 관리를 위하여 대통령령으로 정한 사항

2) 제1항에 따라 개인정보의 처리 업무를 위탁하는 개인정보처리자(이하 "위탁자"라 한다)는 위탁하는 업무의 내용과 개인정보 처리 업무를 위탁받아 처리하는 자(이하 "수탁자"라 한다)를 정보주체가 언제든지 쉽게 확인할 수 있도록 대통령령으로 정하는 방법에 따라 공개하여야 한다.

3) 위탁자가 재화 또는 서비스를 홍보하거나 판매를 권유하는 업무를 위탁하는 경우에는 대통령령으로 정하는 방법에 따라 위탁하는 업무의 내용과 수탁자를 정보주체에게 알려야 한다. 위탁하는 업무의 내용이나 수탁자가 변경된 경우에도 또한 같다.

4) 위탁자는 업무 위탁으로 인하여 정보주체의 개인정보가 분실·도난·유출·위조·변조 또는 훼손되지 아니하도록 수탁자를 교육하고, 처리 현황 점검 등 대

통령령으로 정하는 바에 따라 수탁자가 개인정보를 안전하게 처리하는지를 감독하여야 한다. 〈개정 2015.7.24.〉

5) 수탁자는 개인정보처리자로부터 위탁받은 해당 업무 범위를 초과하여 개인정보를 이용하거나 제3자에게 제공하여서는 아니 된다.

6) 수탁자가 위탁받은 업무와 관련하여 개인정보를 처리하는 과정에서 이 법을 위반하여 발생한 손해배상책임에 대하여는 수탁자를 개인정보처리자의 소속 직원으로 본다.

7) 수탁자에 관하여는 제15조부터 제25조까지, 제27조부터 제31조까지, 제33조부터 제38조까지 및 제59조를 준용한다.

(6) 영업양도 등에 따른 개인정보의 이전 제한(제27조)

1) 개인정보처리자는 영업의 전부 또는 일부의 양도·합병 등으로 개인정보를 다른 사람에게 이전하는 경우에는 미리 다음 각 호의 사항을 대통령령으로 정하는 방법에 따라 해당 정보주체에게 알려야 한다.
   ① 개인정보를 이전하려는 사실
   ② 개인정보를 이전받는 자(이하 "영업양수자 등"이라 한다)의 성명(법인의 경우에는 법인의 명칭을 말한다), 주소, 전화번호 및 그 밖의 연락처
   ③ 정보주체가 개인정보의 이전을 원하지 아니하는 경우 조치할 수 있는 방법 및 절차

2) 영업양수자 등은 개인정보를 이전받았을 때에는 지체 없이 그 사실을 대통령령으로 정하는 방법에 따라 정보주체에게 알려야 한다. 다만, 개인정보처리자가 제1항에 따라 그 이전 사실을 이미 알린 경우에는 그러하지 아니하다.

3) 영업양수자 등은 영업의 양도·합병 등으로 개인정보를 이전받은 경우에는 이전 당시의 본래 목적으로만 개인정보를 이용하거나 제3자에게 제공할 수 있다. 이 경우 영업양수자 등은 개인정보처리자로 본다.

(7) 개인정보취급자에 대한 감독(제28조) ★

1) 개인정보처리자는 개인정보를 처리함에 있어서 개인정보가 안전하게 관리될 수 있도록 임직원, 파견근로자, 시간제근로자 등 개인정보처리자의 지휘·감독을 받아 개인정보를 처리하는 자(이하 "개인정보취급자"라 한다)에 대하여 적절한 관리·감독을 행하여야 한다.

2) 개인정보처리자는 개인정보의 적정한 취급을 보장하기 위하여 개인정보취급자에게 정기적으로 필요한 교육을 실시하여야 한다.

가명정보의 처리에 관한 특례 〈신설 2020. 2. 4.〉

(8) 가명정보의 처리 등 (제28조의2)

1) 개인정보처리자는 통계작성, 과학적 연구, 공익적 기록보존 등을 위하여 정보주체의 동의 없이 가명정보를 처리할 수 있다.
2) 개인정보처리자는 제1항에 따라 가명정보를 제3자에게 제공하는 경우에는 특정 개인을 알아보기 위하여 사용될 수 있는 정보를 포함해서는 아니 된다.

(9) 가명정보의 결합 제한(제28조의3)

1) 제28조의2에도 불구하고 통계작성, 과학적 연구, 공익적 기록보존 등을 위한 서로 다른 개인정보처리자 간의 가명정보의 결합은 보호위원회 또는 관계 중앙행정기관의 장이 지정하는 전문기관이 수행한다.
2) 결합을 수행한 기관 외부로 결합된 정보를 반출하려는 개인정보처리자는 가명정보 또는 제58조의2에 해당하는 정보로 처리한 뒤 전문기관의 장의 승인을 받아야 한다.
3) 제1항에 따른 결합 절차와 방법, 전문기관의 지정과 지정 취소 기준·절차, 관리·감독, 제2항에 따른 반출 및 승인 기준·절차 등 필요한 사항은 대통령령으로 정한다.

(10) 가명정보에 대한 안전조치의무 등(제28조의4)

1) 개인정보처리자는 가명정보를 처리하는 경우에는 원래의 상태로 복원하기 위한 추가 정보를 별도로 분리하여 보관·관리하는 등 해당 정보가 분실·도난·유출·위조·변조 또는 훼손되지 않도록 대통령령으로 정하는 바에 따라 안전성 확보에 필요한 기술적·관리적 및 물리적 조치를 하여야 한다.
2) 개인정보처리자는 가명정보를 처리하고자 하는 경우에는 가명정보의 처리 목적, 제3자 제공 시 제공받는 자 등 가명정보의 처리 내용을 관리하기 위하여 대통령령으로 정하는 사항에 대한 관련 기록을 작성하여 보관하여야 한다.

(11) 가명정보 처리 시 금지의무 등(제28조의5)

1) 누구든지 특정 개인을 알아보기 위한 목적으로 가명정보를 처리해서는 아니 된다.
2) 개인정보처리자는 가명정보를 처리하는 과정에서 특정 개인을 알아볼 수 있는 정보가 생성된 경우에는 즉시 해당 정보의 처리를 중지하고, 지체 없이 회수·파기하여야 한다.

(12) 가명정보 처리에 대한 과징금 부과 등 (제28조의6)

1) 보호위원회는 개인정보처리자가 제28조의5제1항을 위반하여 특정 개인을 알아보기 위한 목적으로 정보를 처리한 경우 전체 매출액의 100분의 3 이하에 해당하는 금액을 과징금으로 부과할 수 있다. 다만, 매출액이 없거나 매출액의 산정이 곤란한 경우로서 대통령령으로 정하는 경우에는 4억원 또는 자본금의 100분의 3 중 큰 금액 이하로 과징금을 부과할 수 있다.

2) 과징금의 부과ㆍ징수 등에 필요한 사항은 제34조의2제3항부터 제5항까지의 규정을 준용한다.

(13) 적용범위(제28조의7)

가명정보는 제20조, 제21조, 제27조, 제34조제1항, 제35조부터 제37조까지, 제39조의3, 제39조의4, 제39조의6부터 제39조의8까지의 규정을 적용하지 아니한다.

4. 개인 정보의 안전한 관리(제4장)

(1) 안전조치의무(제29조)

개인정보처리자는 개인정보가 분실ㆍ도난ㆍ유출ㆍ위조ㆍ변조 또는 훼손되지 아니하도록 내부 관리계획 수립, 접속기록 보관 등 대통령령으로 정하는 바에 따라 안전성 확보에 필요한 기술적ㆍ관리적 및 물리적 조치를 하여야 한다.

(2) 개인정보 처리방침의 수립 및 공개(제30조)

1) 개인정보처리자는 다음 각 호의 사항이 포함된 개인정보의 처리 방침(이하 "개인정보 처리방침"이라 한다)을 정하여야 한다. 이 경우 공공기관은 제32조에 따라 등록대상이 되는 개인정보파일에 대하여 개인정보 처리방침을 정한다. 〈개정 2016. 3. 29., 2020. 2. 4.〉
   1. 개인정보의 처리 목적
   2. 개인정보의 처리 및 보유 기간
   3. 개인정보의 제3자 제공에 관한 사항(해당되는 경우에만 정한다)
   3의2. 개인정보의 파기절차 및 파기방법(제21조제1항 단서에 따라 개인정보를 보존하여야 하는 경우에는 그 보존근거와 보존하는 개인정보 항목을 포함한다)
   4. 개인정보처리의 위탁에 관한 사항(해당되는 경우에만 정한다)
   5. 정보주체와 법정대리인의 권리ㆍ의무 및 그 행사방법에 관한 사항
   6. 제31조에 따른 개인정보 보호책임자의 성명 또는 개인정보 보호업무 및 관

련 고충사항을 처리하는 부서의 명칭과 전화번호 등 연락처

7. 인터넷 접속정보파일 등 개인정보를 자동으로 수집하는 장치의 설치·운영 및 그 거부에 관한 사항(해당하는 경우에만 정한다)

8. 그 밖에 개인정보의 처리에 관하여 대통령령으로 정한 사항

2) 개인정보처리자가 개인정보 처리방침을 수립하거나 변경하는 경우에는 정보주체가 쉽게 확인할 수 있도록 대통령령으로 정하는 방법에 따라 공개하여야 한다.

3) 개인정보 처리방침의 내용과 개인정보처리자와 정보주체 간에 체결한 계약의 내용이 다른 경우에는 정보주체에게 유리한 것을 적용한다.

4) 보호위원회는 개인정보 처리방침의 작성지침을 정하여 개인정보처리자에게 그 준수를 권장할 수 있다. 〈개정 2013. 3. 23., 2014. 11. 19., 2017. 7. 26., 2020. 2. 4.〉

(3) 개인정보 보호책임자의 지정(제31조) ★

1) 개인정보처리자는 개인정보의 처리에 관한 업무를 총괄해서 책임질 개인정보 보호책임자를 지정하여야 한다.

2) 개인정보 보호책임자는 다음 각 호의 업무를 수행한다.
① 개인정보 보호 계획의 수립 및 시행
② 개인정보 처리 실태 및 관행의 정기적인 조사 및 개선
③ 개인정보 처리와 관련한 불만의 처리 및 피해 구제
④ 개인정보 유출 및 오용·남용 방지를 위한 내부통제시스템의 구축
⑤ 개인정보 보호 교육 계획의 수립 및 시행
⑥ 개인정보파일의 보호 및 관리·감독
⑦ 그 밖에 개인정보의 적절한 처리를 위하여 대통령령으로 정한 업무

3) 개인정보 보호책임자는 제2항 각 호의 업무를 수행함에 있어서 필요한 경우 개인정보의 처리 현황, 처리 체계 등에 대하여 수시로 조사하거나 관계 당사자로부터 보고를 받을 수 있다.

4) 개인정보 보호책임자는 개인정보 보호와 관련하여 이 법 및 다른 관계 법령의 위반 사실을 알게 된 경우에는 즉시 개선조치를 하여야 하며, 필요하면 소속 기관 또는 단체의 장에게 개선조치를 보고하여야 한다.

5) 개인정보처리자는 개인정보 보호책임자가 제2항 각 호의 업무를 수행함에 있어서 정당한 이유 없이 불이익을 주거나 받게 하여서는 아니 된다.

6) 개인정보 보호책임자의 지정요건, 업무, 자격요건, 그 밖에 필요한 사항은 대통령령으로 정한다.

(4) 개인정보파일의 등록 및 공개(제32조)

1) 공공기관의 장이 개인정보파일을 운용하는 경우에는 다음 각 호의 사항을 보호위원회에 등록하여야 한다. 등록한 사항이 변경된 경우에도 또한 같다. 〈개정 2013. 3. 23., 2014. 11. 19., 2017. 7. 26., 2020. 2. 4.〉

   1. 개인정보파일의 명칭
   2. 개인정보파일의 운영 근거 및 목적
   3. 개인정보파일에 기록되는 개인정보의 항목
   4. 개인정보의 처리방법
   5. 개인정보의 보유기간
   6. 개인정보를 통상적 또는 반복적으로 제공하는 경우에는 그 제공받는 자
   7. 그 밖에 대통령령으로 정하는 사항

2) 다음 각 호의 어느 하나에 해당하는 개인정보파일에 대하여는 제1항을 적용하지 아니한다.

   1. 국가 안전, 외교상 비밀, 그 밖에 국가의 중대한 이익에 관한 사항을 기록한 개인정보파일
   2. 범죄의 수사, 공소의 제기 및 유지, 형 및 감호의 집행, 교정처분, 보호처분, 보안관찰처분과 출입국관리에 관한 사항을 기록한 개인정보파일
   3. 「조세범처벌법」에 따른 범칙행위 조사 및 「관세법」에 따른 범칙행위 조사에 관한 사항을 기록한 개인정보파일
   4. 공공기관의 내부적 업무처리만을 위하여 사용되는 개인정보파일
   5. 다른 법령에 따라 비밀로 분류된 개인정보파일

3) 보호위원회는 필요하면 제1항에 따른 개인정보파일의 등록사항과 그 내용을 검토하여 해당 공공기관의 장에게 개선을 권고할 수 있다. 〈개정 2013. 3. 23., 2014. 11. 19., 2017. 7. 26., 2020. 2. 4.〉

4) 보호위원회는 제1항에 따른 개인정보파일의 등록 현황을 누구든지 쉽게 열람할 수 있도록 공개하여야 한다. 〈개정 2013. 3. 23., 2014. 11. 19., 2017. 7. 26., 2020. 2. 4.〉

5) 제1항에 따른 등록과 제4항에 따른 공개의 방법, 범위 및 절차에 관하여 필요한 사항은 대통령령으로 정한다.

6) 국회, 법원, 헌법재판소, 중앙선거관리위원회(그 소속 기관을 포함한다)의 개인정보파일 등록 및 공개에 관하여는 국회규칙, 대법원규칙, 헌법재판소규칙 및 중앙선거관리위원회규칙으로 정한다.

(5) 개인정보 보호 인증(제32조의2)

1) 보호위원회는 개인정보처리자의 개인정보 처리 및 보호와 관련한 일련의 조치가 이 법에 부합하는지 등에 관하여 인증할 수 있다. 〈개정 2017. 7. 26., 2020. 2. 4.〉

2) 제1항에 따른 인증의 유효기간은 3년으로 한다.

3) 보호위원회는 다음 각 호의 어느 하나에 해당하는 경우에는 대통령령으로 정하는 바에 따라 제1항에 따른 인증을 취소할 수 있다. 다만, 제1호에 해당하는 경우에는 취소하여야 한다. 〈개정 2017. 7. 26., 2020. 2. 4.〉
   1. 거짓이나 그 밖의 부정한 방법으로 개인정보 보호 인증을 받은 경우
   2. 제4항에 따른 사후관리를 거부 또는 방해한 경우
   3. 제8항에 따른 인증기준에 미달하게 된 경우
   4. 개인정보 보호 관련 법령을 위반하고 그 위반사유가 중대한 경우

4) 보호위원회는 개인정보 보호 인증의 실효성 유지를 위하여 연 1회 이상 사후관리를 실시하여야 한다. 〈개정 2017. 7. 26., 2020. 2. 4.〉

5) 보호위원회는 대통령령으로 정하는 전문기관으로 하여금 제1항에 따른 인증, 제3항에 따른 인증 취소, 제4항에 따른 사후관리 및 제7항에 따른 인증 심사원 관리 업무를 수행하게 할 수 있다. 〈개정 2017. 7. 26., 2020. 2. 4.〉

6) 제1항에 따른 인증을 받은 자는 대통령령으로 정하는 바에 따라 인증의 내용을 표시하거나 홍보할 수 있다.

7) 제1항에 따른 인증을 위하여 필요한 심사를 수행할 심사원의 자격 및 자격 취소 요건 등에 관하여는 전문성과 경력 및 그 밖에 필요한 사항을 고려하여 대통령령으로 정한다.

8) 그 밖에 개인정보 관리체계, 정보주체 권리보장, 안전성 확보조치가 이 법에 부합하는지 여부 등 제1항에 따른 인증의 기준·방법·절차 등 필요한 사항은 대통령령으로 정한다.

(6) 개인정보 영향평가(제33조)

1) 공공기관의 장은 대통령령으로 정하는 기준에 해당하는 개인정보파일의 운용으로 인하여 정보주체의 개인정보 침해가 우려되는 경우에는 그 위험요인의 분석과 개선 사항 도출을 위한 평가(이하 "영향평가"라 한다)를 하고 그 결과를 보호위원회에 제출하여야 한다. 이 경우 공공기관의 장은 영향평가를 보호위원회가 지정하는 기관(이하 "평가기관"이라 한다) 중에서 의뢰하여야 한다. 〈개정 2013. 3. 23., 2014. 11. 19., 2017. 7. 26., 2020. 2. 4.〉

2) 영향평가를 하는 경우에는 다음 각 호의 사항을 고려하여야 한다.

   1. 처리하는 개인정보의 수

   2. 개인정보의 제3자 제공 여부

   3. 정보주체의 권리를 해할 가능성 및 그 위험 정도

   4. 그 밖에 대통령령으로 정한 사항

3) 보호위원회는 제1항에 따라 제출받은 영향평가 결과에 대하여 의견을 제시할 수 있다. 〈개정 2013. 3. 23., 2014. 11. 19., 2017. 7. 26., 2020. 2. 4.〉

4) 공공기관의 장은 제1항에 따라 영향평가를 한 개인정보파일을 제32조제1항에 따라 등록할 때에는 영향평가 결과를 함께 첨부하여야 한다.

5) 보호위원회는 영향평가의 활성화를 위하여 관계 전문가의 육성, 영향평가 기준의 개발·보급 등 필요한 조치를 마련하여야 한다. 〈개정 2013. 3. 23., 2014. 11. 19., 2017. 7. 26., 2020. 2. 4.〉

6) 제1항에 따른 평가기관의 지정기준 및 지정취소, 평가기준, 영향평가의 방법·절차 등에 관하여 필요한 사항은 대통령령으로 정한다.

7) 국회, 법원, 헌법재판소, 중앙선거관리위원회(그 소속 기관을 포함한다)의 영향평가에 관한 사항은 국회규칙, 대법원규칙, 헌법재판소규칙 및 중앙선거관리위원회규칙으로 정하는 바에 따른다.

8) 공공기관 외의 개인정보처리자는 개인정보파일 운용으로 인하여 정보주체의 개인정보 침해가 우려되는 경우에는 영향평가를 하기 위하여 적극 노력하여야 한다.

(7) 개인정보 유출 통지(제34조) ★★★

1) 개인정보처리자는 개인정보가 유출되었음을 알게 되었을 때에는 지체 없이 해당 정보주체에게 다음 각 호의 사실을 알려야 한다.

   1. <u>유출된 개인정보의 항목</u>

   2. <u>유출된 시점과 그 경위</u>

   3. <u>유출로 인하여 발생할 수 있는 피해를 최소화하기 위하여 정보주체가 할 수 있는 방법 등에 관한 정보</u>

   4. <u>개인정보처리자의 대응조치 및 피해 구제절차</u>

   5. <u>정보주체에게 피해가 발생한 경우 신고 등을 접수할 수 있는 담당부서 및 연락처</u>

2) 개인정보처리자는 개인정보가 유출된 경우 그 피해를 최소화하기 위한 대책을 마련하고 필요한 조치를 하여야 한다.

3) 개인정보처리자는 대통령령으로 정한 규모 이상의 개인정보가 유출된 경우에는

제1항에 따른 통지 및 제2항에 따른 조치 결과를 지체 없이 보호위원회 또는 대통령령으로 정하는 전문기관에 신고하여야 한다. 이 경우 보호위원회 또는 대통령령으로 정하는 전문기관은 피해 확산방지, 피해 복구 등을 위한 기술을 지원할 수 있다. 〈개정 2013. 3. 23., 2014. 11. 19., 2017. 7. 26., 2020. 2. 4.〉

4) 제1항에 따른 통지의 시기, 방법 및 절차 등에 관하여 필요한 사항은 대통령령으로 정한다.

(8) 과징금의 부과(제34조의2)

1) 보호위원회는 개인정보처리자가 처리하는 주민등록번호가 분실·도난·유출·위조·변조 또는 훼손된 경우에는 5억원 이하의 과징금을 부과·징수할 수 있다. 다만, 주민등록번호가 분실·도난·유출·위조·변조 또는 훼손되지 아니하도록 개인정보처리자가 제24조제3항에 따른 안전성 확보에 필요한 조치를 다한 경우에는 그러하지 아니하다. 〈개정 2014. 11. 19., 2015. 7. 24., 2017. 7. 26., 2020. 2. 4.〉

2) 보호위원회는 제1항에 따른 과징금을 부과하는 경우에는 다음 각 호의 사항을 고려하여야 한다. 〈개정 2014. 11. 19., 2015. 7. 24., 2017. 7. 26., 2020. 2. 4.〉
   1. 제24조제3항에 따른 안전성 확보에 필요한 조치 이행 노력 정도
   2. 분실·도난·유출·위조·변조 또는 훼손된 주민등록번호의 정도
   3. 피해확산 방지를 위한 후속조치 이행 여부

3) 보호위원회는 제1항에 따른 과징금을 내야 할 자가 납부기한까지 내지 아니하면 납부기한의 다음 날부터 과징금을 낸 날의 전날까지의 기간에 대하여 내지 아니한 과징금의 연 100분의 6의 범위에서 대통령령으로 정하는 가산금을 징수한다. 이 경우 가산금을 징수하는 기간은 60개월을 초과하지 못한다. 〈개정 2014. 11. 19., 2017. 7. 26., 2020. 2. 4.〉

4) 보호위원회는 제1항에 따른 과징금을 내야 할 자가 납부기한까지 내지 아니하면 기간을 정하여 독촉을 하고, 그 지정한 기간 내에 과징금 및 제2항에 따른 가산금을 내지 아니하면 국세 체납처분의 예에 따라 징수한다. 〈개정 2014. 11. 19., 2017. 7. 26., 2020. 2. 4.〉

5) 과징금의 부과·징수에 관하여 그 밖에 필요한 사항은 대통령령으로 정한다.

5. 정보주체의 권리 보장(제5장)

(1) 개인정보의 열람(제35조)

1) 정보주체는 개인정보처리자가 처리하는 자신의 개인정보에 대한 열람을 해당 개인정보처리자에게 요구할 수 있다.

2) 제1항에도 불구하고 정보주체가 자신의 개인정보에 대한 열람을 공공기관에 요구하고자 할 때에는 공공기관에 직접 열람을 요구하거나 대통령령으로 정하는 바에 따라 보호위원회를 통하여 열람을 요구할 수 있다. 〈개정 2013. 3. 23., 2014. 11. 19., 2017. 7. 26., 2020. 2. 4.〉

3) 개인정보처리자는 제1항 및 제2항에 따른 열람을 요구받았을 때에는 대통령령으로 정하는 기간 내에 정보주체가 해당 개인정보를 열람할 수 있도록 하여야 한다. 이 경우 해당 기간 내에 열람할 수 없는 정당한 사유가 있을 때에는 정보주체에게 그 사유를 알리고 열람을 연기할 수 있으며, 그 사유가 소멸하면 지체 없이 열람하게 하여야 한다.

4) 개인정보처리자는 다음 각 호의 어느 하나에 해당하는 경우에는 정보주체에게 그 사유를 알리고 열람을 제한하거나 거절할 수 있다.

   1. 법률에 따라 열람이 금지되거나 제한되는 경우
   2. 다른 사람의 생명·신체를 해할 우려가 있거나 다른 사람의 재산과 그 밖의 이익을 부당하게 침해할 우려가 있는 경우
   3. 공공기관이 다음 각 목의 어느 하나에 해당하는 업무를 수행할 때 중대한 지장을 초래하는 경우
      가. 조세의 부과·징수 또는 환급에 관한 업무
      나. 「초·중등교육법」 및 「고등교육법」에 따른 각급 학교, 「평생교육법」에 따른 평생교육시설, 그 밖의 다른 법률에 따라 설치된 고등교육기관에서의 성적 평가 또는 입학자 선발에 관한 업무
      다. 학력·기능 및 채용에 관한 시험, 자격 심사에 관한 업무
      라. 보상금·급부금 산정 등에 대하여 진행 중인 평가 또는 판단에 관한 업무
      마. 다른 법률에 따라 진행 중인 감사 및 조사에 관한 업무

5) 제1항부터 제4항까지의 규정에 따른 열람 요구, 열람 제한, 통지 등의 방법 및 절차에 관하여 필요한 사항은 대통령령으로 정한다.

(2) 개인정보의 정정·삭제(제36조)

1) 제35조에 따라 자신의 개인정보를 열람한 정보주체는 개인정보처리자에게 그 개인정보의 정정 또는 삭제를 요구할 수 있다. 다만, 다른 법령에서 그 개인정보가 수집 대상으로 명시되어 있는 경우에는 그 삭제를 요구할 수 없다.

2) 개인정보처리자는 제1항에 따른 정보주체의 요구를 받았을 때에는 개인정보의

정정 또는 삭제에 관하여 다른 법령에 특별한 절차가 규정되어 있는 경우를 제외하고는 지체 없이 그 개인정보를 조사하여 정보주체의 요구에 따라 정정·삭제 등 필요한 조치를 한 후 그 결과를 정보주체에게 알려야 한다.

3) 개인정보처리자가 제2항에 따라 개인정보를 삭제할 때에는 복구 또는 재생되지 아니하도록 조치하여야 한다.

4) 개인정보처리자는 정보주체의 요구가 제1항 단서에 해당될 때에는 지체 없이 그 내용을 정보주체에게 알려야 한다.

5) 개인정보처리자는 제2항에 따른 조사를 할 때 필요하면 해당 정보주체에게 정정·삭제 요구사항의 확인에 필요한 증거자료를 제출하게 할 수 있다.

6) 제1항·제2항 및 제4항에 따른 정정 또는 삭제 요구, 통지 방법 및 절차 등에 필요한 사항은 대통령령으로 정한다.

(3) 개인정보의 처리정지 등(제37조)

1) 정보주체는 개인정보처리자에 대하여 자신의 개인정보 처리의 정지를 요구할 수 있다. 이 경우 공공기관에 대하여는 제32조에 따라 등록 대상이 되는 개인정보파일 중 자신의 개인정보에 대한 처리의 정지를 요구할 수 있다.

2) 개인정보처리자는 제1항에 따른 요구를 받았을 때에는 지체 없이 정보주체의 요구에 따라 개인정보 처리의 전부를 정지하거나 일부를 정지하여야 한다. 다만, 다음 각 호의 어느 하나에 해당하는 경우에는 정보주체의 처리정지 요구를 거절할 수 있다.
   ① 법률에 특별한 규정이 있거나 법령상 의무를 준수하기 위하여 불가피한 경우
   ② 다른 사람의 생명·신체를 해할 우려가 있거나 다른 사람의 재산과 그 밖의 이익을 부당하게 침해할 우려가 있는 경우
   ③ 공공기관이 개인정보를 처리하지 아니하면 다른 법률에서 정하는 소관 업무를 수행할 수 없는 경우
   ④ 개인정보를 처리하지 아니하면 정보주체와 약정한 서비스를 제공하지 못하는 등 계약의 이행이 곤란한 경우로서 정보주체가 그 계약의 해지 의사를 명확하게 밝히지 아니한 경우
   ⑤ 개인정보처리자는 제2항 단서에 따라 처리정지 요구를 거절하였을 때에는 정보주체에게 지체 없이 그 사유를 알려야 한다.

4) 개인정보처리자는 정보주체의 요구에 따라 처리가 정지된 개인정보에 대하여 지체 없이 해당 개인정보의 파기 등 필요한 조치를 하여야 한다.

5) 제1항부터 제3항까지의 규정에 따른 처리정지의 요구, 처리정지의 거절, 통지

등의 방법 및 절차에 필요한 사항은 대통령령으로 정한다.

(4) 권리행사의 방법 및 절차(제38조)

1) 정보주체는 제35조에 따른 열람, 제36조에 따른 정정·삭제, 제37조에 따른 처리정지, 제39조의7에 따른 동의 철회 등의 요구(이하 "열람등요구"라 한다)를 문서 등 대통령령으로 정하는 방법·절차에 따라 대리인에게 하게 할 수 있다. 〈개정 2020. 2. 4.〉

2) 만 14세 미만 아동의 법정대리인은 개인정보처리자에게 그 아동의 개인정보 열람등요구를 할 수 있다.

3) 개인정보처리자는 열람등요구를 하는 자에게 대통령령으로 정하는 바에 따라 수수료와 우송료(사본의 우송을 청구하는 경우에 한한다)를 청구할 수 있다.

4) 개인정보처리자는 정보주체가 열람등요구를 할 수 있는 구체적인 방법과 절차를 마련하고, 이를 정보주체가 알 수 있도록 공개하여야 한다.

5) 개인정보처리자는 정보주체가 열람등요구에 대한 거절 등 조치에 대하여 불복이 있는 경우 이의를 제기할 수 있도록 필요한 절차를 마련하고 안내하여야 한다.

(5) <u>손해배상책임(제39조)</u> ★★★

1) 정보주체는 개인정보처리자가 이 법을 위반한 행위로 손해를 입으면 개인정보처리자에게 손해배상을 청구할 수 있다. 이 경우 그 개인정보처리자는 고의 또는 과실이 없음을 입증하지 아니하면 책임을 면할 수 없다.

2) 삭제 〈2015. 7. 24.〉

3) <u>개인정보처리자의 고의 또는 중대한 과실로 인하여 개인정보가 분실·도난·유출·위조·변조 또는 훼손된 경우로서 정보주체에게 손해가 발생한 때에는 법원은 그 손해액의 3배를 넘지 아니하는 범위에서 손해배상액을 정할 수 있다. 다만, 개인정보처리자가 고의 또는 중대한 과실이 없음을 증명한 경우에는 그러하지 아니하다.</u> 〈신설 2015. 7. 24.〉

4) <u>법원은 제3항의 배상액을 정할 때에는 다음 각 호의 사항을 고려하여야 한다.</u> 〈신설 2015. 7. 24.〉

   <u>1. 고의 또는 손해 발생의 우려를 인식한 정도</u>

   <u>2. 위반행위로 인하여 입은 피해 규모</u>

   <u>3. 위법행위로 인하여 개인정보처리자가 취득한 경제적 이익</u>

   <u>4. 위반행위에 따른 벌금 및 과징금</u>

   <u>5. 위반행위의 기간·횟수 등</u>

6. 개인정보처리자의 재산상태

　　7. 개인정보처리자가 정보주체의 개인정보 분실·도난·유출 후 해당 개인정보
　　　를 회수하기 위하여 노력한 정도

　　8. 개인정보처리자가 정보주체의 피해구제를 위하여 노력한 정도

6. 정보통신서비스 제공자 등의 개인정보 처리 등 특례 (6장)

(1) 개인정보의 수집·이용 동의 등에 대한 특례(제39조의3)

1) 정보통신서비스 제공자는 제15조제1항에도 불구하고 이용자의 개인정보를 이용
하려고 수집하는 경우에는 다음 각 호의 모든 사항을 이용자에게 알리고 동의
를 받아야 한다. 다음 각 호의 어느 하나의 사항을 변경하려는 경우에도 또한
같다.

　　1. 개인정보의 수집·이용 목적

　　2. 수집하는 개인정보의 항목

　　3. 개인정보의 보유·이용 기간

2) 정보통신서비스 제공자는 다음 각 호의 어느 하나에 해당하는 경우에는 제1항에
따른 동의 없이 이용자의 개인정보를 수집·이용할 수 있다.

　　1. 정보통신서비스(「정보통신망 이용촉진 및 정보보호 등에 관한 법률」제2조제
　　　1항제2호에 따른 정보통신서비스를 말한다. 이하 같다)의 제공에 관한 계약
　　　을 이행하기 위하여 필요한 개인정보로서 경제적·기술적인 사유로 통상적인
　　　동의를 받는 것이 뚜렷하게 곤란한 경우

　　2. 정보통신서비스의 제공에 따른 요금정산을 위하여 필요한 경우

　　3. 다른 법률에 특별한 규정이 있는 경우

3) 정보통신서비스 제공자는 이용자가 필요한 최소한의 개인정보 이외의 개인정보
를 제공하지 아니한다는 이유로 그 서비스의 제공을 거부해서는 아니 된다. 이
경우 필요한 최소한의 개인정보는 해당 서비스의 본질적 기능을 수행하기 위하
여 반드시 필요한 정보를 말한다.

4) 정보통신서비스 제공자는 만 14세 미만의 아동으로부터 개인정보 수집·이용·
제공 등의 동의를 받으려면 그 법정대리인의 동의를 받아야 하고, 대통령령으로
정하는 바에 따라 법정대리인이 동의하였는지를 확인하여야 한다.

5) 정보통신서비스 제공자는 만 14세 미만의 아동에게 개인정보 처리와 관련한 사
항의 고지 등을 하는 때에는 이해하기 쉬운 양식과 명확하고 알기 쉬운 언어를
사용하여야 한다.

6) 보호위원회는 개인정보 처리에 따른 위험성 및 결과, 이용자의 권리 등을 명확하게 인지하지 못할 수 있는 만 14세 미만의 아동의 개인정보 보호 시책을 마련하여야 한다.[본조신설 2020. 2. 4.]

(2) 개인정보 유출등의 통지·신고에 대한 특례(제39조의4)

1) 제34조제1항 및 제3항에도 불구하고 정보통신서비스 제공자와 그로부터 제17조제1항에 따라 이용자의 개인정보를 제공받은 자(이하 "정보통신서비스 제공자등"이라 한다)는 개인정보의 분실·도난·유출(이하 "유출등"이라 한다) 사실을 안 때에는 지체 없이 다음 각 호의 사항을 해당 이용자에게 알리고 보호위원회 또는 대통령령으로 정하는 전문기관에 신고하여야 하며, 정당한 사유 없이 그 사실을 안 때부터 24시간을 경과하여 통지·신고해서는 아니 된다. 다만, 이용자의 연락처를 알 수 없는 등 정당한 사유가 있는 경우에는 대통령령으로 정하는 바에 따라 통지를 갈음하는 조치를 취할 수 있다.
   1. 유출등이 된 개인정보 항목
   2. 유출등이 발생한 시점
   3. 이용자가 취할 수 있는 조치
   4. 정보통신서비스 제공자등의 대응 조치
   5. 이용자가 상담 등을 접수할 수 있는 부서 및 연락처
2) 제1항의 신고를 받은 대통령령으로 정하는 전문기관은 지체 없이 그 사실을 보호위원회에 알려야 한다.
3) 정보통신서비스 제공자등은 제1항에 따른 정당한 사유를 보호위원회에 소명하여야 한다.
4) 제1항에 따른 통지 및 신고의 방법·절차 등에 필요한 사항은 대통령령으로 정한다.[본조신설 2020. 2. 4.]

(3) 개인정보의 보호조치에 대한 특례 (제39조의5)

정보통신서비스 제공자등은 이용자의 개인정보를 처리하는 자를 최소한으로 제한하여야 한다. [본조신설 2020. 2. 4.]

(4) 개인정보의 파기에 대한 특례(제39조의6)

1) 정보통신서비스 제공자등은 정보통신서비스를 1년의 기간 동안 이용하지 아니하는 이용자의 개인정보를 보호하기 위하여 대통령령으로 정하는 바에 따라 개인정보의 파기 등 필요한 조치를 취하여야 한다. 다만, 그 기간에 대하여 다른 법

령 또는 이용자의 요청에 따라 달리 정한 경우에는 그에 따른다.

2) 정보통신서비스 제공자등은 제1항의 기간 만료 30일 전까지 개인정보가 파기되는 사실, 기간 만료일 및 파기되는 개인정보의 항목 등 대통령령으로 정하는 사항을 전자우편 등 대통령령으로 정하는 방법으로 이용자에게 알려야 한다. [본조신설 2020. 2. 4.]

(5) 이용자의 권리 등에 대한 특례(제39조의7)

1) 이용자는 정보통신서비스 제공자등에 대하여 언제든지 개인정보 수집·이용·제공 등의 동의를 철회할 수 있다.

2) 정보통신서비스 제공자등은 제1항에 따른 동의의 철회, 제35조에 따른 개인정보의 열람, 제36조에 따른 정정을 요구하는 방법을 개인정보의 수집방법보다 쉽게 하여야 한다.

3) 정보통신서비스 제공자등은 제1항에 따라 동의를 철회하면 지체 없이 수집된 개인정보를 복구·재생할 수 없도록 파기하는 등 필요한 조치를 하여야 한다. [본조신설 2020. 2. 4.]

(6) 개인정보 이용내역의 통지(제39조의8)

1) 정보통신서비스 제공자 등으로서 대통령령으로 정하는 기준에 해당하는 자는 제23조, 제39조의3에 따라 수집한 이용자의 개인정보의 이용내역(제17조에 따른 제공을 포함한다)을 주기적으로 이용자에게 통지하여야 한다. 다만, 연락처 등 이용자에게 통지할 수 있는 개인정보를 수집하지 아니한 경우에는 그러하지 아니한다.

2) 제1항에 따라 이용자에게 통지하여야 하는 정보의 종류, 통지주기 및 방법, 그 밖에 이용내역 통지에 필요한 사항은 대통령령으로 정한다. [본조신설 2020. 2. 4.]

(7) 손해배상의 보장(제39조의9)

1) 정보통신서비스 제공자등은 제39조 및 제39조의2에 따른 손해배상책임의 이행을 위하여 보험 또는 공제에 가입하거나 준비금을 적립하는 등 필요한 조치를 하여야 한다.

2) 제1항에 따른 가입 대상 개인정보처리자의 범위, 기준 등에 필요한 사항은 대통령령으로 정한다.[본조신설 2020. 2. 4.]

(8) 노출된 개인정보의 삭제·차단(제39조의10)

1) 정보통신서비스 제공자등은 주민등록번호, 계좌정보, 신용카드정보 등 이용자의 개인정보가 정보통신망을 통하여 공중에 노출되지 아니하도록 하여야 한다.

2) 제1항에도 불구하고 공중에 노출된 개인정보에 대하여 보호위원회 또는 대통령령으로 지정한 전문기관의 요청이 있는 경우 정보통신서비스 제공자등은 삭제·차단 등 필요한 조치를 취하여야 한다. [본조신설 2020. 2. 4.]

(9) 국내대리인의 지정(제39조의11)

1) 국내에 주소 또는 영업소가 없는 정보통신서비스 제공자등으로서 이용자 수, 매출액 등을 고려하여 대통령령으로 정하는 기준에 해당하는 자는 다음 각 호의 사항을 대리하는 자(이하 "국내대리인"이라 한다)를 서면으로 지정하여야 한다.
    1. 제31조에 따른 개인정보 보호책임자의 업무
    2. 제39조의4에 따른 통지·신고
    3. 제63조제1항에 따른 관계 물품·서류 등의 제출
2) 국내대리인은 국내에 주소 또는 영업소가 있는 자로 한다.
3) 제1항에 따라 국내대리인을 지정한 때에는 다음 각 호의 사항 모두를 제30조에 따른 개인정보 처리방침에 포함하여야 한다.
    1. 국내대리인의 성명(법인의 경우에는 그 명칭 및 대표자의 성명을 말한다)
    2. 국내대리인의 주소(법인의 경우에는 영업소 소재지를 말한다), 전화번호 및 전자우편 주소
4) 국내대리인이 제1항 각 호와 관련하여 이 법을 위반한 경우에는 정보통신서비스 제공자등이 그 행위를 한 것으로 본다. [본조신설 2020. 2. 4.]

(10) 국외 이전 개인정보의 보호(제39조의12)

1) 정보통신서비스 제공자등은 이용자의 개인정보에 관하여 이 법을 위반하는 사항을 내용으로 하는 국제계약을 체결해서는 아니 된다.

2) 제17조제3항에도 불구하고 정보통신서비스 제공자등은 이용자의 개인정보를 국외에 제공(조회되는 경우를 포함한다)·처리위탁·보관(이하 이 조에서 "이전"이라 한다)하려면 이용자의 동의를 받아야 한다. 다만, 제3항 각 호의 사항 모두를 제30조제2항에 따라 공개하거나 전자우편 등 대통령령으로 정하는 방법에 따라 이용자에게 알린 경우에는 개인정보 처리위탁·보관에 따른 동의절차를 거치지 아니할 수 있다.

3) 정보통신서비스 제공자등은 제2항 본문에 따른 동의를 받으려면 미리 다음 각 호의 사항 모두를 이용자에게 고지하여야 한다.
  1. 이전되는 개인정보 항목
  2. 개인정보가 이전되는 국가, 이전일시 및 이전방법
  3. 개인정보를 이전받는 자의 성명(법인인 경우에는 그 명칭 및 정보관리책임자의 연락처를 말한다)
  4. 개인정보를 이전받는 자의 개인정보 이용목적 및 보유·이용 기간
  5. 정보통신서비스 제공자등은 제2항 본문에 따른 동의를 받아 개인정보를 국외로 이전하는 경우 대통령령으로 정하는 바에 따라 보호조치를 하여야 한다.
5) 이용자의 개인정보를 이전받는 자가 해당 개인정보를 제3국으로 이전하는 경우에 관하여는 제1항부터 제4항까지의 규정을 준용한다. 이 경우 "정보통신서비스 제공자등"은 "개인정보를 이전받는 자"로, "개인정보를 이전받는 자"는 "제3국에서 개인정보를 이전받는 자"로 본다.

(11) 상호주의 (제39조의13)

제39조의12에도 불구하고 개인정보의 국외 이전을 제한하는 국가의 정보통신서비스 제공자등에 대하여는 해당 국가의 수준에 상응하는 제한을 할 수 있다. 다만, 조약 또는 그 밖의 국제협정의 이행에 필요한 경우에는 그러하지 아니하다. [본조신설 2020. 2. 4.]

(12) 방송사업자등에 대한 특례 (제39조의14)

「방송법」 제2조제3호가목부터 마목까지와 같은 조 제6호·제9호·제12호 및 제14호에 해당하는 자(이하 이 조에서 "방송사업자등"이라 한다)가 시청자의 개인정보를 처리하는 경우에는 정보통신서비스 제공자에게 적용되는 규정을 준용한다. 이 경우 "방송사업자등"은 "정보통신서비스 제공자" 또는 "정보통신서비스 제공자등"으로, "시청자"는 "이용자"로 본다.

(13) 과징금의 부과 등에 대한 특례(제39조의15)

1) 보호위원회는 정보통신서비스 제공자등에게 다음 각 호의 어느 하나에 해당하는 행위가 있는 경우에는 해당 정보통신서비스 제공자등에게 위반행위와 관련한 매출액의 100분의 3 이하에 해당하는 금액을 과징금으로 부과할 수 있다.
  1. 제17조제1항·제2항, 제18조제1항·제2항 및 제19조(제39조의14에 따라 준

용되는 경우를 포함한다)를 위반하여 개인정보를 이용·제공한 경우

2. 제22조제6항(제39조의14에 따라 준용되는 경우를 포함한다)을 위반하여 법정대리인의 동의를 받지 아니하고 만 14세 미만인 아동의 개인정보를 수집한 경우

3. 제23조제1항제1호(제39조의14에 따라 준용되는 경우를 포함한다)를 위반하여 이용자의 동의를 받지 아니하고 민감정보를 수집한 경우

4. 제26조제4항(제39조의14에 따라 준용되는 경우를 포함한다)에 따른 관리·감독 또는 교육을 소홀히 하여 특례 수탁자가 이 법의 규정을 위반한 경우

5. 이용자의 개인정보를 분실·도난·유출·위조·변조 또는 훼손한 경우로서 제29조의 조치(내부 관리계획 수립에 관한 사항은 제외한다)를 하지 아니한 경우(제39조의14에 따라 준용되는 경우를 포함한다)

6. 제39조의3제1항(제39조의14에 따라 준용되는 경우를 포함한다)을 위반하여 이용자의 동의를 받지 아니하고 개인정보를 수집한 경우

7. 제39조의12제2항 본문(같은 조 제5항에 따라 준용되는 경우를 포함한다)을 위반하여 이용자의 동의를 받지 아니하고 이용자의 개인정보를 국외에 제공한 경우

2) 제1항에 따른 과징금을 부과하는 경우 정보통신서비스 제공자등이 매출액 산정자료의 제출을 거부하거나 거짓의 자료를 제출한 경우에는 해당 정보통신서비스 제공자등과 비슷한 규모의 정보통신서비스 제공자등의 재무제표 등 회계자료와 가입자 수 및 이용요금 등 영업현황 자료에 근거하여 매출액을 추정할 수 있다. 다만, 매출액이 없거나 매출액의 산정이 곤란한 경우로서 대통령령으로 정하는 경우에는 4억원 이하의 과징금을 부과할 수 있다.

3) 보호위원회는 제1항에 따른 과징금을 부과하려면 다음 각 호의 사항을 고려하여야 한다.

1. 위반행위의 내용 및 정도
2. 위반행위의 기간 및 횟수
3. 위반행위로 인하여 취득한 이익의 규모

4) 제1항에 따른 과징금은 제3항을 고려하여 산정하되, 구체적인 산정기준과 산정절차는 대통령령으로 정한다.

5) 보호위원회는 제1항에 따른 과징금을 내야 할 자가 납부기한까지 이를 내지 아니하면 납부기한의 다음 날부터 내지 아니한 과징금의 연 100분의 6에 해당하는 가산금을 징수한다.

6) 보호위원회는 제1항에 따른 과징금을 내야 할 자가 납부기한까지 이를 내지 아

니한 경우에는 기간을 정하여 독촉을 하고, 그 지정된 기간에 과징금과 제5항에 따른 가산금을 내지 아니하면 국세 체납처분의 예에 따라 징수한다.

7) 법원의 판결 등의 사유로 제1항에 따라 부과된 과징금을 환급하는 경우에는 과징금을 낸 날부터 환급하는 날까지의 기간에 대하여 금융회사 등의 예금이자율 등을 고려하여 대통령령으로 정하는 이자율에 따라 계산한 환급가산금을 지급하여야 한다.

8) 제7항에도 불구하고 법원의 판결에 의하여 과징금 부과처분이 취소되어 그 판결 이유에 따라 새로운 과징금을 부과하는 경우에는 당초 납부한 과징금에서 새로 부과하기로 결정한 과징금을 공제한 나머지 금액에 대해서만 환급가산금을 계산하여 지급한다. [본조신설 2020. 2. 4.]

7. 개인정보 분쟁조정위원회(제7장)

(1) 설치 및 구성(제40조) ★★

1) 개인정보에 관한 분쟁의 조정(調停)을 위하여 개인정보 분쟁조정위원회(이하 "분쟁조정위원회"라 한다)를 둔다.

2) 분쟁조정위원회는 위원장 1명을 포함한 20명 이내의 위원으로 구성하며, 위원은 당연직위원과 위촉위원으로 구성한다. 〈개정 2015. 7. 24.〉

3) 위촉위원은 다음 각 호의 어느 하나에 해당하는 사람 중에서 보호위원회 위원장이 위촉하고, 대통령령으로 정하는 국가기관 소속 공무원은 당연직위원이 된다. 〈개정 2013. 3. 23., 2014. 11. 19., 2015. 7. 24.〉

   1. 개인정보 보호업무를 관장하는 중앙행정기관의 고위공무원단에 속하는 공무원으로 재직하였던 사람 또는 이에 상당하는 공공부문 및 관련 단체의 직에 재직하고 있거나 재직하였던 사람으로서 개인정보 보호업무의 경험이 있는 사람

   2. 대학이나 공인된 연구기관에서 부교수 이상 또는 이에 상당하는 직에 재직하고 있거나 재직하였던 사람

   3. 판사·검사 또는 변호사로 재직하고 있거나 재직하였던 사람

   4. 개인정보 보호와 관련된 시민사회단체 또는 소비자단체로부터 추천을 받은 사람

   5. 개인정보처리자로 구성된 사업자단체의 임원으로 재직하고 있거나 재직하였던 사람

4) 위원장은 위원 중에서 공무원이 아닌 사람으로 보호위원회 위원장이 위촉한다. 〈개정 2013. 3. 23., 2014. 11. 19., 2015. 7. 24.〉

5) 위원장과 위촉위원의 임기는 2년으로 하되, 1차에 한하여 연임할 수 있다.

6) 분쟁조정위원회는 분쟁조정 업무를 효율적으로 수행하기 위하여 필요하면 대통령령으로 정하는 바에 따라 조정사건의 분야별로 5명 이내의 위원으로 구성되는 조정부를 둘 수 있다. 이 경우 조정부가 분쟁조정위원회에서 위임받아 의결한 사항은 분쟁조정위원회에서 의결한 것으로 본다.

7) 분쟁조정위원회 또는 조정부는 재적위원 과반수의 출석으로 개의하며 출석위원 과반수의 찬성으로 의결한다.

8) 보호위원회는 분쟁조정 접수, 사실 확인 등 분쟁조정에 필요한 사무를 처리할 수 있다. 〈개정 2015. 7. 24.〉

9) 이 법에서 정한 사항 외에 분쟁조정위원회 운영에 필요한 사항은 대통령령으로 정한다.

(2) 위원의 신분보장(제41조)

위원은 자격정지 이상의 형을 선고받거나 심신상의 장애로 직무를 수행할 수 없는 경우를 제외하고는 그의 의사에 반하여 면직되거나 해촉되지 아니한다.

(3) 위원의 제척 · 기피 · 회피(제42조)

1) 분쟁조정위원회의 위원은 다음 각 호의 어느 하나에 해당하는 경우에는 제43조 제1항에 따라 분쟁조정위원회에 신청된 분쟁조정사건(이하 이 조에서 "사건"이라 한다)의 심의 · 의결에서 제척(除斥)된다.
   ① 위원 또는 그 배우자나 배우자였던 자가 그 사건의 당사자가 되거나 그 사건에 관하여 공동의 권리자 또는 의무자의 관계에 있는 경우
   ② 위원이 그 사건의 당사자와 친족이거나 친족이었던 경우
   ③ 위원이 그 사건에 관하여 증언, 감정, 법률자문을 한 경우
   ④ 위원이 그 사건에 관하여 당사자의 대리인으로서 관여하거나 관여하였던 경우
2) 당사자는 위원에게 공정한 심의 · 의결을 기대하기 어려운 사정이 있으면 위원장에게 기피신청을 할 수 있다. 이 경우 위원장은 기피신청에 대하여 분쟁조정위원회의 의결을 거치지 아니하고 결정한다.
3) 위원이 제1항 또는 제2항의 사유에 해당하는 경우에는 스스로 그 사건의 심의 · 의결에서 회피할 수 있다.

(4) 조정의 신청 등(제43조)

1) 개인정보와 관련한 분쟁의 조정을 원하는 자는 분쟁조정위원회에 분쟁조정을 신

청할 수 있다.

2) 분쟁조정위원회는 당사자 일방으로부터 분쟁조정 신청을 받았을 때에는 그 신청 내용을 상대방에게 알려야 한다.

3) 공공기관이 제2항에 따른 분쟁조정의 통지를 받은 경우에는 특별한 사유가 없으면 분쟁조정에 응하여야 한다.

(5) 처리기간(제44조)

1) 분쟁조정위원회는 제43조제1항에 따른 분쟁조정 신청을 받은 날부터 <u>60일 이내</u>에 이를 심사하여 조정안을 작성하여야 한다. 다만, 부득이한 사정이 있는 경우에는 분쟁조정위원회의 의결로 처리기간을 <u>연장</u>할 수 있다.

2) 분쟁조정위원회는 제1항 단서에 따라 처리기간을 연장한 경우에는 기간연장의 사유와 그 밖의 기간연장에 관한 사항을 신청인에게 알려야 한다.

(6) 자료의 요청 등(제45조)

1) 분쟁조정위원회는 제43조제1항에 따라 분쟁조정 신청을 받았을 때에는 해당 분쟁의 조정을 위하여 필요한 자료를 분쟁당사자에게 요청할 수 있다. 이 경우 분쟁당사자는 정당한 사유가 없으면 요청에 따라야 한다.

2) 분쟁조정위원회는 필요하다고 인정하면 분쟁당사자나 참고인을 위원회에 출석하도록 하여 그 의견을 들을 수 있다.

(7) 조정 전 합의 권고(제46조)

분쟁조정위원회는 제43조제1항에 따라 분쟁조정 신청을 받았을 때에는 당사자에게 그 내용을 제시하고 조정 전 합의를 권고할 수 있다.

(8) <u>분쟁의 조정(제47조)</u> ★★★

1) 분쟁조정위원회는 다음 각 호의 어느 하나의 사항을 포함하여 조정안을 작성할 수 있다.
   ① <u>조사 대상 침해행위의 중지</u>
   ② <u>원상회복, 손해배상, 그 밖에 필요한 구제조치</u>
   ③ <u>같거나 비슷한 침해의 재발을 방지하기 위하여 필요한 조치</u>

2) 분쟁조정위원회는 제1항에 따라 <u>조정안을 작성하면 지체 없이 각 당사자에게 제시하여야 한다.</u>

3) 제1항에 따라 <u>조정안을 제시받은 당사자가 제시받은 날부터 15일 이내에 수락</u> <u>여부를 알리지 아니하면 조정을 거부한 것으로 본다.</u>

4) 당사자가 조정내용을 수락한 경우 분쟁조정위원회는 조정서를 작성하고, 분쟁조 정위원회의 위원장과 각 당사자가 기명날인하여야 한다.

5) <u>제4항에 따른 조정의 내용은 재판상 화해와 동일한 효력을 갖는다.</u>

(9) 조정의 거부 및 중지(제48조)

1) 분쟁조정위원회는 분쟁의 성질상 분쟁조정위원회에서 조정하는 것이 적합하지 아니하다고 인정하거나 부정한 목적으로 조정이 신청되었다고 인정하는 경우에 는 그 조정을 거부할 수 있다. 이 경우 조정거부의 사유 등을 신청인에게 알려 야 한다.

2) 분쟁조정위원회는 신청된 조정사건에 대한 처리절차를 진행하던 중에 한 쪽 당사 자가 소를 제기하면 그 조정의 처리를 중지하고 이를 당사자에게 알려야 한다.

(10) 집단분쟁조정(제49조)

1) 국가 및 지방자치단체, 개인정보 보호단체 및 기관, 정보주체, 개인정보처리자는 정보주체의 피해 또는 권리침해가 다수의 정보주체에게 같거나 비슷한 유형으로 발생하는 경우로서 대통령령으로 정하는 사건에 대하여는 분쟁조정위원회에 일 괄적인 분쟁조정(이하 "집단분쟁조정"이라 한다)을 의뢰 또는 신청할 수 있다.

2) 제1항에 따라 집단분쟁조정을 의뢰받거나 신청받은 분쟁조정위원회는 그 의결로 써 제3항부터 제7항까지의 규정에 따른 집단분쟁조정의 절차를 개시할 수 있다. 이 경우 분쟁조정위원회는 대통령령으로 정하는 기간 동안 그 절차의 개시를 공 고하여야 한다.

3) 분쟁조정위원회는 집단분쟁조정의 당사자가 아닌 정보주체 또는 개인정보처리자 로부터 그 분쟁조정의 당사자에 추가로 포함될 수 있도록 하는 신청을 받을 수 있다.

4) 분쟁조정위원회는 그 의결로써 제1항 및 제3항에 따른 집단분쟁조정의 당사자 중에서 공동의 이익을 대표하기에 가장 적합한 1인 또는 수인을 대표당사자로 선임할 수 있다.

5) 분쟁조정위원회는 개인정보처리자가 분쟁조정위원회의 집단분쟁조정의 내용을 수락한 경우에는 집단분쟁조정의 당사자가 아닌 자로서 피해를 입은 정보주체에 대한 보상계획서를 작성하여 분쟁조정위원회에 제출하도록 권고할 수 있다.

6) 제48조제2항에도 불구하고 분쟁조정위원회는 집단분쟁조정의 당사자인 다수의

정보주체 중 일부의 정보주체가 법원에 소를 제기한 경우에는 그 절차를 중지하지 아니하고, 소를 제기한 일부의 정보주체를 그 절차에서 제외한다.

7) 집단분쟁조정의 기간은 제2항에 따른 공고가 종료된 날의 다음 날부터 <u>60일 이내</u>로 한다. 다만, 부득이한 사정이 있는 경우에는 분쟁조정위원회의 의결로 처리기간을 연장할 수 있다.

8) 집단분쟁조정의 절차 등에 관하여 필요한 사항은 <u>대통령령</u>으로 정한다.

(11) 조정절차 등(제50조)

1) 제43조부터 제49조까지의 규정에서 정한 것 외에 분쟁의 조정방법, 조정절차 및 조정업무의 처리 등에 필요한 사항은 대통령령으로 정한다.

2) 분쟁조정위원회의 운영 및 분쟁조정 절차에 관하여 이 법에서 규정하지 아니한 사항에 대하여는 「민사조정법」을 준용한다.

8. 개인정보 단체소송(제8장)

(1) 단체소송의 대상 등(제51조)

다음 각 호의 어느 하나에 해당하는 단체는 개인정보처리자가 제49조에 따른 집단분쟁조정을 거부하거나 집단분쟁조정의 결과를 수락하지 아니한 경우에는 법원에 권리침해 행위의 금지·중지를 구하는 소송(이하 "단체소송"이라 한다)을 제기할 수 있다.

1. 「소비자기본법」 제29조에 따라 공정거래위원회에 등록한 소비자단체로서 다음 각 목의 요건을 모두 갖춘 단체
   가. 정관에 따라 상시적으로 정보주체의 권익증진을 주된 목적으로 하는 단체일 것
   나. 단체의 정회원수가 1천명 이상일 것
   다. 「소비자기본법」 제29조에 따른 등록 후 3년이 경과하였을 것
2. 「비영리민간단체 지원법」 제2조에 따른 비영리민간단체로서 다음 각 목의 요건을 모두 갖춘 단체
   가. 법률상 또는 사실상 동일한 침해를 입은 100명 이상의 정보주체로부터 단체소송의 제기를 요청받을 것
   나. 정관에 개인정보 보호를 단체의 목적으로 명시한 후 최근 3년 이상 이를 위한 활동실적이 있을 것
   다. 단체의 상시 구성원수가 5천명 이상일 것
   라. 중앙행정기관에 등록되어 있을 것

(2) 전속관할(제52조)

1) 단체소송의 소는 피고의 주된 사무소 또는 영업소가 있는 곳, 주된 사무소나 영업소가 없는 경우에는 주된 업무담당자의 주소가 있는 곳의 지방법원 본원 합의부의 관할에 전속한다.

2) 제1항을 외국사업자에 적용하는 경우 대한민국에 있는 이들의 주된 사무소·영업소 또는 업무담당자의 주소에 따라 정한다.

(3) 소송대리인의 선임(제53조)

단체소송의 원고는 변호사를 소송대리인으로 선임하여야 한다.

(4) 소송허가신청(제54조)

1) 단체소송을 제기하는 단체는 소장과 함께 다음 각 호의 사항을 기재한 소송허가신청서를 법원에 제출하여야 한다.
   ① 원고 및 그 소송대리인
   ② 피고
   ③ 정보주체의 침해된 권리의 내용

2) 제1항에 따른 소송허가신청서에는 다음 각 호의 자료를 첨부하여야 한다.
   ① 소제기단체가 제51조 각 호의 어느 하나에 해당하는 요건을 갖추고 있음을 소명하는 자료
   ② 개인정보처리자가 조정을 거부하였거나 조정결과를 수락하지 아니하였음을 증명하는 서류

(5) 소송허가요건 등(제55조)

1) 법원은 다음 각 호의 요건을 모두 갖춘 경우에 한하여 결정으로 단체소송을 허가한다.
   ① 개인정보처리자가 분쟁조정위원회의 조정을 거부하거나 조정결과를 수락하지 아니하였을 것
   ② 제54조에 따른 소송허가신청서의 기재사항에 흠결이 없을 것

2) 단체소송을 허가하거나 불허가하는 결정에 대하여는 즉시항고할 수 있다.

(6) 확정판결의 효력(제56조)

원고의 청구를 기각하는 판결이 확정된 경우 이와 동일한 사안에 관하여는 제51조에 따른 다른 단체는 단체소송을 제기할 수 없다. 다만, 다음 각 호의 어느 하나에

해당하는 경우에는 그러하지 아니하다.

① 판결이 확정된 후 그 사안과 관련하여 국가·지방자치단체 또는 국가·지방자치단체가 설립한 기관에 의하여 새로운 증거가 나타난 경우

② 기각판결이 원고의 고의로 인한 것임이 밝혀진 경우

(7) 「민사소송법」의 적용 등(제57조)

1) 단체소송에 관하여 이 법에 특별한 규정이 없는 경우에는 「민사소송법」을 적용한다.

2) 제55조에 따른 단체소송의 허가결정이 있는 경우에는 「민사집행법」 제4편에 따른 보전처분을 할 수 있다.

3) 단체소송의 절차에 관하여 필요한 사항은 대법원규칙으로 정한다.

9. 보칙(제9장)

(1) 적용의 일부 제외(제58조)

1) 다음 각 호의 어느 하나에 해당하는 개인정보에 관하여는 제3장부터 제7장까지를 적용하지 아니한다.

1. 공공기관이 처리하는 개인정보 중 「통계법」에 따라 수집되는 개인정보

2. 국가안전보장과 관련된 정보 분석을 목적으로 수집 또는 제공 요청되는 개인정보

3. 공중위생 등 공공의 안전과 안녕을 위하여 긴급히 필요한 경우로서 일시적으로 처리되는 개인정보

4. 언론, 종교단체, 정당이 각각 취재·보도, 선교, 선거 입후보자 추천 등 고유 목적을 달성하기 위하여 수집·이용하는 개인정보

2) 제25조제1항 각 호에 따라 공개된 장소에 영상정보처리기기를 설치·운영하여 처리되는 개인정보에 대하여는 제15조, 제22조, 제27조제1항·제2항, 제34조 및 제37조를 적용하지 아니한다.

3) 개인정보처리자가 동창회, 동호회 등 친목 도모를 위한 단체를 운영하기 위하여 개인정보를 처리하는 경우에는 제15조, 제30조 및 제31조를 적용하지 아니한다.

4) 개인정보처리자는 제1항 각 호에 따라 개인정보를 처리하는 경우에도 그 목적을 위하여 필요한 범위에서 최소한의 기간에 최소한의 개인정보만을 처리하여야 하며, 개인정보의 안전한 관리를 위하여 필요한 기술적·관리적 및 물리적 보호조치, 개인정보의 처리에 관한 고충처리, 그 밖에 개인정보의 적절한 처리를 위하여 필요한 조치를 마련하여야 한다.

(2) 적용제외(제58조의2)

이 법은 시간·비용·기술 등을 합리적으로 고려할 때 다른 정보를 사용하여도 더 이상 개인을 알아볼 수 없는 정보에는 적용하지 아니한다. [본조신설 2020. 2. 4.]

(3) 금지행위 (제59조)

개인정보를 처리하거나 처리하였던 자는 다음 각 호의 어느 하나에 해당하는 행위를 하여서는 아니 된다.

1. 거짓이나 그 밖의 부정한 수단이나 방법으로 개인정보를 취득하거나 처리에 관한 동의를 받는 행위
2. 업무상 알게 된 개인정보를 누설하거나 권한 없이 다른 사람이 이용하도록 제공하는 행위
3. 정당한 권한 없이 또는 허용된 권한을 초과하여 다른 사람의 개인정보를 훼손, 멸실, 변경, 위조 또는 유출하는 행위

(4) 비밀유지 등(제60조)

다음 각 호의 업무에 종사하거나 종사하였던 자는 직무상 알게 된 비밀을 다른 사람에게 누설하거나 직무상 목적 외의 용도로 이용하여서는 아니 된다. 다만, 다른 법률에 특별한 규정이 있는 경우에는 그러하지 아니하다. 〈개정 2020. 2. 4.〉

1. 제7조의8 및 제7조의9에 따른 보호위원회의 업무
1의2. 제32조의2에 따른 개인정보 보호 인증 업무
2. 제33조에 따른 영향평가 업무
3. 제40조에 따른 분쟁조정위원회의 분쟁조정 업무

(5) 의견제시 및 개선권고(제61조)

1) 보호위원회는 개인정보 보호에 영향을 미치는 내용이 포함된 법령이나 조례에 대하여 필요하다고 인정하면 심의·의결을 거쳐 관계 기관에 의견을 제시할 수 있다. 〈개정 2013. 3. 23., 2014. 11. 19., 2017. 7. 26., 2020. 2. 4.〉
2) 보호위원회는 개인정보 보호를 위하여 필요하다고 인정하면 개인정보처리자에게 개인정보 처리 실태의 개선을 권고할 수 있다. 이 경우 권고를 받은 개인정보처리자는 이를 이행하기 위하여 성실하게 노력하여야 하며, 그 조치 결과를 보호위원회에 알려야 한다. 〈개정 2013. 3. 23., 2014. 11. 19., 2017. 7. 26., 2020. 2. 4.〉

3) 관계 중앙행정기관의 장은 개인정보 보호를 위하여 필요하다고 인정하면 소관 법률에 따라 개인정보처리자에게 개인정보 처리 실태의 개선을 권고할 수 있다. 이 경우 권고를 받은 개인정보처리자는 이를 이행하기 위하여 성실하게 노력하여야 하며, 그 조치 결과를 관계 중앙행정기관의 장에게 알려야 한다.

4) 중앙행정기관, 지방자치단체, 국회, 법원, 헌법재판소, 중앙선거관리위원회는 그 소속 기관 및 소관 공공기관에 대하여 개인정보 보호에 관한 의견을 제시하거나 지도·점검을 할 수 있다.

(4) 침해 사실의 신고 등(제62조)

1) 개인정보처리자가 개인정보를 처리할 때 개인정보에 관한 권리 또는 이익을 침해받은 사람은 보호위원회에 그 침해 사실을 신고할 수 있다. 〈개정 2013. 3. 23., 2014. 11. 19., 2017. 7. 26., 2020. 2. 4.〉

2) 보호위원회는 제1항에 따른 신고의 접수·처리 등에 관한 업무를 효율적으로 수행하기 위하여 대통령령으로 정하는 바에 따라 전문기관을 지정할 수 있다. 이 경우 전문기관은 개인정보침해 신고센터(이하 "신고센터"라 한다)를 설치·운영하여야 한다. 〈개정 2013. 3. 23., 2014. 11. 19., 2017. 7. 26., 2020. 2. 4.〉

3) 신고센터는 다음 각 호의 업무를 수행한다.

1. 개인정보 처리와 관련한 신고의 접수·상담

2. 사실의 조사·확인 및 관계자의 의견 청취

3. 제1호 및 제2호에 따른 업무에 딸린 업무

4) 보호위원회는 제3항제2호의 사실 조사·확인 등의 업무를 효율적으로 하기 위하여 필요하면 「국가공무원법」 제32조의4에 따라 소속 공무원을 제2항에 따른 전문기관에 파견할 수 있다. 〈개정 2013. 3. 23., 2014. 11. 19., 2017. 7. 26., 2020. 2. 4.〉

(5) 자료제출 요구 및 검사(제63조)

1) 보호위원회는 다음 각 호의 어느 하나에 해당하는 경우에는 개인정보처리자에게 관계 물품·서류 등 자료를 제출하게 할 수 있다. 〈개정 2013. 3. 23., 2014. 11. 19., 2017. 7. 26., 2020. 2. 4.〉

1. 이 법을 위반하는 사항을 발견하거나 혐의가 있음을 알게 된 경우

2. 이 법 위반에 대한 신고를 받거나 민원이 접수된 경우

3. 그 밖에 정보주체의 개인정보 보호를 위하여 필요한 경우로서 대통령령으로 정하는 경우

2) 보호위원회는 개인정보처리자가 제1항에 따른 자료를 제출하지 아니하거나 이 법을 위반한 사실이 있다고 인정되면 소속 공무원으로 하여금 개인정보처리자 및 해당 법 위반사실과 관련한 관계인의 사무소나 사업장에 출입하여 업무 상황, 장부 또는 서류 등을 검사하게 할 수 있다. 이 경우 검사를 하는 공무원은 그 권한을 나타내는 증표를 지니고 이를 관계인에게 내보여야 한다. 〈개정 2013. 3. 23., 2014. 11. 19., 2015. 7. 24., 2017. 7. 26., 2020. 2. 4.〉

3) 관계 중앙행정기관의 장은 소관 법률에 따라 개인정보처리자에게 제1항에 따른 자료제출을 요구하거나 개인정보처리자 및 해당 법 위반사실과 관련한 관계인 에 대하여 제2항에 따른 검사를 할 수 있다. 〈개정 2015. 7. 24.〉

4) 보호위원회는 이 법을 위반하는 사항을 발견하거나 혐의가 있음을 알게 된 경우 에는 관계 중앙행정기관의 장(해당 중앙행정기관의 장의 지휘·감독을 받아 검 사권한을 수행하는 법인이 있는 경우 그 법인을 말한다)에게 구체적인 범위를 정하여 개인정보처리자에 대한 검사를 요구할 수 있으며, 필요 시 보호위원회의 소속 공무원이 해당 검사에 공동으로 참여하도록 요청할 수 있다. 이 경우 그 요구를 받은 관계 중앙행정기관의 장은 특별한 사정이 없으면 이에 따라야 한 다. 〈개정 2020. 2. 4.〉

5) 보호위원회는 관계 중앙행정기관의 장(해당 중앙행정기관의 장의 지휘·감독을 받아 검사권한을 수행하는 법인이 있는 경우 그 법인을 말한다)에게 제4항에 따 른 검사 결과와 관련하여 개인정보처리자에 대한 시정조치를 요청하거나, 처분 등에 대한 의견을 제시할 수 있다. 〈개정 2020. 2. 4.〉

6) 제4항 및 제5항에 대한 방법과 절차 등에 관한 사항은 대통령령으로 정한다. 〈개정 2020. 2. 4.〉

7) 보호위원회는 개인정보 침해사고의 예방과 효과적인 대응을 위하여 관계 중앙행 정기관의 장과 합동으로 개인정보 보호실태를 점검할 수 있다. 〈신설 2015. 7. 24., 2017. 7. 26., 2020. 2. 4.〉

8) 보호위원회와 관계 중앙행정기관의 장은 제1항 및 제2항에 따라 제출받거나 수 집한 서류·자료 등을 이 법에 따른 경우를 제외하고는 제3자에게 제공하거나 일반에 공개해서는 아니 된다. 〈신설 2020. 2. 4.〉

9) 보호위원회와 관계 중앙행정기관의 장은 정보통신망을 통하여 자료의 제출 등을 받은 경우나 수집한 자료 등을 전자화한 경우에는 개인정보·영업비밀 등이 유출 되지 아니하도록 제도적·기술적 보완조치를 하여야 한다. 〈신설 2020. 2. 4.〉

(6) 시정조치 등(제64조)

1) 보호위원회는 개인정보가 침해되었다고 판단할 상당한 근거가 있고 이를 방치할 경우 회복하기 어려운 피해가 발생할 우려가 있다고 인정되면 이 법을 위반한 자(중앙행정기관, 지방자치단체, 국회, 법원, 헌법재판소, 중앙선거관리위원회는 제외한다)에 대하여 다음 각 호에 해당하는 조치를 명할 수 있다. 〈개정 2013. 3. 23., 2014. 11. 19., 2017. 7. 26., 2020. 2. 4.〉

   1. 개인정보 침해행위의 중지
   2. 개인정보 처리의 일시적인 정지
   3. 그 밖에 개인정보의 보호 및 침해 방지를 위하여 필요한 조치

2) 관계 중앙행정기관의 장은 개인정보가 침해되었다고 판단할 상당한 근거가 있고 이를 방치할 경우 회복하기 어려운 피해가 발생할 우려가 있다고 인정되면 소관 법률에 따라 개인정보처리자에 대하여 제1항 각 호에 해당하는 조치를 명할 수 있다.

3) 지방자치단체, 국회, 법원, 헌법재판소, 중앙선거관리위원회는 그 소속 기관 및 소관 공공기관이 이 법을 위반하였을 때에는 제1항 각 호에 해당하는 조치를 명할 수 있다.

4) 보호위원회는 중앙행정기관, 지방자치단체, 국회, 법원, 헌법재판소, 중앙선거관리위원회가 이 법을 위반하였을 때에는 해당 기관의 장에게 제1항 각 호에 해당하는 조치를 하도록 권고할 수 있다. 이 경우 권고를 받은 기관은 특별한 사유가 없으면 이를 존중하여야 한다.

(7) 고발 및 징계권고(제65조)

1) 보호위원회는 개인정보처리자에게 이 법 등 개인정보 보호와 관련된 법규의 위반에 따른 범죄혐의가 있다고 인정될 만한 상당한 이유가 있을 때에는 관할 수사기관에 그 내용을 고발할 수 있다. 〈개정 2013. 3. 23., 2014. 11. 19., 2017. 7. 26., 2020. 2. 4.〉

2) 보호위원회는 이 법 등 개인정보 보호와 관련된 법규의 위반행위가 있다고 인정될 만한 상당한 이유가 있을 때에는 책임이 있는 자(대표자 및 책임있는 임원을 포함한다)를 징계할 것을 해당 개인정보처리자에게 권고할 수 있다. 이 경우 권고를 받은 사람은 이를 존중하여야 하며 그 결과를 보호위원회에 통보하여야 한다. 〈개정 2013. 3. 23., 2013. 8. 6., 2014. 11. 19., 2017. 7. 26., 2020. 2. 4.〉

3) 관계 중앙행정기관의 장은 소관 법률에 따라 개인정보처리자에 대하여 제1항에 따른 고발을 하거나 소속 기관·단체 등의 장에게 제2항에 따른 징계권고를 할

수 있다. 이 경우 제2항에 따른 권고를 받은 사람은 이를 존중하여야 하며 그 결과를 관계 중앙행정기관의 장에게 통보하여야 한다.

(8) 결과의 공표(제66조)

1) 보호위원회는 제61조에 따른 개선권고, 제64조에 따른 시정조치 명령, 제65조에 따른 고발 또는 징계권고 및 제75조에 따른 과태료 부과의 내용 및 결과에 대하여 공표할 수 있다. 〈개정 2013. 3. 23., 2014. 11. 19., 2017. 7. 26., 2020. 2. 4.〉

2) 관계 중앙행정기관의 장은 소관 법률에 따라 제1항에 따른 공표를 할 수 있다.

3) 제1항 및 제2항에 따른 공표의 방법, 기준 및 절차 등은 대통령령으로 정한다.

(9) 연차보고 (제67조)

1) 보호위원회는 관계 기관 등으로부터 필요한 자료를 제출받아 매년 개인정보 보호시책의 수립 및 시행에 관한 보고서를 작성하여 정기국회 개회 전까지 국회에 제출(정보통신망에 의한 제출을 포함한다)하여야 한다.

2) 제1항에 따른 보고서에는 다음 각 호의 내용이 포함되어야 한다. 〈개정 2016. 3. 29.〉

　1. 정보주체의 권리침해 및 그 구제현황

　2. 개인정보 처리에 관한 실태조사 등의 결과

　3. 개인정보 보호시책의 추진현황 및 실적

　4. 개인정보 관련 해외의 입법 및 정책 동향

　5. 주민등록번호 처리와 관련된 법률·대통령령·국회규칙·대법원규칙·헌법재판소규칙·중앙선거관리위원회규칙 및 감사원규칙의 제정·개정 현황

　6. 그 밖에 개인정보 보호시책에 관하여 공개 또는 보고하여야 할 사항

(10) 권한의 위임·위탁 (제68조)

1) 이 법에 따른 보호위원회 또는 관계 중앙행정기관의 장의 권한은 그 일부를 대통령령으로 정하는 바에 따라 특별시장, 광역시장, 도지사, 특별자치도지사 또는 대통령령으로 정하는 전문기관에 위임하거나 위탁할 수 있다. 〈개정 2013. 3. 23., 2014. 11. 19., 2017. 7. 26., 2020. 2. 4.〉

2) 제1항에 따라 보호위원회 또는 관계 중앙행정기관의 장의 권한을 위임 또는 위탁받은 기관은 위임 또는 위탁받은 업무의 처리 결과를 보호위원회 또는 관계 중앙행정기관의 장에게 통보하여야 한다. 〈개정 2013. 3. 23., 2014. 11. 19.,

2017. 7. 26., 2020. 2. 4.〉

3) 보호위원회는 제1항에 따른 전문기관에 권한의 일부를 위임하거나 위탁하는 경우 해당 전문기관의 업무 수행을 위하여 필요한 경비를 출연할 수 있다. 〈개정 2013. 3. 23., 2014. 11. 19., 2017. 7. 26., 2020. 2. 4.〉

(11) 벌칙 적용 시의 공무원 의제 (제 69조)

1) 보호위원회의 위원 중 공무원이 아닌 위원 및 공무원이 아닌 직원은 「형법」이나 그 밖의 법률에 따른 벌칙을 적용할 때에는 공무원으로 본다. 〈신설 2020. 2. 4.〉

2) 보호위원회 또는 관계 중앙행정기관의 장의 권한을 위탁한 업무에 종사하는 관계 기관의 임직원은 「형법」 제129조부터 제132조까지의 규정을 적용할 때에는 공무원으로 본다. 〈신설 2020. 2. 4.〉

10. 벌칙(제9장)

(1) 벌칙(제70조)

다음 각 호의 어느 하나에 해당하는 자는 <u>10년 이하의 징역 또는 1억원 이하의 벌금</u>에 처한다.

① 공공기관의 개인정보 처리업무를 방해할 목적으로 공공기관에서 처리하고 있는 개인정보를 변경하거나 말소하여 공공기관의 업무 수행의 중단·마비 등 심각한 지장을 초래한 자

② 거짓이나 그 밖의 부정한 수단이나 방법으로 다른 사람이 처리하고 있는 개인정보를 취득한 후 이를 영리 또는 부정한 목적으로 제3자에게 제공한 자와 이를 교사·알선한 자

(2) 벌칙(제71조)

다음 각 호의 어느 하나에 해당하는 자는 <u>5년 이하의 징역 또는 5천만원 이하의 벌금에 처한다.</u> 〈개정 2016. 3. 29., 2020. 2. 4.〉

1. 제17조제1항제2호에 해당하지 아니함에도 같은 항 제1호를 위반하여 정보주체의 동의를 받지 아니하고 개인정보를 제3자에게 제공한 자 및 그 사정을 알고 개인정보를 제공받은 자

2. 제18조제1항·제2항(제39조의14에 따라 준용되는 경우를 포함한다), 제19조, 제26조제5항, 제27조제3항 또는 제28조의2를 위반하여 개인정보를 이용하거나 제

3자에게 제공한 자 및 그 사정을 알면서도 영리 또는 부정한 목적으로 개인정보를 제공받은 자

3. 제23조제1항을 위반하여 민감정보를 처리한 자

4. 제24조제1항을 위반하여 고유식별정보를 처리한 자

4의2. 제28조의3을 위반하여 가명정보를 처리하거나 제3자에게 제공한 자 및 그 사정을 알면서도 영리 또는 부정한 목적으로 가명정보를 제공받은 자

4의3. 제28조의5제1항을 위반하여 특정 개인을 알아보기 위한 목적으로 가명정보를 처리한 자

4의4. 제36조제2항(제27조에 따라 정보통신서비스 제공자등으로부터 개인정보를 이전받은 자와 제39조의14에 따라 준용되는 경우를 포함한다)을 위반하여 정정·삭제 등 필요한 조치(제38조제2항에 따른 열람등요구에 따른 필요한 조치를 포함한다)를 하지 아니하고 개인정보를 이용하거나 이를 제3자에게 제공한 정보통신서비스 제공자 등

4의5. 제39조의3제1항(제39조의14에 따라 준용되는 경우를 포함한다)을 위반하여 이용자의 동의를 받지 아니하고 개인정보를 수집한 자

4의6. 제39조의3제4항(제39조의14에 따라 준용되는 경우를 포함한다)을 위반하여 법정대리인의 동의를 받지 아니하거나 법정대리인이 동의하였는지를 확인하지 아니하고 만 14세 미만인 아동의 개인정보를 수집한 자

5. 제59조제2호를 위반하여 업무상 알게 된 개인정보를 누설하거나 권한 없이 다른 사람이 이용하도록 제공한 자 및 그 사정을 알면서도 영리 또는 부정한 목적으로 개인정보를 제공받은 자

6. 제59조제3호를 위반하여 다른 사람의 개인정보를 훼손, 멸실, 변경, 위조 또는 유출한 자

(3) 벌칙(제72조)

다음 각 호의 어느 하나에 해당하는 자는 <u>3년 이하의 징역 또는 3천만원 이하의 벌금</u>에 처한다.

① 제25조제5항을 위반하여 영상정보처리기기의 설치 목적과 다른 목적으로 영상정보처리기기를 임의로 조작하거나 다른 곳을 비추는 자 또는 녹음기능을 사용한 자

② 제59조제1호를 위반하여 거짓이나 그 밖의 부정한 수단이나 방법으로 개인정보를 취득하거나 개인정보 처리에 관한 동의를 받는 행위를 한 자 및 그 사정을 알면서도 영리 또는 부정한 목적으로 개인정보를 제공받은 자

③ 제60조를 위반하여 직무상 알게 된 비밀을 누설하거나 직무상 목적 외에 이용한 자

(4) 벌칙(제73조)

다음 각 호의 어느 하나에 해당하는 자는 2년 이하의 징역 또는 2천만원 이하의 벌금에 처한다. 〈개정 2015. 7. 24., 2016. 3. 29., 2020. 2. 4.〉

1. 제23조제2항, 제24조제3항, 제25조제6항, 제28조의4제1항 또는 제29조를 위반하여 안전성 확보에 필요한 조치를 하지 아니하여 개인정보를 분실·도난·유출·위조·변조 또는 훼손당한 자

1의2. 제21조제1항(제39조의14에 따라 준용되는 경우를 포함한다)을 위반하여 개인정보를 파기하지 아니한 정보통신서비스 제공자 등

2. 제36조제2항을 위반하여 정정·삭제 등 필요한 조치를 하지 아니하고 개인정보를 계속 이용하거나 이를 제3자에게 제공한 자

3. 제37조제2항을 위반하여 개인정보의 처리를 정지하지 아니하고 계속 이용하거나 제3자에게 제공한 자

(5) 양벌규정(제74조)

1) 법인의 대표자나 법인 또는 개인의 대리인, 사용인, 그 밖의 종업원이 그 법인 또는 개인의 업무에 관하여 제70조에 해당하는 위반행위를 하면 그 행위자를 벌하는 외에 그 법인 또는 개인을 7천만원 이하의 벌금에 처한다. 다만, 법인 또는 개인이 그 위반행위를 방지하기 위하여 해당 업무에 관하여 상당한 주의와 감독을 게을리하지 아니한 경우에는 그러하지 아니하다.

2) 법인의 대표자나 법인 또는 개인의 대리인, 사용인, 그 밖의 종업원이 그 법인 또는 개인의 업무에 관하여 제71조부터 제73조까지의 어느 하나에 해당하는 위반행위를 하면 그 행위자를 벌하는 외에 그 법인 또는 개인에게도 해당 조문의 벌금형을 과(科)한다. 다만, 법인 또는 개인이 그 위반행위를 방지하기 위하여 해당 업무에 관하여 상당한 주의와 감독을 게을리하지 아니한 경우에는 그러하지 아니하다.

(6) 몰수·추징 등(제74조의2)

제70조부터 제73조까지의 어느 하나에 해당하는 죄를 지은 자가 해당 위반행위와 관련하여 취득한 금품이나 그 밖의 이익은 몰수할 수 있으며, 이를 몰수할 수 없을 때에는 그 가액을 추징할 수 있다. 이 경우 몰수 또는 추징은 다른 벌칙에 부가하

여 과할 수 있다.

(7) 제75조(과태료)

1) 다음 각 호의 어느 하나에 해당하는 자에게는 5천만원 이하의 과태료를 부과한다. 〈개정 2017. 4. 18.〉
   1. 제15조제1항을 위반하여 개인정보를 수집한 자
   2. 제22조제6항을 위반하여 법정대리인의 동의를 받지 아니한 자
   3. 제25조제2항을 위반하여 영상정보처리기기를 설치·운영한 자
2) 다음 각 호의 어느 하나에 해당하는 자에게는 3천만원 이하의 과태료를 부과한다. 〈개정 2013. 8. 6., 2014. 3. 24., 2015. 7. 24., 2016. 3. 29., 2017. 4. 18., 2020. 2. 4.〉
   1. 제15조제2항, 제17조제2항, 제18조제3항 또는 제26조제3항을 위반하여 정보주체에게 알려야 할 사항을 알리지 아니한 자
   2. 제16조제3항 또는 제22조제5항을 위반하여 재화 또는 서비스의 제공을 거부한 자
   3. 제20조제1항 또는 제2항을 위반하여 정보주체에게 같은 항 각 호의 사실을 알리지 아니한 자
   4. 제21조제1항·제39조의6(제39조의14에 따라 준용되는 경우를 포함한다)을 위반하여 개인정보의 파기 등 필요한 조치를 하지 아니한 자
   4의2. 제24조의2제1항을 위반하여 주민등록번호를 처리한 자
   4의3. 제24조의2제2항을 위반하여 암호화 조치를 하지 아니한 자
   5. 제24조의2제3항을 위반하여 정보주체가 주민등록번호를 사용하지 아니할 수 있는 방법을 제공하지 아니한 자
   6. 제23조제2항, 제24조제3항, 제25조제6항, 제28조의4제1항 또는 제29조를 위반하여 안전성 확보에 필요한 조치를 하지 아니한 자
   7. 제25조제1항을 위반하여 영상정보처리기기를 설치·운영한 자
   7의2. 제28조의5제2항을 위반하여 개인을 알아볼 수 있는 정보가 생성되었음에도 이용을 중지하지 아니하거나 이를 회수·파기하지 아니한 자
   7의3. 제32조의2제6항을 위반하여 인증을 받지 아니하였음에도 거짓으로 인증의 내용을 표시하거나 홍보한 자
   8. 제34조제1항을 위반하여 정보주체에게 같은 항 각 호의 사실을 알리지 아니한 자
   9. 제34조제3항을 위반하여 조치 결과를 신고하지 아니한 자

10. 제35조제3항을 위반하여 열람을 제한하거나 거절한 자

11. 제36조제2항을 위반하여 정정·삭제 등 필요한 조치를 하지 아니한 자

12. 제37조제4항을 위반하여 처리가 정지된 개인정보에 대하여 파기 등 필요한 조치를 하지 아니한 자

12의2. 제39조의3제3항(제39조의14에 따라 준용되는 경우를 포함한다)을 위반하여 서비스의 제공을 거부한 자

12의3. 제39조의4제1항(제39조의14에 따라 준용되는 경우를 포함한다)을 위반하여 이용자·보호위원회 및 전문기관에 통지 또는 신고하지 아니하거나 정당한 사유 없이 24시간을 경과하여 통지 또는 신고한 자

12의4. 제39조의4제3항을 위반하여 소명을 하지 아니하거나 거짓으로 한 자

12의5. 제39조의7제2항(제39조의14에 따라 준용되는 경우를 포함한다)을 위반하여 개인정보의 동의 철회·열람·정정 방법을 제공하지 아니한 자

12의6. 제39조의7제3항(제39조의14에 따라 준용되는 경우와 제27조에 따라 정보통신서비스 제공자등으로부터 개인정보를 이전받은 자를 포함한다)을 위반하여 필요한 조치를 하지 아니한 정보통신서비스 제공자등

12의7. 제39조의8제1항 본문(제39조의14에 따라 준용되는 경우를 포함한다)을 위반하여 개인정보의 이용내역을 통지하지 아니한 자

12의8. 제39조의12제4항(같은 조 제5항에 따라 준용되는 경우를 포함한다)을 위반하여 보호조치를 하지 아니한 자

13. 제64조제1항에 따른 시정명령에 따르지 아니한 자

3) 다음 각 호의 어느 하나에 해당하는 자에게는 2천만원 이하의 과태료를 부과한다. 〈신설 2020. 2. 4.〉

1. 제39조의9제1항을 위반하여 보험 또는 공제 가입, 준비금 적립 등 필요한 조치를 하지 아니한 자

2. 제39조의11제1항을 위반하여 국내대리인을 지정하지 아니한 자

3. 제39조의12제2항 단서를 위반하여 제39조의12제3항 각 호의 사항 모두를 공개하거나 이용자에게 알리지 아니하고 이용자의 개인정보를 국외에 처리위탁·보관한 자

4) 다음 각 호의 어느 하나에 해당하는 자에게는 1천만원 이하의 과태료를 부과한다. 〈개정 2017. 4. 18., 2020. 2. 4.〉

1. 제21조제3항을 위반하여 개인정보를 분리하여 저장·관리하지 아니한 자

2. 제22조제1항부터 제4항까지의 규정을 위반하여 동의를 받은 자

3. 제25조제4항을 위반하여 안내판 설치 등 필요한 조치를 하지 아니한 자

4. 제26조제1항을 위반하여 업무 위탁 시 같은 항 각 호의 내용이 포함된 문서에 의하지 아니한 자

5. 제26조제2항을 위반하여 위탁하는 업무의 내용과 수탁자를 공개하지 아니한 자

6. 제27조제1항 또는 제2항을 위반하여 정보주체에게 개인정보의 이전 사실을 알리지 아니한 자

6의2. 제28조의4제2항을 위반하여 관련 기록을 작성하여 보관하지 아니한 자

7. 제30조제1항 또는 제2항을 위반하여 개인정보 처리방침을 정하지 아니하거나 이를 공개하지 아니한 자

8. 제31조제1항을 위반하여 개인정보 보호책임자를 지정하지 아니한 자

9. 제35조제3항·제4항, 제36조제2항·제4항 또는 제37조제3항을 위반하여 정보주체에게 알려야 할 사항을 알리지 아니한 자

10. 제63조제1항에 따른 관계 물품·서류 등 자료를 제출하지 아니하거나 거짓으로 제출한 자

11. 제63조제2항에 따른 출입·검사를 거부·방해 또는 기피한 자

5) 제1항부터 제4항까지의 규정에 따른 과태료는 대통령령으로 정하는 바에 따라 보호위원회와 관계 중앙행정기관의 장이 부과·징수한다. 이 경우 관계 중앙행정기관의 장은 소관 분야의 개인정보처리자에게 과태료를 부과·징수한다. 〈개정 2013. 3. 23., 2014. 11. 19., 2017. 7. 26., 2020. 2. 4.〉

제7절 의전과 회의

핵심 출제 포인트

· 의전에 대한 개념을 이해합니다.
· 회의 종류와 MICE의 개념에 대해 이해합니다.

1. 의전

(1) 이해

1) 기본 원칙

① 상호주의
② 오른쪽이 상석
③ 상대 문화의 존중, 배려가 바탕
④ 특정 지역 문화 반영
⑤ 의전 핵심은 참석자 서열을 지키는 것

2) 의전의 기본 원칙 (5R) ★★★

상대방에 대한 존중 Respect	상대 문화 및 상대방에 대한 존중, 배려
상호주의 원칙 Reciprocity	내가 배려한 만큼 상대방으로부터 배려를 기대하는 것 국력과 무관하게 모든 국가가 1대 1의 동등한 대우를 해주어야 함 국가 위상 및 존엄과 연결되므로 매우 중요함
문화의 반영 Reflecting	특정지역과 문화를 이해하고 품위를 높일 수 있도록 함
서열 Rank	의전이 가장 기본과 핵심에 해당 함 서열을 정하기 어려울 경우 알파벳 순서로 정함 서열을 무시하는 경우 인사와 인사가 대표하는 국가, 조직에 대한 모욕이 될 수 있음

오른쪽 상석 Right	문화적, 종교적으로 왼쪽을 불결하게 여겨온 전통으로 오른쪽이 상석으로 발전됨
	정상 회담 시 방문국 정상에게 상석을 오른쪽으로 양보 함
	국기는 상석을 양보하지 않는 관행이 있어 자국기와 상대국기를 함께 배치 함

3) 의전 예우 기준

① 일반적 서열 기준 ★★★

직위	직급(계급), 헌법 및 정부 조직법상 기관, 기관장, 상급기관, 국가기관 선순위
공적 직위가 없는 인사	전직, 연령, 행사관련성, 정부산하단체, 공익단체 협의장, 민간 단체장
기본적 관례상 서열	높은 직위, 연령, 여성, 남편, 외국인이 선순위

② 자리와 예우에 관한 기준 ★★★

㉠ 자리를 기준으로 할 때 중앙이 가장 우선 임

㉡ 자리를 둘로 나눌 수 없을 경우, 상대편이 보았을 때 좌측이 우선 임

㉢ 시간적으로 볼 때, 앞 또는 뒤가 우선일 경우가 있음

㉣ 아랫사람은 윗사람에게 먼저 경의를 표함

㉤ 대등한 관계는 서로 경의를 표함

㉥ 예우의 서열에 대한 기준은 없지만 직위의 높고 낮음, 나이, 직위가 같을 경우 정부 조직법상의 순서에 따름

㉦ 각종 행사에 특별한 역할이 있을 경우 서열에 관계 없이 자리 등 배치를 다르게 할 수 있음

2. 회의

(1) 회의의 종류

1) 자유 토의 ★★★

브레인 스토밍	여러 사람들이 문제 해결을 위한 다양한 아이디어를 제시하고 아이디어들을 취합, 수정, 보완하여 독창적 아이디어를 얻는 방법
워크숍	회사나 기관 등 프로젝트나 연구, 아이디어, 기술, 지식 등을 상호 교환하여 새로운 기술 창출 및 개발의 목적 교육담당자의 주도하에 참석자들은 서로 문제에 대해 새로운 지식이나 기술 등을 교환하면서 교육이 이루어지며 참석자 전원이 참석하는 특징을 보임 30여명 내의 인원이 특정 이슈에 대해 지식을 공유함
버즈 토론	3~6명의 소집단 토론 방식 한 주제에 대해 6명씩 구성된 그룹이 6분 가량 토론한다는 뜻으로 "6.6법"이라고 함

2) 공개 토론

원탁 토론	토의의 가장 기본적 형태 10명 내외의 사람들이 상하 구별 없이 자유롭게 의견 교환하는 방식 상호 대등한 관계에서 이루어지는 자유 토의 형태 주어진 토의 문제에 대한 의견 결정이 용이
포럼	특정 문제에 대해 깊은 의견을 나눌 수 있음 발표자가 하나의 주제를 발표하면 참가자들이 관련된 질문, 의견, 평가, 건의 등을 제시하는 방법
자유 토의	문제를 제시하면 문제에 대한 고정 절차 없이 상호 자유로운 의견을 교환 후 공통된 결론을 얻는 방법

3) 일반적 회의 ★★★

컨벤션	가장 일반적인 회의 용어 정보전달을 주목적으로 정기집회에 많이 사용하는 용어 대회의장에서 개최
컨퍼런스	새로운 지식 습득, 특정분야의 연구를 위한 회의에 사용하는 용어 컨벤션보다 토론회가 많고 참가자들에게 토론 기회가 제공
콩그레스	유럽지역에서 사용하는 용어 국가나 단체 대표가 참여하는 경우가 많음 국제적으로 열리는 실무 공식회의를 지칭

(2) MICE　★★★

1) 개념　★★★

① 기업회의, 포상관광, 컨벤션, 전시 및 이벤트를 융합한 산업이다

② MICE 자체 산업 뿐 아니라, 숙박, 식음료, 교통, 통신, 관광 등의 다양한 산업과 연계 발생하여 고용창출효과가 크고 외화 수입이 발생한다.

③ 줄여서 비즈니스 관광이라고도 하며 기업 대상으로 하기 때문에 일반 관광산업 보다 부가가치가 크다.

④ 홍콩, 싱가포르, 일본, 한국 등 동남아사이권에서 많이 사용하는 용어이다. (미 주는 Event, 유럽은 Conference 용어가 광범위하게 사용된다.)

2) 산업분류

Meeting	사회적 네트워크 형성, 정보 및 아이디어 교환, 토론 등 MICE 목적으로 설립된 유료시설을 사용
Incentive	회사에서 비용 전체 또는 일부를 부담하고 조직원들의 성과에 대한 보상 및 동기 부여를 위한 순수 포상 여행
Convention	정보 및 아이디어 교환, 네트워킹, 사업, 토론 등을 목적으로 함 기업회의보다 규모가 크고 국제적 성격을 띤 회의를 말함 3개국 10명 이상이 참가
Exhibitions/ Event	제품, 기술, 서비스를 특정 장소에서 판매, 홍보, 마케팅하는 활동

제8절 프리젠테이션

핵심 출제 포인트

· 교육 훈련 강사의 역할에 대해 숙지합니다.
· 프리젠테이션의 구성 요소와 4P는 반드시 기억하도록 합니다.
· 효과적인 프리젠테이션과 스피치 방법은 실생활에서도 활용하도록 합니다.
· 다양한 교육 훈련 방법, 강의 기법은 개념 이해를 명확히 합니다.

1. 교육 훈련

(1) 성인 교육과 성인 학습

1) 성인 학습자의 특성

① 성인의 특성

신체적	육체적 노화로 효과적인 학습 환경 조성이 필요하다.
심리적	중심성 경향, 경직성, 내향성, 조심성이 증가하여 새로운 시도에 대한 두려움이 있다.
사회적	사회적 규범, 사회 문화적 책임이 부여된다.

② 성인의 학습 참여 동기

목적 지향성	외부적 기대, 전문성 향상을 위하여 학습한다.
활동 지향성	사회적 관계를 활성화하고, 일상의 지루함을 벗어나기 위해 학습한다.
학습 지향성	지식을 추구하고 앎 자체를 위해 학습한다.

2) 성인학습 이론

① 안드라고지
　　㉠ 미국의 사회 교육학자 노울즈(Knowles)는 성인학습은 아동학습과 다른 방법이 되어야 함을 주장하며 페다고지(Pedagogy)와 구분되는 안드라고지(Andragogy)개념을 도입하였다.
　　㉡ 페다고지는 '아동(Paidos)'과 '지도하다(Agogos)'는 말이 합쳐져 생겨난 말로 아동을 가르치는 과학과 기술을 의미한다.

© 안드라고지는 '성인(Andros)'과 '지도하다(Agogos)'는 말이 합쳐져 생겨난 말로 성인의 학습을 도와주는 과학과 기술을 의미한다.

② 페다고지와 안드라고지 ★★

기본 가정	페다고지	안드라고지
알고자 하는 욕구	가르치는 것을 학습함	학습할 필요를 사전 확인함
학습자의 자아 개념	의존적	자신 결정에 대한 책임감
경험의 역할	경험은 거의 가치가 없음	질적, 양적으로 풍부한 경험을 가지고 교육 참여
학습 준비도	교사가 학습을 강요하는 것을 학습할 준비	효율적인 실생활 대처, 알고자 하는 욕구에 대해 학습할 준비
학습 성향	교과 중심적 성향	생활 중심적, 과업 중심적, 문제 중심적 성향
동기	외재적 동기	강력한 내재적 동기 (직무 만족, 자아존중감, 삶의 질 향상 등)

3) 학자별 성인 학습 원리

도날슨, 스캐널	학습은 지속적인 과정이며 학습 속도는 사람마다 다르다. 자극에서 시작하여 감각으로 끝난다. 전체-부분-전체 순서일 때 효과가 높다. 지지적 학습 환경과 긍정적 강화는 학습 효과를 향상 시킨다. 학습은 스스로의 활동이며 최선의 학습은 Doing이다.
크로스	한 번에 하나의 아이디어나 개념을 제공한다. 성인 학습 목표는 지식, 기술, 능력, 태도를 발전시켜 문제 해결 및 직무 수행 능력을 향상시키는데 있다. 주기적인 피드백과 요점 정리를 통해 기억을 유지 시킨다. 새로운 정보 제공 시에는 학습자들에게 의미있고 현실감이 있는지의 실용성을 확인해야 한다.
피고스, 마이어스	신입 사원은 기업 내용, 방침 등을 사전에 파악하여 안정감을 얻는다. 신입은 직무 지도를 받아 임금상승을 도모할 수 있다. 신기술에 대해 직원의 적응을 원활히 해야 한다. 직원 불만, 결근, 이직 등을 방지할 수 있다.

4) 나들러(Nadler)의 교육훈련 강사의 역할 ★★★

학습 촉진자	학습자들과 직접 학습 활동을 하거나 학습자를 도와주는 역할 강의 진행, 시범 등의 역할을 수행하기 때문에 다양한 경험 및 이론적 배경을 갖추어야 한다.
프로그램 개발자	조직 문제를 확인하고 학습 요구를 분석하여 이를 충족시킬 학습내용을 정한다.
교수 전략 개발자	교육 훈련 프로그램의 효과적 전달을 위해 매체 선정과 방법을 찾는 역할을 한다. 각종 학습 보조 도구와 시청각 자료를 제작하고 활용하여 학습 효과를 상승시킬 수 있는 방법을 강구한다.

(2) 교육 훈련 방법 ★★★

1) 직장 내 교육 훈련(OJT : On the Job Training)

① 업무 현장에서 선임자가 후배의 육성을 위해 체계적으로 교육 계획, 지도, 평가하는 기업 내 교육 훈련이다.

② 기업 입장에서는 경제적 효율성(비용 절감, 필요 인력 사내 확보, 직원 수준 향상, 인력 배치 유연성 등), 근로자 입장에서는 사회적 효율성(승진 기회, 성장 욕구, 만족도 등)의 효과가 있다.

③ 신입일 경우 OJT 중심으로 교육 훈련을 하면 좋다.

④ 직무 교육 훈련, 코칭, 멘토링, 직무 순환 등이 해당된다.

2) 직장 외 직무 현장 훈련(Off-JT : Off the Job Training)

① 직장 외 훈련 또는 직무 외 훈련으로 직장 외의 전문 훈련 기관에서 실시하는 교육 훈련이다. (예 : 점포회의, 집합연수)

② 전문가의 지도 하에 교육 훈련을 시행할 수 있고, 많은 직원들에게 동시에 교육 실시가 가능하다는 장점이 있다.

③ 강의법, 토의법, 사례 연구법, 역할 연기법, 시범 교육 등이 해당된다.

3) OJL : On the Job Learning

① 자기학습, 실천학습(액션 러닝) 등이 해당된다.

4) OFF-JL : Off the Job Learning

① 독서, 자기 개발 활동(SDL: Self-directed Learning) 등이 해당된다.

(3) 교육 훈련 기법 ★★

1) 강의법

① 장점 : 동시에 많은 사람들을 대상으로 지식, 정보를 체계적으로 제공하여 경제적이고, 효과적으로 사실적 정보를 전달할 수 있다.

② 단점 : 학습자의 주의 집중, 능동적인 참여 유도, 개인적 욕구 충족의 어려움 등이 있다.

2) 토의법

① 장점 : 학습자가 소규모일 때 유용하며 경험의 상호교류에 의해 실생활에 도움이 되는 지식, 기술을 습득할 수 있고 인간관계 향상 및 대화를 통한 협력방법 등이 양성될 수 있다.

② 단점 : 경험 중심적이기 때문에 본질적인 내용 파악이 어렵고 학습자의 수준에 따라 결과가 달라진다.

3) 실험, 실습법

① 장점 : 소규모 학습에 유용하며 일상생활의 지식, 기술을 경험으로 습득하고 학습자의 자발성과 창조성을 존중할 수 있다.

② 단점 : 학습자 수준 범위를 넘어설 수 없고 내용 계통화의 어려움, 오랜 준비 시간이 필요하다.

4) 사례연구법

① 장점 : 정보 수집력과 문제 해결력을 향상시키는 데 적절하고, 특정 사례를 소재로 문제 상황을 명확히 하고 원인 분석 및 해결책을 찾도록 계획을 세울 수 있다.

② 단점 : 교수자가 학습자들에게 해답이나 의견을 주는 것은 학습 효과를 저하시킬 수 있다.

5) 시청각법

① 장점 : 시청각 보조기구를 사용하여 지식, 기능을 능률적으로 전달하는 것으로 학습 능률을 향상시키고 이해의 명확화를 돕는다.

② 단점 : 시각과 청각의 추상적인 감각을 통한 지도 방법을 적용한 것으로 주제에 맞는 명확한 자료 및 전달 도구의 철저한 준비가 필요하다.

6) 역할 연기법(R/P)

① 장점 : 실제 상황과 유사한 가상적인 상황을 설정하여 상대방의 입장과 생각을 이해하고 대인관계 기술을 체득하는 데 효과적인 방법이다.

② 단점 : 역할 연기 교육의 필요성을 충분히 설명하고 공감대를 형성하여 학습자들의 적극적 참여를 이끌어 내야 하고, 교수자의 피드백 스킬도 매우 중요하다.

7) 브레인스토밍

① 장점 : BBOD라는 광고회사 부사장(알렉스 오즈번)에 의해 알려진 기법으로 창의적 아이디어를 생성하기 위해 만들어진 기법이다.

② 단점 : 브레인스토밍 실시 전 참가자들에게 브레인스토밍 규칙을 충분히 숙지시켜야 한다. (다른 사람의 아이디어에 평가하거나 비판하지 말기, 떠오르는 생각이 엉뚱해도 표현하기, 다른 사람이 제안한 것을 개선, 확장, 결합한 새로운 아이디어를 내놓기 등)

2. 프리젠테이션

(1) 프리젠테이션의 이해

1) 정의

① 사전적 의미로 소개, 표시, 발표 등 자신의 생각이나 주장을 다른 사람들에게 효율적으로 전달하는 것을 의미한다.

② 한정된 시간 내에 정보를 정확히 제공함으로써 판단, 의사결정을 할 수 있게 하는 커뮤니케이션의 형태를 말한다.

③ 짧은 시간 내에 이루어지는 송신자와 수신자 간의 효과적인 의사소통이다.

2) 구성 요소 ★★

프리젠터(Presenter)	프리젠테이션을 실행하는 사람
청중(Audience)	프리젠테이션을 듣는 사람
메시지(Message)	전달하고자 하는 목적 및 내용

3) 4P 분석 ★★

① 사람(People) 분석
  ㉠ 프리젠테이션에 참석할 사람이 누구인지를 분석하는 것이다.
  ㉡ 청중의 연령, 성별, 수준, 소속, 참가 이유, 규모 등 전반적인 사전 이해와 배경 지식이 필요하다.
  ㉢ 청중들이 내용을 이해하고 있는지 파악하기 위해 청중의 표정과 몸짓을 보며 반응을 확인한다.
  ㉣ 갑자기 프리젠테이션을 요청받은 경우, 청중들에게 질문을 던져 니즈를 확인 후 방향을 잡는다.

② 목적(Purpose) 분석
  ㉠ 프리젠테이션을 왜 해야 하는지, 청중의 요구는 무엇인지, 최종적으로 무엇을 얻고 싶은지를 분석한다.
  ㉡ 프리젠테이션의 목적은 정보 전달, 동기 유발, 의사 결정 설득, 행동 촉구, 엔터테인먼트, 투자를 위한 제안, 행사 등이다.

③ 장소(Place) 분석
  ㉠ 발표 장소뿐만 아니라 주변 장소 등도 함께 확인하고 가능하면 사전 답사를 통해 장소에 대한 이해를 하도록 한다.
  ㉡ 프리젠테이션 분석 중 가장 소홀하기 쉽고 실패 원인을 제공하기 때문에 컴퓨터, 포인터, 마이크, 정전, 소음, 전기, 좌석, 통행로 등을 사전에 확인하고 점검해야 한다.
  ㉢ 편의 시설 위치(주차장, 엘리베이터, 화장실 등)도 사전에 확인하고 청중에게 안내한다.
  ㉣ 교육 장소의 이용 시간을 사전에 확인한다.

④ 준비(Preparation) 전략
  ㉠ 다양한 자료를 수집 후 이를 철저히 분석, 가공하여 프리젠테이션에 사용할 발표 자료를 제작한다.
  ㉡ 자료 분석 및 가공에 많은 시간이 소요되기 때문에 완벽하게 준비될수록 발표 자료 제작 시간은 줄어 들 수 있다.

4) 프리젠테이션 종류 ★★★

정보적 프리젠테이션	상호 간 이해 형성 및 청중과의 지식 공유가 목적이다. 목적 달성을 위해 청중의 주의 집중과 유지가 중요하다고 볼 수 있다. 서술적 프리젠테이션은 '누가' '무엇을' '어디서' 등의 질문에 대한 답을 제시해

	주는 형태로 청중에게 명확한 그림을 그릴 수 있도록 하는 것을 말한다. 설명적 프리젠테이션은 '왜'라는 질문 또는 이슈, 개념, 아이디어, 신념 등에 초점을 두고 청중에게 명확히 해석할 수 있도록 하는 방법을 말한다. 논증적 프리젠테이션은 '어떻게'라는 질문에 대한 답을 제공하는 것으로 절차, 과정 등을 명확히 해주는 방법을 말한다. 정보적 프리젠테이션은 공식적인 정보를 전달하기 위해 정확성, 객관성, 완전성, 공정성, 해석성, 명확성, 선별성이 수반되어야 하는 것을 말한다.
설득적 프리젠테이션	청중의 가치관을 변화시키고 발표자가 의도한 행동 양식을 받아들이도록 하거나 가치관을 강화, 보강하여 새로운 가치관을 창출시키고자 하는 목적이다. 경향적 프리젠테이션은 청중 태도, 가치관, 믿음 등에 영향을 주는 방법을 말한다. 작용적 프리젠테이션은 청중 행동 변화에 영향을 미치는 방법을 말한다.
의례적 프리젠테이션	발표자와 청중 혹은 청중 상호 간을 사회적으로 보다 강하게 결합 시키려는 목적을 가진 프리젠테이션 유형이다.
엔터테인먼트 프리젠테이션	메시지를 포함하지만 청중에게 '재미'를 느낄 수 있도록 하기 위한 프리젠테이션 유형이다.
동기부여적 프리젠테이션	청중의 의욕 환기 및 기대 행동을 받아들이게 하는 목적의 프리젠테이션 유형이다.

(2) 프리젠테이션 구성 방법 ★★★

1) 도입

① 주제 및 강의배경을 설명하여 주의집중 시킨다.

② 배우고 싶은 의욕을 불러일으키며 강의 중간에 동기부여를 시킨다.

③ 시각적 보조자료를 활용하고, 본론에 적극적으로 참여를 유도하여 강의 개요를 설명한다.

④ 일화나 경험담을 제시하거나 권위자의 말을 인용한다.

2) 본론

① 논리적, 체계적으로 내용을 구성하며 중간에 지속적으로 동기부여 한다.

② 부차적인 점을 강조하면서 핵심 내용을 의미없게 만들지 않도록 한다.

③ 본론의 마지막 단계에서 질문 시간을 마련하여 청중의 의문점을 해소시켜 준다.

3) 결론

① 첫인상 못지않게 끝인상 역시 매우 중요하므로 마무리를 통해 프리젠테이션을 성공적으로 마칠 수 있고 또 잘 진행했던 프리젠테이션을 한 순간에 망치게 할

수 있다. 멋진 마무리는 프리젠테이션에 있어 가장 중요한 전략 요점이면서 청중들에게 깊은 인상을 심어줄 수 있다.

② 프리젠테이션의 목적을 이룰 수 있는 마지막 단계로 핵심 내용을 요약하고 반복하여 강조하도록 한다. 단, 요약을 할 때 구체적으로, 새로운 것을 언급하지 않는다.

③ 학습한 것을 활용해 보고 싶다는 욕구를 불러일으킬 수 있도록 재동기 부여 한다.

④ 인용이나 유머 등의 비유로 소개하고 감사의 표현으로 마무리한다.

(3) 프리젠테이션 제작

1) 프리젠테이션 제작 방법

자료, 정보 분석 및 요약	전문성이 많이 요구되는 작업이므로 성공적 프리젠테이션을 위해 최선을 다해야 한다.
시각화	강력하고 확실한 전달 효과가 있으므로 시각을 자극하고 활용할 수 있어야 한다. 하나의 시각화 자료에는 하나의 주제만 넣고, 목적과 연관될 수 있도록 한다.
발표 노트 작성	발표자가 전달 내용을 잊어버리지 않게 별도로 만든 자료로 부드러운 진행을 위해 미리 발표 노트를 준비하는 것이 좋다.
배포 자료 준비	발표에 대한 이해를 높이기 위해 청중에게 배포하는 자료로 내용과 분량은 프리젠테이션의 목적에 따라 달라진다.

2) 프리젠테이션 슬라이드 디자인 ★★★

통일성	· 정의 : 구성요소들이 하나의 공통주제로 보이게 하는 것 · 방법 : 색 · 형태 · 질감 · 구성 요소의 방향, 각도의 반복 사용
명료성	· 정의 : 이해하기 쉽도록 내용을 단순화 시키는 것
단순성	· 정의 : 전하려는 필수 정보만을 제공하는 것 · 방법 : 너무 많은 그림, 글씨를 제시하지 않음
균형성	· 정의 : 디자인 요소들을 균등하게 배치하는 것 · 방법 : 안정감을 위한 대칭적 구성
조직성	· 영상은 컬러, 크기, 질감 등 상호보완적이어야 함. 글자 색 어떤 방향으로 구성 요소를 정렬하느냐에 따라 청중 이해도가 달라짐
조화성	· 연관 있는 구성요소(컬러, 질감, 크기 등)가 상호 보완적이어야 함
원근법	· 구성요소의 비례에 따라 다르게 보임

3) 파워포인트 자료 제작 시 유의사항

① 장식 효과에 치중하지 않도록 한다.
② 환경에 따른 배경 색상에 주의한다.
③ 청중에게 부담감을 주지 않도록 여백을 살려서 제작한다.
④ 도해를 사용하여 시각적으로 이해하기 쉽도록 제작한다.
⑤ 동영상, 사운드 등의 멀티미디어 자료는 지루함을 없애기 위해 꼭 필요한 경우에만 사용한다.

3. 스피치

(1) 스피치의 이해

1) 정의

① 주어진 시간, 장소에서 다수의 사람들을 대상으로 목적에 맞게 기술적으로 말하는 커뮤니케이션 스킬이다.
② 말하는 사람(프리젠터), 말하는 내용(메시지), 전달 방법(커뮤니케이션 채널), 듣는 사람(청중)의 구성 요소로 이루어진 커뮤니케이션 과정이다.

2) 조건

① 청중 앞에서 긴장, 불안을 극복하고 심리적 안정감을 갖는 것이 중요하다.
② 음성의 고저, 강약, 감정이입, 매너 등을 익혀 효과적으로 내용을 전달해야 한다.
③ 일상생활의 적절한 사례를 발굴하여 청중과 공감대를 형성해야 한다.
④ 자신만의 언어를 구사하고 주제에 몰입하여 관중을 감동시킬 수 있어야 한다.
⑤ 시작은 자신감 있게, 마무리는 말한 내용을 정확하게 요약, 설명해 감동적으로 마무리 한다.

3) 효과적 방법

① 철저하게 준비하여 스피치의 두려움을 극복한다.
② 이해하기 쉬운 단순한 언어를 사용한다.
③ 힘 있고 부드러운 목소리를 연출한다.
④ 일상적인 대화처럼 말한다.
⑤ 목소리에 변화를 주어 말한다.

4) 스피치의 원칙

① 말의 속도를 조절한다.

② 음성의 강약 및 고저를 조절한다.

③ 정확한 발음으로 말하고, 의미나 흐름에 맞추어 띄어 말한다.

④ 내용과 일치되는 감정을 목소리와 표정에 담아 감정이입하여 말한다.

⑤ 밝은 목소리로 생동감있게 말한다.

⑥ 말하고자 하는 내용에 맞는 제스처를 활용한다.

Chapter 03 출제 예상 문제

1. 이미지 형성 과정과 관련하여 다음 내용에 해당하는 것은?

> 인간이 환경에 대해 의미를 부여하는 과정이다.
> 주관적이며 선택적으로 이루어지기 때문에 동일한 대상에 대하여 다른 이미지를 부여하게 된다.

① 지각과정　　　　　　　　　② 사고과정
③ 감정과정　　　　　　　　　④ 감성과정
⑤ 지속과정

2. 전통 예절에서 절하는 방법에 대한 설명으로 가장 올바른 것은?

① 여자는 기본 횟수로 한 번을 한다
② 남자는 기본 횟수로 한 번을 한다
③ 남자는 기본 횟수로 세 번을 한다
④ 죽은 사람에게는 기본 횟수만 한다
⑤ 살아있는 사람에게는 기본 횟수의 세 배를 한다

3. 다음 사례에 해당하는 화법은?

> 죄송하지만 창문 좀 열어주시겠어요?
> 번거로우시겠지만 내일 연락 주시겠어요?

① 쿠션화법　　　　　　　　　② 신뢰화법
③ 레이어드 화법　　　　　　　④ 맞장구 화법
⑤ 긍정화법

4. 다음 중 고객의 잘못으로 발생되는 고객 불만의 원인과 가장 거리가 먼 것은?

① 지나친 기대와 기억착오　　② 기업 등에 대한 고객의 잘못된 지식
③ 고압적 태도와 감정적 반발　　④ 취급 부주의로 인한 하자 발생
⑤ 고객의 요구에 대한 일방적인 무시

5. 다음 중 코칭의 장점으로 틀린 것은?

① 업무 수행성과에 직접적으로 관련되어 있다.
② 인재 양성과 직원 개발을 위해 효과적인 방법이다
③ 시간이 많이 소요되고 노동집약적이다.
④ 코치와 학습자의 동시 성장이 가능하다.
⑤ 일대일로 지도하므로 교육 효과가 높다.

6. 다음 중 효과적인 경청을 위한 방안이 아닌 것은?

① 주의를 집중한다.　　　　　② 계속적인 반응을 보인다.
③ 고객에 대한 편견을 갖는다.　④ 복창 확인 한다.
⑤ 주요 내용은 기록한다.

7. 콜센터의 업무 성격에 따른 분류 중 아웃바운드 콜 서비스의 활용 사례와 거리가 먼 것은?

① 판매 지원　　　　　　　　② 해피콜
③ 소비자 의견 조사　　　　　④ 고객 만족도 조사
⑤ A/S 접수

8. 텔레마케팅을 위한 스크립트 작성 방법 중 다음 내용에 활용되는 유형은?

> 상대방과 대화하면서 진행하는 경우 활용된다.

① 차트식　　　　　　　　　② 회화식
③ 요약식　　　　　　　　　④ 질문식
⑤ 상황식

9. 콜센터 모니터링 방법 중 Call Taping 의 단점은?

① 대기 시간을 줄일 수 있다.
② 모니터 기간을 계획하여 유연하게 컨트롤할 수 있다.
③ 성과와 피드백의 즉각적인 연결이 가능하다.
④ 상담원 자신의 객관적 콜 청취가 가능하다.
⑤ 즉각적 피드백이 어렵다.

10. 우리나라에서 주로 사용되는 명함에 대한 설명으로 가장 거리가 먼 것은?

① 사각형 순 백지에 깔끔하게 인쇄하는 것이 기본이다.
② 남녀 성별에 따라 별도의 명함 크기와 모양에 차이를 두지 않는다.
③ 주로 많이 사용되는 명함의 규격은 90mm * 50mm이다.
④ 이름과 직함은 물론 직장 주소와 휴대전화 및 직장 전화번호, 팩스 번호를 각각
   기입하여 제작하는 것이 일반적이다.
⑤ 이메일 주소는 별명을 쓰는 것이 일반적이다.

11. 국제 비즈니스 에티켓과 관련해 테이블 매너 시 주의사항에 대한 설명으로 틀린 것
   은?

① 식사 중에는 포크와 나이프를 접시 위에 八자 모양으로 나둔다
② 여성의 경우 테이블에서 화장을 고쳐도 된다.
③ 식사 중 냅킨이 바닥에 떨어진 경우 스스로 줍지 않고 웨이터를 불러 새 것을 요
   청하여 사용한다.
④ 본인이 먹은 접시 위치를 움직이거나 포개어 놓는 것은 삼가한다.
⑤ 웨이터를 큰소리로 부르거나 손뼉을 치는 것은 실례이다.

12. 다음 중 소비자 기본법과 관련한 설명으로 틀린 것은?

① 소비자단체라 함은 소비자의 권익을 증진하기 위하여 소비자가 조직한 단체를 말
   한다.
② 소비자라 함은 사업자가 제공하는 물품 또는 용역을 소비생활을 위하여 사용하는
   자 또는 생산 활동을 위하여 사용하는 자로서 대통령령이 정하는 자를 말한다.
③ 사업자라 함은 물품을 제조, 수입, 판매하거나 용역을 제공하는 자를 말한다.

④ 사업자 단체라 함은 5 이상의 사업자가 공동의 이익을 증진할 목적으로 조직한 단체를 말한다.

⑤ 소비자는 스스로의 권익을 증진하기 위하여 필요한 지식과 정보를 습득하도록 노력하여야 한다.

13. 와이블(Weible)이 분류한 개인정보의 14가지 유형 중 주택, 토지, 상점 및 건물 등에 해당하는 것은?

① 법적정보   ② 고용정보
③ 신용정보   ④ 부동산정보
⑤ 소득정보

14. 다음 중 개인정보 보호법의 '개인정보 보호 위원회'에 대한 설명으로 틀린 것은?

① 위원의 임기는 3년으로 하되, 한 차례만 연임할 수 있다.
② 위원이 궐위된 때에는 지체 없이 새로운 위원을 임명 또는 위촉하여야 한다. 이 경우 후임으로 임명 또는 위촉된 위원의 임기는 새로이 개시된다.
③ 위원장과 부위원장은 정무직 공무원으로 임명한다.
④ 보호위원회는 상임위원 3명(위원장 1명, 부위원장 2명)을 포함한 10명의 위원으로 구성한다.
⑤ 개인정보 보호에 관한 사무를 독립적으로 수행하기 위하여 국무총리 소속으로 개인정보 보호위원회(이하 "보호위원회"라 한다)를 둔다.

15. 나들러(Nadler)가 제시한 교육훈련 강사의 역할 중 각종 학습 보조 도구와 시청각 자료를 제작하고 활용하여 학습 효과를 상승시킬 수 있는 방법을 강구하는 역할은?

① 학습 촉진자   ② 훈련 평가자
③ 평가자   ④ 교수전략 개발자
⑤ 교수 프로그램 개발자

16. 다음 프리젠테이션 유형 중 발표자와 청중 혹은 청중 상호 간을 사회적으로 보다 강하게 결합 시키려는 목적을 가진 것은?

① 의례적 프리젠테이션　　　　　② 엔터테인먼트 프리젠테이션
③ 동기부여적 프리젠테이션　　　④ 설득적 프리젠테이션
⑤ 정보적 프리젠테이션

17. 프리젠테이션 제작 시 슬라이드 디자인의 원리가 아닌 것은?

① 통일성　　　　　　　　　② 명료성
③ 단순성　　　　　　　　　④ 균형성
⑤ 효율성

18. 혹실드(Hochschild)의 감정노동의 유형 중 다음에 해당하는 것은?

> 업무에 적절한 감정을 거짓으로 꾸미는 행위
> 자신의 감정을 외면한 채 조직의 강요에 의해 나타낼 수 밖에 없는 목소리, 억양, 얼굴표정 등을 지어야 하는 것

① 표면 행위　　　　　　　　② 내면 행위
③ 심층 행위　　　　　　　　④ 포로 행위
⑤ 전문 행위

19. 이미지형성과정과 관련하여 다음 내용에 해당하는 이론은?

> A: 내 동생 어떤 거 같아?
> B: 굉장히 차분해 보이던걸?
> A: 맞아. 나랑 성격이 정 반대야.
> B: 내가 보기에도 차분하고 조용한 것 같아.

① 내현성격이론　　　　　　② 행위성격이론
③ 상호성격이론　　　　　　④ 양가성격이론
⑤ 독립성격이론

20. 텔레마케팅을 위한 스크립트 작성 방법 중 응답되는 내용을 예/아니오 의 방식으로 나누고 이에 따라 설명이 뒤따르도록 작성하는 유형은?

① 차트식　　　　　　　　　② 회화식
③ 간결식　　　　　　　　　④ 질문식
⑤ 응답시

21. 감정노동으로 인한 직무 스트레스 대처법과 관련하여 다음 내용에 해당하는 것은?

> 눈을 감고 3~4회 정도 깊고 크게 숨을 들이마신 뒤 천천히 내쉬도록하는 이완호흡을 실시한다.

① 분노조절훈련　　　　　　② 일과 나의 분리
③ 생각 멈추기　　　　　　　④ 마음 멈추기
⑤ 적응하기

22. 고객 불만 유형 중 제품의 성능이나 기능보다 사회적인 수용, 개인의 존중, 자아실현 측면의 불만을 뜻하는 유형은?

① 심리적 불만　　　　　　　② 균형 불만
③ 효용 불만　　　　　　　　④ 상황적 불만
⑤ 감성적 불만

23. OJT를 하기 위한 방법으로 틀린 것은?

① 직무 교육 훈련　　　　　② 코칭
③ 멘토링　　　　　　　　　④ 직무 순환
⑤ SDL

24. 국제 비즈니스 매너를 위해 숙지해야 할 국가별 문화 특징에 대한 설명으로 가장 틀린 것은?

① 일본은 짝으로 된 것이 행운을 가져다준다고 믿는다.
② 태국은 불교 국가로 불상과 승려를 신성시한다.
③ 인도의 흰두교도는 소를 신성시하며 쇠고기를 먹지 않는다.
④ 중국에서 박쥐는 행운을 전해주는 동물로 여긴다.
⑤ 유럽에서 엄지손가락을 코 끝에 대면 남을 존경하는 뜻이다.

25. 업무보고 요령 중 틀린 것은?

① 필요한 경우 반드시 중간보고를 한다.
② 지시한 사람에 대해 완료되는 즉시 보고한다.
③ 지시한 사람이 직속상사의 상급자일 경우 직속상사에게 직접 보고하는 것이 원칙이다.
④ 결론부터 말하고 경과나 절차 순으로 간결하게 보고한다.
⑤ 사실을 토대로 간결하게 보고한다.

26. 다음 중 소비자기본법 상 명시된 '소비자중심경영 인증(제20조의2)'의 내용으로 틀린 것은?

① 소비자중심경영인증의 유효기간은 그 인증을 받은 날로부터 3년으로 한다.
② 소비자중심경영인증을 받은 사업자는 대통령령으로 정하는 바에 따라 그 인증의 표시를 할 수 있다.
③ 소비자중심경영인증을 받으려는 사업자는 대통령령으로 정하는 바에 따라 공정거래위원회에 신청하여야 한다.
④ 공정거래위원회는 소비자중심경영인증을 신청하는 사업자에 대하여 대통령령으로 정하는 바에 따라 그 인증의 심사에 소요되는 비용을 부담하게 할 수 없다.
⑤ 공정거래위원회는 소비자중심경영을 활성화하기 위하여 대통령령으로 정하는 바에 따라 소비자중심경영인증을 받은 기업에 대하여 포상 또는 지원 등을 할 수 있다.

27. 'MICE 산업'에서 'MICE' 용어를 구성하는 요소가 아닌 것은?

① Meeting ② Exhibition
③ Incentive Travel ④ Incorporation
⑤ Convention

28. 의전 행사와 관련해 자리와 예우에 관한 기준이 아닌 것은?

① 각종 행사에서 특별한 역할이 있을 때에는 서열에 관계없이 자리 등의 비치를 달리할 수도 있다.

② 자리를 둘로 나눌 수 있는 경우에는 상대편이 보았을 때 좌측이 우선이다.

③ 아랫사람은 윗사람에게 먼저 경의를 표시하고 대등한 관계에서는 서로 경의를 표시한다.

④ 자리를 기준으로 할 때에는 우측이 가장 우선이다.

⑤ 예우의 서열에 일정한 기준은 없지만 직위의 높고 낮음, 나이, 직위가 같을 때는 정부조직법상의 순서 등에 따른다.

29. 여성의 올바른 패션 이미지를 위한 설명이 아닌 것은?

① 지나치게 화려하고 큰 악세서리는 삼간다.

② 핸드백은 정장과 구두의 색상과 어울리도록 한다

③ 화려한 색상의 모발 염색은 삼간다.

④ 메이크업을 통해 단정한 이미지를 연출하는 것이 중요하다.

⑤ 향수는 진한 향을 다량으로 뿌리는 것이 좋다.

30. 다음 절의 종류는?

> 공수한 손을 풀어 내린 다음 왼쪽 무릎을 먼저 꿇고 오른쪽 무릎을 가지런히 꿇은 다음 엉덩이를 깊이내려 앉는다. 몸을 앞으로 30도 정도 숙이면서 손끝을 무릎선과 나란히 바닥에 댄다. 잠깐 머물렀다가 윗몸을 일으키며 두 손바닥을 바닥에 떼고 오른쪽 무릎을 먼저 세우고 일어난다. 두발을 모으고 공수한 다음 가볍게 목례한다.

① 여성의 평절   ② 남성의 평절
③ 여성의 작은 절   ④ 남성의 작은 절
⑤ 여성의 큰절

Chapter 03 고객관리 실무론

1	①	2	②	3	①	4	⑤	5	③	6	③	7	⑤	8	②	9	⑤	10	⑤
11	②	12	④	13	④	14	④	15	④	16	①	17	⑤	18	①	19	①	20	①
21	①	22	①	23	⑤	24	⑤	25	③	26	④	27	④	28	④	29	⑤	30	①

1. ①
지각과정은 주관적으로 선택적으로 이루어지며 동일 대상에 대해 다른 이미지를 부여하는 것이다.

2. ②
① 여자는 기본 횟수의 배를 한다.
③ 남자는 기본 횟수로 한 번을 한다.
④ 죽은 사람에게는 기본 횟수의 배를 한다.
⑤ 살아있는 사람에게는 기본 횟수만 한다.

3. ①
상대방이 불쾌감을 덜 느끼게 하면서 적극적으로 처리해 주겠다는 감정과 의사를 전달하는 표현 방법을 말한다.

4. ⑤
판매자측 원인에 해당한다.

5. ③
단점에 대한 설명이다.

6. ③
고객에 대한 편견을 갖지 않는다.

7. ⑤
인바운드 콜 서비스 활용방법에 해당된다.

8. ②
회화식에 해당된다.

9. ⑤
⑤을 제외한 나머지 내용은 장점에 해당한다.

10. ⑤
이메일 주소는 이름 머리글자와 성을 조합하여 만드는 것이 일반적이다.

11. ②
여성은 화장을 할 때 화장실을 이용한다.

12. ④
2 이상의 사업자가 조직한 단체를 말한다.

13. ④
부동산정보에 해당한다.

14. ④
보호위원회는 상임위원 2명(위원장 1명, 부위원장 1명)을 포함한 9명의 위원으로 구성한다.

15. ④
교수전략개발자는 각종 학습 보조 도구와 시청각 자료를 제작하고 활용하여 학습 효과를 상승시킬 수 있는 방법을 강구한다.

16. ①
교재의 프리젠테이션 유형에 관한 설명을 참고한다.

17. ⑤
이 외에도 조직성, 조화성, 원근법 등이 있다.

18. ①
혹실드는 감정노동을 표면행위와 내면(심층)행위로 구분하였다. 표면행위는 실제 내면의 감정 상태를 변화시키지 않고 조직의 감정규칙을 겉으로 표현하는 것이지만 내면행위는 내면의 감정 상태를 조직의 감정규칙에 맞게 조정하도록 적극적으로 자신의 감정 상태와 표면을 일치시키는 것을 말한다.

19. ①
내현 성격 이론은 개인이 타인과의 경험, 관습, 문화적 요인, 독서, 간접 경험 등으로 타인을 판단, 평가하는 틀을 만든다는 것을 의미한다.
개인은 살아가면서 타인이 어떠할 것이라고 생각하는 관념, 틀을 가지고 있으며 타인의 특성이 어떠할 것이라고 여긴다.

20. ①
회화식은 상대방과 대화하면서 진행하는 스크립트 작성 유형이다.

21. ①
감정노동으로 인한 스트레스로 분노를 억누를 수 없다면 적극적인 스트레스 해소법을 찾아야 한다. 가장 좋은 것이 이완호흡으로 눈을 감고 3~4회 정도 깊고 크게 숨을 들이마신 뒤 천천히 내쉬도록 한다.

22. ①
② 고객의 기대수준을 중요시하는 것으로 고객의 필요와 욕구를 충족시켰더라도 고객의 기대수준보다 낮을 경우 나타나는 불만
③ 효용 불만: 경제적 측면의 개념으로 고객이 제품이나 서비스를 사용한 후 고객의 욕구를 충족시키기지 못했을 경우 발생
④ 상황적 불만: 여러가지 형태의 소비생활과 관련된 상황적 조건, 시간(Time), 장소(Place), 목적(Occasion)에 따른 불만

23. ⑤
SDL은 OFF-JL의 방법이다.

24. ⑤
남을 비웃는 뜻이다.

25. ③
지시한 상사에게 반드시 보고한다.

26. ④
비용을 부담하게 할 수 있다.

27. ④

28. ④
중앙이 가장 우선이다.

29. ⑤
은은한 향을 소량으로 뿌리는 것이 좋다.

30. ①

적중모의고사

Tip

　　적중모의고사를 통해 스스로 문제를 풀어보면서 자신의 실력을 체크하는 단계입니다. 적
중모의고사는 최근 출제된 기출 문제를 바탕으로 실전 시험과 유사한 형태로 구성하였습
니다. 각 문제별로 자세한 해설을 수록하였기 때문에 문제의 답만 암기하는 것이 아니라
해설을 보면서 문제와 관련된 전반적인 내용을 숙지하기 바랍니다. 다양한 기출 문제 유형
을 풀어보면서 실전문제 응용력을 높이고, 틀린 문제는 반드시 오답 노트를 만들어 복습하
기 바랍니다. 여러분의 CS Leaders 관리사 자격 합격을 기원합니다!

적중모의고사

(2025년 시험부터 CS개론 25문제, CS전략론 25문제,
고객관리실무론 25문제 등 총 75문제가 출제됩니다)

CS 개론

1. 서비스의 대상별 분류 중 '생산자 서비스'와 가장 거리가 먼 것은?

   ① 회계　　　　② 디자인
   ③ 광고　　　　④ 법률
   ⑤ 숙박

2. OECD 서비스 산업 분류 중 유통서비스에 속하는 것은?

   ① 교육서비스　　② 공공서비스
   ③ 금융 및 보험업　④ 도소매업
   ⑤ 관광업

3. 접촉경계혼란의 원인 중 자신의 감정을 타인에게 표현하지 못하고 자신에게 표현하는 것을 의미하는 용어는?

   ① 투사　　　　② 반전
   ③ 융합　　　　④ 편향
   ⑤ 자의식

4. 협상 목표를 단번에 관철시키고자 하는 것이 아니라 순차적으로 목표를 달성해 나가는 협상 기법은?

   ① 살라미 기법
   ② 얼굴 부딪히기 기법
   ③ 낮은 공 기법
   ④ 한발 들여놓기 기법
   ⑤ 관심끌기 기법

5. 고객행동의 영향 요인 중 문화의 특성에 대한 설명이 아닌 것은?

   ① 점진적으로 변화하는 동태성을 갖는다
   ② 신념이나 가치 또는 관습이 문화적 특성으로 인정받기 위해서는 대다수 구성원에 의하여 공유되어야 한다.
   ③ 사회구성원들에 의하여 공유된 관습은 유지되기를 바라고 다음 세대로 계승되기를 바란다.
   ④ 사람의 일상적인 생활은 규범에 의해 생리적, 사회적, 개인적 욕구해결의 방향 및 지침이 되고 아울러 외부 사회집단의 압력에 의한 연대성을 갖는다.
   ⑤ 문화는 태어날 때부터 본능적으로 형성되는 것이다.

6. 고객의사결정을 위해 필요한 정보원천의 분류중 시험 조작, 제품 검사, 제품 사용 등에 해당하는 원천은?

   ① 개인적 원천　　② 상업적 원천
   ③ 공공적 원천　　④ 경험적 원천
   ⑤ 사회적 원천

7. 다음 중 의사소통 과정의 순서는?

   ① 발신자-부호화-채널-해독-수신자
   ② 수신자-부호화-채널-해독-발신자
   ③ 부호화-채널-해독-발신자-수신자
   ④ 해독-발신자-채널-부호화-수신자
   ⑤ 발신자-채널-부호화-해독-수신자

8. CRM(고객관계관리) 시스템 구축을 위해 필요한 고객 데이터 수집 원천 중 기초적인 인적 데이터의 내용이 아닌 것은?

① 가입 신청서　　　　② 제품 보증 카드
③ 고객 리스트　　　　④ 웹로그
⑤ 전문공급업체 자료

9. 소비자행동 특성에 대한 설명으로 적절하지 않는 것은?

① 소비자의 제품 구매 동기와 행동은 조사를 통해 파악할 수 있다.
② 소비자의 구매결정 과정에서 내부와 외부 환경의 영향을 받는다.
③ 소비자행동은 경우에 따라 외부 사람들에게 불합리하게 보여질 수 있으나 대부분의 소비자 행동은 매우 합리적인 목표를 수반한다.
④ 소비자는 스스로 판단하여 필요한 제품이나 서비스에 관한 정보를 수집하고 이를 기반으로 구매할 것인지를 판단한다.
⑤ 소비자의 목표 지향적이고 능동적인 판단은 소비자가 최적의 정보를 가지고 최고의 대안을 선택한다는 의미를 지닌다.

10. 구전과 구매 행동과의 관계에 대한 설명으로 틀린 것은?

① 쌍방적 의사소통
② 신뢰성이 높은 정보의 원천
③ 소비자는 기업이 제공하는 정보를 신뢰하지 않음
④ 소비자는 상업적 정보보다 비상업적 정보를 신뢰하는 경향이 있음
⑤ 소비자는 구매와 관련된 위험과는 상관없이 제품에 대한 정보를 얻기 위해 구전을 활용 함

11. 솔로몬(Solomon)과 구트만(Gutman)의 서비스 접점의 특징에 대한 설명으로 틀린 것은?

① 인간적인 상호작용이 있어야 한다.
② 고객과 정보교환은 하지 않는다.
③ 제공되는 서비스에 따라 제한을 받는다.
④ 목표 지향적인 역할 수행이 되어야 한다.
⑤ 서비스 제공자와 고객이 모두 참여할 때 성립된다.

12. 다음 보기에서 총체적 고객만족경영(TCS)의 혁신 요소 중 시장 경쟁력 강화를 위한 혁신 활동을 찾아 모두 선택한 것은?

| 가. 인사조직　　　　나. 정보 |
| 다. 요소 상품력　　　라. 이미지　　　바. 브랜드 |

① 가, 나　　　　　　② 나, 다
③ 다, 라, 바　　　　④ 가, 나, 다
⑤ 나, 다, 바

13. 다음 중 리친스(Richins)가 제시한 고객불평행동 모델의 인지적 과정을 모두 고르시오.

| 가. 효용 평가　　　　나. 귀인 평가 |
| 다. 대체안 평가　　　라. 창의성 평가 |
| 마. 전통적 수단 평가.　바. 만족, 불만족 평가 |

① 가, 나　　　　　　② 나, 다
③ 나, 다, 바　　　　④ 다, 라, 바
⑤ 가, 나, 바

14. 메슬로우(Maslow)의 욕구 5단계 유형에서 가장 높은 부분에 해당되는 것은?

① 안전, 위험, 사고로부터의 보호
② 능력 기술 및 잠재적 성장이 최고조에 다 랐을 때 발생
③ 동료간의 친화감과 대인간의 만족
④ 자기 존경 목적 달성 후의 안전 자신감 등
⑤ 인간의 가장 기본적인 욕구로 식사, 고통 회피, 직장에서는 봉급 및 작업 환경

15. 다음 중 머튼의 아노미 이론 중 보기에 해당하는 유형은 무엇인가?

문화적 목표는 수용하지만, 제도적 수단은 거부 하는 유형

① 동조형   ② 혁신형
③ 의례형   ④ 폐배형
⑤ 반역형

16. 에릭번이 제시한 시간의 구조화 6개 영역으로 틀린 것은?

① 폐쇄   ② 친밀
③ 게임   ④ 잡담
⑤ 각본

17. 다음 중 의사소통의 장애 요인이 아닌 것은?

① 선택적 지각   ② 정보의 과부하
③ 준거틀의 차이   ④ 정보원의 신뢰도
⑤ 피드백 과정

18. 준거집단에 영향을 주는 요인 중 다음 에 해당하는 것은?

소비자가 보상을 기대하거나 차별을 회피하기 위해 다른 사람의 기대에 순응할 경우 발생된다.

① 실용적 영향   ② 기능적 영향
③ 감성적 영향   ④ 이성적 영향
⑤ 경험적 영향

19. 고객 관계관리(CRM)전략 수립의 시장매력도에 영향을 미치는 요인 중 '시장 요인'에 해당하는 것은?

가. 경제적 환경   나. 시장의 규모
다. 매출의 순환성   라. 매출의 계절성
마. 경쟁자의 수준

① 가, 나, 다   ② 나, 다, 라
③ 다, 라, 마   ④ 나, 다, 라
⑤ 가, 다, 라

20. 다음 중 e-CRM 에 대한 설명으로 가장 올바르지 않은 것은?

① 신규 고객 유지와 관리 비용이 상대적으로 높다.
② 인터넷을 활용한 통합체계 구축으로 단일 채널을 활용할 수 있다.
③ 적극적인 고객화를 통한 장기적인 수익 실현을 목적으로 한다.
④ 단순한 절차와 실시간 처리가 가능하다.
⑤ 고객의 행위를 표현하는 다양한 정보를 사용할 수 있다.

21. 다음 보기의 내용 중 넬슨 존스(R.nelson Jones) 이 제시한 인간관계 심화 요인을 찾아 모두 선택한 것은?

가. 보상성	나. 상호성
다. 규칙	라. 관심

① 가, 나, 다　　　② 가, 다, 라
③ 나, 다, 라　　　④ 가, 다, 라
⑤ 가, 나, 라

22. 대인지각 유형 중 매력적인 짝과 함께 있는 사람의 사회적인 지위나 가치가 높게 평가되어 자존심이 높아지는 효과는?

① 방사 효과　　　② 악마 효과
③ 대비 효과　　　④ 관대화 효과
⑤ 후광 효과

23. 다음 중 의사소통의 장애 요인이 아닌 것은?

① 투사　　　　　② 집단 응집력
③ 여과　　　　　④ 공간적 거리
⑤ 신뢰

24. 올리버의 기대불일치 이론을 뒷받침하기 위한 이론적 근거는?

가. 대조 이론	나. 설득 이론
라. 비교수준 이론	마. 순응수준 이론

① 가, 라　　　　② 다, 라
③ 가, 나, 다　　　④ 가, 마
⑤ 라, 마

25. 다음에서 출발지연 분석을 위한 피쉬본 다이어그램을 작성할 경우 출발 방송의 부실에 해당한 경은?

① 절차　　　　　② 정보
③ 전방인력　　　④ 후방인력
⑤ 시설장비

26. 다음 중 노드스트롬을 성공으로 이끈 원칙과 거리가 가장 먼 것은?

① 노드스트롬은 피라미드 형태의 효율적인 조직체계를 구축하고 있다
② 노드스트롬은 고객이 원하는 상품을 구매할 수 있도록 준비한다
③ 노드스트롬의 판매 사원을 상대로 쇼핑하는 것은 소규모 자영업자를 대하는 것과 같다
④ 높은 동기를 지닌 사원들은 월등한 고객 서비스를 행한다
⑤ 노드스트롬은 접점 종사원들이 주도성을 가지고 창조적으로 생각하기를 기대하고 격려하며 설득하고 요구한다

27. 다음 중 품질기능전개(QFD)를 적용하기 위한 목적으로 틀린 것은?

① 설계품질 설정
② 기획품질 설정
③ 시장품질 정보 축척
④ 마켓쉐어 확대
⑤ 직원정보의 상류 전달

28. 다음 중 대기로 인한 수용가능성에 영향을 미치는 요인이 아닌 것은?

① 통제 가능성　　② 지각된 대기시간
③ 기회비용　　　④ 대기환경
⑤ 회계 서비스

446

29. 다음 중 행동 주체를 기준으로 '스토너(Stoner)'가 제시한 갈등 유형으로 가장 거리가 먼 것은?

① 개인 간 갈등   ② 개인적 갈등
③ 개인과 집단 간 갈등 ④ 집단 간 갈등
⑤ 집단 적 갈등

30. 마치(March)와 사이몬(Simon)의 갈등의 관리방법 중 개인 목표의 차이는 있지만 어느 수준에서 공동목표에 대한 합의가 이루어져 있는 경우 사용되는 방법은?

① 문제해결   ② 설득
③ 협상   ④ 정치결 타결
⑤ 회피

CS 전략론

---

31. MOT 사이클 차트 분석 1단계 중 서비스접점 진단하기의 3가지 측면의 예시로 틀린 것은?

① 하드웨어-품질
② 하드웨어-편리성
③ 소프트 웨어-업무처리 절차
④ 휴먼웨어-처리 속도
⑤ 휴먼웨어-접객 서비스

32. 다음 고객만족도 측정 방식은?

여러가지 서비스의 하위요소 또는 품질에 대한 차원만족도의 합을 복합점수로 간주하는 방식 중복측정 문제를 방지할 수 있으나 가중치 부여 등 조사모델이 복잡해 질 수 있음

① 간접측정   ② 직접측정
③ 혼합측정   ④ 요소측정
⑤ 단수측정

33. 고객요구파악을 위한 자료수집 방법 중 다음에서 설명하는 것은?

내면의 신념, 태도 등을 단어연상법, 문장완성법, 만화완성법, 그림 묘사법 등과 같이 다양한 심리적 동기 유발 기법을 사용하여 조사하는 방법

① ZET   ② 갱서베이
③ 심층면접법   ④ 투사법
⑤ HUT

34. 서비스청사진 구성요소 중 아래 내용에 해당하는 것은?

접점 일선 종업원을 지원하는 후방 종업원과 서비스 지원 프로세스를 구분하는 선

① 가시선   ② 상호작용선
③ 실선   ④ 내부상호작용선
⑤ 외부상호작용선

35. 묶음 가격 전략 중 두 개 이상의 서비스를 개별적으로 구매할 수 없고 패키지로만 구매할 수 있도록 하는 전략은?

① 선택 묶음 가격 전략
② 비 묶음 가격 전략
③ 순수 묶음 가격 전략
④ 보증 묶음 가격 전략
⑤ 혼합 묶음 가격 전략

36. 다음 중 의료관광의 유형 중 수술 치료에 속하는 것은?

① 전신 맛사지   ② 피부 맛사지
③ 온천   ④ 스파
⑤ 성형 및 미용

37. 서비스실패에 대한 공정성 유형 중 다음 설명에 해당하는 것은?

> 고객의 서비스 실패에 대한 유형적 보상을 의미하는 것으로 교환, 환불, 수리, 가격할인 등이 있다

① 결과 공정성　　　② 상호작용 공정성
③ 절차 공정성　　　④ 과정 공정성
⑤ 차별화 공정성

38. 기업의 제품이나 서비스를 반복, 지속적으로 구매하지만 타인에게는 적극적으로 추천하지 않는 고객유형은?

① 직접 고객　　　② 간접 고객
③ 충성 고객　　　④ 단골 고객
⑤ 한계 고객

39. A/S 서비스와 관련하여 설명으로 틀린 것은?

① 현장 서비스가 종료된 시점 이후의 유지서비스로 충성고객확보를 위해 중요함
② 결함이 있는 제품으로부터 소비자를 보호하는 서비스 유형
③ 제품 판매를 지원할 필요가 있는 서비스항목을 나타냄
④ 소비자와 판매자 사이에 직접적으로 상호거래가 이루어지는 서비스본질에 해당하는 것으로 고객이 업장에 들어오는 순간의 시작
⑤ 회수 또는 반품, 소비자 불만과 클레임 등을 해결할 수 있어야 함

40. 교류분석(TA)의 인간관계 중 옳은 것은?

> 가. 자율성　　　　나. 긍정성
> 다. 변화 가능성　　라. 성장 가능성

① 가, 나, 다　　　② 가, 나
③ 가, 나, 마　　　④ 다, 라
⑤ 가, 나, 다, 라

41. 다음 고객 트렌드 유형에 가장 맞는 것은?

> XX유아용품회사는 경기침체 속에서도 엄마들의 외국 유아제품 브랜드 선호도가 계속될 것이라며 엄마 대상의 리뷰 사이트나 커뮤니티 마케팅을 활발히 한다는 전략을 수립했다.

① 얼리어답터　　　② 캥거루족
③ 웹시족　　　　　④ 딩크족
⑤ 슬로비족

42. 서비스 모니터링을 위해 고객패널을 활용할 경우 구성원들은 동일하게 유지되지만 수집되는 정보가 경우에 따라 달라지는 패널 유형은?

① 순수 패널　　　② 단수 패널
③ 공유 패널　　　④ 혼합 패널
⑤ 행정 패널

43. 서비스 종사자의 역할 갈등과 관련하여 개인의 특성에 따른 갈등 요인이 아닌 것은?

① 인식 차이　　　② 의사소통 차이
③ 성격 차이　　　④ 업무 의존성
⑤ 가치와 윤리

44. 내부 마케팅의 영향 요인 중 '과정 통제'에 해당하는 것은?

① 직원 선발　　　② 교육 훈련
③ 조직 구조　　　④ 전략 계획
⑤ 자원 할당

45. 틈새시장 전략 중 세분단위 시장은 좁지만 깊게 개척하여 소비자의 수요를 증대시키는 유형은?

① 세분단위 시장개척 전략
② 세분단위 시장심화 전략
③ 개성화 대응 전략
④ 차별화 전략
⑤ 시장 확장 전략

46. 고객의 호의적 태도와 브랜드 교체 성향, 반복 구매행동, 총 구매량 등을 측정하는 고객충성도 측정 방법은?

① 행동적 측정 방법
② 태도적 측정 방법
③ 통합적 측정 방법
④ 심리적 측정 방법
⑤ 전문적 측정 방법

47. 내구성과 유형성 및 용도에 따른 소비재 분류 중 다음 내용에 해당하는 것은?

보통 한번 또는 두 세번 사용으로 소모되는 유형 제품

① 비내구재　　　② 내구재
③ 서비스　　　　④ 공공재
⑤ 소비재

48. 고객 충성도 형성 요인 중 다음에 해당하는 것은?

기업에 대한 좋은 이미지를 가지고 있으나 가격, 접근성 또는 마케팅전략이 재구매 욕구를 이끌어 내지 못하기 때문에 행동적 충성도가 낮은 집단

① 거짓 충성도　　② 잠복된 충성도
③ 진실한 충성도　④ 낮은 충성도
⑤ 수동적 충성도

49. 마이클 해머(Michael Hammer) 교수의 3C의 내용 "오늘날 기업은 신속하게 변화에 적응해야 하며 유연하게 모든 방향성을 가지고 움직여야 한다"에 해당하는 요소는?

① Customer　　　② Change
③ Competition　　④ Concept
⑤ Conversion

50. 다음의 대화에 가까운 소비자 심리는?

A: 이번에 나온 자동차 타보니 어때?
B: 우선 기름이 적게 들어 좋아.
A: 이번에 나온 자동차 연관해서 자동차 악세서리도 같이 출시된다고 들었어.
B: 응. 너무 이뻐. 관련 악세서리 패키지도 같이 구매하고 싶어.

① 분수 효과　　　② 언더독 효과
③ 현저성 효과　　④ 바넘효과
⑤ 디드로효과

51. 다음 내용 중 e-서비스 품질(SQ)의 4가지 핵심차원은?

가. 효율성	나. 보상성	다. 신뢰성
라. 보안성	마. 경험성	바. 성취이행성

① 가, 나, 다, 라　　② 가, 다, 라, 바
③ 다, 라, 마, 바　　④ 가, 나, 다, 마
⑤ 나, 다, 라, 마

52. 다음 중 서비스 청사진 작성 목적으로 틀린 것은?

① 전반적인 효율성과 생산성 평가
② 서비스의 복잡한 이해관계 재인식
③ 직원의 책임 및 역할 규정
④ 서비스 비전의 개발
⑤ 개발 프로세스에서 서비스 청사진의 개념 명확화

53. 내부 마케팅 영향 요인 중 효과적인 보상 시스템을 위한 보상방법으로 틀린 것은?

① 생산적인 제안이 합리적일 경우 금전적 보상 실시
② 적절한 권한 위임을 실시하여 직원 스스로 책임감을 가지고 업무를 수행할 수 있도록 함
③ 수당과 임금수준을 보통 수준보다 높게 책정하여 지급
④ 직원 편의 시설 최소화
⑤ 소속 직장의 공적 이미지를 부각시켜 직장 구성원으로서 자부심 고취

54. 다음 중 NPS(순 추천 고객지수)에 대한 설명으로 틀린 것은?

① 친구나 동료들에게 해당 제품 및 서비스를 얼마나 추천할 의향이 있는지 질문하고 그 답을 지수화한 수치이다
② 기본적으로 어떤 기업이 충성도 높은 고객을 얼마나 보유하고 있는지를 측정하는 지표이다
③ 베인 컨설팅의 프레드릭 라이할트에 의해 개발되었다
④ 고객에게 당신은 현재 거래 회사를 친구나 동료에게 추천할 의향이 얼마나 있습니까? 라는 질문에서 출발한다
⑤ 이익에는 좋은 이익만 있다.

55. 다음 중 트렌드(Trend)의 일반적 개념과 특성에 대한 설명으로 거리가 먼 것은?

① 트렌드는 공간적으로 미시, 거시, 초거시 트렌드로 구분할 수 있다.
② 트렌드는 시간적으로 단기, 중기, 장기, 초장기 트렌드로 구분할 수 있다.
③ 트렌드의 사전적 의미는 어떤 방향으로 쏠리는 현상, 동향, 경향, 추세, 스타일 등을 말한다.
④ 트렌드는 생성, 성장, 정체, 후퇴 등 변동 경향을 나타내는 움직임으로 시대정신과 가치관이 반영된다.
⑤ 시간적인 측면에서 트렌드는 1년 정도 지속하면서 선풍적인 인기를 끈 다음 급속히 사라지는 패드(Fed)와 동일한 의미를 지닌다.

56. 1980년대 PZB는 서비스 품질 평가를 위해 고객이 사용하는 공통적이고 일반적인 준거 기준을 10가지 차원으로 구성하였다. 다음 중 서비스 품질의 10가지 차원의 요소에 해당하지 않는 것은?

① 기업 이해　　　　② 접근성
③ 신용성　　　　　④ 대응성
⑤ 커뮤니케이션

57. 고객만족(CS)계획 수립과 관련하여 마케팅 목표 설정 기준에 대한 설명으로 거리가 먼 것은?

① 일정이 명확해야 한다
② 기업의 목적은 일관성이 있어야 한다
③ 필요한 모든 조직 구성원과 커뮤니케이션 해야 한다
④ 사업 단위는 현실적인 목표를 설정해야 한다.
⑤ 모든 목표는 포괄적이고 정성적으로 표시해야 한다.

58. 서비스 포지셔닝의 일반적인 방법 중 서비스 속성에 대한 설명으로 옳은 것은?

① 기업이 가장 잘 할 수 있는 것이 무엇인지에 초점을 맞추는 방법이다.
② 같은 제품일지라도 서비스 등급을 달리하여 포지셔닝하는 방법이다.
③ 가격 대 품질 관계에 초점을 맞추는 방법이다.
④ 특정한 계층의 사용자에 초점을 맞추어 서비스를 포지셔닝하는 전략이다.
⑤ 제공되는 서비스가 어떻게 사용되고 적용되는가에 초점을 맞추는 방법이다.

59. 국가고객만족도(NCSI)설문구성 내용 중 고객만족 지수에 해당하는 요소는?

```
가. 기대 불일치
나. 전반적 만족도
다. 재구매 가능성 평가
라. 전반적 품질 기대수준
마. 개인적 니즈 충족 정도
바. 이상적 제품 및 서비스 대비 만족수준
```

① 가, 나 　　　　② 가, 나, 바
③ 나, 다, 라 　　　④ 다, 마, 바
⑤ 가, 마, 바

60. 서비스 전달 시스템 유형 중 다음에서 설명하는 것은?

```
표준화된 서비스를 생산하는데 적합하고 서비스
제공자의 업무를 전문화하여 고객이 직접 서비
스제공자를 찾아가는 형태의 서비스 전달 시스
템이다.
```

① 기업화 위주 　　　② 기능 위주
③ 프로젝트 위주 　　④ 가치 위주
⑤ 고객화 위주

---

61. 절의 종류 중 답례를 하지 않아도 되는 높은 어른이나 의식행사에 주로 사용되는 것은?

① 진례 　　　　　② 초례
③ 봉례 　　　　　④ 행례
⑤ 배례

62. 우리나라에서 주로 사용하는 명함의 구성요소에 대한 설명으로 틀린 것은?

① 이메일 주소는 이름 머리글자와 성을 조합하여 만드는 것이 일반적이다.
② 일반적으로 사각형 순 백지에 깔끔하게 인쇄한다
③ 주로 많이 사용하는 명함 사이즈는 90mm× 50mm이다
④ 남성은 주로 명함케이스를 이용하기 때문에 기성 사이즈를 사용하는 반면 여성의 경우 크기가 크고 다양한 형태의 명함을 사용하는 것이 일반적이다
⑤ 이름과 직함은 물론 직장 주소와 휴대전화 및 직장 전화 번호, 팩스번호를 각각 기입하여 제작하는 것이 일반적이다

63. 악수의 5대 원칙이 아닌 것은?

① 미소 　　　　　② 눈맞춤
③ 리듬 　　　　　④ 적당한 힘
⑤ 용모복장

64. 다음 중 의전의 기본 원칙이 아닌 것은?

① Respect 　　　　② Reciprocity
③ Reflecting 　　　④ Rank
⑤ Reference

65. MICE 산업의 분류 중 정보 및 아이디어 교환, 네트워킹, 사업, 토론 등 기업회의 보다 규모가 크고 국제적 성격을 띠며 3개국 10명 이상이 참가하는 회의는?

① Meeting   ② Incentive
③ Convention   ④ Exhibitions
⑤ Event

66. 이미지 형성 과정 중 아래 내용에 해당하는 것은?

> 인간이 환경에 대해 의미를 부여하는 과정으로 주관적이며 선택적으로 이루어져 동일한 대상에 대해 다른 이미지를 부여한다.

① 지각 과정   ② 사고 과정
③ 감정 과정   ④ 선택 과정
⑤ 지성 과정

67. 다음 중 보고의 원칙이 아닌 것은?

① 필요성의 원칙   ② 적시성의 원칙
③ 간결성의 원칙   ④ 완전성의 원칙
⑤ 무효성의 원칙

68. 다음 중 개인정보 보호법의 개인정보보호위원회(이하 보호위원회)에 대한 설명으로 틀린 것은?

① 출석위원 과반수의 찬성으로 의결한다
② 보호위원회의 회의는 재적위원 과반수의 출석으로 개의한다.
③ 회의는 위원장이 필요하다고 인정하거나 재적위원 4분의 1 이상의 요구가 있는 경우에 위원장이 소집한다.
④ 위원의 임기는 3년으로 하되, 한 차례만 연임할 수 있다.
⑤ 위원이 궐위된 때에는 지체 없이 새로운 위원을 임명 또는 위촉하지 않아도 된다.

69. 다음 중 소비자 분쟁 조정위원회의 위원에 임명 또는 위촉하기 위한 자격요건으로 맞지 않는 것은?

① 판사·검사 또는 변호사의 자격이 있는 자
② 소비자단체의 임원의 직에 있거나 있었던 자
③ 사업자 또는 사업자단체의 임원의 직에 있거나 있었던 자
④ 대학이나 공인된 연구기관에서 부교수 이상 또는 이에 상당하는 직에 있거나 있었던 자로서 소비자권익 관련분야를 전공한 자
⑤ 7급 이상의 공무원 또는 이에 상당하는 공공기관의 직에 있거나 있었던 자로서 소비자권익과 관련된 업무에 실무경험이 있는 자

70. 코칭대화 프로세스 모형 중 'grow 모델'을 구성하는 절차적 단계와 가장 거리가 먼 것은?

① 목표설정   ② 현실파악
③ 대안탐색   ④ 결과확인
⑤ 실행의지 확인

71. 다음 중 소비자기본법 및 시행령의 기본 개념과 정의에 대한 설명으로 맞지 않는 것은?

① 사업자라 함은 물품을 제조, 수입,판매하거나 용역을 제공하는 자를 말한다.
② 소비자라 함은 사업자가 제공하는 물품 또는 용역을 소비생활을 위하여 사용하는 자 또는 생산활동을 위하여 사용하는 자로서 대통령령이 정하는 자를 말한다
③ 소비자단체라 함은 소비자의 권익을 증진하기 위하여 소비자가 조직한 단체를 말한다.
④ 사업자 단체라 함은 7 이상의 사업자가 공동의 이익을 증진할 목적으로 조직한 단체를 말한다.
⑤ 제공된 물품 등을 원재료, 자본재 또는 이에 준하는 용도로 생산 활동에 사용하는 자는 소비자의 범위에 제외된다.

72. 다음 중 판매자측 잘못인 고객불만의 원인으로 틀린 것은?

① 상품하자
② 매장 환경
③ 잘못된 정보 제공
④ 무성의한 고객 응대
⑤ 할인 구실 및 거래 중단을 위한 악의적 불만

73. 와이블(Weible)이 분류한 개인정보의 14가지 유형 중 회사주소, 직무수행 평가 기록, 훈련 및 기록, 직무태도 등에 속하는 것은?

① 신용정보　　　② 고용정보
③ 법적정보　　　④ 의료정보
⑤ 조직정보

74. 개인정보보호법에 명시된 개인정보 보호원칙(제3조)에 대한 내용으로 틀린 것은?

① 개인정보처리자는 개인정보 처리 방침 등 개인정보의 처리에 관한 사항을 공개하여야 하며 열람 청구권 등 정보주체의 권리를 보장하여야 한다.
② 개인정보처리자는 개인정보의 처리 목적에 필요한 범위에서 개인정보의 정확성, 완전성 및 최신성이 보장되도록 하여야 한다.
③ 개인정보처리자는 개인정보 처리방법 및 종류 등에 따라 정보주체의 권리가 침해받을 가능성과 그 위험정도를 고려하여 개인정보를 안전하게 관리하여야 한다.
④ 개인정보처리자는 개인정보의 처리목적을 명확하게 하여야 하고 그 목적에 필요한 범위에서 최소한의 개인정보만을 적법하고 정당하게 수집하여야 한다.
⑤ 개인정보처리자는 개인정보의 처리목적에 필요한 범위에서 적합하게 개인정보를 처리하여야 하며 그 목적 외의 용도로 활용해도 된다.

75. 소비자기본법 제 21조 (기본계획의 수립 등)에 명시된 소비자 정책의 목표가 아닌 것은?

① 소비자 안전의 강화
② 소비자 교육 및 정보제공 촉진
③ 소비자 피해의 원활한 구제
④ 국제소비자문제에 대한 대응
⑤ 퇴출 기업 구제

76. 개인정보보호법 제 39조(손해배상책임)의 배상액을 정할 때 고려사항이 아닌 것은?

① 고의 또는 손해 발생의 우려를 인식한 정도
② 위반행위로 인하여 입은 피해 규모
③ 위법행위로 인하여 개인정보처리자가 취득한 정신적 이익
④ 위반행위에 따른 벌금 및 과징금
⑤ 위반행위의 기간 · 횟수 등

77. 프리젠테이션을 효과적으로 진행하기 위한 방법 중 클로징에 대한 설명이 아닌 것은?

① 학습한 것을 활용해 보고 싶다는 욕구를 불러일으킬 수 있도록 재동기 부여 한다.
② 인용이나 유머 등의 비유로 소개하고 감사의 표현으로 마무리한다.
③ 프리젠테이션은 끝인상 보다 첫인상이 더 중요하다
④ 멋진 마무리는 프리젠테이션에 있어 가장 중요한 전략 요점이면서 청중들에게 깊은 인상을 심어줄 수 있다.
⑤ 멋진 마무리는 청중들에게 깊은 인상을 심어줄 수 있다.

78. 다음 중 파워포인트 자료 제작 시 유의점이 아닌 것은?

① 장식 효과에 치중하지 않도록 한다.
② 환경에 따른 배경 색상에 주의한다.
③ 여백은 최대한 없앤다.
④ 도해를 사용하여 시각적으로 이해하기 쉽도록 제작한다
⑤ 동영상, 사운드 등의 멀티미디어 자료는 지루함을 없애기 위해 꼭 필요한 경우에만 사용한다.

79. 메라비언의 법칙에서 제시된 청각적인 요소에 해당하는 것은?

| 가. 음색 | 나. 복장 | 다. 억양 |
| 라. 말씨 | 마. 말의 내용 | |

① 가, 나
② 가, 나, 다
③ 가, 다, 라
④ 가, 마
⑤ 나, 다, 라

80. 다음 중 정중례 인사를 해야 될 경우로 옳은 것은?

① CEO에게 인사할 경우
② 손님, 상사에게 하는 인사
③ 처음 만나 인사하는 경우
④ 손님, 상사를 2번 이상 만난 경우
⑤ 화장실과 같은 개인적 공간에서 마주친 경우

81. 다음 중 불만 고객 처리 프로세스로 틀린 것은?

① 공정성 유지
② 효과적 대응
③ 고객 프라이버시 보장
④ 체계적 관리
⑤ 상사 위임

82. 다음 중 전화 응대 시 유의 사항으로 가장 거리가 먼 것은?

① 고객이 말하는 속도에 맞추어 고객과 일치감을 형성하는 것이 좋다.
② 고객의 욕구를 충족시키지 못했을 때는 최선을 다해서 차선책 또는 대안을 제시해야 한다.
③ 메모하는 습관을 기르고 중요한 사항은 반복/확인한다.
④ 상대방의 말을 가로채거나 혼자서만 말하지 않도록 주의해야 한다.
⑤ 고객이 이해하기 어려운 전문용어를 사용한다.

83. 콜센터의 업무 성격에 따른 분류 중 아웃바운드 콜 서비스의 활용 사례가 아닌 것은?

① 해피콜
② 이탈고객 방지
③ 구매 유도
④ 요금 관리 안내
⑤ A/S 접수

84. 혹실드(Hochschild) 가 제시한 감정노동의 유형 중 다음 설명에 속하는 것은?

자신의 감정을 기업에서 원하는 기준에 맞추도록 스스로를 변화시켜 나가려는 보다 적극적인 행위

① 표면 행위
② 내면 행위
③ 심층 행위
④ 포로 행위
⑤ 전문 행위

85. 콜센터 업무 수행을 위한 스크립트 진행 과정에 대한 설명으로 틀린 것은?

① 도입 단계 시 회사 및 상담원을 소개하고 첫인사를 한다.
② 고객에 대한 정보를 토대로 상황에 맞는 상품을 제안하거나 고객에 맞는 정보를 제공해주는 것이 상담의 주요 포인트이다.
③ 통화의 상대방이 본인이 맞는지 반드시 확인하고 난 이후 계속 상담을 진행해야 한다.
④ 상품에 대한 직접적 설명보다 고객에 대한 서비스를 강조하여 접근하는 것이 유리하다
⑤ 고객의 반론이 있을 경우 이에 대비한 자료를 미리 준비하여 극복한다.

86. 우리나라 콜센터 조직의 특성과 관련하여 다음 내용에 해당하는 것은?

> 특정한 사람에게만 알려준 정보가 대부분의 상담원들에게 재빠르게 전파되는 현상을 말한다.

① 콜센터 바이러스
② 콜센터 심리공황
③ 철새 둥지
④ 협업 문화
⑤ 한지붕 문화

87. 고객을 화나게 하는 7가지 태도 중 진심어린 마음 없이 인사나 응대, 답변 등이 기계적이며 반복적으로 고객을 대하는 태도를 의미하는 것은?

① 무시
② 냉담
③ 거만
④ 경직화
⑤ 규정제일

88. 데이(Day)와 랜던(Landon)이 제시한 불만족에 대한 소비자의 반응에서 소비자의 공적반응이 아닌 것은?

① 환불
② 보상
③ 손해배상
④ 불매운동
⑤ 부정적 구전

89. 사업자의 서비스 가입자당 평균 수익을 뜻하는 용어로 주로 통신서비스 사업 지표로 많이 사용되는 용어는?

① ARPU
② CRM
③ CE
④ CD
⑤ CS

90. 다음 사례와 관련된 감정노동으로 인한 직무 스트레스 대처법은?

> 고객의 심한 욕설과 폭언을 듣고 침착하게 상담을 마친 후 마음속으로 '나는 지금 연극을 하고 있어. 잠시 일 때문에 다른 사람이 되어 있는 거야.'라고 생각하는 방법

① 일과 나와의 분리
② 적응하기
③ 분노 조절 훈련
④ 혼잣말
⑤ 생각 멈추기

CS 개론

1. 고객만족 관리의 흐름에서 1980년대의 내용은?

   ① 1989년 KT, 철도청 등 공기업 도입
   ② 1983년 삼성그룹의 신 경영 선포
   ③ 1980년대 스칸디나비아항공의 얀 칼슨 사장이 MOT를 경영에 도입
   ④ 1980년대 후반 업종 불문하고 고객만족경영 도입
   ⑤ 1982년 국내 최초로 LG그룹에서 고객가치 창조 기업 이념 도입

2. 기대-불일치이론의 내용 중 다음에 해당하는 것은?

   > A: 이번에 구입한 자동차 어때?
   > B: 광고 보고 너무 좋아 보여 구입했는데 승차감이 별로라서 너무 실망했어.

   ① 긍정적 불일치
   ② 부정적 불일치
   ③ 긍정적 일치
   ④ 부정적 일치
   ⑤ 단순 일치

3. 마이클 포터 교수의 Five force model중 다음 내용에 해당하는 것은?

   > 구매자의 정보력, 구매비중, 구매량, 제품 차별화 정도 등에 대해 분석한다

   ① 구매자
   ② 공급자
   ③ 대체자
   ④ 잠재적 진출자
   ⑤ 경쟁자

4. 비즈니스 프로세스 분류 중 프로세스 결과물이 고객에게 가치 있다고 파악되는 프로세스로 고객에게 필요한 최소한의 가치만 제공하면 되는 프로세스는 무엇인가?

   ① 경쟁 프로세스
   ② 변혁 프로세스
   ③ 핵심 프로세스
   ④ 지원 프로세스
   ⑤ 기반 프로세스

5. 품질기능전개(Quality Function Deployment)의 장점에 해당하지 않는 것은?

   ① 제품 및 서비스에 대한 품질목표와 사업목표 결정에 도움을 준다.
   ② 제품 및 서비스에 대해 공통된 의견을 도출할 수 있는 체계적인 시스템을 제공한다.
   ③ 제품의 개발기간을 단축시키는 역할을 한다.
   ④ 경영자의 요구와 고객 속성 사이에 정확한 상관관계를 도출할 수 있다.
   ⑤ 고객의 요구를 지속적으로 파악하고 관리가 가능하다.

6. 다음 중 품질의 집(HOQ ; House Of Quality) 구성 요소가 아닌 것은?

   ① 상호작용
   ② 고객의 요구
   ③ 경쟁사 비교
   ④ 품질 특성
   ⑤ 자사 제품 분석

7. 슈메너(Schmenner)의 '서비스 프로세스 매트릭스'에서 노동 집중도가 낮고, 상호작용 및 개별화도가 높은 업종은?

   ① 항공사
   ② 도매업
   ③ 변호사
   ④ 수리센터
   ⑤ 건축가

8. 서비스의 정의 중 '서비스는 무형적 성격을 띠는 일련의 활동으로 서비스 종업원과의 상호 관계에서부터 발생하여 고객의 문제를 해결해 주는 것이다'에 해당하는 정의는?

① 봉사론적 정의
② 경제론적 정의
③ 속성론적 정의
④ 인간 상호 관계론적 정의
⑤ 활동론적 정의

9. 쇼스텍(Shostack)의 유형성 스펙트럼에서 무형성의 지배가 가장 높게 나타나는 업종은?

① 청량음료 ② 자동차
③ 패스트푸드 ④ 교육
⑤ 항공사

10. 다음 중 서비스의 특성이 아닌 것은?

① 유형성 ② 무형성
③ 비분리성 ④ 이질성
⑤ 소멸성

11. 성격유형지표(MBTI)에 대한 설명으로 옳지 않은 것은?

① '마이어브릭스(Myers-Briggs)' 모녀에 의해 개발된 이론이다.
② 성격이 좋고 나쁨을 판단하여 고객 관리를 위한 정책 자료로 활용한다.
③ MBTI의 바탕이 되는 이론은 '칼 융(C.G. Jung)'의 심리유형론이다.
④ 성격유형은 외향형과 내향형, 감각형과 직관형, 사고형과 감정형, 판단형과 인식형 등이 있다.
⑤ 자신의 성격 특성을 이해하고, 그 특성을 통해 인간관계와 일 처리 방식에 대한 이해를 도우려는 것이다.

12. 대기로 인한 수용가능성에 영향을 미치는 요인으로 틀린 것은 ?

① 안정성 ② 통제가능성
③ 생산기술 ④ 거래 중요도
⑤ 대기환경

13. 다음 중 품질기능전계(QFD)의 목적으로 거리가 먼 것은?

① 개발 기간 단축
② 초기 품질 변경 감소
③ 판매 후 하자 감소
④ 설정의도를 제조에 전달
⑤ 품질 보증 비용 증가

14. 다음 중 품질기능전개(QFD)의 발전 과정에 대한 설명으로 거리가 먼 것은?

① 1990년 초반 GM, Ford 사에 의해 개발되었다.
② 1960년대 후반 일본의 아카오 요지에 의해 연구되기 시작하였다.
③ 1972년 미쓰비스 중공업의 고배 조선소에서 원양어선 제작에 처음으로 사용되었다.
④ 1995년 삼성전자, 삼성 SDI 현대엘리베이터, 현대자동차, 쌍방울 등에 보급 확산되었다.
⑤ 1983년 미국품질학회지에 소개되었다.

15. '조하리(Johari)의 창'의 분류 중 인간관계에서 고립형을 나타내며 소극적이고 고민이 많은 유형으로, 좀 더 적극적이고 긍정적인 태도를 요구하는 영역은 무엇인가?

① 맹목적 영역 ② 공개적 영역
③ 타인의 영역 ④ 미지 영역
⑤ 숨겨진 영역

16. 사람들이 특정 집단에 소속되거나 자신의 이미지를 강화할 목적으로 집단의 행동이나 규범을 따르는 준거집단 영향의 유형은?

① 규범적 영향
② 정보적 영향
③ 가치 표현적 영향
④ 비교 기준적 영향
⑤ 준거집단의 경제적 영향

17. 생산성 향상 운동의 하나인 3S의 내용 중 이후에 실행해야 할 행위, 구성요소의 규격 등 복잡함을 일으키는 요소들에 대한 기준을 잡은 것을 의미하는 것은?

① Standardization
② Simplification
③ Specialization
④ Specification
⑤ Satisfaction

18. 린 쇼스탁(Lynn Shostack)의 서비스 설계 시 위험으로 알맞지 않은 것은?

① 지나친 간소화(Oversimplification)
② 미완성(Incompleteness)
③ 주관성(Subjectivity)
④ 편향된 해석(Biased Interpretation)
⑤ 고객 중심(Customer Orientation)

19. 다음 중 귀인이론(Attribution Theory)에 대한 설명으로 맞지 않는 것은?

① 프리츠 하이더가 처음 제기하였으며, 해럴드 켈리가 분석 후 실질적으로 시작되었다.
② 자신이나 다른 사람들의 행동 원인을 찾기 위해 추론하고 이해하는 이론이다.
③ 사람들은 행동을 행위자의 기질 또는 성격 특성과 같은 내부 요소로 귀인할 수 있고, 상황적인 외부 요소로 귀인할 수 있다.

④ 사람은 최대한의 이익을 기대하고 행동한다는 이론이다.
⑤ 제품 또는 서비스의 성공과 실패에 대한 원인과 불평행동을 설명하는 데 이용하였다.

20. 다음 중 노드스트롬(Nordstrom)의 경영진들이 종업원이나 고객들과 긴밀한 관계를 유지하기 위해 부지런히 현장을 돌아다니는 경영방식은 무엇인가?

① 권한위임
② 종업원 지주제도
③ 역피라미드 구조
④ 개인별 고객 수첩
⑤ 현장배회경영

21. 고객 분류 중 그레고리 스톤(Gregory Stone)의 고객 분류가 아닌 것은?

① 경제적 고객
② 편의적 고객
③ 개인적 고객
④ 윤리적 고객
⑤ 문화적 고객

22. 다음 대화에 해당하는 고객유형으로 알맞은 것은?

A: 노트북 산지 얼마 안된거 같은데 벌써 중고 나라에 팔어?
B: 이번에 새로운 노트북이 나와서 이거 한번 써보게.
A: 너무 번거로운거 아니야?
B: 새로운 제품을 써봐야 속도의 차이를 알 수 있거든.

① 헝그리 어답터
② 블랙 컨슈머
③ 얼리 어답터
④ 프로슈머
⑤ 그린 컨슈머

23. 메타(Meta)그룹에서 제시한 고객관계관리(CRM)의 분류 중 분석 CRM의 내용으로 맞는 것은?

① 고객 캠페인을 통한 타깃 마케팅 수행
② 영업활동 자동화 시스템
③ 고객 접점인 영업과 마케팅, 고객 서비스 등을 연계하는 거래 업무를 지원하는 통합 프로세스
④ 분석과 운영시스템의 통합 및 원활한 CRM 활동을 위해 채널 기술 제공하는 시스템
⑤ 고객 유지율 증대

24. 고객관계관리(CRM)전략 수립 6단계 중 4단계. 고객에 대한 마케팅 제안(Offer)결정의 사후적 보상에 해당하는 것은?

① 무료 항공권   ② 할인쿠폰 지급
③ 저가상품 무료제공   ④ 캐시백
⑤ 사은품

25. CRM(고객관계관리)의 전략 수립과 관련하여 고객분석과정에서 고객을 평가하는 방법으로 아래 내용에 속하는 것은?

특정 고객의 매출액, 순이익, 거래기간 등을 고려하여 기업에 얼마나 수익을 주는지 점수를 매겨 보는 것

① risk score   ② profitability score
③ coverage score   ④ RFM
⑤ NPS

26. 리더십 모형 중 허쉬와 블랜차드가 제시한 상황적 리더십 모형은?

가. 감성 리더십   나. 참여형 리더십
다. 위임형 리더십   라. 카리스마 리더십

① 가, 나   ② 가, 라
③ 나, 다   ④ 나, 라
⑤ 가, 라

27. 의사소통 요소에서 발생하는 지각적 장애 요인 중 사회와 부모의 가치관의 비판을 통하여 자기의 것으로 받아들이지 못하고 그냥 무비판적으로 받아들임으로써 내면적인 갈등을 일으키는 현상은?

① 투사   ② 융합
③ 편향   ④ 자의식
⑤ 내사

28. 의사소통 유형 중 하향적 의사소통 방식에 대한 설명으로 거리가 먼 것은?

① 보고 절차 및 실행에 대한 정보를 주며 주로 조직목표를 주입시키는데 목적을 둔다
② 정보 전달 과정에서 왜곡될 가능성이 있으며 정보에 대한 관리자의 통제가 어렵다.
③ 일방적이고 획일적이기 때문에 피명령자의 의견이나 요구를 참작하기 어려운 경우가 있다.
④ 조직의 계층 혹은 명령계통에 따라 상급자가 하급자에게 자신의 의사와 정보를 전달하는 것을 의미한다
⑤ 보고, 개별 면접, 내부 결재 등의 전달 방법을 주로 사용한다

29. 인간관계의 만족도를 결정하는 요인과 관련하여 다음의 (   )안에 들어갈 내용은?

현재의 관계에서 얻는 성과가 (   ) 수준 보다 높으면 만족감을 느끼는 반면 현재의 성과가 (   ) 수준 보다 낮으면 불만을 느낀다.

① 가치   ② 절대
③ 감성   ④ 비교
⑤ 감정

30. 리더와 관리자의 차이에 대하여 '워렌 베니스(Warren Bennis)'의 리더의 특성이 아닌 것은?

① 혁신
② 장기적 안목
③ 창조와 개발
④ 수평적
⑤ 시스템에 초점

CS 전략론

31. 서비스 포지셔닝의 일반적인 방법 중 다음 〈보기〉의 사례에 가장 알맞은 것은?

> 음료 함유된 비타민 C 2배

① 경쟁사
② 가격
③ 품질
④ 등급
⑤ 서비스속성

32. 다음〈보기〉의 설명에 해당하는 제품 차별화 방법은?

> 제품의 기능적 차별화 요소를 발견하기 어렵거나 실현하는데 어려움이 있는 경우 효과적인 수단으로 차별화가 서서히 구축되며 일단 축적되면 오래 지속되는 고정 자산의 성격을 가진다.

① 기능 요소 차별화
② 상징 요소 차별화
③ 감성 요소 차별화
④ 가격 차별화
⑤ 고객가치 차별화

33. 다음 〈보기〉의 사례에 가장 부합하는 마케팅 유형은?

> 일본 제품 구매를 하지 않은 당신에게 최고를 날립니다.
> 최고 피자가 여러분의 주말을 책임집니다.

① 어피니티 마케팅
② 플래그십 마케팅
③ 리텐션 마케팅
④ 스팸 마케팅
⑤ 애국 마케팅

34. 다음 중 서비스 디자인을 위한 5가지 원칙이 아닌 것은?

① 서비스의 모든 환경이 고려되어야 한다.
② 서비스는 고객의 입장에서 디자인 되어야 한다.
③ 무형의 서비스는 유형의 형태로 시각화시켜야 한다.
④ 모든 이해관계자가 참여할 경우 디자인에 혼선을 빚을 수 있기 때문에 핵심 관계자 중심의 창작이 필수적이다.
⑤ 서로 밀접하게 연관된 기능의 순서대로 시각화 되어야 한다.

35. SWOT분석에 의한 마케팅 전량 중 'S-T' 전략의 사례에 속하는 것은?

① 전략적 제휴
② 약점 개선 전략
③ 시장 집중화 전략
④ 시장 침투 전략
⑤ 철수 전략

36. 서비스 청사진의 효용성에 대한 설명으로 맞는 것은?

① 서비스 시설 내 고객 동선 축소를 통해 서비스 생산성 증대를 할 때
② 서비스 수요 추정 시 예측 오류를 감소시킬 때
③ 호텔 객실의 점유율을 높이기 위한 전략을 수립할 때
④ 서비스 주변 환경, 시설 등을 개선할 때
⑤ 고객의 불평, 불만을 체계적으로 분석할 때

37. 서비스 모니터링의 요소 중 평가만을 위한 모니터링이 아닌 직원의 장, 단점을 발견하고 능력을 향상시킬 수 있는 수단으로 활용해야 하며 편견 없는 기준으로 평가하여 누구든지 인정할 수 있어야 한다는 요소는?

① 차별성   ② 대표성
③ 신뢰성   ④ 객관성
⑤ 유용성

38. 다음 중 MOT(Moment of Truth) 사이클 챠트의 순서가 맞는 것은?

가. 고객 접점 시나리오 만들기
나. 고객 접점 사이클 찾기
다. 고객 접점 유닛 설계하기
라. 고객 입장에서 걸어보기
마. 새로운 표준안대로 행동하기

① 라 - 다 - 나 - 가 - 마
② 가 - 나 - 다 - 라 - 마
③ 라 - 나 - 가 - 마 - 나
④ 가 - 다 - 나 - 마 - 라
⑤ 라 - 가 - 마 - 나 - 다

39. 서비스 패러독스의 발생 원인으로 볼 수 없는 것은?

① 서비스의 차별화
② 서비스의 동질화
③ 서비스의 인간성 상실
④ 기술의 복잡화
⑤ 종업원 확보의 악순환

40. 세계 어느 곳의 리츠칼튼을 방문하더라도 고객에게 만족스런 기억을 갖게 하는 비결은 '고객인지 프로그램(Customer Recognition Program)'이다. 다음 예시는 이 서비스를 가능하게 하는 고객정보관리 시스템을 갖추고 위한 기법이다. ( )안에 가장 적절한 용어는?

리츠칼튼 서울에 투숙했던 고객이 알레르기가 있는 손님이라면 이 사실이 ( )로 작성되어 제출된다. 이 자료는 컴퓨터 시스템의 고객 이력파일에 입력되고, 매일 갱신된 고객 이력파일은 체인 전체의 데이터베이스에 저장된다. 이것을 바탕으로 호텔은 매일 예약자 명단을 확인하고 고객파일을 열어 고객의 정보를 미리 파악한다. 그리고 나서 고객이 도착하기 전에 어떤 서비스를 할 것인지를 준비한다.

① 고객기호 카드   ② 불편사항 처리 카드
③ 고객관리 코디네이터   ④ 고객인지 카드
⑤ 고객경험 카드

41. 다음 중 의료 서비스의 특징으로 볼 수 없는 것은?

① 의료 서비스는 무형의 제품이다.
② 의료 서비스는 수요 예측이 가능하다.
③ 의료 서비스는 기대와 성과의 불일치가 크다.
④ 의료 서비스는 다양한 의사 결정자가 존재한다.
⑤ 의료 서비스는 간접지불 형태를 유지하고 있다.

42. 다음은 제품 차별화 전략의 한 예시이다. 이때 적용한 제품의 차별화 수단은?

> · 제품 기능 자체보다는 자아 이미지와 준거집단의 가치 표출에 의해 차별화를 꾀하는 경우
> · 고급 골프웨어 브랜드나 고급 승용차 등은 그 기능상에는 큰 차이가 없지만 사회적 계층의식과 권위의식을 부각하는 경우
> · 고가의 공공적 사치품(겉으로 드러나는 고가 제품)에 적용할 때 효과적임

① 기능요소 차별화
② 상징요소 차별화
③ 감성요소 차별화
④ 유형적 제품 차별화
⑤ 이성요소 차별화

43. 서비스 품질 GAP 3의 원인으로 옳은 것은?

① 경영자가 고객의 기대 파악 실패
② 직원의 역할 모호성
③ 어설픈 서비스 설계
④ 부서 내 커뮤니케이션 부족
⑤ 과잉 약속

44. 다음 중 서비스 종사원의 역할 모호성의 발생 원인으로 볼 수 없는 것은?

① 서비스 표준 부재
② 개인이 역할과 관련된 충분한 정보를 가지고 있지 못할 때
③ 우선 순위가 없는 서비스 표준
④ 하향적 의사소통
⑤ 직무행위의 결과를 모를 때

45. 다음 중 고객만족도 측정의 3원칙을 맞게 나열한 것은

| 가. 계속성 | 나. 정확성 | 다. 전문성 |
| 라. 독립성 | 마. 정량성 | 바. 신뢰성 |

① 가-나-마
② 가-다-라
③ 나-다-마
④ 나-다-바
⑤ 나-다-라

46. 기업이 행하는 소비자교육에 의해 그 기업에 대한 신뢰도가 높아지고 호의적인 구전의 파급효과가 기대될 뿐만 아니라 상품 구입 의도가 강화되어 시장 확대에 공헌한다는 법칙은?

① 구드맨 제1법칙
② 구드맨 제2법칙
③ 구드맨 제3법칙
④ 구드맨 제4법칙
⑤ 구드맨 제5법칙

47. 벤치마킹의 유형으로 최신 제품, 서비스, 프로세스를 가지고 있는 것으로 인식되는 조직을 대상으로 하는 용어는 무엇인가?

① 내부 벤치마킹
② 선두그룹 벤치마킹
③ 경쟁 벤치마킹
④ 기능 벤치마킹
⑤ 산업 벤치마킹

48. 다음 중 서비스 표준안 작성 시 고려해야 할 사항으로 보기 어려운 것은?

① 업무 형태와 수행 개요로 명문화 한다.
② 관찰 가능해야 한다.
③ 누가, 언제, 무엇을 해야 하는지 간단하고 정확하게 지시되어야 한다.
④ 객관적으로 측정 가능해야 한다.
⑤ 최상의 표준은 핵심 경영진을 중심으로 작성되어야 한다.

49. 라파엘과 레이피가 제시한 고객 충성도의 유형
등 특정 제품이나 서비스의 구매에 관심을 보일
수 있는 계층에 해당하는 것은?

① 예비고객　　　　　② 단순고객
③ 고객　　　　　　　④ 단골고객
⑤ 충성고객

50. SERVQUAL의 5가지 GAP 모형 중 GAP 4가 발
생되었을 때의 해결 방안으로 맞는 것은?

① 고객 기대의 효과적 관리
② 효과적 인사 정책
③ 종업원 업무 적합성 보장
④ 수요와 공급 일치
⑤ 교육 제공

51. 고객인지 가치와 관련해 세스(Shath) 뉴먼(Newman),
그로스(Gross)가 제시한 5가지 가치유형 중 제품 소
비의 특정 상황과 관련된 가치 유형은?

① 기능 가치　　　　　② 사회 가치
③ 정서 가치　　　　　④ 상황 가치
⑤ 인식 가치

52. 다음 중 서비스 수익 체인의 구조와 기능에 대한
설명으로 틀린 것은?

① 고객 만족은 고객 충성도를 높인다.
② 내부 품질은 고객 불만을 증가시킨다.
③ 서비스 가치는 고객 만족을 유도한다.
④ 고객 충성도는 수익과 성장에 연결된다.
⑤ 종업원 충성도는 종업원 생산성을 유발한다.

53. 소비재의 분류 중 가격 보다 더 중요한 제품의
특성과 서비스에서 차이가 나는 제품유형으로 가
구, 여성 의류에 해당하는 것은?

① 동질적 선매품　　　② 이질적 선매품
③ 이질적 전문품　　　④ 이질적 편의품
⑤ 동질적 전문품

54. 내구성과 유형성 및 용도에 따른 소비자 분류 중
여러 번 사용할 수 있는 유형 제품으로 가전 제
품을 비롯해 의류, 장비류에 해당하는 것은?

① 내구재　　　　　　② 비내구재
③ 서비스　　　　　　④ 소비재
⑤ 가치재

55. 제품구매나 사용 시 소비자가 지각하는 위험 요
인 중 구매 상품이 기대한 만큼 성능을 발휘하
지 못하는 위험 요인은?

① Loss risk　　　　　② Financial risk
③ Social risk　　　　④ Psychological Risk
⑤ Performance risk

56. 다음 아래 내용에서 설명하는 법칙은?

> A: 나는 이상하게 마트에 가면 '조미료 주세요'
> 　 라고 하지 않고 '미원 주세요'라고 하더라구
> B: 조미료 중에서 '미원'이 제일 유명하니깐.

① 집중의 법칙　　　　② 추종자의 법칙
③ 선도자의 법칙　　　④ 유도자의 법칙
⑤ 독점의 법칙

57. 공공 부문에서 발생되는 고객 문제행동에 관한 용어중 다음 보기의 ( )안에 들어갈 내용으로 가장 올바른 것은?

서울시 다산콜센터는 위법한 상태가 아닌데 자기 주장 반복, 장시간 통화를 요구하는 경우 이를 ( ) 이라는 용어를 통해 표현하고 있다.

① 악덕 민원
② 불량 민원
③ 강성 민원
④ 행정 민원
⑤ 고질 민원

58. 고객만족 측정 방법 중 혼합 측정에 대한 설명으로 틀린 것은?

① 공공기관 대상의 만족도 조사에 많이 활용
② 직접 측정과 간접 측정을 혼합하여 고객만족도를 구하는 방법
③ 민간 부문 대상의 만족도 조사에서 많이 활용
④ 체감만족도와 차원만족도의 비율이 5:5에서 3:7사이에 분포
⑤ 회귀분석과 같이 통계 분석을 활용하여 각 차원의 가중치를 구하는 방식이 비교적 간단하고 실증적인 장점

59. 다음의 서비스 전달 시스템에 대한 설명으로 옳은 것은?

보편적으로 사업규모가 크고 기간이 길며 사업 내용이 복잡하면서 1회성의 비 반복적인 사업에 많이 사용되는 서비스 전달 시스템

① 기능 위주
② 피드백 위주
③ 고객화 위주
④ 결과 위주
⑤ 프로젝트 위주

60. 다음 중 칸(Kahn)이 제시한 역할모호성의 발생 원인이 아닌 것은?

① 조직의 투입정보에 제한을 가하는 관리 관행
② 재 조직화를 수반하는 조직의 빠른 성장
③ 사회 구조적 요구를 거부하는 기존 기술 고집
④ 개인의 이해영역을 초과하는 조직의 규모 및 복잡성
⑤ 구성원들에게 새로운 요구를 하는 조직 환경의 변화

고객관리 실무론

---

61. 다음 중 고객의 이야기에 보조를 맞추어 통화하면서 서로의 간극을 줄이고 일치감을 갖도록 하는 것으로 전화 응대 구성요소로서 최상의 도구에 해당하는 것은?

① 정확한 발음
② 음성
③ 음량
④ 속도
⑤ 억양

62. 다음 중 전화 응대의 중요성으로 적절하지 않은 것은?

① 업무처리에 중요한 위치를 차지하고 그 사용능력을 향상시키는 것은 곧 업무능력 향상과 직결된다.
② 고객과의 유대를 강화해서 고객유지율을 증가시킨다.
③ 전화는 서비스의 중요한 수단이 된다.
④ 전화 응대 서비스는 전화를 활용하여 시간과 노력의 효율을 증가시킨다.
⑤ 전화응대를 통한 대 고객 서비스의 폭을 확대한다.

63. 전화 응대 시의 특징으로 얼굴을 맞대지 않고 행해지는 비대면 커뮤니케이션이다. 다음 면대면과 비대면의 구성요소로 연결이 바른 것은?

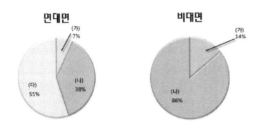

알버트 메라비언(Albert Mehrablan)의 커뮤니케이션의 전달의 정도

① 가 - 언어적 요소, 나 - 청각적 요소,
   다 - 시각적 요소
② 가 - 청각적 요소, 나 - 언어적 요소,
   다 - 시각적 요소
③ 가 - 시각적 요소, 나 - 청각적 요소,
   다 - 언어적 요소
④ 가 - 언어적 요소, 나 - 시각적 요소,
   다 - 청각적 요소
⑤ 가 - 청각적 요소, 나 - 시각적 요소,
   다 - 언어적 요소

64. 앤톤(Anton)이 제시한 콜센터 아웃바운드 성과지 표가 아닌 것은?

① 1인당 연간 평균매출
② 시간당 접촉 횟수
③ 시간 당 판매량
④ 판매건당 비용
⑤ 80%의 콜에 대한 응대 속도

65. 콜센터 모니터링의 기본 프로세스와 활용 방법에 대한 설명으로 틀린 것은?

① 목표 설정, 평가척도 구성, 실행평가 및 분석, 상담원 피드백 단계로 진행된다.
② 목표설정 단계에서는 정성적 목표로 설정한다.

③ 모니터링은 자신을 발전하게 하는 수단으로 인식되어야 한다.
④ 모니터링이 어떤 방식으로 수행하더라고 상담원들은 간섭 받고 불공정하게 평가 받는다고 생각할 수 있기에 이에 대한 반감을 최대한 고려해야 한다.
⑤ 모니터링 과정을 통해 나온 데이터는 통화품질을 측정하고 상담원의 개별적 코칭을 위한 자료로 활용하되 향후 보상의 근거로 활용되도록 각별히 주의해야 한다.

66. 여성의 올바른 패션 이미지 연출을 위한 설명으로 틀린 것은?

① 향수는 가급적 강한 향이 나는 향수를 사용하여 진향이 오래 지속되도록 한다.
② 스타킹은 파손을 대비하여 예비용으로 준비하는 것이 좋다.
③ 핸드백 속의 소지품을 항상 잘 정돈한다.
④ 핸드백은 정장과 구두의 색과 어울리도록 한다.
⑤ 지나치게 크고 화려한 악세서리는 삼간다.

67. 비즈니스 매너와 관련하여 우리나라에서 주로 사용되는 명함의 구성 요소에 대한 설명으로 틀린 것은?

① 일반적으로 사각형 순 백지에 깔끔하게 인쇄한다.
② 주로 많이 사용되는 명함 사이즈는 '90mm ×50mm' 이다.
③ 남녀에 따라 명함의 크기, 모양 등에 특별히 차이를 두지 않는다.
④ 명함제작 시 일반적으로 이름, 직함, 직장주소, 휴대전화 및 직장 전화번호, 팩스번호를 각각 기입하여 제작하는 것이 일반적이다.
⑤ 이메일 주소는 한 번에 알아볼 수 있도록 개성있는 단어를 조합해서 만드는 것이 일반적이 매너이다.

68. 수명과 보고에 대한 설명으로 옳은 것은?

① 명령이나 지시 받은 업무의 경과 보고는 중간 보고를 하지 않아도 된다.
② 이중으로 명령을 받았을 경우 무조건 고위 직급 상사의 명령을 따른다.
③ 보고 시에는 이유, 경과, 결론 순으로 상세하게 한다.
④ 상사의 명령이 잘못 되었더라도 상사의 의견을 따르도록 한다.
⑤ 직속 상사 외의 명령도 직속 상사에게 보고한다.

69. 다음 중 보고의 일반원칙으로 틀린 것은?

① 필요성의 원칙   ② 적시성의 원칙
③ 복잡성의 원칙   ④ 정확성의 원칙
⑤ 완전성의 원칙

70. 전통 예절에서 절의 종류 중 웃어른이 아랫사람 절에 대한 답배시에 주로 사용되는 것은?

① 초례   ② 행례
③ 성례   ④ 진례
⑤ 배례

71. 다음에서 설명하는 절의 종류는?

왼손이 위로 가게 공수를 하고 어른을 향해 선다.
공수한 손의 눈높이 까지 올렸다가 내리면서 허리를 굽혀 공수한 손을 바닥에 짚는다.
왼쪽 무릎을 먼저 꿇고 오른쪽 무릎을 꿇어 엉덩이를 깊이 내려 앉는다.
팔꿈치를 바닥에 붙이며 이마를 공수한 손등 가까이에 댄다.
이때 엉덩이가 들리면 안된다.
공손함이 드러나도록 잠시 머물러 있다가 머

리를 들며 팔꿈치를 펴고 오른쪽 무릎을 세워 공수한 손을 바닥에서 떼어 오른쪽 무릎 위를 짚고 일어난다.
공수한 손을 눈높이 까지 올렸다가 내린 후 목례를 한다.

① 여성의 작은 절   ② 남성의 작은 절
③ 남성의 평절   ④ 여성의 큰절
⑤ 남성의 큰절

72. 영국에서 미스터 Mr 보다 더 심오한 존경의 뜻을 담은 경칭으로 '님, 귀하' 등을 의미하는 용어는?

① Dr   ② Sir
③ Esquire   ④ Majesty
⑤ Miss

73. 다음 중 에드워드 홀의 공간적 영역과 거리의 연결이 적절하지 않은 것은?

① 친밀한 거리 : 0Cm ~ 35Cm
② 개인적 거리 근접영역 : 45Cm ~ 1m
③ 사회적 거리 원접영역 : 3.5m ~ 6m
④ 대중적 거리 근접영역 : 6m
⑤ 대중적 거리 원접영역 : 10m

74. 씽(Singh)의 불평 고객 유형 중 다음 설명에 해당하는 것은?

어떤 조치를 취할 가능성이 가장 적은 고객이다. 제품이나 서비스 제공자에게 어떤 말도 하지 않고 타인에게도 부정적 구전을 하지 않는다.

① 소극적으로 불평하는 사람
② 불평을 표현하는 사람
③ 화내면서 불평하는 사람
④ 행동으로 불평하는 사람
⑤ 속으로 불평하는 사람

75. 다음 중 고객 기본응대 화법으로 고객이 한 말을 반복하여 이해와 공감을 얻으며, 고객이 거절하는 말을 그대로 솔직하게 받아는 주는 데 포인트가 있는 화법은?

① 긍정 화법
② 쿠션 화법
③ 산울림 화법
④ 레이어드 화법
⑤ 아론슨 화법

76. 불만고객관리와 관련하여 컴플레인시 유의사항으로 거리가 먼 것은?

① 잘못된 점은 솔직하게 사과한다
② 고객에 대한 선입견을 갖지 않는다
③ 기업 입장에서 성의 있는 자세로 임한다
④ 고객의 입장에서 성의 있는 자세로 임한다
⑤ 신속하게 해결책을 마련한다.

77. 다음의 사례에 적합한 효과는?

A: 영업부서 신입사원이 이번에 우수 사원으로 선발된 비결이 뭘까?
B: 신입사원 중 핵심인재라고 슬쩍 얘기했더니 정말 열심히 하더라구.

① 루팡 효과
② 페르소나
③ 스티그마 효과
④ 파노필리 효과
⑤ 피그말리온 효과

78. 코칭대화 프로세스 모형 중 'iCAN 전략 모형'을 구성하는 절차적 단계와 거리가 먼 것은?

① 정형화
② 상황파악
③ 실행계획 수립
④ 양육지원
⑤ 목표 설정

79. MICE라는 용어가 의미하는 내용이 아닌 것은?

① 미팅
② 포상관광
③ 컨벤션
④ 전시회
⑤ 언론

80. 다음 내용에 해당하는 회의명칭은?

소그룹 형태의 모임으로 특정 문제나 과제를 주로 다루는 방식
교육담당자의 주도하에 참석자들은 서로 문제에 대해 새로운 지식이나 기술 등을 교환하면서 교육이 이루어지며 참석자 전원이 참석하는 특징을 보임

① 컨벤션
② 워크샵
③ 포럼
④ 교육
⑤ 미팅

81. 다음 중 일반적 의전예우 기준과 관련하여 직위에 의한 서열기준이 아닌 것은?

① 직급
② 기관장
③ 상급기관
④ 헌법
⑤ 연령

82. 다음 중 개인정보 보호법 제 47조 (분쟁의 조정)의 내용이 아닌 것은?

① 당사자가 조정내용을 수락한 경우 분쟁조정위원회는 조정서를 작성하고 분쟁조정위원회의 위원장과 각 당사자가 기명날인하여야 한다.
② 개인정보 분쟁조정위원회는 조사 대상 침해행위의 중지, 원상회복, 손해배상, 그밖에 필요한 구제조치, 같거나 비슷한 침해의 재발을 방지하기 위해 필요한 조치 중 어느 하나의 사항을 포함하여 조정안을 작성할 수 있다.

③ 분쟁조정위원회는 조정안을 작성하면 지체
　없이 각 당사자에게 제시하여야 한다

④ 조정안을 제시받은 당사자가 제시받은 날부
　터 15일이내에 수락여부를 알리지 아니하면
　조정을 거부한 것으로 본다

⑤ 조정의 내용은 재판상 화해와 동일하지 않
　으며 관련된 법적 효력을 가질 수 없다.

83. 개인정보보호법 상 명시된 '개인정보의 목적 외
　이용·제공 제한(제18조)'에 대한 내용으로 틀린
　것은?

① 정보주체로부터 별도의 동의를 받은 경우
② 법원의 재판업무 수행을 위하여 필요한 경우
③ 범죄의 수사와 공소의 제기 및 유지를 위하
　여 필요한 경우
④ 형(刑) 및 감호, 보호처분의 집행을 위하여
　필요한 경우
⑤ 통계작성 및 학술연구 등의 목적을 위하여
　필요한 경우로서 특정 개인의 고유식별정보
　를 제외한 그 밖의 개인정보를 제공한 경우

84. 개인정보보호법 제39조 3항의 손해배상책임과
　관련하여 개인정보처리자의 고의 또는 중대한 과
　실로 인하여 개인정보기 분실·도난·유출·위
　조·변조 또는 훼손된 경우로서 정보주체에게 손
　해가 발생한 때에는 법원은 그 손해액의 몇 배를
　넘지 아니하는 범위에서 손해배상액을 정할 수
　있는가?

① 원금　　　　　② 2배
③ 3배　　　　　④ 4배
⑤ 10배

85. 소비자 분쟁조정 중 (　　)안에 들어갈 내용으로
　알맞은 것은?

> 조정위원회는 제 58조 또는 제65조 제 1항의
> 규정에 따라 분쟁조정을 신청받은 때에는 그 신
> 청을 받은 날로부터 (　) 일 이내에 그 분쟁조정
> 을 마쳐야 한다.
> － 소비자 기본법 제 66조(분쟁조정의 기간) －

① 10　　　　　② 20
③ 30　　　　　④ 40
⑤ 60

86. 다음 중 소비자 기본법 상 명시된 물품 등에 대
　한 표시의 기준(제 10조)에 대한 내용이 아닌 것
　은?

① 상품명·용도·성분·재질·성능·규격·가
　격·용량·허가번호 및 용역의 내용
② 물품등을 제조·수입 또는 판매하거나 제공
　한 사업자의 명칭(주소 및 전화번호를 포함
　한다) 및 물품의 원산지
③ 사용방법, 사용·보관할 때의 주의사항 및
　경고사항
④ 제조연월일, 품질보증기간 또는 식품이나
　의약품 등 유통과정에서 변질되기 쉬운 물
　품은 그 유효기간
⑤ 청각장애인을 위한 표시 방법

87. 소비자기본법 상 명시된 소비자단체의 업무(제28조)에 대한 내용이 아닌 것은?

① 국가 및 지방자치단체의 소비자의 권익과 관련된 시책에 대한 건의
② 물품 등의 규격·품질·안전성·환경성에 관한 시험·검사 및 가격 등을 포함한 거래조건이나 거래방법에 관한 조사·분석
③ 소비자문제에 관한 조사·연구
④ 소비자의 교육
⑤ 소비자의 불만 및 피해를 처리하기 위한 상담·정보제공 및 당사자 사이의 합의 조정 심의

88. 다음 중 프레젠테이션의 4P에 포함되지 않는 것은?

① Purpose
② People
③ Place
④ Preparation
⑤ Presenter

89. 토의법의 장점으로 틀린 것은?

① 적극적 사고가 유발된다.
② 학습자의 동기 유발로 능동적 참여가 가능하다.
③ 자유로운 지식과 정보 교환이 가능하다.
④ 대규모 집단에 적용할 수 있다.
⑤ 타인의 의견을 존중하고 합의를 도출하여 실천해 가는 과정이 쉽다.

90. 주관적 판단에 근거하여 다른 사람에 대한 인상을 형성하는 것을 의미하는 것은?

① 대인동기
② 대인지각
③ 고정관념
④ 자기노출
⑤ 대인의존

CS 개론

1. 슈매너의 서비스 프로세스 매트릭스에서 낮은 노동 집중도와 높은 개인 상호작용 및 개별화를 갖고 있는 것으로 병원과 정비회사가 속하는 영역은?

① 서비스 샵
② 서비스 팩토리
③ 대량 서비스
④ 차별화 서비스
⑤ 전문 서비스

2. 서비스 프로세스 중 종업원에게 많은 권한을 부여하여 고객의 취향에 맞는 차별적인 서비스를 제공함으로서 다소 높은 가격으로 개별화된 서비스를 제공하는 항공사는?

① 대한항공
② 진에어
③ 아시아나항공
④ 일본항공
⑤ 싱가포르항공

3. 데이비드 마이스터가 제시한 대기 관리 8원칙에 해당하지 않는 것은 무엇인가?

① 아무 일도 안 할 때 대기가 더 길게 느껴진다.
② 구매 전 대기가 더 길게 느껴진다.
③ 근심은 대기를 더 길게 느껴지게 한다.
④ 불공정한 대기는 더 길게 느껴진다.
⑤ 대기는 혼자 기다리면 더 짧게 느껴진다.

4. 대기관리를 위한 서비스 생산관리 기법 중 다소 한가한 시간에 고객에게 인센티브를 제공하는 기법으로 손님이 많지 않는 시간에 할인가격을 설정한 패밀리레스토랑 아웃백이나, 극장에서 심야영화 할인혜택을 주는 방법으로 가장 적절한 것은?

① 예약을 활용하라.
② 대안을 제시하라.
③ 공정한 대기 시스템을 구축하라.
④ 커뮤니케이션을 활용하라.
⑤ 고객을 유형별로 응대하라.

5. 다음은 MOT이론에 관한 설명이다. ( ) 안에 가장 적절한 사람은?

진실의 순간이란 스페인의 투우 용어인 'Moment De La Verdad'를 영어로 옮긴 것으로, 스웨덴의 마케팅 이론가 ( )에 의해 개발된 이론으로 '고객이 종업원이나 기업의 특정 자원과 접촉할 때, 서비스 품질에 대한 고객의 인식에 결정적인 영향을 끼치는 상황'을 말하는 것이다. 원래 이 말은 투우사가 소의 급소를 찌르는 순간을 말하는 것인데, '피하려 해도 피할 수 없는 순간', 또는 '실패가 허용되지 않는 매우 중요한 순간'을 의미한다.

① 톰 피터스(Tom Peters)
② 얀칼슨(Jan Carlzon)
③ 마이클 해머(Michael Hammer)
④ 리처드 노먼(Richard Norman)
⑤ 마이클 포터(Michael Porter)

6. 고객의 요구 사항을 알아내어 이를 만족시키는 서비스 프로세스 개선기법으로 고객의 요구 사항을 기업의 연구 개발, 생산, 제조, 상품 기획, 판매 등 모든 단계에서 적절히 반영하기 위한 시스템은?

① 품질기능전개(QFD) 기법
② 서비스 청사진(Service buleprinting)
③ 파레토 차트 기법
④ 특성요인분석(Fishbon Diagram) 기법
⑤ 인과관계도표

7. 고객 만족은 고객의 사용 전 기대와 사용 후 성과를 평가한 결과로서, 고객의 만족과 불만족을 하나의 과정으로 이해하였다고 고객 만족에 대하여 정의한 학자의 이름은?

① 앤더슨(Anderson)
② 올리버(Oliver)
③ 피터스(Peters)
④ 뉴 먼(Newman)
⑤ 웨스트브룩(Westbrook)

8. 다음 중 '고객 만족 관리'의 필요성에 대한 설명이 아닌 것은?

① 경제성장으로 인해 고객의 욕구는 더욱 진화하였으며, 기대수준 또한 높아졌다.
② 고객 만족은 기업의 단골 고객 증대로 이어지며, 공생의 개념과 관계가 있다.
③ 기업의 제품이나 서비스에 대해 만족한 고객의 구전이 신규 고객의 창출로 이어진다.
④ 기업의 제품이나 서비스의 불만족은 고객 이탈로 이어지며, 기업 이미지와도 상관 있다.
⑤ 불만족 고객은 기업이 적극적이고 신속하게 문제를 해결해 줄 경우 높은 재거래율을 보이지 않는다.

9. 아담스가 공정성 이론(Equity Theory)를 정립할 때 기초가 되었던 이론은 무엇인가?

① 기대 이론
② 교환 이론
③ 기대-불일치 이론
④ 강화 이론
⑤ 귀인 이론

10. 감성지능 5대 요소에 대한 설명으로 적절하지 않은 것은?

① 자아인식력은 자신의 감정, 기분, 취향 등이 타인에게 미치는 영향을 인식하고 이해하는 능력이다.
② 자기조절력은 부정적 기분이나 행동을 통제 혹은 전환할 수 있는 능력을 말한다.
③ 동기부여능력은 돈, 명예와 같은 보상을 통해 과제를 수행하는 능력이다.
④ 감정이입능력은 다른 사람의 감정을 이해하고 헤아리는 능력이다.
⑤ 사교성(대인관계기술)은 인간관계를 형성하고 관리하는 능력이다.

11. 다음은 참여 관점에 따른 고객 분류이다. 고객 분류와 설명이 적절한 것은?

① 직접 고객 – 소비자보호나 관련 조직의 운영에 적용되는 법률을 만드는 의회나 정부
② 간접 고객 – 제공자로부터 제품 또는 서비스를 구입하는 사람
③ 의견 선도 고객 – 직접적으로 제품이나 서비스를 구입하거나 돈을 지불하지는 않지만 1차 고객의 선택에 커다란 영향을 미치는 개인 또는 집단
④ 경쟁자 – 전략이나 고객 관리 등에 중요한 인식을 심어주는 고객
⑤ 한계고객 – 최종 소비자 또는 2차 소비자

12. 고객 특성 파악에 대한 설명으로 옳지 않은 것은?

① 문화에 따라 집단 규범이나 가치관 태도는 다르게 나타난다.
② 국가, 문화의 차이는 거의 영향을 미치지 않는다.
③ 조직이나 가정에 따라 다르게 나타난다.
④ 관습의 차이에 따라 다르게 나타난다.
⑤ 고객 접점을 중시한 대표적인 기업은 미국의 노드스트롬 백화점이 있다.

13. 고객 역할 중 고객이 제공 과정의 일부를 수행하기도 하는 고객 역할은?

① 품질향상 공헌자
② 제품 판매자
③ 구매자
④ 생산자
⑤ 잠재적 경쟁자

14. 매슬로우의 욕구단계설이 직면한 문제점들을 극복하고자 실증적인 연구에 기반하여 제시한 수정 이론이며, 알더퍼는 인간의 욕구를 생존 욕구, 대인 관계 욕구, 성장 욕구 등 3가지로 구분한 이론은?

① ERG 이론
② 성취욕구 이론
③ 기대 이론
④ 2요인 이론
⑤ 강화 이론

15. 다음 중 노동 집약도, 고객과의 상호작용, 개별화가 모두 높은 것은?

① 병원
② 항공사
③ 호텔
④ 운송업
⑤ 컨설턴트

16. MBTI(고객 성격 유형)에서 나타나는 선호성 지표 중 자신의 직감에 의존하며 미래지향적이고 통찰을 통해 가능성, 의미, 관계를 인식하고 신속하고 비약적인 경향을 가진 유형은?

① 직관형
② 외향형
③ 감정형
④ 사고형
⑤ 판단형

17. CRM 시스템 구축과 관련해서 고객과 시장을 분석하고 조사활동에 활용하는 방대한 분량의 고객 데이터를 체계적으로 보관하는 창고를 말하는 것은?

① 데이터 마이닝 툴
② 데이터 백오피스
③ 데이터 웨어 하우스
④ 데이터 프론트 오피스
⑤ 데이터 상거래

18. 다음은 CRM 성공요인을 설명한 것이다. ( )에 알맞은 것은?

콜센터, 유선 인터넷, 무선 인터넷 등 고객과의 접촉 ( )은(는) 다양화되고 있다. 이 ( )들의 각 특성을 최대한 활용함과 동시에 여러 ( )에 걸쳐있는 기능들을 통합적으로 관리, 운영하는 것도 중요하다. 고객들에게는 ( )의 종류와는 관계없이 일관된 경험을 제공하고 고객과 상호작용한다.

① 제품
② 데이터
③ 채널
④ 유통경로
⑤ 서비스

19. CRM은 고객데이터 세분화를 실시하여 고객을 적극적으로 관리하고 유도하며 고객의 가치를 극대화시킬 수 있는 전략이다. 다음 중 CRM의 활용 분야에 속하지 않는 것은?

① 고객과의 관계회복
② 잠재 고객 발굴
③ 교차판매와 업셀링을 통한 수익성 증대
④ 해피콜
⑤ 고객 확보를 위한 TV광고

20. e-CRM의 구성 요소로 기업에서는 웹사이트를 방문한 고객들의 개인정보와 바이러스, 해킹에 대한 피해로부터 고객을 보호하기 위한 장치를 확보해야 하는 것은?

① e-Marketing
② e-Sales
③ e-Service
④ e-Community
⑤ e-Security

21. 다음은 CRM의 분류 중 어떤 CRM에 대한 설명인가?

영업, 마케팅, 서비스 측면에서 고객 정보를 활용하기 위해 고객 데이터를 추출, 분석하는 시스템으로 도입 초기에 다양한 형태의 고객 정보를 보유하고 있는 대기업에서 타깃 마케팅을 위해 대용량의 고객 정보를 이용하여 원하는 정보를 추출하는데 사용하였다.

① 운영 CRM   ② 협업 CRM
③ 분석 CRM   ④ 결과 CRM
⑤ 통계 CRM

22. '조하리(Johari)의 창'의 분류 중 인간관계에서 고립형, 음성 증상을 나타내며 소극적이고 고민이 많은 유형으로, 좀 더 적극적이고 긍정적인 태도를 요구하는 영역은?

① 맹목적 영역
② 공개적 영역
③ 타인의 영역
④ 미지 영역
⑤ 숨겨진 영역

23. 조하리의 '마음의 창'에서 인간관계를 진단하는데 사용되는 요소는?

① 자기공개와 타인공개
② 자기공개와 피드백
③ 환경분석과 자기공개
④ 환경분석과 피드백
⑤ 환경분석과 커뮤니케이션

24. 대인지각의 특징으로 옳지 않은 것은?

① 객관적 판단에 근거해 다른 사람에 대한 인상을 형성하는 것이다.
② 간접적이고 단편적인 정보에 의존하는 경향이 있다.
③ 다른 사람을 인지하는 능력은 개인차가 있다.
④ 대인지각에 영향을 주는 요소들은 외모, 복장 등 다양한 정보들이 있다.
⑤ 한 측면에 대한 평가가 다른 측면까지 확대되기도 한다.

25. 서비스 3단계에서 우수한 고객 서비스를 제공할 수 있는 환경을 만들어 주고 고객 서비스 지침을 사전에 제공하여 고객에게 자신이 받을 서비스에 대해 알려주는 것은?

① 사전 서비스
② 사후 서비스
③ 거래 중 서비스
④ 거래 후 서비스
⑤ 현장 서비스

26. Lovelock의 서비스의 품질 관리 구현 시 유의할 사항으로 적절하지 않는 것은?

① 어려운 시기일수록 품질 관리에 소요되는 비용의 증대를 회피하지 말아야 한다.
② 종업원의 품질 관리를 잘못 해석하지 않도록 해야 한다.
③ 조급한 권력이양을 피해야 한다.
④ 결과 위주보다는 과정 위주에 초점을 맞추어야 한다.
⑤ 품질 관리에서 중요한 목적은 측정되어져야 한다.

27. 다음은 감성경영의 도입 효과에 관한 설명이다. 가장 적절한 것은?

사람들은 누군가 관심을 가지고 지켜보면 더 분발한다. 그런 현상은 할 수 있다고 믿으면 잘하는 효과로 여럿이 함께 일하면 생산성이 올라가는 사회적 촉진현상과도 관련 있다.

① 호손 효과(Hawthorne Effect)
② 피그말리온 효과(Pygmalion Effect)
③ 자이가르닉 효과(Zeigarnik Effect)
④ 낙인효과(Stigma Effect)
⑤ 잔물결 효과(Ripple Effect)

28. 리더십에 영향을 미치는 6C에 대한 설명으로 적절하지 않은 것은?

① 신념 - 개인의 비전에 대한 정열과 성실성
② 성품 - 지속적으로 보이는 성실성, 정직성, 존경심, 신뢰
③ 관심 - 다른 사람의 개인적·직업적 안정과 발전을 위한 관심
④ 용기 - 힘든 위기상황에서 당황하지 않고 적절한 감정적 반응을 유지할 수 있는 능력
⑤ 역량 - 기술적·기능적·전문적 기술과 같은 업무관련 능력과 대인관계, 커뮤니케이션, 팀, 조직화 능력

29. 고객의 육체적인 경험과 라이프 스타일, 상호작용에 영향을 주는 것을 목표하여 고객의 삶을 풍요롭게 할 수 있는 체험 마케팅 유형 중하나인 마케팅 기법은?

① 인지 마케팅
② 감각 마케팅
③ 행동 마케팅
④ 관계 마케팅
⑤ 감성 마케팅

30. 다음 중 '동기 요인은 개인의 동기를 자극하는 데 관련된 요인으로 만족 여부에 영향을 주고, 위생 요인은 불만족 여부에 영향을 주는 요인이다'라고 제시한 이론은?

① 매슬로우의 욕구 이론
② 메이어의 호손실험
③ 허즈버그의 동기위생 이론
④ 아담스의 공정성 이론
⑤ 에릭번의 교류 이론

31. 서비스 청사진을 사용함으로써 유익한 점으로 적절하지 않은 것은?

① 종업원으로 하여금 '자신이 하는 일'과 전체 서비스와의 관계를 파악할 수 있게 한다.
② 가시선은 고객이 볼 수 있는 영역으로 고객 접촉 종업원 파악이 가능하다.
③ 서비스의 각 요소에 투자된 원가, 이익, 자본 등을 확인하고 평가하기 위한 기반을 제공한다.
④ 기업이 고객의 불만을 직접 추적하는 데 도움을 준다.
⑤ 서비스를 구성하는 요소와 연결고리들을 알려줌으로써 전략적 토론을 자극한다.

32. 서비스 청사진에 대한 특징으로 옳지 않은 것은?

① 서비스 청사진의 가로선은 상호 작용선, 가시선, 내부 상호 작용선으로 구성되어 있다.
② 상호 작용선은 고객의 역할과 고객이 경험하는 서비스 품질을 알게 해주어 서비스 설계에 도움을 준다.
③ 내부 상호 작용선은 서비스를 지원하는 활동과 고객과 접하는 활동을 구분하는 선이다.
④ 가시선은 고객이 볼 수 있는 영역과 그렇지 않은 활동을 구분하고 어떤 종업원이 고객과 접촉하는지를 알려준다.
⑤ 후방 종업원의 행동은 고객의 눈에 가시적으로 보이는 종업원의 활동이다.

33. 서비스 모니터링의 한 기법인 미스터리 쇼핑의 목적이 아닌 것은?

① 고객 응대 서비스 개선을 통해 고객 만족도 향상
② 고객 서비스 현황 파악 및 환경에 대한 평가 진단 가능
③ 조사 결과를 바탕으로 마케팅 전략 수립
④ 고객 의견을 쉽게 제시할 수 있는 경로로 활용
⑤ 서비스 제공 실패 및 개선점 파악 가능

34. 바람직한 서비스 모니터링을 위해 기업에서 갖추어야 할 사항이 아닌 것은?

① 서비스 표준 매뉴얼을 작성해야 한다.
② 회사의 수익을 창출하는 것이 가장 큰 목적이다.
③ 장기적인 측면에서 지속적인 도구로 활용한다.
④ 모니터링 요원에게 사전 교육을 실시한다.
⑤ 결과에 따른 교육을 이행할 기관을 갖추어야 한다.

35. 서비스 모니터링의 요소 중 고객들이 실제적으로 어떻게 대우를 받았는지에 대한 고객의 평가와 모니터링 점수가 일치해야 하고 이를 반영해야 한다는 것을 의미하는 것으로 모니터링 계획 수립 시 고려해야 할 요소는?

① 대표성　　　　② 객관성
③ 타당성　　　　④ 신뢰성
⑤ 차별성

36. 다음 중 A/S의 장점이 아닌 것은?

① 사후서비스 관리를 통해서 얻는 고객의 정보는 제품 품질 향상에 도움을 준다.
② A/S의 제공은 고객의 재주문과 재이용으로 이어진다.
③ 고객의 불편사항이나 불만에 대해 고객의 니즈와 경향을 파악할 수 없다.
④ 신제품 개발에 필요한 경제적 효과와 시간 비용 절감의 효과가 있다.
⑤ 기업의 입장에서 추가적인 수익창출비용과 시간적인 노력을 감소시킨다.

37. 다음 중 제품 차별화의 중요한 요소 중 고객이 눈으로 관찰할 수 있는 제품이나 서비스의 특성 등 유형적인 요소에 포함되지 않는 것은?

① 크기   ② 색상
③ 디자인   ④ 중량
⑤ 성능

38. 다음 중 지각된 서비스 품질의 결정요인의 상대적 중요성을 결과적 측면에서 바르게 나열한 것은?

① 신뢰성 〉 반응성 〉 확실성 〉 공감성 〉 유형성
② 반응성 〉 신뢰성 〉 확실성 〉 공감성 〉 유형성
③ 신뢰성 〉 반응성 〉 공감성 〉 확실성 〉 유형성
④ 유형성 〉 반응성 〉 확실성 〉 공감성 〉 신뢰성
⑤ 신뢰성 〉 공감성 〉 확실성 〉 반응성 〉 유형성

39. 다음 중 서비스 GAP 4의 원인으로 가장 적절한 것은?

① 역할 모호성 및 역할의 갈등
② Communication 부족 또는 부적합
③ 서비스 업무 표준화 결여
④ 업무에 적합하지 않는 감독 통제 시스템
⑤ 팀워크의 결여

40. 고객 서비스가 수익의 원천이 되는 논리적 구조에서 내부적 서비스 품질과 관련된 내용으로 옳지 않은 것은?

① 종업원 만족도
② 종업원 선발과 교육
③ 종업원 보상과 인정
④ 업무 설계
⑤ 근무 장소 설계

41. 그뢴루스가 제시한 서비스 품질에 대한 설명으로 옳지 않은 것은?

① 기대된 서비스는 전통, 구전, 이념 등 외부적 영향 요인에 의한 과거 서비스 경험에 의해 영향을 받는다.
② 기대 서비스와 지각 서비스 간의 비교를 통해 고객에게 지각되는 것을 전체적인 서비스의 질이라고 규정하였다.
③ 지각된 서비스 품질에 영향을 주는 요인은 기업의 물질적, 기술적 지원 및 다른 참여 고객들간의 구매자-판매자의 상호 작용 등이다.
④ 서비스 실패나 예상치 못한 일이 발생하였더라도 능동적으로 즉각 바로 잡으려고 노력하고 해결 대안을 찾아내는 것은 고객이 느낄 수 없다.
⑤ 품질 요소 중 태도와 행동은 고객과 접촉하는 종업원들이 친절하고 자발적으로 고객에게 관심을 기울이고 문제를 해결한다고 고객이 느끼는 것을 말한다.

42. 스마트폰에서 카메라 기능, 동영상 촬영 기능은 카노의 서비스 품질 중 어디에 속하는가?

① 당연적 품질 요소   ② 일원적 품질 요소
③ 매력적 품질 요소   ④ 무관심 품질 요소
⑤ 상호작용 품질 요소

43. 리츠칼튼호텔의 고객 인지 프로그램의 설명으로 맞지 않은 것은?

① 최고의 고객을 식별하는 수단이며 기업이 고객을 인식하고 보상하는 시스템
② 고객이 느끼는 인지부조화의 감소를 위한 프로그램
③ 고객 정보는 관계 마케팅을 수행하는 데 기초 자료가 됨
④ 고객에게 필요한 적절한 제품과 서비스를 적시에 제공하기 위한 프로그램
⑤ 새로운 고객을 창출하기 위한 프로그램

44. 내부 마케팅에서 권한 위임의 이점으로 옳지 않은 것은?

① 혁신적인 아이디어를 개발할 수 있다.
② 고객 요구에 유연하게 대응할 수 있다.
③ 직원들이 열정적인 분위기에서 고객과 접촉할 수 있다.
④ 고객의 요구에 신속하게 대처할 수 있다.
⑤ 부서간의 격차를 줄일 수 있다.

45. 모든 품질차원의 요인들이 고객 불만 해소에 영향을 주고 있으며 그 영향도가 서로 다름을 알 수 있다. A/S 서비스 품질 차원의 요인들 중 영향도가 가장 높은 것은?

① 태도 및 행동
② 서비스 처리시간
③ 전문성/기술
④ 편의성
⑤ 정책

46. "조직 외부에 양질의 서비스를 제공하려면 먼저 조직 내부에 양질의 서비스를 제공할 수 있는 체제를 구축해야한다."라며 서비스업에서 공통적으로 발견되는 종업원의 응대 태도 불량을 서비스의 7거지악이라고 명명한 사람은?

① 피터 드러커
② 아담 스미스
③ 얀 칼슨
④ 칼 알브레히트
⑤ 잭웰치

47. 고객이 겪은 한 번의 불쾌한 경험, 불쾌한 직원 등의 기업의 사소한 실수가 결국은 기업의 앞날을 흔든다는 법칙은?

① 깨진 유리창의 법칙
② 존굿맨의 법칙
③ 롱테일 법칙
④ 코즈의 법칙
⑤ 10-10-10 법칙

48. 고객 만족(CS) 플래닝의 계획 수립 시 고려해야 할 사항이 아닌 것은?

① 달성 가능 ② 측정 가능
③ 구체적   ④ 기간 명시
⑤ 정성적

49. 다음 중 기업에 대한 고객의 심리적 불만 원인에 해당되는 것은?

① 담당 직원의 업무지식 미숙
② 설명 불충분
③ 서비스 정신 결여
④ 고객 자신의 취향
⑤ 고객 감정에 대한 배려 부족

50. 다음 중 서비스 기대 영향 요인 중 내적 요인에 속하는 것은?

① 사회적 상황
② 경쟁적 대안
③ 과거 경험
④ 구전
⑤ 가격

51. 고객 기대 중 고객이 불만 없이 받아들일 수 있는 수준의 서비스로 허용 가능한 기대 수준을 의미하는 기대 서비스는?

① 허용영역
② 희망 서비스
③ 적정 서비스
④ 예측된 서비스
⑤ 이상적 서비스

52. CS 플래닝의 절차 중 기업 환경 분석 시 기업 환경의 변화 추세로 옳지 않은 것은?

① 글로벌화
② 정보화 사회
③ 고성장 시대로 변화
④ 분권화 시대로 변화
⑤ 개인주의 사회로 변화

53. 고객 충성도 분류 중 라파엘과 레이피가 분류한 충성도에서 주변 사람들에게 특정 제품이나 서비스에 대한 칭찬을 아끼지 않는 고객은?

① 예비 고객
② 단순 고객
③ 고객
④ 단골 고객
⑤ 충성 고객

54. 소비자 트렌드 형성에 영향을 미치는 요인이 아닌 것은?

① 소비 패턴 변화
② 도시와 농촌의 환경 변화
③ 국제화
④ 정보 활용도 변화
⑤ 정보 친밀도 증가

55. 내부 고객인 종업원을 내부 제품으로 인식하고 그들의 직무를 생각하여 조직의 목적을 달성하는 것으로 종업원 선발, 개발, 동기부여를 해내고 유지하는 과정을 무엇이라고 하는가?

① 상호작용 마케팅
② 내부 마케팅
③ 외부 마케팅
④ 차별화 마케팅
⑤ 매스 마케팅

56. 세분 시장의 매력도, 기업 목표와 재원을 고려하여 세분 시장을 평가한 후 각각 세분 시장에 대해 다른 프로그램을 설계하는 전략은?

① 차별화 전략
② 비차별화 전략
③ 시장 세분화 전략
④ 무차별화 전략
⑤ 집중화 전략

57. 고객의 행동 및 심리적 세분화 방법이 많이 사용되는 소비재 시장에서 가능한 시장 세분화 방법으로 가장 적절한 것은?

① 산업의 종류　　② 채용한 기술
③ 구매기준　　　④ 구매긴급도
⑤ 제품구매빈도

58. 시장 세분화를 통해 표적 시장을 선정 후 경쟁사와 자사를 구분할 수 있는 시장 자리매김을 뜻하는 용어는?

① 경쟁사 분석
② 자사 분석
③ 환경 분석
④ 강, 약점 분석
⑤ STP 분석

59. 번 슈미트 교수가 제시한 고객 경험관리 단계 중 2단계에 해당하는 것은?

① 고객 경험 분석
② 상표 경험 디자인
③ 고객의 경험적 기반 확립
④ 끊임없는 혁신
⑤ 고객 상호 접촉 구축

60. 고객 경험 관리에 대한 설명으로 옳지 않은 것은?

① 고객이 기업에 대해 생각하고 느끼는 것을 파악한다.
② 고객 접점에서 시작한다.
③ 기업 목표 자체에 초점을 둔 마케팅의 목적으로 고객 정보를 수집한다.
④ 제품이나 서비스에 대한 고객 경험을 체계적으로 관리하는 프로세스를 말한다.
⑤ 고객 경험을 향상시키기 위해 시스템, 기술, 단순화된 프로세스를 활용한다.

61. 다음 중 전화응대의 기본자세로 적절하지 않은 것은?

① 웃는 얼굴로 전화응대에 임한다.
② 명확한 발음과 적당한 속도로 말한다.
③ 의뢰형, 권유형은 명령형, 지시형으로 말한다.
④ 플러스 화법을 사용한다.
⑤ 부정적인 말은 우회적, 긍정적으로 표현한다.

62. 다음 설명에서 백 주임이 개선해야 할 요소로 옳은 것은?

백 주임은 사장에게 제출할 보고서 마무리 작업 중에 전화벨이 울리는 것을 들었지만 보고서 작성이 더 중요하므로 외면하다가 전화벨이 계속 울리자 어쩔 수 없이 밝고 경쾌한 목소리로 전화를 받았다.

① 신속성　　　　② 친절성
③ 정확성　　　　④ 신뢰성
⑤ 긍정성

63. 전화 응대 매너의 3원칙이 아닌 것은?

① 상대방의 말을 가로채지 않는다.
② 전화 걸기 전 용건을 5W 1H로 요점 정리한다.
③ 전문용어를 사용한다.
④ 늦어질 경우, 중간 보고를 한다.
⑤ 호칭이나 직함에 주의한다.

64. 다음 중 바람직한 호칭 사용법으로 가장 적절한 것은?

① 상사에 대한 존칭은 호칭에만 사용한다.
② 문서상이라도 상사의 지시를 전달할 때는 존칭을 사용한다.
③ 다른 사람에게 자신을 소개할 때는 정확한 전달을 위해 이름을 "성, ○자, ○자입니다." 라고 한다.
④ 자신의 상사보다 더 윗사람 앞에서 자기 상사를 칭할 때는 '님' 자를 붙인다.
⑤ 사내에서는 직급과 직책 중에서 편한 호칭을 사용한다.

65. 다음 중 Script의 필요성 및 목적으로 적절하지 않은 것은?

① 표준화된 언어표현과 상담방법으로 상담원 중심 응대가 용이해진다.
② 고객에게 전화목적에 대한 효율적인 전달이 용이해진다.
③ 콜센터의 생산성 관리를 도와준다.
④ 상담원들의 평균 통화시간을 조절할 수 있다.
⑤ 상담원들의 생산성 관리 및 통화 관리가 용이해진다.

66. 다음 중 콜센터 업무 분류 중 인바운드 콜 서비스에 속하는 것은?

① 해피콜
② 텔레마케팅
③ 연체고객관리
④ 클레임
⑤ 시장조사

67. 불만고객 처리 프로세스 중 제4원칙은?

① 공정성 유지
② 효과적 대응
③ 고객 프라이버시 보장
④ 체계적 관리
⑤ 지속적 관리

68. 스크립트 작성 요령에 대한 설명으로 옳은 것은?

① 최대한 많은 형용사를 사용한다.
② 부정형보다 긍정형을 사용한다.
③ 의뢰형보다는 지시형을 사용한다.
④ 유창한 문어체를 사용한다.
⑤ 회사의 관점에서 작성한다.

69. 아래 내용에 해당하는 모니터링 방법은?

> 랜덤으로 녹음한 콜 샘플을 선택하여 듣고 상담원 성과를 평가하는 것

① Call Tapping Monitoring
② Side-by-Side Monitoring
③ Silent Monitoring
④ Peer Monitoring
⑤ Mystery Call

70. 올바른 인사 예절에 대한 설명으로 옳은 것은?

   ① 앉아서 인사할 경우 최대한 머리를 숙인다.
   ② 복도에서 상사와 마주칠 경우 잠시 멈추어 인사한다.
   ③ 웃어른께 인사할 때는 눈을 마주치지 않는다.
   ④ 웃어른께 인사할 때는 30보 이내에서 인사한다.
   ⑤ 상대방과 갑자기 마주칠 경우 인사하지 않는다.

71. 다음에서 설명하는 화법은 무엇인가?

   이 스마트폰은 가격은 다소 비싸지만 성능은 최고입니다.

   ① 쿠션화법
   ② 신뢰화법
   ③ 레이어드화법
   ④ 산울림화법
   ⑤ 아론슨화법

72. 손님을 맞이할 때 안내 자세로 옳지 않은 것은?

   ① 손님이 방문 시 즉시 기립 인사한다.
   ② 엘리베이터 탑승 시 방문객에게 사전에 행선 층을 미리 알려 준다.
   ③ 계단을 오를 때는 여성이 남성보다 먼저 올라 간다.
   ④ 응접실에서는 입구 쪽에서 가장 먼 곳이 상석이다.
   ⑤ 연장자나 상급자와 나란히 걸을 때는 연장자가 오른쪽에 서며, 상급자 수행 시에는 수행하는 사람이 조금 앞서서 걷는다.

73. 코칭에 대한 설명으로 옳은 것은?

   ① 미래지향적이다.
   ② 집단적으로 지도한다.
   ③ 카운슬링과 같은 개념이다.
   ④ 상처받은 사람을 치유한다.
   ⑤ 지시형 화법을 주로 사용한다.

74. 시간적으로 끝에 제시된 정보가 인상 형성에 중요한 역할을 하게되는 현상을 설명하고 있는 효과는?

   ① 맥락효과
   ② 최신효과
   ③ 부정성효과
   ④ 후광효과
   ⑤ 초두효과

75. 특정 사회에서만 성립되고 사회 내부 구성원이 의심없이 수용하는 이미지 유형은?

   ① 정서적 이미지
   ② 외적 이미지
   ③ 내적 이미지
   ④ 준거 집단 이미지
   ⑤ 사회적 이미지

76. 다음 중 악수의 기본원칙으로 적절하지 않는 것은?

   ① 여성이 남성에게 악수를 먼저 청한다.
   ② 연장자가 연소자에게 악수를 먼저 청한다.
   ③ 기혼자가 미혼자에게 악수를 먼저 청한다.
   ④ 지위가 낮은 사람이 높은 사람에게 악수를 먼저 청한다.
   ⑤ 남성이 상사인 경우에도 여성 직원에게 악수를 먼저 청한다.

77. 다음 중 올바른 명함 수수법으로 가장 적절한 것은?

① 아랫사람이나 용건이 있는 사람이 자기를 소개한다는 차원에서 먼저 건네는 것은 실례가 된다.
② 명함은 만나자마자 교환하는 것이 원칙이다.
③ 받은 명함은 앉아서 대화를 나누기 전 명함집에 넣는 것이 예의이다.
④ 혹시 모르는 한자가 있을 경우라도 질문하는 것은 실례가 된다.
⑤ 앉아서 대화를 나누다가도 명함을 교환할 때는 일어서서 건네는 것이 원칙이다.

78. 다음은 악수하는 요령에 관련된 내용이다. 맞는 것은?

① 남자, 여자 모두 장갑을 착용한 경우 악수 시에는 장갑을 벗는다.
② 악수를 하면서 허리는 약간 굽힌다.
③ 여성이 자리에 앉아 있을 때 남성이 악수를 청할 경우 여성의 경우 앉아서 악수를 해도 무방하다.
④ 감정의 표현이 필요한 경우 악수를 하면서 상대방의 손을 계속해서 잡고 말을 걸어도 무방하다.
⑤ 남성이 상사인 경우에도 여성 직원에게 악수를 먼저 청하는 것은 실례가 된다.

79. 국제 비즈니스 매너에 대한 설명으로 옳지 않은 것은?

① 악수를 하면서 절을 한다.
② 모자, 코트, 가방 등의 소지품은 클로크 룸에 보관한다.
③ 악수 시에 손을 내밀어 따뜻한 인사말과 함께 악수한다.
④ 자기 이름 앞에 Mr나 Miss 같은 존칭은 삼간다.
⑤ 사회적으로 지위가 높은 사람에게는 경칭을 사용한다.

80. 소비자 분쟁 조정 위원회의 위원에 임명 또는 위촉되기 위한 자격 요건이 아닌 것은?

① 판사·검사 또는 변호사의 자격이 있는 자
② 소비자단체의 임원의 직에 있거나 있었던 자
③ 사업자 또는 사업자단체의 임원의 직에 있거나 있었던 자
④ 7급 이상의 공무원
⑤ 대학이나 공인된 연구기관에서 부교수 이상

81. 다음은 소비자 기본법 중 어떤 권리에 속하는가?

> 고객 : 제가 스마트폰을 구입했는데 사용 방법을 잘 모르겠어요.
> 직원 : 제가 자세히 설명해 드릴게요.

① 보호받을 권리
② 선택할 권리
③ 교육 받을 권리
④ 보상 받을 권리
⑤ 소비할 권리

82. 다음은 어떤 제한에 관한 설명인가?

> 개인정보처리자는 개인정보의 적정한 취급을 보장하기 위해 개인정보 취급자에게 정기적으로 필요한 교육을 실시해야 한다.

① 고유 식별 정보의 처리 제한
② 민감 정보의 처리 제한
③ 영상 정보 처리기기의 설치, 운영 제한
④ 개인정보 취급자에 대한 감독
⑤ 이용 제한의 원칙

83. 다음 중 개인정보처리자가 정보주체의 정보를 유출하였을 때 알려야 할 사항이 아닌 것은?

① 유출된 개인 정보의 항목
② 유출로 인하여 발생할 수 있는 피해를 최소화할 방법
③ 유출된 시점과 그 경위
④ 조사대상 침해행위의 중지
⑤ 개인정보처리자의 대응조치 및 구제절차

84. 다음 중 청중의 속성을 파악하는 방법 중 청중들을 잘 아는 정보원을 통해 청중의 속성에 관해 질문하는 방법을 무엇이라 하는가?

① 직접적 정보수집
② 내부자원을 이용한 정보수집
③ 간접적 정보수집
④ 추론에 의한 정보수집
⑤ 외부자원을 이용한 정보수집

85. 프리젠테이션 제작 시 슬라이드 디자인 원리 중 전하려는 필수적 정보만 제공하는 것은?

① 단순성   ② 조화성
③ 명료성   ④ 균형성
⑤ 통일성

86. 다음 중 프레젠테이션의 4P 중 청중(People)의 분석 요소로 적절하지 않은 것은?

① 성별   ② 좌석배치
③ 연령대   ④ 소득수준
⑤ 학력

87. 브레인 스토밍 교수법에 대한 설명으로 옳지 않은 것은?

① 새로운 아이디어 도출이 가능하다.
② 아이디어 제안 능력이 향상된다.
③ 브레인 스토밍 전에 그라운드 룰을 명확화한다.
④ 커뮤니케이션 스킬이 향상된다.
⑤ BBOD라는 광고회사 부사장(알렉스 오즈번)에 의해 알려진 기법

88. MICE 산업 분류 중 기업회의를 의미하며 10인 이상 참여자가 교육, 아이디어 및 정보 교환, 사회적 네트워크 형성, 토론 등 다양한 목적을 가지고 참여하여 4시간 이상 진행되는 회의의 유형은?

① Tour   ② Meeting
③ Convention   ④ Exhibition
⑤ Incentive

89. 전통 예절에서 절의 종류 중 항렬이 같은 사람, 관직의 품계가 같은 경우 주로 사용되는 것은?

① 초례   ② 행례
③ 진례   ④ 배례
⑤ 공례

90. 국제 비즈니스 매너를 위해 숙지해야 할 국가별 문화 특징에 대한 설명으로 거리가 먼 것은?

① 말레이시아에서는 일반적으로 돼지고기나 술을 입에 대지 않고 오른손을 사용한다.

② 일본은 자신의 밥그릇이나 국그릇을 들어서 음식을 먹는 습관이 있다

③ 인디언들은 사진을 찍으면 사람의 혼이 빠져 죽음에 이른다고 생각하기 때문에 촬영할 때는 신중을 기한다

④ 홍콩에서는 박쥐를 죽음의 상징으로 여기기 때문에 선물을 하지 않는 것이 좋다

⑤ 태국, 말레이시아에서는 사람의 머리를 신성시하기 때문에 상대방의 머리를 함부로 만져서는 안된다.

1	⑤	2	④	3	②	4	①	5	⑤	6	④	7	①	8	⑤	9	⑤	10	⑤
11	②	12	③	13	③	14	②	15	②	16	⑤	17	⑤	18	①	19	④	20	①
21	①	22	①	23	⑤	24	①	25	②	26	①	27	⑤	28	⑤	29	⑤	30	②
31	④	32	①	33	④	34	④	35	③	36	①	37	①	38	④	39	④	40	①
41	③	42	④	43	④	44	③	45	②	46	③	47	①	48	②	49	②	50	⑤
51	②	52	④	53	④	54	⑤	55	⑤	56	⑤	57	⑤	58	①	59	⑤	60	②
61	①	62	④	63	⑤	64	⑤	65	③	66	①	67	⑤	68	⑤	69	⑤	70	④
71	④	72	②	73	②	74	⑤	75	⑤	76	②	77	③	78	④	79	⑤	80	①
81	⑤	82	⑤	83	⑤	84	②	85	①	86	①	87	④	88	⑤	89	①	90	①

1. ⑤
미국 통계청의 5가지 서비스 분류 중 숙박은 소비자 서비스에 해당한다.

2. ④
상식 문제가 출제되기도 한다.

3. ②
반전은 타인이나 환경과 상호작용하는 대신 자기 자신을 대상으로 삼아 외부에 하고 싶은 행동을 자신에게 하거나 외부에서 나에게 해주길 바라는 행동을 스스로에게 하는 상태를 의미한다.

4. ①
협상 당사자 사이에 요구수준의 차이가 심하고 협상인이 단기간에 타결되기 어려운 경우 사용하는 것이다.

5. ⑤
문화는 태어날 때부터 본능적으로 형성되는 것이 아니라 동태성의 특징을 지닌다.

6. ④
① 가족, 친구, 이웃 ② 광고, 판매직원, 웹사이트, 포장
③ 대중매체, 소비자 단체가 해당한다.

7. ①
발신자-부호화-채널-해독-수신자 순이다.

8. ⑤
전문공급업체 자료는 인적 데이터와 거리가 멀다.

9. ⑤
소비자는 구매 전 충분한 정보 수집이 어렵기 때문에 여러 대안을 찾기 보다 처음 대안을 선택하는 경향이 많다.

10. ⑤
소비자는 구매와 관련된 위험을 줄이기 위해 구전을 활용 함

11. ②
고객과 제공자 간 정보 교환 과정이다.

12. ③
시장 경쟁력 강화요소는 요소 상품력, 이미지, 가격, 브랜드, 고객관리이다.

13. ③
Richins의 소비자 불평행동 모델: 이 이론은 소비자 불평행동을 세 가지 인지적 과정으로 설정하고 그것을 하나의 과정으로 보는 이론으로 세 가지 과정은 만족, 불만족 평가, 귀인 평가, 대체안 평가로 이루어짐

14. ②
5단계, 자아 실현의 욕구에 해당된다.
① 2단계, 안전의 욕구
③ 3단계, 사회적 욕구
④ 4단계, 존경 욕구
⑤ 1단계, 기본적 욕구

485

15. ②
혁신형에 해당한다.
① 동조형 - 문화적 목표와 제도적 수단을 모두 수용
(부적응자에서 제외)
③ 의례형 - 문화적 목표는 거부, 제도적 수단은 수용(공
무원의 복지부동)
④ 패배형 - 문화적 목표와 제도적 수단을 모두 거부(약
물중독, 은둔자, 부랑자)
⑤ 반역형 - 문화적 목표와 제도적 수단 모두 거부, 변
혁(혁명가, 히피, 해방운동가)

16. ⑤
시간의 구조화는 폐쇄, 의례, 잡담 또는 소일, 활동, 게
임, 친밀이다.

17. ⑤
의사소통의 장애요인으로 준거 틀, 정보원의 신뢰도, 개
인 특성, 선택적 청취, 지각상의 장애, 가치판단, 감정
상태, 가치관, 위신관계, 공간적 거리, 여과, 집단 응집
력, 많은 정보, 투사 등이 있다.

18. ①
규범적/실용적 영향: 소비자가 보상을 기대하거나 차별
을 피하기 위해 다른 사람들의 기대에 순응하고자 하는
것을 말한다.

19. ④
가, 환경요인, 마. 산업요인에 해당한다.

20. ①
신규 고객 유지와 관리 비용이 상대적으로 낮다.

21. ①
3R에 해당하는 것은 가나다이다.

22. ①
방사효과에 대한 설명이다.

23. ⑤
신뢰는 의사소통 장애요인으로 보기 어렵다.

24. ①
올리버의 기대불일치 이론에 근거한 연구는 인지적 불
협화 이론, 대조 이론, 동화-대조 이론, 비교수준 이론,

일반화된 부정성 이론 등이 있다.

25. ②
출발 방송의 부실, 웨이트 앤드밸런스 쉬트 지연

26. ①
역피라미드 형태의 조직구조

27. ⑤
시스템 개발 초기부터 고객을 참여시켜 고객 요구를 반
영한 설계방법이다.

28. ⑤
기회비용, 대기환경, 지각된 대기시간, 기대불일치안정
성, 통제가능성, 거래중요도, 대기환경 기회비용 등이
있다.

29. ⑤
개인적 갈등, 개인 간 갈등, 개인과 집단 간 갈등, 집단
간 갈등이 해당된다.

30. ②
설득에 대한 설명이다.

31. ④
처리속도는 소프트웨어에 해당한다.

32. ①
간접측정은 다양한 품질 차원을 고려하기 때문에 만족
도 개선을 위해 어떤 노력을 기울여야 하는지 다양한
정보를 제공받을 수 있다. 중복측정 문제를 방지할 수
있으나 가중치 부여 등 조사모델이 복잡해 질 수 있다,
그 외에 직접 측정, 혼합 측정 방식이 있다.

33. ④
교재의 자료 수집 방법 용어 정리를 참고하도록 한다.

34. ④
서비스를 지원하는 활동과 고객과 접하는 활동을 구분
하여 부서 고유의 상호 의존성 및 경계 영역을 명확히
해준다.

35. ③
서비스를 패키지로만 구매 가능하고 개별 제품은 구매

할 수 없도록 가격을 책정하는 전략으로 해외여행 패키지 상품이 대표적 예이다.

36. ⑤
성형 및 미용이 수술 치료에 해당한다.

37. ①
고객이 얻게 되는 결과, 산출을 통한 공정성을 의미하며 고객은 불만 수준에 맞는 보상을 기대 한다.

38. ④
단골 고객은 특정 제품, 서비스를 정기적으로 구매하는 고객을 말한다.

39. ④
④는 현장 서비스에 대한 설명이다.

40. ①
자율성, 긍정성, 변화가능성이다.

41. ③
트랜드 관련 문제로 웹시족에 대한 설명이다. 웹시족은 웹(web)과 미시(missy)의 합성어로 인터넷을 활용해 생활정보를 얻거나 여가를 즐기는 주부층을 말한다.

42. ④
혼합 패널에 대한 설명이다. 순수 패널은 동일 변수에 대해 구성원들의 반복적인 응답을 말한다.

43. ④
업무 의존성은 개인 특성이라고 보기 어렵다.

44. ③
과정 통제는 조직구조, 관리절차, 보상 등이 해당된다.

45. ②
세분단위 시장심화 전략에 대한 설명이다.

46. ③
행동적 측정과 태도적 측정방법의 장, 단점 고려하여 측정하는 방법이다.

47. ①
보통 한번 내지 두세번 사용으로 소모되는 유형 제품을

말한다. 어떤 장소에서도 구입이 가능하며 대량 광고를 통해 구입을 유도하고 선호도를 구축할 수 있는 제품이다.

48. ②
잠복된 충성도에 대한 설명이다.

49. ②
변화에 대한 설명이다.

50. ⑤
디드로 효과에 대한 설명이다. 디드로 효과는 하나의 물건을 구입한 후 그 물건과 어울리는 다른 제품들을 계속 구매하는 현상이다.
① 분수 효과 : 저소득층의 소비 증대가 생산 및 투자 활성화로 이어져 경기를 부양시키는 효과.
② 언더독 효과 : 경쟁에서 열세에 있는 약자를 더 응원하고 지지하는 심리 현상을 뜻하는 사회과학 용어
③ 현저성 효과 : 어떤 특징이 인상 형성에 큰 몫을 차지하는 심리 현상
④ 바넘효과 : 보편적으로 적용되는 성격 특성을 자신의 성격과 일치한다고 믿으려는 현상

51. ②
효율성, 신뢰성, 성취이행성, 보안성

52. ④

53. ④
복리 후생 제도를 통해 직원 능력을 최대한 발휘할 수 있도록 한다.

54. ⑤
이익에는 기업의 장기적 성장이 원천이 되는 좋은 이익과 단기적 기여에 그치는 나쁜 이익이 있다.

55. ⑤
유행은 단기적 유행을 뜻하는 패드와 비슷한 의미로 패드와 트랜드는 구분되어야 한다.

56. ①
기업 이해가 아닌 고객 이해이다. 서비스 품질 10가지 차원은 유형성, 신용성, 반응성, 능력, 예의, 신뢰성, 안정성, 접근성, 의사 소통, 고객 이해이다.

57. ⑤
구체적, 측정 가능하게 설정되어야 한다.

58. ①
② 제품 계층 ③ 가격/품질 ④ 서비스 이용자 ⑤ 서비스 용도

59. ②
고객 만족지수는 기대불일치, 전반적 만족도, 이상적 제품 및 서비스 대비 만족 수준으로 구성된다.

60. ②
기능 위주의 서비스 전달 시스템에 대한 설명이다.

61. ①
작은절(초례, 반절): 웃어른이 아랫사람의 절에 대해 답배시에 한다.
보통절(행례, 평절): 항렬이 같은 사람, 관직 품계가 같을 경우에 한다.
매우 큰절(배례): 관, 혼, 상, 제, 수연, 고희 시에 한다.

62. ④
남녀 성별에 따라 별도 명함 크기와 모양에 차이를 두지 않는다.

63. ⑤
악수의 5대 원칙은 미소(Smile), 눈맞춤(Eye-Contact), 리듬(Rhythm), 적당한 힘(Power), 적당한 거리(Distance)이다.

64. ⑤
의전의 기본원칙은 Respect, Reciprocity, Reflecting, Rank, Right이다.

65. ③
① Meeting: 사회적 네트워크 형성, 정보 및 아이디어 교환, 토론 등 MICE 목적으로 설립된 유료시설을 사용
② Incentive: 회사에서 비용 전체 또는 일부를 부담하고 조직원들의 성과에 대한 보상 및 동기 부여를 위한 순수 포상 여행
④ Exhibitions: 제품, 기술, 서비스를 특정 장소에서 판매, 홍보, 마케팅하는 활동
⑤ Event: 제품, 기술, 서비스를 특정 장소에서 판매, 홍보, 마케팅하는 활동

66. ①
② 사고 과정: 과거와 관련된 기억과 현재의 지각이라는 투입요소가 혼합되어 개인의 이미지를 형성한다.
③ 감정 과정: 지각과 사고 이전의 감정에 반응하는 과정으로 감정적 반응은 확장 효과를 가져 온다.

67. ⑤
유효성의 원칙이다.

68. ⑤
⑤ 위원이 궐위된 때에는 지체 없이 새로운 위원을 임명 또는 위촉하여야 한다. 이 경우 후임으로 임명 또는 위촉된 위원의 임기는 새로이 개시된다.

69. ⑤
4급 이상이다.

70. ④
Goal-Reality-Options-Will 순이다.

71. ④
2이상의 사업자이다.

72. ⑤
고객 측 원인에 해당한다.

73. ②
① 신용정보: 대부 잔액 및 지불사항, 저당, 신용카드, 미납액, 압류 통보
③ 법적정보: 전과기록, 교통위반 기록, 파산 및 담보기록, 구속기록, 이혼기록, 납세기록
④ 의료정보: 가족병력기록, 과거 의료기록, 정신질환기록, 신체 장애, 혈액형
⑤ 조직정보: 노조 및 종교단체, 정당 가입

74. ⑤
목적 외의 용도로 활용해서는 안 된다.

75. ⑤
소비자와 사업자 사이의 거래의 공정화 및 적정화, 그 밖에 소비자의 권익과 관련된 주요한 사항, 소비자정책의 추진과 관련된 재원의 조달방법, 어린이 위해방지를 위한 연령별 안전기준의 작성, 그 밖에 소비자정책의 수립과 추진에 필요한 사항 등이 있다.

76. ③
위법행위로 인하여 개인정보처리자가 취득한 경제적 이익이다.

77. ③
첫인상 못지않게 끝인상 역시 매우 중요하므로 마무리를 통해 프리젠테이션을 성공적으로 마칠 수 있다.

78. ③
청중에게 부담감을 주지 않도록 여백을 살려서 제작한다.

79. ③
청각적 요소는 음성, 음색, 억양, 음의 고저, 말씨, 어간 등이 있다.

80. ①
②, ③은 보통례, ④, ⑤는 약례에 해당한다.

81. ⑤
상사위임과는 거리가 멀다.

82. ⑤
전문용어는 최대한 자제한다.

83. ⑤
A/S 접수는 인바운드 콜 서비스이다.

84. ②
내면화 행위에 대한 설명이다.

85. ①
① 도입 단계 시 첫인사가 끝나면 다음 단계로 회사 및 상담원을 소개한다.

86. ①
공식적으로 발표하지 않았는데도 좋지 않은 소문이나 근무조건 변경 등의 내용이 콜센터 조직내에 금방 확산되는 현상을 말한다.

87. ④
경직화에 대한 설명이다.

88. ⑤
구전은 사적반응이다.

89. ①
기업 콜센터 현장에서 기존 고객의 ARPU를 높일 목적으로 교차판매 및 상향 판매활동을 강화하기도 한다.

90. ①
② 적응하기 : 현재 상황을 그냥 받아들이고 긍정적 해석을 하려고 노력한다.
③ 분노 조절 훈련 : 고객이 집에서 무슨 일이 있어 화를 낸 것이지 나를 무시하려고 그런 말을 한 것은 아니라고 생각한다.
④ 혼잣말 : 이 상황에서 꼭 내가 화를 내야 하는지, 그만큼 중요한 일인지, 화내봐야 나만 손해라는 생각을 한다.
⑤ 생각 멈추기 : 속으로 그만이라는 소리를 지른 뒤 백지장처럼 고객을 지운다.

제2회 · 적중모의고사 정답 및 해설

1	③	2	②	3	①	4	⑤	5	④	6	⑤	7	④	8	④	9	④	10	①
11	②	12	③	13	⑤	14	①	15	④	16	③	17	①	18	⑤	19	④	20	⑤
21	⑤	22	①	23	①	24	①	25	②	26	③	27	⑤	28	②,⑤	29	④	30	⑤
31	⑤	32	③	33	⑤	34	④	35	④	36	①	37	④	38	①	39	①	40	①
41	②	42	②	43	②	44	④	45	①	46	③	47	④	48	⑤	49	⑤	50	①
51	④	52	②	53	②	54	①	55	⑤	56	⑤	57	③	58	③	59	⑤	60	③
61	④	62	②	63	①	64	⑤	65	②	66	⑤	67	④	68	⑤	69	③	70	①
71	⑤	72	⑤	73	①	74	①	75	③	76	③	77	⑤	78	⑤	79	⑤	80	②
81	⑤	82	⑤	83	⑤	84	③	85	③	86	⑤	87	⑤	88	⑤	89	④	90	②

1. ③
① 1990년 중반 KT, 철도청 등 공기업 도입
② 1993년 삼성그룹의 신 경영 선포
④ 2000년대 후반 업종 불문하고 고객만족경영 도입
⑤ 1992년 국내 최초로 LG그룹에서 고객가치 창조 기업 이념 도입

2. ②
고객 기대보다 성과가 높으면 만족하는데 이를 긍정적인 불일치(positive disconfirmation)라고 하고, 성과가 기대보다 낮을 경우 불만족하는데 이를 부정적 불일치(negative disconfirmation)라고 한다.

3. ①
소비자에게 강력한 교섭력을 가질수록 매력적인 시장이다.

4. ⑤
영국의 Edwards & Peppard 교수의 비즈니스 프로세스 구분
경쟁 프로세스 - 경쟁자보다 우수한 고객 가치를 제공하는 프로세스
변혁 프로세스 - 급속히 변화하는 환경 속에서 조직의 지속적인 경쟁우위 확보를 위한 프로세스
기반 프로세스 - 핵심 프로세스는 아니지만 프로세스 결과물이 고객 가치가 있다고 판단되는 프로세스
지원 프로세스 - 경쟁, 변혁, 기반 프로세스가 제대로 진행되도록 지원하는 프로세스

5. ④
품질기능전개(Quality Function Deployment)는 고객의 요구와 기술의 속성 사이에 정확한 상관관계를 도출할 수 있다.

6. ⑤
품질의 집(HOQ ; House Of Quality) 구성요소에는 고객의 요구 사항, 고객 요구의 중요도, 설계 품질 특성, 설계 특성간의 상관관계, 고객 요구 사항과 설계 품질 특성간의 관계 평가, 타사와의 경쟁 수준, 조직의 목표, 조직의 객관적 수준 등이 있다.

7. ④
슈메너(Schmenner)의 서비스 프로세스 매트릭스 분류

구분		고객과의 상호작용 / 개별화	
		높음	낮음
노동 집약도	높음	전문 서비스 (변호사, 의사, 건축가 등)	대중 서비스 (소매금융업, 학교, 도매업 등)
	낮음	서비스 샵 (병원, 수리센터, 정비회사 등)	서비스 팩토리 (항공사, 운송업, 호텔 등)

8. ④
① 봉사론적 측면 : 서비스 제공자가 서비스 수혜자에게 제공하는 봉사적 혜택
② 서비스를 유형재인 재화와 구분해 용역으로 간주하여 '비생산적인 노동, 비물질적인 재화'라고 정의하였다.
③ 속성론적 측면 : 시장에서 판매되는 무형의 상품
⑤ 활동론적 측면 : 판매를 목적으로 제공되거나 상품 판매와 연계해 제공되는 모든 활동

9. ④

쇼스텍(Shostack)의 유형성 스펙트럼은 서비스와 제품의 속성을 이용해 서비스와 제품이 어느 위치에 속하는지 알아보기 위한 방법을 제시한 것으로 대표적인 것이 유형성 스펙트럼과 제품－서비스 연속체 개념이다.
- 유형성 우위 : 소금 〉 청량음료 〉 세제 〉 자동차
- 유형성+무형성 : 패스트푸드
- 무형성 우위 : 광고대행사 〈 항공사 〈 투자관리 〈 컨설팅 〈 교육

10. ①

서비스는 눈에 보이지 않는 무형성의 특성을 갖는다.

11. ②

실생활에 응용할 수 있도록 제작된 심리검사로 성격의 좋고 나쁨을 판단하는 용도는 아니다.

12. ③

대기로 인한 수용가능성에 영향을 미치는 요인은 생산 기술과는 거리가 멀다.

13. ⑤

품질 보증 비용 감소이다.

14. ①

1980년대 초반이다.

15. ④

조하리의 창은 인간관계의 상호작용에서 나타나는 4개의 영역으로 구분할 수 있는데, 공개적(개방형) 영역, 맹목의(자기 주장형) 영역, 숨겨진(신중형) 영역, 미지의(고립형) 영역으로 나누어진다.

16. ③
- 정보적 영향: 준거집단의 의견을 신뢰성있는 정보로 받아들이는 것으로 전문가, 사회적 비교 이론 등이 있다.
- 규범적/실용적 영향: 소비자가 보상을 기대하거나 차별을 피하기 위해 다른 사람들의 기대에 순응하고자 하는 것을 말한다.

17. ①

생산성 향상 운동의 하나로 표준화(standardization) 단순화(Simplification), 전문화(Specialization)의 3개의 앞글자를 따서 3S라 부른다.

18. ⑤

지나친 간소화, 미완성, 주관성, 편향된 해석이다.

19. ④

호만스(G. Homans)의 교환이론에 대한 설명이다.

20. ⑤

현장배회 경영은 1980년대 미국 경영이론가 '톰 피터슨'이 주장한 것으로 의사결정을 하는 경영자가 직접 현장을 방문하여 이야기를 나눔으로써 정보나 의사를 주고받는 것을 말한다. 3현주의(현장, 현물, 현실)에 의해 업무 수행을 빠르게 처리하는 방법으로 필요한 정보를 얻고 경영에 반영 가능, 직원들의 현장감 있고 솔직한 의견 수렴 가능하고, 정보의 왜곡이 없으며, 현장에서 직접 문제 해결 지원 가능 등의 효과가 있다.

21. ⑤

① 경제적 고객:고객 가치를 극대화하려는 고객
② 편의적 고객:서비스를 받는 데 편의성을 중요시하는 고객
③ 개인적 고객:개인 간의 교류를 선호하는 고객
④ 윤리적 고객:책무는 윤리적 기업의 고객이 되는 것이라고 생각하는 고객

22. ①

최근 이슈나 상식문제가 출제되는 경향이 있다.
① 헝그리 어답터: 신제품을 구매해 일정 기간 사용 후 중고로 팔아 또 다른 신제품을 구매하는 소비자.
② 블랙 컨슈머: 제품 구매 후 고의적으로 악성 민원을 제기하는 사람
③ 얼리 어답터: 제품이 출시될 때 가장 먼저 구입해 평가를 내린 뒤 주위에 제품 정보를 알려주는 성향을 가진 소비자.
④ 프로슈머: 소비는 물론 제품 생산과 판매에도 직접 관여해 해당 제품의 생산 단계부터 유통에 이르기까지 소비자 권리를 행사하는 사람
⑤ 그린 컨슈머: 환경이나 건강을 우선 판단 기준으로 하는 소비자.

23. ①

분석 CRM은 영업/마케팅/서비스 측면에서 고객정보를 활용하기 위해 고객 데이터를 추출, 분석하는 시스템으로 고객 캠페인을 통한 타깃 마케팅을 수행한다.
②③ 운영시스템, ④⑤ 협업시스템과 관련한 설명이다.

24. ①

사후적 보상은 매출액에 따른 마일리지, 항공사 마일리지, 무료 항공권 등이 해당된다.

사전유인 방법은 ③④, 금전적 혜택은 ⑤에 해당된다.

25. ②

① risk score: 기업에 대한 부정적 영향력 점수
③ coverage score: 충성도 지표, 교차 판매 가능성 등 얼마나 많은 상품을 구매하는지를 나타내는 점수
④ RFM :충성도 지표, 교차판매 가능성 등 얼마나 많은 상품을 구매하는지 점수
⑤ NPS: 순 추천고객지수로 추천고객비율에서 비추천고객비율을 뺀 지수

26. ③

상황적 리더십 모형은 지시적, 설득적, 참여적, 위임적 리더십이다.

27. ⑤

① 투사: 자신의 욕구, 감정을 타인의 것으로 지각하는 현상을 말한다.
② 융합 :가까운 관계에 있는 두 사람이 서로의 독자성을 무시하고 동일한 가치와 태도를 지니는 것처럼 생각하는 상태를 의미한다.
③ 편향 :내적 갈등이나 외부 환경적 자극에 노출될 때 자신의 감각을 둔화시키면서 자신 및 환경과의 접촉을 약화시키는 상태를 의미한다.
④ 자의식 : 타인의 반응을 지나치게 의식하고 관찰하는 현상을 의미한다. 관찰자의 위치에서 자신의 행동을 감시, 통제한다.

28. ②, ⑤

② 포도넝쿨 의사소통과 관련한 설명이다.
⑤ 상향적 의사소통

29. ④

현재의 인간관계에서 얻고자 기대하는 성과기준이며 주로 과거의 인간관계에서 받아 온 성과의 평균수준을 나타낸다.

30. ⑤

관리자의 특성이다.

31. ⑤

① 경쟁사: 자신의 경쟁사와 비교하여 포지셔닝을 하는 방법이다.
② ③ 가격 대 품질 관계에 초점을 맞추는 전략
④ 등급: 같은 제품일지라도 서비스 등급을 달리하여 포지셔닝하는 방법이다.

32. ③

따뜻한 감성, 이미지 브랜드등을 차별화하는 것으로 박카스 감성 마케팅 등이 해당된다.

33. ⑤

기본 상식, 이슈와 관련된 출제 유형이다.

34. ④

모든 이해관계자가 참여하는 것이 좋다.

35. ④

①② WO 전략, ③⑤ WT 전략 에 해당된다.

36. ①

서비스 청사진은 전체 운영 시스템 중 고객의 동선 등을 파악 후 실패 가능점을 파악해 대안을 강구하여 서비스 향상을 할 수 있다. 서비스 상품 개발의 설계와 재설계 단계에서 유용하게 활용될 수 있으며 서비스 업무 수행의 지침이 된다.

37. ④

① 차별성 - 타 스킬 분야의 차이를 인정하고 이를 반영해야 한다.
② 대표성 - 대상 접점을 통해 전체 접점 서비스 특성 및 수준을 측정할 수 있다.
③ 신뢰성 - 지속적인 평가 및 전 직원 대상 동일한 방법으로 모니터링이 시행되어야 한다.
⑤ 유용성 - 모든 정보는 조직과 고객에게 영향을 줄 수 있어야 한다.

38. ①

고객 입장에서 진단(분석) - 고객 접점(MOT) 설계 - 고객 접점 사이클 세분화 - 고객 접점 시나리오 구성 - 새로운 표준안 대로 행동

39. ①

서비스의 차별화가 아닌 서비스의 표준화가 발생 원인이다.

40. ①

모든 체인점에는 한 두명의 고객 코디네이터가 있는데 이들은 고객의 개인적 취향에 대해 조사하고, 고객별 차별화된 서비스의 제공을 위해 이전에 저장된 고객 이력 데이터베이스에 접속하여 활용하다.

41. ②

의료 서비스는 수요 예측이 불가능하다.

42. ②

상징요소 차별화에 해당하는 설명이다.

43. ②

· Gap 1 : 부족한 마케팅 리서치 결과 이용, 고객의 요구에 대한 경영자의 커뮤케이션 부족, 최고위와 최하위간 많은 관리 단계 수로 전달 부족
· Gap 2 : 서비스 품질에 대한 경영자 참여 부족, 경영자가 고객의 기대를 충족할 수 없다는 인식, 업무 표준화에 활용할 수 있는 기술 부족
· Gap 3 : 직원의 역할 모호성, 직원의 역할 갈등, 직원들의 기술과 업무의 불일치, 장비와 기술의 부조화, 평가와 보상의 부적절, 직원의 재량권 기각, 직원과 경영자의 팀워크 부족
· Gap 4 : 서로 다른 부서간 또는 부서 내 커뮤니케이션 부족, 외부 전달 과정의 과다 약속 및 서비스 제공자의 정보 부족
· Gap 5 : 고객의 기대와 인지와의 차이로 Gap 1~4의 크기와 방향 조정 필요

44. ④

종업원이 역할과 관련된 충분한 정보(성과에 대한 기대, 기대 충족 방안, 직무행위 결과)를 가지고 있지 못할 때 역할 모호성이 발생한다. 역할 모호성은 서비스 표준이 없거나 우선 순위가 많은 서비스 표준이 존재하거나, 서비스 표준이 의사소통되지 않거나, 서비스 표준이 성과 측정, 평가, 보상시스템과 연결되어 있지 않을 때 발생한다.

45. ①

고객만족도 측정의 3원칙
· 계속성의 원칙 – 과거, 현재, 미래와 비교
· 정량성의 원칙 – 항목별로 정량적 비교 가능하도록 조사
· 정확성의 원칙 – 정확한 조사와 해석 실시

46. ③

· 제1법칙 : 자신의 불만을 해결하여 만족하게 된 고객은 불만을 갖고 있지만, 토로하지 않는 고객에 비해 동일 브랜드를 재구입할 가능성이 매우 높다.
· 제2법칙 : 고충 처리에 불만을 품은 고객의 비우호적인 소문의 영향은 만족한 고객의 호의적인 소문의 영향에 비해 두 배나 강하게 판매를 방해한다.
· 제3법칙 : 소비자 교육을 받은 고객은 기업에 대한 신뢰도가 높아 호의적인 소문의 파급 효과가 기대될 뿐 아니라 상품의 구입 의도가 높아져 시장 확대에 공헌한다.

47. ④

① 내부 벤치마킹 – 외부 벤치마킹의 사전 단계로 현재 업무 개선을 위해 기업 내부의 부문간 또는 관련회사간의 벤치마킹을 말한다.
② 선두그룹 벤치마킹 – 새롭고 혁신적인 업무방식을 추구하는 기업을 비교하는 것으로 단순 경쟁 대처가 아니라 혁신적인 방법 모색을 목표로 한다.
③ 경쟁 벤치마킹 – 경쟁사의 강·약점 파악 후 성공적 대응전략을 수립하는 방법을 말한다.
④ 기능 벤치마킹 – 최신 제품, 서비스, 프로세스를 가지고 있는 조직을 대상으로 한 벤치마킹이다.
⑤ 산업 벤치마킹 – 산업에 속해 있는 전체 기업을 대상으로 벤치마킹하는 방법이다.

48. ⑤

최상의 표준은 고객의 요구에 대해 상호이해를 바탕으로 일선 직원 중심으로 작성되어야 한다.

49. ①

② 단순고객: 관심을 가지고 적어도 한번 정도 매장을 방문하는 고객
③ 고객: 빈번하게 구매하는 고객
④ 단골고객: 정기적으로 구매하는 고객
⑤ 충성고객: 주변 사람에게 긍정적으로 구전을 하는 고객

50. ①

나머지는 Gap 3에 해당한다.

51. ④

① 기능 가치: 제품의 품질, 기능, 가격, 서비스 등과 같은 실용성, 물리적 기능과 관련

② 사회 가치: 제품을 소비하는 사회 계층 집단과 관련
③ 정서 가치: 제품의 소비에 의한 긍정적, 부정적 감정 등 유발과 관련
④ 상황 가치: 제품 소비의 특정 상황과 관련
⑤ 인식 가치: 제품 소비를 자극하는 새로움, 호기심과 관련

52. ②
내부 품질은 종업원 만족을 유도한다.

53. ②
여러 제품의 품질, 가격의 기준으로 비교 후 구매하는 제품으로 동질적 선매품은 냉장고, 가스레인지, 텔레비전, 세탁기 등이 있고, 이질적 선매품은 가구, 의류, 가전제품 등이 있다.

54. ①
사후서비스, 보증 등 의사결정에 필요한 정보 제공이 필요하다.

55. ⑤
성능 위험에 해당한다.

56. ③
사람들의 기억 속에 맨 먼저 들어가는 일로 최초 브랜드는 대개 동일한 제품의 대명사가 된다는 마케팅 법칙

57. ③
시민의 문제 행동을 고질민원, 특이민원, 악석민원, 강성 민원 등으로 다양하게 불린다.고질민원에서 고질이란 오래도록 낫지 않아 고치기 어려운 병이라는 사전적 의미를 지니고 있으며 이에 대한 표현은 개별 행정기관 민원의 성격에 따라 다양하게 사용되고 있다.

58. ③
직접 측정 방식이다.

59. ⑤
기간이 길고 사업규모가 크기 때문에 계획과 관리가 중요하며 pert/CPM, 간트챠트 등과 같은 프로젝트 관리기법들을 이용한다. 대표적인 예로는 월드컵, 신공항건설, 경영 컨설팅 등이 있다.

60. ③
사회구조적 요구에 의한 빈번한 기술의 변화이다

61. ④
고객이 말하는 속도와 강도에 응대자가 보조를 맞추는 것이 전화 응대 구성요소의 최상의 도구로 인식되고 있다.

62. ②
고객 관계 관리에 대한 설명이다.

63. ①
메러비안(Mehrabian)은 면대면 의사소통에서 55%의 시각적 요소, 38%의 청각적 요소, 7%의 말의 내용에 의해 상대방의 이미지를 결정한다고 하였다.

64. ⑤
80%의 콜에 대한 응대 속도/ 평균 응대 속도/평균 통화시간/평균 통화후처리 시간 /평균 포기율/평균 대기시간 /첫통화 해결율/ 불통율/상담원 착석율은 인바운드 성과지표에 해당한다.
콜당 비용 판매건당 비용/ 시간당 판매량 / 평균 판매가치 /아웃바운드에 의한 판매비율/시간당 접촉횟수/1인당 연간 평균 매출 /1교대당 평균 매출은 아웃바운드 성과지표에 해당한다.

65. ②
정량적/ 정성적 목표 설정

66. ①
향수는 은은한 향을 사용하도록 한다.

67. ⑤
이메일 주소는 이름 머리글자와 성을 조합하여 만드는 것이 일반적이다.

68. ⑤
① 명령이나 지시 받은 업무의 경과 보고는 중간 보고를 하지 않아도 된다.
② 이중으로 명령을 받았을 경우 무조건 고위직급 상사의 명령을 따른다.
③ 보고 시에는 이유, 경과, 결론 순으로 상세하게 한다.
④ 상사의 명령이 잘못 되었더라도 상사의 의견을 따르도록 한다.

69. ③

간결성의 원칙이다.

70. ①

초례(작은절, 반절)에 해당한다.

71. ⑤

남성의 큰절에 대한 설명이다.

72. ③

① Dr : 수련과정을 거친 전문 직업인이나 인문과학분야의 박사학위 취득자에게 사용
② Sir : 상대방에게 경의를 나타내는 칭호
④ Majesty : 왕족에게 붙이는 경칭
⑤ Miss : 미혼 여성의 이름 앞에 붙임

73. ①

친밀한 거리는 0Cm ~ 45Cm이다.

74. ①

수동적 불평자로 불평 결과가 투입 시간과 노력 대비 보상을 해주지 못할 것이라는 효율성에 대해 의구심을 가진다. 화내는 불평자, 행동 불평자 등 다른 유형의 불만 고객보다 해당 기업을 떠날 가능성이 가장 낮다.

75. ③

① 긍정 화법 – 부정적 표현보다 긍정형으로 바꾸어 표현하는 화법
② 쿠션 화법 – 상대방이 불쾌감을 덜 느끼게 하면서 적극적으로 처리해 주겠다는 감정과 의사를 전달하는 표현 방법
④ 레이어드 화법 – 명령조의 말보다 의뢰나 질문형으로 바꾸어 상대방의 의견을 구하는 화법
⑤ 아론슨 화법 – 긍정적 내용과 부정적 내용을 함께 말해야 할 경우, 부정적인 것을 먼저 긍정적인 것을 나중에 이야기하는 화법

76. ③

고객입장에서 성의 있는 자세로 임해야 한다.

77. ⑤

사람들은 누군가 관심을 가지고 지켜보면 더 분발한다. 할 수 있다고 믿으면 잘하는 효과이다.

78. ⑤

목표설정은 GROW 모델에 해당한다.

79. ⑤

Meeting, Incentive, Convention, Exhibitions/Event를 뜻한다.

80. ②

워크숍에 대한 설명이다. 30여명 내의 인원이 특정 이슈에 대해 지식을 공유한다.

81. ⑤

연령은 공적 직위가 없는 인사에 해당한다.

82. ⑤

조정의 내용은 재판상 화해와 동일한 효력을 갖는다.

83. ⑤

그 외에
2. 다른 법률에 특별한 규정이 있는 경우
3. 정보주체 또는 그 법정대리인이 의사표시를 할 수 없는 상태에 있거나 주소불명 등으로 사전 동의를 받을 수 없는 경우로서 명백히 정보주체 또는 제3자의 급박한 생명, 신체, 재산의 이익을 위하여 필요하다고 인정되는 경우
5. 개인정보를 목적 외의 용도로 이용하거나 이를 제3자에게 제공하지 아니하면 다른 법률에서 정하는 소관 업무를 수행할 수 없는 경우로서 보호위원회의 심의 · 의결을 거친 경우
6. 조약, 그 밖의 국제협정의 이행을 위하여 외국정부 또는 국제기구에 제공하기 위하여 필요한 경우
등이 있다.

84. ③

개인정보보호법 제 39조 참조

85. ③

소비자 기본법 제 66조(분쟁조정의 기간)참조

86. ⑤

「장애인차별금지 및 권리구제 등에 관한 법률」 제20조에 따른 시각장애인을 위한 표시방법이다.

87. ⑤
소비자의 불만 및 피해를 처리하기 위한 상담·정보제공 및 당사자 사이의 합의의 권고

88. ⑤
Presenter는 4P에 포함되지 않는다.

89. ④
강의법에 대한 설명이다.

90. ②
대인지각은 다른 사람에 대한 정보로부터 그 사람의 성격, 감정, 의도, 욕구 등 내면에 있는 심리 과정을 추론하는 것으로 외모, 복장, 연령 등 다양한 정보들이 영향을 준다.

1	①	2	⑤	3	⑤	4	④	5	④	6	①	7	①	8	⑤	9	②	10	③
11	④	12	②	13	⑤	14	①	15	⑤	16	①	17	③	18	③	19	⑤	20	⑤
21	③	22	④	23	②	24	①	25	①	26	④	27	①	28	④	29	③	30	③
31	④	32	⑤	33	④	34	②	35	③	36	③	37	⑤	38	①	39	②	40	①
41	④	42	①	43	⑤	44	④	45	④	46	④	47	①	48	⑤	49	④	50	③
51	③	52	③	53	⑤	54	⑤	55	②	56	①	57	⑤	58	⑤	59	③	60	③
61	③	62	③	63	③	64	①	65	①	66	④	67	④	68	②	69	①	70	④
71	⑤	72	③	73	①	74	②	75	⑤	76	④	77	⑤	78	③	79	①	80	③
81	③	82	④	83	④	84	③	85	①	86	②	87	④	88	②	89	②	90	④

1. ①
서비스 샵은 높은 개별화, 낮은 노동 집중도에 해당한다.

2. ⑤
싱가포르항공은 고객 취향 서비스, 직원의 권한 부여, 고품위 서비스 제공 등의 차별화 서비스를 제공하고 있다.

3. ⑤
대기는 혼자 기다리면 더 길게 느껴진다.

4. ④
대기 관리 방법으로는 생산 관리 방법과 고객 인식 관리 방법이 있다.
· 생산관리 방법 – 예약 활용, 커뮤니케이션 활용, 공정한 대기 시스템 구축, 대안 제시
· 고객 인식 방법 – 서비스 시작 느낌 제시, 예상 대기 시간 안내, 고객 유형에 따른 대응, 이용되지 않는 자원 숨김

5. ④
리처드 노먼에 의해 개발되고, 얀 칼슨에 의해 서비스 경영에 도입되었다.

6. ①
품질기능전개(QFD) 기법은 신상품 개념 단계부터 생산 단계까지 제품 개발기간을 단축하고 제품 품질을 향상시키는 것이다. 신상품 개발 초기 단계부터 마케팅, 기술, 생산 부서 등 관련 부서가 긴밀하게 협력하는 것이다. 신상품 개발 초기 단계에 고객을 참여시켜 고객 니즈 반영을 통해 서비스 품질을 제공자가 이행할 수 있게 도와주고, 이를 통해 고객 만족을 높이는 품질 경영 방법론이다.

7. ①
앤더슨(Anderson)은 고객의 포괄적인 감정을 프로세스로 고객 만족을 설명하였다.

8. ⑤
높은 재거래율을 보인다.

9. ②
이 이론은 사회적 비교 이론, 분배 공정성, 균형 이론, 교환 이론이라고도 한다.

10. ③
동기부여능력은 돈, 명예와 같은 외적 보상이 아닌, 스스로의 흥미와 즐거움에 의해 과제를 수행하는 능력으로 추진력, 헌신, 주도성, 낙천성 등이다.

11. ④
① 법률 구제자
② 직접 고객
③ 의사 결정 고객
⑤ 간접 고객

12. ②
국가, 문화, 관습, 개인, 조직, 가족 차이는 영향을 미친다.

13. ⑤

고객이 서비스를 자신이 직접 생산할 것인지 외부에서 조달할 것인지를 수행하는 것으로 고객이 제공 과정의 일부분 또는 전체적으로 수행되기도 한다.

14. ①

알더퍼(Alderfer)는 매슬로우의 욕구 단계 이론과 많은 공통점이 있지만, 개인이 3가지 욕구(존재 욕구, 관계 욕구, 성장 욕구)를 동시에 경험할 수 있다는 차이점이 존재한다고 하였다.

15. ⑤

서비스 프로세스 매트릭스 분류
- 서비스 팩토리 : 항공사 , 운송업, 호텔, 리조트
- 서비스 샵 : 병원, 수리센터, 기타 정비 회사
- 대중 서비스 : 소매 금융업, 학교, 도매업
- 전문 서비스 : 변호사, 의사, 컨설턴트

16. ①

② 폭넓은 대인 관계를 유지하며 사교적, 정열적이고 활동적이다.
③ 사람과 관계에 주요 관심을 갖고 상황적이며 정상을 참작한 설명을 한다.
④ 진실과 사실에 주관심을 갖고 논리적이고 분석적이며, 객관적으로 판단한다.
⑤ 분명한 목적과 방향이 있으며, 철저하게 계획하고 체계적이다.

17. ③

데이터 웨어 하우스는 각종 데이터를 통합적으로 관리하는 정보상자 역할을 한다.

18. ③

19. ⑤

고객 확보를 위한 TV광고는 고객 관계 관리와는 거리가 멀다.

20. ⑤

① e-Marketing : 인터넷을 활용한 광고, 판촉, PR 마케팅
② e-Sales : 과거 구매 이력과 관심 목록, 가격 비교 등 파악, 주문 서비스 생성, 할인 정보, 포인트 정보 제공 등

③ e-Service : 서비스 주문, 불편 사항 처리, A/S, 배송, 환불 절차 등
④ e-Community : 쇼핑몰, 인터넷 카페 등 다양한 정보 지원
⑤ e-Security : 전자보안 서비스, 거래인증장치 등

21. ③

① 운영적 CRM－조직과 고객 간의 관계 향상을 위해 전방위 업무를 지원하는 시스템이다.
　예시) 콘택트 매니지먼트 시스템, 세일즈포스오토메이션(SFA) 기능 등
② 협업 CRM
　분석과 운영시스템을 통합한 시스템으로 기업과 고객 간 상호작용을 촉진시키기 위한 고객접점 도구를 포함하는 서비스 어플리케이션을 말한다.

22. ④

조하리의 창은 인간관계의 상호작용에서 공개적(개방형) 영역, 맹 목의(자기 주장형) 영역, 숨겨진(신중형) 영역, 미지의(고립형) 영역 등 4개 영역으로 나누어진다.

23. ②

자기공개와 피드백의 측면에서 우리의 인간관계를 진단해볼 수 있다.

24. ①

주관적 판단에 근거한다.
대인 지각은 다른 사람에 관한 정보로부터 그 사람의 성격, 감정, 의도, 욕구 등 내면에 있는 심리과정을 추론 하는 것으로 대인지각에 영향을 주는 것으로는 외모, 복장, 연령, 직업, 취미 등의 다양한 정보들이 있다.

25. ①

사전 서비스로 주차 유도원, 예약 서비스, 상품 게시판 등이 해당된다.

26. ④

품질은 측정되어야 하기 때문에 과정 위주보다는 결과 위주에 초점을 맞추어야 한다.

27. ①

호손 효과(Hawthorne Effect)에 대한 설명이다.

28. ④

침착성에 대한 설명이다. 용기는 자신의 신념을 고수하고, 도전하며, 잘못을 인정할 줄 알고, 필요할 때에는 자신의 행동을 바꿀 수 있는 능력을 말한다.

29. ③

슈미트 교수(Bern H. Schmitt)는 감각적 체험(Sense), 감성적 체험(Feel), 인지적 체험(Think), 행동적 체험(Act), 관계적 체험(Relate) 등 인간의 감각을 5가지로 분류하여 이 유형들을 마케팅 전략과 목적을 구성하는 '전략적 체험 모듈(Strategic Experiential Modules : SEMs)'로 간주하였다.

30. ③

① 매슬로우(Maslow)는 인간은 5가지 욕구 단계를 가지며 각 단계별 욕구가 만족될 때 그 다음 단계 욕구가 커진다고 가정하였다.
② 작업자의 태도, 감정 등의 심리적 요인들이 생산성에 영향을 준다. 물리적 환경보다 인간관계의 심리적, 사회적 환경이 생산성 향상에 더 중요하다는 실험결과를 가져온다.
④ 자신이 투입한 노력에 대한 비율과 다른 사람과 비율 사이에서 긍정적이거나 부정적으로 인식될 경우 불공정한 경험으로 만족하지 못한 결과를 초래한다는 이론이다.
⑤ 인간관계 교류를 분석하는 것으로 인간관계가 존재하는 모든 장면에 적용할 수 있는 이론이다.

31. ④

고객의 불만을 직접 추적하는 것과는 거리가 멀다.

32. ⑤

일선 종업원의 행동이다.

33. ④

VOC에 대한 설명이다.

34. ②

종업원의 서비스 품질을 평가하고 서비스 내용을 객관적으로 평가하여 서비스 개선을 통한 고객 만족 극대화를 목표로 한다.

35. ③

① 대표성 - 대상 접점을 통해 전체 접점 서비스 특성 및 수준을 측정할 수 있다.
② 객관성 - 직원의 평가 및 통제 수단이 아니라 능력 향상의 수단이 되어야 하고, 모두가 인정할 수 있는 객관적 기준 수립이 필요하다.
④ 신뢰성 - 지속적인 평가 및 전 직원 대상 동일한 방법으로 모니터링이 시행되어야 한다.
⑤ 차별성 - 타 스킬 분야의 차이를 인정하고 이를 반영해야 한다.

36. ③

고객의 불편사항이나 불만에 대해 고객의 니즈와 경향을 파악할 수 있다.

37. ⑤

성능은 눈으로 관찰할 수 없다.

38. ①

신뢰성 〉 반응성 〉 확실성 〉 공감성 〉 유형성

39. ②

GAP 4의 원인으로는 서로 다른 부서간 또는 부서 내 커뮤니케이션 부족, 외부 전달 과정의 과다 약속 및 서비스 제공자의 정보 부족

40. ①

종업원 만족도는 내부 서비스 품질에 대한 결과 요인이다.

41. ④

품질 요소 중 서비스 회복은 서비스 실패나 예상치 못한 일이 발생하였더라도 능동적으로 즉각 바로 잡으려고 노력하고 해결 대안을 찾아내려 한다고 고객이 느끼는 것을 말한다.

42. ①

최소한 마땅히 제공될 것으로 보는 기본적 품질 요소이다.

43. ⑤

기존 고객을 유지하고 관계를 강화하기 위한 프로그램

44. ⑤

부서간 격차와는 관련이 없다.

45. ③

A/S 서비스의 품질 차원 요소 중 전문성과 기술, 태도와 행동, 정책, 편의성, 처리 시간 순으로 영향도가 높게 나타났다.

46. ④

칼 알브레이트의 7거지악은 무관심, 무시, 냉담, 건방떨기/생색 내기, 로봇화, 규정 핑계, 뺑뺑이 돌리기이다.

47. ①

깨진 유리창의 법칙은 서비스 접점 중 한 접점에서 불만족을 느끼면 서비스 전체에 불만을 느끼게 된다는 이론이다.

48. ⑤

정성적인 방법은 측정하기 어렵다.

49. ④

고객 자신의 취향

50. ③

내적 요인은 개인적 욕구, 관여도, 과거의 경험이 해당된다

51. ③

① 허용영역 - 희망 서비스 수준과 최저(적정) 서비스 수준 사이의 영역
② 희망 서비스 - 고객이 서비스를 제공받기 전 받기를 원하는 희망 수준
③ 적정 서비스 - 고객이 받아들일 수 있는 최저 수준의 서비스
④ 예측된 서비스 - 고객이 실제로 받을 것이라고 기대하는 서비스
⑤ 이상적 서비스 - 고객이 이상적으로 생각하는 바람직한 서비스

52. ③

저성장 시대로 변화

53. ⑤

① 예비 고객 - 구매에 관심을 가질 가능성이 있는 고객
② 단순 고객 - 관심을 가지고 적어도 한 번 정도 매장을 방문하는 고객
③ 고객 - 빈번하게 구매하는 고객
④ 단골 고객 - 정기적으로 구매하는 고객

54. ⑤

정보 과잉으로 인해 정보에 대한 거부감 증가함으로 고객에게 접근하기 어려워지고 있다.

55. ②

서비스마케팅은 제조업 마케팅을 의미하는 '외부 마케팅', 서비스를 제공하는 직원과 고객 간의 '상호작용 마케팅', 직원이 고객에게 지원, 교육하는 '내부 마케팅'이 필요하다.

56. ①

②, ④ 비차별화, 무차별화 전략 : 시장을 동질적인 집단으로 보고 가장 규모가 큰 세부 시장을 표적으로 하여 불특정 다수를 대상으로 하나의 마케팅 믹스 프로그램을 선전하거나 판매를 촉진하는 전략이다.
③ 시장 세분화 전략 : 시장의 고객을 동질적 하위 그룹으로 세분화 하는 것
⑤ 집중화 전략 : 여러 세분 시장들 중 자사에게 가장 큰 경쟁 우위를 제공하는 하나 혹은 몇 개의 세분시장을 선택 후 시장 점유율을 확보하는 전략

57. ⑤

소비재 시장의 구매 행동 기준 세분화 방법으로는 브랜드 애호도, 사용량, 사용 빈도, 가격 민감도, 구매 시 중요변수 등이 있다.

58. ⑤

STP 분석은 시장과 고객을 여러 영역으로 나누고, 각 세분시장의 매력도를 평가하여 집중적으로 공략할 영역 선택 후 그 영역 내에 가장 바람직한 경쟁적 위치를 정립하는 전략이다.

59. ③

번 슈미트(Schmitt) 교수의 고객 경험 관리 5단계
· 1단계 : 고객 경험 분석
· 2단계 : 고객의 경험적 기반 확립
· 3단계 : 상표 경험 디자인
· 4단계 : 고객 상호 접촉 구축
· 5단계 : 끊임없는 혁신

60. ③

CRM에 대한 설명이다.

61. ③

명령형, 지시형이 아닌 의뢰형, 권유형으로 말한다.

62. ①

전화벨이 3번 이상 울리기 전에 전화를 받는다.

63. ③

전문용어는 가급적 피한다.

64. ①

② 문서상에서는 상사의 지시를 전달할 때 존칭을 사용하지 않는다.
③ 다른 사람에게 자신을 소개할 때는 정확한 전달을 위해 "성, ○○입니다."라고 한다.
④ 자신의 상사보다 더 윗사람 앞에서 자기 상사를 칭할 때는 '님'자를 붙이지 않는다.
⑤ 직속 상사, 다른 부서 상사에 따라 다르다.

65. ①

상담원 중심 응대가 아닌 고객 중심 응대가 용이해진다.

66. ④

나머지는 아웃바운드 콜 서비스에 해당한다.

67. ④

④ 체계적 관리이다.

68. ②

스크립트 작성 5C 원칙
· Clear – 전문용어가 아닌 이해하기 쉽게 작성한다.
· Concise – 간단 명료하게 작성한다.
· Convincing – 논리적으로 작성한다.
· Conversational – 실제 말하듯이 작성한다.
· Customer-oriented – 고객 중심으로 작성한다.

69. ①

장점 – · 상담원 자신의 콜 청취가 가능하다.
· 자동화 시스템을 통한 유연성, 통제권 제거 및 비생산적인 시간이 줄어든다.
· 상담원과 QAA는 반복적인 콜 청취가 가능하다.
단점 – · QAA 일정으로 인해 피드백이 딜레이 될 수 있다.
· 자동화 시스템의 높은 가격 및 사용을 위한 훈련이 필요하다.

70. ④

① 앉아서 인사할 경우 얼굴 표정이 보이도록 한다.
② 멈추지 않고 인사한다.
③ 눈을 마주친다.
⑤ 상대를 확인하는 즉시 인사한다.

71. ⑤

아론슨화법 – 긍정적 내용과 부정적 내용을 함께 말해야 할 경우, 부정적인 것을 먼저 긍정적인 것을 나중에 이야기 하는 화법
① 쿠션화법 – 상대방이 불쾌감을 덜 느끼게 하면서 적극적으로 처리해 주겠다는 감정과 의사를 전달하는 표현 방법
② 신뢰화법 – 말 어미의 선택에 따라 상대방에게 신뢰감을 줄 수 있는 대화법
③ 레이어드화법 – 명령조의 말보다 의뢰나 질문형으로 바꾸어 상대방의 의견을 구하는 화법
④ 산울림화법 – 고객이 한 말을 반복하여 이해와 공감을 얻으며, 고객이 거절하는 말을 그대로 솔직하게 받아는 주는데 포인트가 있는 화법

72. ③

계단을 오를 때는 남성이 여성보다 먼저 올라 간다.

73. ①

② 1:1로 시행한다.
③ 카운슬링과 다른 개념이다.
④ 개인과 조직의 잠재능력을 개발하고 조직성과를 향상하기 위해 시행한다.
⑤ 질문 기법을 주로 사용한다.

74. ②

① 맥락효과 – 처음에 인지된 이미지가 이후 형성되는 이미지의 판단 기준이 되고, 전반적 맥락을 제공하여 인상 형성에 영향을 주게 되는 현상이다.
③ 부정성효과 – 부정적인 특성이 긍정적 특성보다 인상 형성에 강력하게 작용하는 현상이다.

④ 후광효과 - 어떤 대상, 사람에 대한 일반적 견해가 그 대상이나 사람의 구체적 특성을 평가하는 데 영향을 미치는 현상이다.

⑤ 초두효과 - 처음 제시된 정보가 나중에 제시된 정보보다 그 사람에 대한 인상 형성에 더 큰 영향을 주는 현상이다.

75. ⑤
사회적 이미지는 특정 사회 속에서만 성립되고 그 사회의 내부에서 사회 구성원이 의심없이 모두 받아들이는 이미지를 말한다.

76. ④
지위가 높은 사람이 낮은 사람에게 악수를 먼저 청한다.

77. ⑤
앉아서 대화를 나누다가도 명함을 교환할 때는 일어서서 건네는 것이 원칙이다.

78. ③
여성이 자리에 앉아 있을 때 남성이 악수를 청할 경우 여성의 경우 앉아서 악수를 해도 무방하다.

79. ①
악수를 하면서 절을 동시에 하지 않는다.

80. ④
제61조 소비자 분쟁의 조정 - 조정위원회의 구성을 참고한다.

81. ③
제4조 소비자의 기본적 권리 : 소비자의 8대 권리를 참고한다.

82. ④
제28조, 개인정보취급자의 감독에 대한 설명이다.

83. ④
조사대상 침해행위의 중지는 개인정보분쟁조정위원회의 역할이다.

84. ③
간접적 정보수집

85. ①
단순성은 필수적 정보만 제공하고 너무 많은 그림이나 글씨를 제시하지 않는다.

86. ②
좌석배치는 장소(Place) 전략에 해당한다.

87. ④
창의적인 아이디어 도출 방법으로 커뮤니케이션 스킬과는 관련이 없다.

88. ②

89. ②
작은절(초례, 반절) : 웃어른이 아랫사람의 절에 대해 답배시에 한다.
보통절(행례, 평절) : 항렬이 같은 사람, 관직 품계가 같을 경우에 한다.
큰절(진례) : 절을 해도 답배를 하지 않아도 되는 높은 어른에게나 의식 행사에서 한다.
매우 큰절(배례) : 관, 혼, 상, 제, 수연, 고희 시에 한다.

90. ④
시계를 죽음의 상징으로 생각한다.

■참고문헌■

Sharan B. Merriam (2007), Learning in Adulthood, Josseybass
구본장·박계홍 (2003), 인적자원관리론, 형설출판사
국제서비스경영교육원(2016), 서비스경영능력, 시대고시기획
그린텔(2010), 콜센터 운영 실무 노하우와 활용사례, 한국생산성본부
기호익(2008), 서비스 경영론, 대진
김성용(2006), 관광마케팅, 기문사
김영한(2002), 실전 마케팅 플래닝, 거름
김정택 외(2013), 16가지 성격유형의 특성, 어세스타
로버트 치알디니(2003), 설득의 심리학, 21세기 북스
박대환 외(2002), 최신 서비스 이론과 실무, 학문사
박영택(2000), 공공행정부문 Single PPM 품질혁신, Single PPM 품질혁신추진본부
박찬욱(2014), CRM 고객 관계 관리, 청람
박창식(2007), 병원 마케팅의 이해, 대학서림
박혜정(2011), 고객 서비스 실무, 백산출판사
박혜정(2014), 서비스맨의 이미지메이킹, 백산출판사
서철현(2006), 비즈니스 매너, 대왕사
안미헌(2002), 고객의 영혼을 사로잡는 50가지 서비스 기법
얀 칼슨(2006), 결정적 순간 15초, 다산북스
영한(2002), 실전 마케팅 플래닝, 거름
오선숙 외(2015), 고객 응대 서비스 매너, 새로미
오정주(2017), 비즈니스 매너와 글로벌 에티켓, 한올
우재현(2015), 교류분석(TA) 입문, 정암미디어
원석회(2001), 서비스 운영관리, 형설출판사
유동수 외(2011), 한코칭, 학지사
윤이사라 외(2017), 맛있는 디자인 포토샵 CC(2017), 한빛미디어
이기홍·이경미(2012), 글로벌 문화와 매너, 한올출판사
이상민(2010), 고객만족경영 실전바이블, 랜덤하우스
이유재(2013), 서비스 마케팅, 학현사
이재희(2016), 리더십 프레임, 한올
이정숙(2008), 대한민국 30대를 위한 자기주장기술, 한국경제신문사
이정학(2001), 서비스 경영, 기문사
이희경(2011), 코칭 입문, 교보문고
임유정(2011), 성공을 부르는 목소리 코칭, 원앤원북스
정승은(2012), 모바일과 통하는 포토샵 CS6 무작정 따라하기, 길벗
조셉 미첼리(2009), 리츠칼튼 꿈의 서비스, 비전과 리더십
조영대, 남중헌(2011), 디지털 시대의 고품위 서비스 실무
조영대(2007), 서비스학 개론, 세림출판
최기종(2006), 매너와 이미지메이킹, 백산출판사
최영민 외(2008), 글로벌 비즈니스 상식과 매너, 백산출판사
캐서린 밀러(2007), 조직 커뮤니케이션, 커뮤니케이션북스
토마스 C. 크레인(2006), 코칭의 핵심, 예토

패트릭 멜러비드(2012), 코칭 멘토링, 한국비즈니스코칭
한국 BSC 연구회(2009), 중소기업의 전략적 성과관리(BSC) 실전편, 이담북스
한국 BSC 연구회(2009), 중소기업의 전략적 성과관리(BSC) 이론편, 이담북스
한영춘 외(2013), 전자상거래, 이프레스
함주한(2008), 프리젠테이션 상식 사전, 길벗
황규대(2004), 인적자원관리, 박영사

2025 CS Leaders 관리사 한권으로 끝내기

편 저 자 메인에듀 CS리더스관리사 연구소
제 작 유 통 메인에듀(주)
초 판 발 행 2025년 01월 02일
초 판 인 쇄 2025년 01월 02일
마 케 팅 메인에듀(주)
주   소 서울시 강동구 성안로 115, 3층
전   화 1544-8513
정   가 28,000원

I S B N 979-11-89357-80-1